© **Terroirs d'exception**
Domaine de Cantafaroune, La Plaine, 34270 Lauret
www.terroirs-dexception.com

Imprimé par Pure Impression
Printed and bound by Pure Impression
Zac Frejorgues Est, 451 rue de la Mourre, 34130 Mauguio
Premier imprimeur vert, éco-responsable, certifié Iso 14001,
FSC & PEFC, imprim'vert & print environnement
Leading environmentally-friendly printer certified ISO 14001,
FSC & PEFC, Imprim'vert & print environnement

Conception graphique et montage : Djideridoo
Graphic design and layouts: Djideridoo
www.djideridoo.com

Tous droits réservés pour tous pays. Toute reproduction ou traduction, totale ou partielle, par quelque procédé que ce soit, sans autorisation expresse de Terroirs d'Exception, est interdite, et constitue une contrefaçon sanctionnée par les articles L.335-2 et suivants du Code de la propriété intellectuelle. Nom et concept déposé à l'INPI.

© All rights reserved in all countries. No part of this publication may be reproduced or translated in any form or by any means without the prior written permission of Terroirs d'Exception. Any unauthorised use will be considered an infringement of articles L.335-2 and following of the Intellectual Property Code. Name and concept registered with the French Patent Office INPI.

Achevé d'imprimer en juin 2014 - Dépôt légal : juin 2014
Published and printed in June 2014 - Legal deposit: June 2014

ISBN : 978-2-9548915-0-7

UN TERROIR DES HOMMES

LE PIC SAINT LOUP

The authoritative book for Pic Saint Loup wine lovers

Préambule

Que l'on aborde la terre héraultaise par la Méditerranée ou via les contreforts des Cévennes, on ne voit que lui : avec ses 658 mètres d'altitude, le Pic Saint Loup est un phare dressé au milieu d'un océan de garrigue. Une curiosité géologique dont l'aspect de lion couché aurait inspiré le nom du golfe du Lion, servi de repère aux marins et même aux géographes romains pour tracer la voie Domitienne. Maître incontesté de l'arrière pays Montpelliérain, riche en légendes, cette Sainte Victoire languedocienne doit sa réputation à la force émanant de sa silhouette. Si magique que pendant longtemps, des cohortes de pèlerins ont, l'espace d'une messe dans la chapelle édifiée à son sommet, affronté le dénivelé du sentier pour mieux lui rendre hommage. Au coeur de cette contrée sauvage, thym, laurier et romarin laissent pourtant la vedette à une autre plante : la vigne. Loin de se substituer à la nature environnante, elle s'y inscrit pleinement sous forme d'îlots, sources de biodiversité : ici, le paysage parle du vin et le vin parle du paysage, dans une dialectique étroite qui saute aux yeux, à l'instar de vignobles comme Saint-Emilion, Tain-l'Hermitage ou Banyuls. Dans ces conditions, comment ne pas éprouver un coup de cœur pour ce terroir, membre de la famille des AOC Languedoc mais doté d'une identité paysagère, historique et géologique bien particulière ? Aujourd'hui, au terme d'une politique rigoureuse menée depuis plusieurs années, ses vignerons continuent à gravir les échelons qualitatifs avec en vue, une nouvelle délimitation parcellaire, une démarche quasi aboutie vers l'obtention d'une appellation à part entière et un travail minutieux de sélection au niveau de micro terroirs.

Un livre qui tombe à pic

Le moment s'avérait donc propice à un focus littéraire sur ce cru déjà consacré par la presse mais toujours en attente d'un livre de référence retraçant son

parcours. Rédactrice, journaliste traductrice d'origine britannique et photographe : férus des paysages et des vins de la région, nous avons souhaité combler cette lacune en présentant l'appellation Languedoc Pic Saint Loup sous toutes ses facettes et de façon originale. D'où le choix d'un contenu pédagogique abondé par des référents thématiques (historien, géologues, œnologues...), un style journalistique vivant et une version anglaise lui assurant un rayonnement international. « *Le rôle du terrain dans l'élaboration d'un grand cru ne va guère au-delà de celui de la matière dans l'élaboration d'une œuvre d'art* », écrivait le géographe et historien Roger Dion. Cette conviction qui est aussi la notre, nous a par ailleurs poussés à placer l'humain au cœur de ce livre. Non pas en nous focalisant sur les caractéristiques organoleptiques des vins ou sur les domaines les plus réputés. Mais en esquissant le portrait de tous les vignerons car ce sont eux qui font la dynamique de cette appellation. A l'heure où les consommateurs éprouvent le besoin grandissant de mettre un visage derrière une étiquette, chacun d'eux témoigne en mots et en images, d'un parcours, d'une philosophie et d'un lien indéfectible à sa terre. Un lien qui les transcende, les pousse à travailler avec passion et respect de la nature, quelque soit leur âge, leur origine ou leur niveau de notoriété. L'accueil au caveau sert à son tour de passerelle à l'offre touristique développée sur l'aire d'appellation. Voyageurs aimant le vin ou épicuriens adeptes de balades : un chapitre répertorie à leur attention, les évènements incontournables, les hébergements, restaurants, activités et autres produits locaux.

En route pour la découverte d'un terroir et des hommes en Pic Saint Loup !

Introduction

Whether you arrive from the South, via the Mediterranean, or the North, across the Cevennes mountains, it stands like a beacon amongst the vast swathes of moorland known locally as the garrigue. Rising to 658 metres above sea level, the Pic Saint Loup is a geological curiosity which helped sailors chart their course, and Roman geographers map out the Via Domitia. Shaped like a sleeping lion, it is said to have inspired the name of the coastline, the Gulf of Lion. As the undisputed king of the Montpellier hinterland and abounding in legends, it is to Languedoc what the Mont Sainte Victoire is to Provence, and owes its reputation to its commanding silhouette. Such was its mystical aura, that pilgrims would throng to the chapel at its summit, climbing its steep, rugged path so as to pay it a fitting tribute at mass.

In the heart of this pristine landscape, thyme, bay and rosemary play a supporting role to vines. Yet, vineyards do not overshadow nature, rather, they slot neatly in amongst the woodlands and garrigue, providing a natural habitat for the fauna and flora and in turn a source of biodiversity. Here, the landscape epitomises wine and wine epitomises the landscape: it is immediately apparent that both share the same language as they do in wine regions like Saint-Emilion, Tain L'Hermitage and Banyuls.

All these unique character traits make it impossible not to fall in love with the Pic Saint Loup. Although a member of the Languedoc appellation family, it boasts its own distinctive identity in terms of scenery, history and geology. Stringent rules implemented for many years have allowed wine growers to scale the heights of quality wine making, and they continue to do so today. Their ambition henceforth is to redefine the appellation area, secure their own appellation and painstakingly select prime growing sites to further enhance sense of place in the wines.

Timely

The moment was therefore right, to dedicate a book to a wine region that has long since won critical acclaim in the press, but whose story had yet to be told in a work of reference.

Writer Florence Jaroniak, British-born journalist-translator Sharon Nagel and photographer Claude Cruells, all passionate about the Pic Saint Loup and its wines, have sought to remedy this by presenting the appellation in a unique, comprehensive way. The choice of style is both deliberately educational – including commentary by leading disciplinary experts – and easy-to-read. It has been fully translated into English to maximise international exposure.

As wine historian Roger Dion said: *"The role of the land in the making of a fine wine scarcely goes beyond that of the material used in making a work of art."* As proponents of this vision, we have chosen to place people at the heart of this book. Unlike the majority of wine books, we have not focused on the flavour profile of the wines or on a select group of famed estates – we have sketched the portraits of each and every wine grower, all of whom provide the impetus for the appellation's success. Consumers are increasingly keen to see the face behind the wine label and each wine grower has a unique story to tell: their background, their ethos and their unswerving bond with the soil is portrayed in both words and images. Wine growers are steeped in a deep-rooted respect for nature which infuses passion into their wines, irrespective of their age, background or reputation.

Within the appellation area, it is the cellar door that is the vital component of the multi-faceted tourist experience on offer. For travellers who love wine or Epicureans who enjoy a trip to the countryside, an entire chapter features essential fixtures on the local wine calendar, places to stay and eat, activities and local produce.

Enjoy!

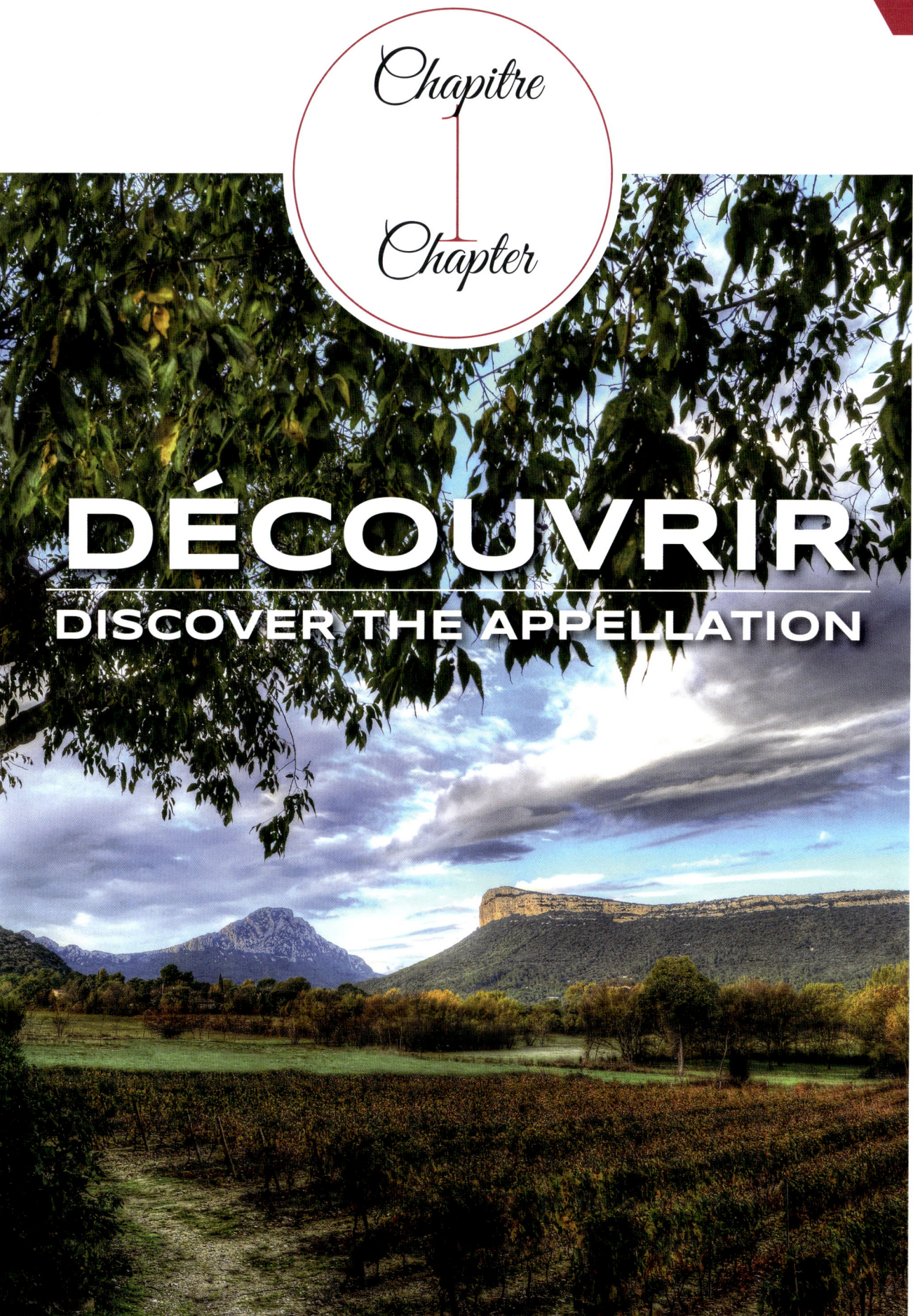

Chapitre 1 / Chapter 1

DÉCOUVRIR
DISCOVER THE APPELLATION

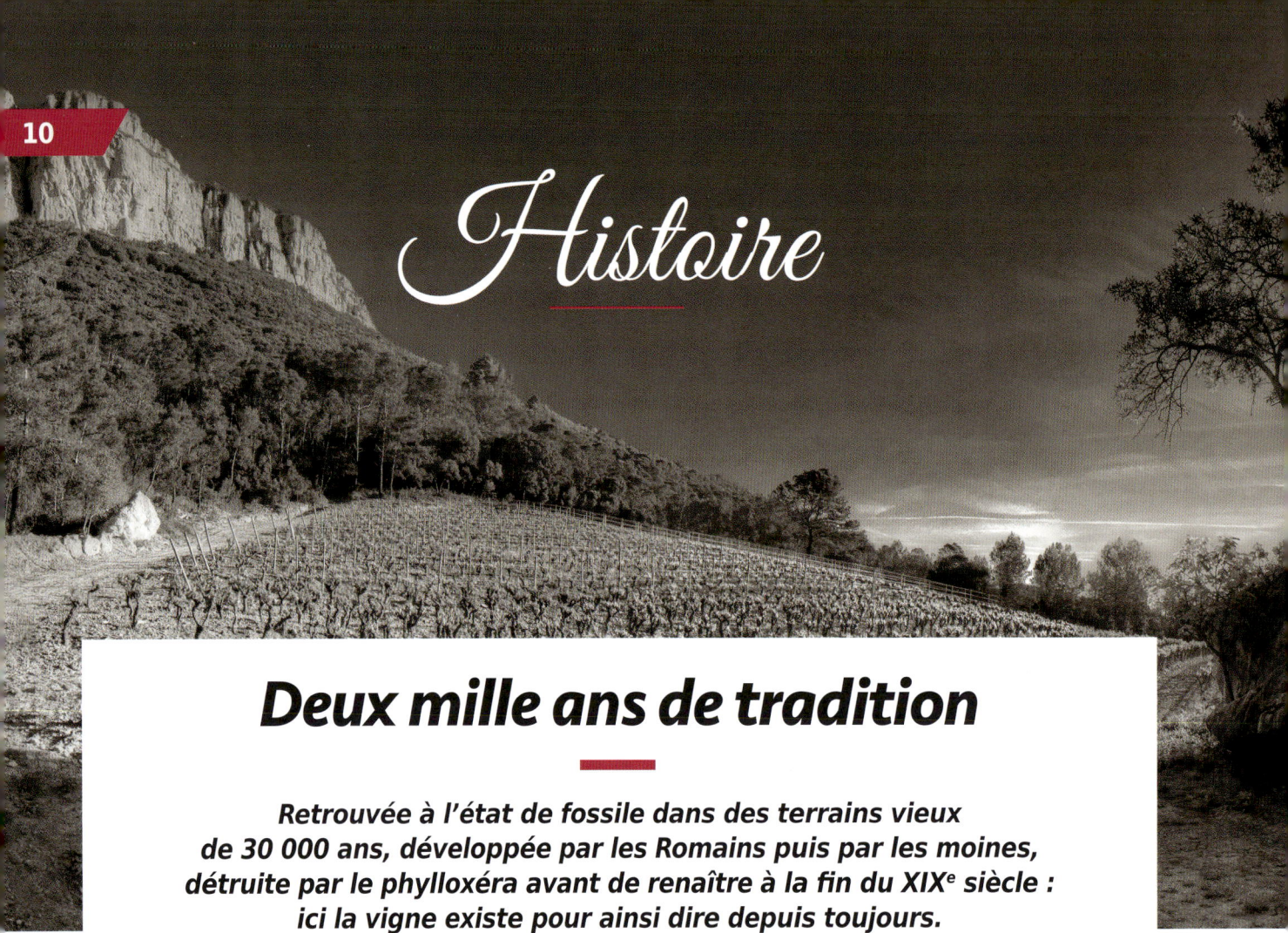

Histoire

Deux mille ans de tradition

Retrouvée à l'état de fossile dans des terrains vieux de 30 000 ans, développée par les Romains puis par les moines, détruite par le phylloxéra avant de renaître à la fin du XIXe siècle : ici la vigne existe pour ainsi dire depuis toujours.

Si la culture de la vigne en Languedoc débute avec les Grecs au VIe siècle avant J.C, ce sont les Romains qui en favorisent l'expansion en créant la colonie Narbonnaise puis la Via Domitia en 118 avant J.C. Les centurions reçoivent des terres sur lesquelles ils installent de vastes domaines agricoles : ces villae laisseront leur nom à plusieurs villages du Pic Saint Loup comme Sauteyrargues, la terminaison -argues signifiant « propriété de ». Craignant la concurrence des vins gaulois et la surproduction viticole au détriment du blé, l'Empire romain finit même par imposer une politique d'arrachage et oblige les colons à réserver la culture de la vigne aux terres peu fertiles des coteaux calcaires.

Vignoble monastique

Après les invasions barbares, les vignobles renaissent grâce aux moines, le vin servant à la célébration du culte et comme monnaie d'échange. Autour de l'abbaye de Saint-Benoit-d'Aniane fondée en 782, un réseau de monastères maille progressivement le territoire (Saint-Croix-de-Quintillargues, Saint-Jean-de-Cuculles...) assorti de noyaux d'habitat et de fermes qui jouent un rôle important jusqu'au XVIIIe siècle. Selon Jean Clavel, ancien directeur du Syndicat des Coteaux du Languedoc et auteur de plusieurs ouvrages historiques, une des premières mentions du vin provient d'une règle imposée par l'évêque de Maguelone pour la récolte des raisins sauvages sur le Pic Saint Loup destinés à la production de vin. « *Les plantations de vigne dans ces terroirs difficiles des garrigues, siège d'un fragile équilibre agro-sylvo-pastoral sont le fait de paysans pauvres qui défrichent des parcelles, élèvent des murets pour retenir la terre et délimiter le secteur qui leurs est concédé par le pouvoir local : évêque, abbaye, gros propriétaire terrien puis commune après la révolution française. La récolte est soit apportée au donneur d'ordre, soit plus tard, vinifiée dans un bâtiment annexe du logement.* »

Elément d'une polyculture

En 1776, Antoine de Gensanne, commissaire des Etats du Languedoc constate ainsi dans son « *histoire naturelle de la province du Languedoc* » : « *les environs de Trevies, Montferran, Fontanès et Valflammes sont*

passablement bien tenus pour la qualité du pays dont le sol est très léger et fort pierreux. Les quelques récoltes y consistent en grains et quelques vignobles. » Ilots de vignes, petites exploitations de polyculture et surtout élevage ovin constituent longtemps l'activité des garrigues et restent étroitement liés : « *en période d'estive, les vignerons sortent le fumier des bergeries d'hiver afin d'enrichir les terres pauvres des vignes. S'ils possèdent des chevaux, ils profitent aussi de l'exploitation des bois de chênes verts pour assurer le transport des fagots de branchages destinés aux fours des boulangers Montpelliérains et compléter leur revenu* » explique Jean Clavel. Tributaire des moyens de transport, le commerce des vins et des eaux-de-vie ne prend son essor qu'avec la création du port de Sète (1666) qui commence à exporter vers la Hollande puis grâce à l'ouverture du canal du Midi (1681). « *L'arrêt du Conseil d'État de 1729 instaurant des règles de production, de mise en marché et de contrôle, marque à ce stade, une étape importante dans la construction d'une image internationale de qualité des produits viticoles languedociens.* »

Consommation de masse

Dès 1855, le chemin de fer qui relie Montpellier à Paris et Bordeaux à moindre coût, ouvre de nouveaux débouchés aux vins locaux. C'est dans ce contexte qu'apparaît le phylloxera : atteints les premiers, les vignerons de l'est Héraultais sont ruinés. La grande variété de cépages autochtones qui produisait des vins fins disparaît. Les premiers porte greffes américains résistant au puceron sont réalisés sur des cépages productifs comme l'aramon ou le carignan. La reconstitution du vignoble sert à développer des vins vendus à bas prix aux régions industrielles françaises... À quelques exceptions près, comme les vins de Joseph Manissier et Cyprien Abric primés lors des expositions universelles de Paris puis Turin sous la dénomination « *Pic Saint Loup* » ! Converti à la monoculture, le Languedoc affronte de lourdes épreuves : surproduction, rendements extrêmes, chute des cours du vin, fraudes... La situation devient si désastreuse qu'elle provoque la révolte des vignerons en 1907, première d'une longue série de crises avant la politique de restructuration qualitative du vignoble.

History

2,000 years of tradition

Discovered in fossil form on soils 30,000 years old; developed by the Romans and subsequently by monks; destroyed by the phylloxera aphid before re-emerging at the end of the 19th century – vines have effectively always been grown here.

Although vine growing in Languedoc began with the Greeks in the 6th century BC, it was the Romans who encouraged its spread by creating the Narbonne colony and then the Via Domitia in 118 BC. The centurions were granted land on which they built extensive farms: these Roman villas gave their name to several villages in the Pic Saint Loup, such as Sauteyrargues – the 'argues' ending meaning *'owned by'*. Fearing competition from Gaul and over production of wine at the expense of wheat, the Roman Empire ultimately introduced a policy of compulsory uprooting and forced the colonists to move vineyards to the poorer, limestone hillsides.

Monastery vineyards

After the Barbarian invasions, vineyards were restored by monks and wines were used both for ceremonial purposes and for bartering. Centering on Saint-Benoît-d'Aniane abbey, founded in 782, a network of monasteries gradually spread across the

region (in Sainte-Croix-de-Quintillargues and Saint-Jean-de-Cuculles, for example). These came with a hub of homesteads and farms which would play an important role up until the 18th century. According to Jean Clavel, former director of the Coteaux du Languedoc growers' organisation and author of several local history books, one of the first times wine was mentioned was in a rule laid down by the bishop of Maguelone – it involved harvesting wild grapes in the Pic Saint Loup area for making wine: *"In these challenging garrigue lands, home to a fragile equilibrium between forestry, agriculture and livestock, vines were grown by poor peasants who created clearings and built stone retaining walls to delimit the land granted them by local figures of authority: the bishop, the abbey, the large landowner then the 'commune' after the French Revolution. The crop was either taken to the landlord or, subsequently, vinified in a building joined to the living accommodation."*

One component of mixed farming

In 1776, Antoine de Gensanne, commissioner of the States of Languedoc, wrote in his *"Natural History of the Province of Languedoc"*: *"The areas around Trevies, Montferran, Fontanès and Valflammes are relatively well maintained considering the quality of the land, where the soils are light and very stony. The few local crops include grain and some vineyards."* For many years, pockets of vines, smallholdings with mixed farming systems and above all, sheep rearing were the main occupations in the *garrigue* areas and were closely connected. *"When sheep were taken to summer pastures, wine growers would take manure from the winter barns to enrich the poor vineyard soils. If they owned horses, they would take advantage of holm oak coppicing to transport bundles of branches to bakeries in Montpellier, in order to supplement their incomes,"* explains Jean Clavel. Wholly dependent on means of transport, trade in wines and brandies only expanded when the port of Sète was established in 1666 and began exporting to Holland, followed by the opening of the Canal du Midi in 1681. *"The 1729 ruling of the Council of State, which introduced production, marketing and control rules, was a landmark in terms of international brand building for quality Languedoc wine products."*

Mass consumption

From 1855 onwards, the railway linking Montpellier to Paris and Bordeaux provided cost-effective transportation and opened up new markets for local wines. However, this new commercial environment also led to the emergence of phylloxera: wine growers in the eastern part of Hérault were the first to be affected and suffered financial ruin. The extensive range of native grape varieties used for producing fine wines disappeared. The first American rootstock that were resistant to the aphid causing the blight, were grafted with high-yielding grape varieties like Aramon and Carignan. Restoration of the vineyards was geared to producing wines sold cheaply to industrial regions in France. There were a few exceptions, though, like the wines made by Joseph Manissier and Cyprien Abric, labelled as 'Pic Saint Loup', which won accolades at the universal exhibitions, first in Paris then Turin! By this time, Languedoc had switched to single-crop farming and had to confront a number of major challenges: over production; extremely high yields; a downward spiral in market prices; and fraud among other things. The situation became so catastrophic that it caused the wine growers' rebellion in 1907, the first in a long series of crises leading up to the implementation of a vineyard restructuring policy aimed at producing quality wines.

La « République » du Val (ou du Laval) de Montferrand

Pour punir le comte de Toulouse et de Melgueil (Mauguio), de sa sympathie pour les cathares, le pape Innocent III inféode le comté de Melgueil* et sa dépendance de Montferrand aux évêques de Maguelone en 1215, avec pour pôles d'attraction les châteaux du même nom. Des difficultés financières amènent l'évêché à taxer lourdement ses sujets. En compensation, Bérenger de Frégol (évêque de 1263 à 1296) crée la Communauté ou « République » du (La)val de Montferrand qui accorde plusieurs privilèges et libertés aux paroisses de son diocèse (Tréviers, Valflaunès, Saint-Jean-de-Cuculles, Saint-Gély-du-Fesc, Triadou et Cazevieille, plus Combaillaux et Saint-Clément). Parmi ces avantages figurent la suppression des droits de succession en ligne directe et des droits sur les partages entre frères et sœurs ; la diminution des droits de moutures du blé aux moulins du seigneur évêque ; l'égalisation des poids et mesures sur ceux de Melgueil pour le vin, l'huile et le blé… Cet état décentralisé fonctionne alors comme nos départements actuels placés sous l'autorité du préfet : à (La)val de Montferrand, c'est le capitaine du château

The Val de Montferrand 'Republic'

To punish the Count of Toulouse and Melgueil (Mauguio) for his support for the Cathars, in 1215, Pope Innocent III made the county of Melgueil* and its dependency of Montferrand, vassals of the bishops of Maguelone, with the châteaux of the same names as the focal points. Financial difficulties caused the bishopric to levy high taxes from its subjects. By means of compensation, Béranger de Frégol (bishop from 1263 to 1296) created the Community or 'Republic' of Val (or Laval) de Montferrand which granted several privileges and freedoms to parishes belonging to his diocese (Tréviers, Valflaunès, Saint-Jean-de-Cuculles, Saint-Gély-du-Fesc, Triadou and Cazevieille, then Combaillaux and Saint-Clément). These benefits included the abolition of death duties for direct descendents, and duties on settlements between brothers and sisters; a decrease in duties on milling flour, in mills belonging to the landowning bishop; and alignment of weights and measures for wine, oil and wheat with those of Melgueil. This decentralised state worked along the same lines as present-day departments governed by prefects:

qui en tient lieu. Au fil du temps, l'évêque accorde aux habitants d'autres prérogatives, témoignant d'un réel progrès social comme la possibilité de constituer des syndics (qui déclarent l'égalité des hommes entre eux à la naissance). Syndics et conseillers sont élus pour deux ans par les chefs de famille de la vallée dont les femmes célibataires ayant une exploitation et les veuves. Ils gèrent les affaires de la communauté, la défendent devant les tribunaux, engagent ses biens, passent des contrats et souvent, répartissent les impôts et les font lever. Elargie à d'autres paroisses dont les Matelles devenue sa capitale, la Val se voit même octroyer le droit de siéger aux Etats du Languedoc en 1458. En se conciliant ainsi la population, l'évêque espérait sans doute pouvoir résister à l'autorité royale décidée à restreindre le pouvoir temporel des prélats. Quoi qu'il en soit, cette république aura donné l'image d'une démocratie bien avant la lettre…

* Le comté s'étendait du Lez au Vidourle et de l'étang de Mauguio à Sauteyrargues et coïncidait à peu près avec le diocèse de Maguelone.

in Laval de Montferrand, the commander of the castle acted as the governor. Down the years, demonstrating true social progress, the bishop granted local residents other prerogatives, such as the power to introduce magistrates (who declared that all men were equal from birth). Magistrates and councillors were elected for a two-year tenure by the heads of families in the valley; single women with farms and widows were allowed to vote too. They managed community business, defended it in the courts, pledged its property, signed contracts and very often distributed and levied taxes. Val de Montferrand was extended to include Les Matelles – which became its capital – and was even granted the right to sit on the States of Languedoc in 1458. By securing the allegiance of local people, the bishop probably hoped to withstand the authority of the king who was determined to restrict the temporal power of the prelates. Ultimately, though, the Republic portrayed the image of a democracy well ahead of its time.

* The county stretched from the Lez to the Vidourle and from lake Mauguio to Sauteyrargues, covering an area similar to the diocese of Maguelone.

Une révolution qualitative menée tambour battant

D'arrachages en replantations, d'investissements en règles de production drastiques : en l'espace de 20 ans, les vignerons du Pic Saint Loup se sont hissés au sommet de la qualité. Pionniers et solidaires, ils poursuivent leur marche en avant, cap sur le classement en AOC à part entière.

Avant la 2de guerre mondiale, rien ne laisse présager des mutations spectaculaires qui vont être opérées par la viticulture du Languedoc en général et du Pic Saint Loup en particulier. Ainsi Gérard Jeanjean, vigneron au Mas de Fournel et doyen de l'appellation, se souvient des conditions de vie à Valflaunès à cette époque : « *toutes les terres exploitables étaient utilisées. En complément du vin -la principale ressource-, les familles vivaient en autarcie avec des parcelles ensemencées pour nourrir le bétail, des chevaux pour les travaux agricoles, un poulailler, un potager... Le quotidien était fait de labeur mais aussi d'entraide et de plaisirs simples : les veillées chez les voisins, la tuaille du cochon, les battues aux sangliers ou encore la fête des vendanges pour lesquelles certains venaient de Lozère et de l'Aveyron.* » Seuls quelques grands domaines comptant 60 à 80 hectares, parfois couplés à de l'élevage ovin, disposent alors d'une cave bien équipée ainsi que des meilleures terres. « *La plupart des viticulteurs du village n'avaient ni structure ni matériel approprié ; beaucoup étaient ouvriers agricoles sur ces domaines qui appartenaient à la bourgeoisie, à la noblesse ou à des familles d'agriculteurs anciennes dont le patrimoine s'était étoffé au fil du temps. Faute de pouvoir conserver leur vin dans de bonnes conditions, les plus pauvres l'amenaient à la distillerie de Saint-Mathieu-de-Tréviers.* »

Du mouvement coopératif au VDQS

C'est dire si la construction de la cave coopérative de Valflaunès en 1939 (comme celles de Claret et Corconne), a constitué une révolution. « *D'une capacité de 15 000 hectolitres et dotée d'un matériel moderne, c'était le plus beau monument du village : pour l'anecdote, elle avait coûté 1,5 millions de francs alors que celle de Saint-Mathieu-de-Tréviers construite onze ans plus tard, a nécessité 80 millions de francs en raison de l'inflation ! Le mas Boisset vendait ses vignes au même moment. Grâce aux autorisations d'apports partiels consenties par la cave, certains ont pu acheter des parcelles et devenir vignerons à part entière.* » Avancée sociale, économique et technologique majeure, les coopératives ont vite le vent en poupe : outre la mutualisation des moyens, elles permettent aux viticulteurs de s'affranchir en partie de la domination du négoce. Parallèlement, une nouvelle catégorie de produit apparaît en France : le « *Vin délimité de qualité supérieure* » répond à une aire délimitée et à des conditions de production comme l'AOC créée en 1935, mais avec des règles un peu plus souples. Ses promoteurs espèrent ainsi faire sortir le Midi de sa spécialisation dans les vins courants et par la même de ses crises récurrentes de surproduction. En Pic Saint Loup, les producteurs qui misent sur la qualité s'organisent. « *Dès 1945, Philippe Lamour, chargé de mettre en place les VDQS avait proposé aux communes en zones viticoles hors plaines de rentrer dans cette logique. Mon père Louis, président de la cave de Claret et quelques autres dont le père Arlès au château Lascours et Yves Brissac, au mas Sainte Lucie d'Euzet, ont convaincu plusieurs élus de constituer un dossier* » relate Christian Jean, vigneron au mas de Farjou. Dans la foulée, le syndicat des vignerons qui était en sommeil depuis 1931, reprend vie. Le label « VDQS » sera entériné en 1955 : aux six communes historiques du Pic Saint Loup s'ajouteront trois communes supplémentaires, puis quatre en 1966, ce qui portera à treize communes la délimitation encore d'actualité.

Après le gel de 1956

« *La délimitation VDQS a pris du temps. Ceux qui avaient compris l'intérêt de cette démarche ont eu le mérite de classer le terroir mais minoritaires, ils n'ont pas fait beaucoup d'émules. Les mentalités étaient bien ancrées, aucune discussion n'était possible : le curé, l'instituteur et le maire exerçaient une influence terrible sur la population. Le contexte n'encourageait pas non plus les initiatives : le négoce achetait le vin en vrac, souvent à des fins de coupage et payait les VDQS, pourtant plus chers à produire, au même prix que le vin de table* » explique Bernard Durand, au château de Lancyre. En 1953, sur fond de mévente, le Midi viticole s'embrase. Confrontés à la crise, les exploitations doivent aussi affronter un autre coup dur : le grand gel de 1956 auquel les oliviers et la quasi-totalité des vignes ne survivent pas.

Quality improves in leaps and bounds

From grubbing-up and replanting to investments and stringent production rules – in just 20 years, the Pic Saint Loup scaled the heights of quality wine growing. With a strong community spirit, its trailblazing wine growers continue to forge ahead; their ambition now is to secure their own appellation.

Before the war, no one could have predicted the spectacular changes that would occur in the Languedoc wine industry as a whole, and the Pic Saint Loup in particular. Gérard Jeanjean, the appellation's oldest wine grower at Mas de Fournel, remembers living conditions in Valflaunès at the time: *"Every inch of farmland was used. In addition to wine – the main resource – families were self-sufficient. They grew crops to feed livestock, had horses for work on the farm, kept chickens and had a kitchen garden. Daily life was one of toil but it was also about mutual aid and simple pleasures: evenings spent with the neighbours, the traditional pig slaughter, the wild boar hunt and the grape harvest festival which attracted people from as far away as Lozère and Aveyron."* Only the largest estates, with 60 to 80 hectares of vines, occasionally coupled with sheep rearing, boasted a well-equipped winery and the best soils at the time. *"Most of the villagers had neither suitable buildings nor equipment. Many were farm labourers on the large estates that belonged to the middle and upper classes, nobility or long-standing farming families who had extended their estate over time. As they were unable to store their wines properly, the poorest growers would take them to the distillery in Saint-Mathieu-de-Tréviers."*

From co-operatives to VDQS wines

When the co-operative winery was built in Valflaunès in 1939 (and others in Claret and Corconne), it therefore marked a huge stride forward. *"With a capacity of 15,000 hectolitres and cutting-edge equipment, it was the finest monument in the village. Incidentally, it cost 1.5 million francs whereas the one in Saint-Mathieu-de-Tréviers, built 11 years later, cost 80 million francs due to inflation! Mas Boisset was selling its vineyards at the time and some people were able to buy plots. The winery agreed to allow partial integration, whereby growers kept part of their crop, thus becoming fully-fledged wine growers."* As major symbols of social, economical and technological progress, the co-operative wineries rapidly boomed: not only did they allow resources to be pooled, but they also enabled wine growers to partly escape the shackles of the wine merchants. Concurrently with this, a new category of wine was introduced in France: the 'Vin Délimité de Qualité Supérieure' (VDQS), for which precise boundaries and production conditions were established, along similar lines to the AOC – created in 1935 – but slightly more flexible. Its advocates hoped that this would put an end to the Midi's specialisation in jug wines and, therefore, the recurrent over production crises. In the Pic Saint Loup, growers geared to producing quality wines began to form structures. Christian Jean, a wine grower at Mas Farjou takes up the story, *"In 1945, Philippe Lamour, who was in charge of rolling out the VDQS system, asked wine growing villages away from the plains to join the scheme. My father Louis, who was chairman of the Claret co-operative winery, and a handful of others, including Mr Arlès senior from Château Lascours and Yves Brissac from Sainte Lucie d'Euzet, persuaded several local politicians to file an application."* In the process, the wine growers' organisation – which had been dormant since 1931 – was given a new lease of life. The VDQS endorsement was approved in 1955: the 6 original Pic Saint Loup villages were joined by a further 3, then 4 more in 1966, bringing the total up to its present-day number of 13.

« *Les viticulteurs qui possédaient 4 ou 5 hectares mais n'avaient pas les moyens d'investir sont partis travailler à Paris. Certains ont résisté en prenant des vignes en fermage ou en rachetant les parcelles abandonnées grâce à quelques économies. D'autres ont eu le courage de s'endetter pour réinvestir : c'était la première fois que l'on avait recours au crédit !* » La peur de l'inconnu, le besoin d'argent… Il faut aller vite. Les replantations se font avec les mêmes cépages : carignan, aramon, cinsault… À partir des années 60, alors que la production augmente sous les effets des progrès techniques (mécanisation) et de la concurrence (importations algériennes et italiennes), la demande de vin ordinaire chute au niveau national. « *À mon retour de la guerre d'Algérie, j'ai adhéré au groupement de vulgarisation agricole créé pour améliorer la formation des vignerons du canton. Puis j'ai commencé à planter du grenache parce que je voyais bien comme d'autres, la nécessité de changer de cap face à la baisse de consommation. Mais ce n'est pas pour autant que nous avions un marché !* » poursuit Bernard Durand.

Efforts constants

« *À un moment donné, 60 % de la production du Languedoc était distillée et payée par l'Europe ou l'Etat français : la situation ne pouvait pas durer.* » Résultat de l'adaptation aux nouvelles exigences du marché, les restructurations commencent à partir du milieu des années 70 au niveau des coopératives comme des caves particulières, avec un net recul du nombre de petites exploitations. Tandis que le plan Chirac accélère la reconversion du vignoble languedocien, la démarche de qualification progresse : l'institut coopératif du vin, outil œnologique mutualisé, veille à la diffusion d'un matériel moderne en cave et à l'amélioration de la vinification. Peu à peu, dans certaines coopératives, les apports de qualité sont valorisés par la réception sélective des vendanges, les vinifications séparées et une rémunération différenciée. « *Quand je suis arrivé en Pic Saint Loup en 1972-1973, Sylvain Guizard, président de la chambre d'agriculture et propriétaire du domaine de Cécélès ainsi que Pierre Arnaud, président de la cave de Saint-Mathieu-de-Tréviers avaient été missionnés*

After the big freeze in 1956
"Establishing the boundaries of the VDQS took time. To their credit, those who had realised how important the scheme was, secured the area's classification, but they were in a minority and inspired few. Mindsets were deep-rooted and there was no room for discussion: the priest, the school teacher and the mayor had tremendous power over people. There was no incentive either: merchants bought wines in bulk, often for blending, and paid the same price for VDQS wines as they did jug wines, despite the fact they were more expensive to produce," explains Bernard Durand of Château de Lancyre. In 1953, when sales slumped, an uprising spread across the wine regions of the Midi. Wine producers not only had to contend with the crisis, they were also dealt another severe blow: the big freeze of 1956, which decimated olive trees and most of the vineyards. *"Wine growers, who owned 4 or 5 hectares and had no money to invest, left to find work in Paris. Some people survived by leasing vines or buying mothballed vineyards with the few savings they had. Others were brave enough to borrow and re-invest: this was the first time anyone had ever borrowed money!"* Fear of the unknown and the need to earn money accelerated the process. Vineyards were replanted with the same grape varieties: Carignan, Aramon and Cinsault for example. From the 1960s onwards, as production increased due to advances in technology (mechanisation) and competition (imports from Algeria and Italy), demand for jug wines fell nationwide. Bernard continues: *"When I returned from the war in Algeria, I joined a farm extension service that was designed to improve training for local wine growers. Then I began planting Grenache because, like others, I could see the need to change tack due to declining wine consumption. Foresight didn't open up new markets, though!"*

Constant effort
"At one point, 60% of wines grown in Languedoc were distilled and paid for by Europe or the French state: the situation couldn't go on," explains Bernard. From the middle of the 1970s, the need to adapt to meet new consumer expectations prompted vineyard restructuring amongst both co-operative and independent wineries; the number of small farms declined significantly. As the nationwide plan, implemented by Jacques Chirac, sped up conversion of the Languedoc wine regions, the area's quality credentials improved through organisations such as the Co-operative Wine Institute (ICV); as a shared wine making structure, it ensured that modern equipment was installed in wineries and improvements were made to quality. Gradually, some co-operative wineries began hiving off quality grapes, vinifying them separately and paying more for them. Marc Auclair, a former ICV consultant wine maker explains: *"When I arrived in the Pic Saint Loup area in 1972-1973, the then chairman of the Chamber of Agriculture and owner of Domaine de Cécélès, Sylvain Guizard, and Pierre Arnaud, chairman of the Saint-Mathieu-de-Tréviers co-operative winery, had been commissioned to implement the blueprint for vineyard restructuring. This would drive change in the varietal range in favour of Syrah and Grenache. Some independent wineries, including La Roque by Loriol, Lascours, Lancyre and L'Euzière, had already begun ringing the changes. Due to the nature of the soils, yields were a lot lower than in the plains. By extension, improvements were made to vineyard management, particularly vine density which rose from 3,000 to 4,000, then 5,000 vines per hectare. Wine making techniques also changed, with longer vatting periods in the 1990s."*

The emergence of Syrah
Amongst the pioneers involved in this drive to improve quality was Guilhem Bruguière: *"My father was one of the founding members of the co-operative in Valflaunès.*

pour installer ici, le schéma directeur de restructuration du vignoble, moteur du changement d'encépagement au profit de la syrah et du grenache » explique Marc Auclair, ancien œnologue à l'Institut coopératif du vin (ICV). « *Des efforts avaient déjà été faits par quelques caves particulières, entre autres à La Roque par Loriol, Lascours, Lancyre, L'Euzière... Compte tenu du terroir, les rendements étaient également beaucoup plus bas qu'en plaine. Par extension, les améliorations ont porté sur la conduite du vignoble avec notamment une densité de plantation qui est passée de 3 000 à 4 000 puis 5 000 pieds hectares... Les techniques de vinification ont ensuite évolué avec des cuvaisons plus longues dans les années 90.* »

Place à la Syrah

Au nombre des pionniers lancés dans cette politique de qualité figure Guilhem Bruguière : « *mon père était l'un des fondateurs de la cave coopérative de Valflaunès. Est arrivé un moment où les coopérateurs produisaient un vin que personne ne voulait boire. Il fallait réagir, augmenter le niveau qualitatif du vin, avoir une autre culture de la vigne. Entré au conseil d'administration, je pensais arriver à faire changer les mentalités mais je me suis heurté à un mur. Alors j'ai voulu montré que ce que je prétendais était faisable et rentable. La coopérative a accepté les apports partiels : un partenariat gagnant-gagnant qui nous a aidé à nous installer en 1974.* » Président du syndicat d'appellation jusqu'en 1996, Guilhem Bruguière fait de l'adaptation cépage (syrah notamment)-terroir, une de ses priorités. « *Convaincus que le Pic avait une originalité climatique à exploiter, nous avons entamé une démarche de hiérarchisation en 1992, avec un cahier des charges très novateur et très ambitieux.* » Encépagement fixé à 90 % de grenache-syrah-mourvèdre et 10 % de carignan ; rendement à 50 hectolitres hectare ; entrée en production à partir de la septième feuille... « *Les vignerons l'ont accepté car grâce aux dégustations, ils ont réalisé que les vins qu'ils classaient en premiers étaient ceux à base de syrah...* » Guilhem Bruguière sera aussi l'un des premiers à faire de la bouteille en 1986... qui plus est un 100 % syrah-grenache. Jean Orliac, Jean-Benoît Cavalier, André Leenhardt, les frères Ravaille, Christophe Peyrus...

« *À partir de là, les caves particulières encore peu nombreuses, se sont multipliées autour d'un groupe d'hommes soudé. Au sein des vins du Languedoc, le Pic était un phare dont beaucoup se sont inspirés. Les vignerons avaient une longueur d'avance, une qualité nettement supérieure : les cavistes et les importateurs comme l'Américain Kermit Lynch ne s'y sont pas trompés* » confie Marc Auclair.

Succès à l'export

Récompense d'un travail acharné d'arrachages et de replantations, quelques domaines se font un nom dès leur premier millésime, à commencer par l'Hortus qui réalise un coup de maître en 1990 avec une cuvée exceptionnelle. Résultat : 40 000 bouteilles vendues quatre fois au prix du marché. « *Commercialement, médiatiquement, Jean Orliac a dynamisé cette appellation qui s'est toujours appuyée sur sa richesse humaine* » souligne Guilhem Bruguière. « *Vu de l'extérieur, le Pic Saint Loup était perçu comme à l'avant garde, on parlait d'eux mais les vignerons n'en avaient pas conscience* » commente à son tour Jack Boutin. Ancien président d'une cave coopérative gardoise, il a rejoint le rang des vignerons du Pic en 1985 après être tombé amoureux de Château La Roque dont il est resté propriétaire jusqu'en 2005. Il témoigne : « *j'ai emprunté et replanté 39 hectares sans prime à la plantation... Tout était à faire, tous les marchés étaient à conquérir. Nous avons travaillé main dans la main en pédalant fort pour y arriver sans savoir où nous allions. Mais la reconnaissance est arrivée rapidement.* » Une preuve parmi d'autres : en 2000, Kim Marcus juge dans le Wine Spectator, magazine américain influent, que le Pic Saint Loup est « *l'un des terroirs leaders des Coteaux du Languedoc.* » Et cite Jack Boutin comme ayant été « *parmi les premiers à proposer des vins de qualité du cru* ». Trois ans plus tard, La Roque se classe 15e « *parmi 100 vins les plus passionnants du monde avant de grands noms en syrah tels Hermitage de Guigal.* » Nul n'est prophète en son pays : « *avant d'être connu à Montpellier ou Paris, le Pic Saint Loup a d'abord séduit les marchés export. Là, contrairement à la France, l'image négative du vin du Midi ne nous collait pas à la peau, les gens prenaient la peine de déguster* »

There came a time when co-operative growers were producing wines that nobody wanted to drink. Change was needed, the standard of the wine had to improve, and there needed to be a different perception of wine growing. When I joined the co-operative's board, I thought I could change people's mindset but instead, I came up against a brick wall. So I decided to demonstrate that my claims were founded and could reap rewards. The co-operative allowed partial integration, creating a win-win partnership which enabled us to set up our own winery in 1974." As chairman of the growers' organisation until 1996, Guilhem Bruguière championed the concept of adapting grape varieties – primarily Syrah – to suit soil types. *"We were convinced that the Pic's unique climate could be turned to good account and started to aim for the next rung on the quality ladder in 1992, with extremely innovative and ambitious production specifications."* Grenache-Syrah-Mourvèdre formed 90% of the varietal range, with a 10% balance of Carignan. Yields were restricted to 50 hectolitres per hectare, and vines only came on-stream in their 7th year. *"Wine growers agreed to the rules because when they blind-tasted the wines, they realised that the ones they gave top marks to were Syrah-based."* Guilhem Bruguière was also one of the first growers to release bottled wines in 1986. What's more, they were all Syrah-Grenache blends. Jean Orliac, Jean-Benoît Cavalier, André Leenhardt, the Ravaille brothers and Christophe Peyrus were all in the vanguard. *"From that moment on, the number of independent wineries – which was still small – increased around a tight-knit group of men. The Pic became a beacon amongst Languedoc wines and it inspired many. The growers here were one step ahead with wines that were clearly a notch above the rest, and wine merchants and importers like the American Kermit Lynch had spotted it,"* admits Marc Auclair.

Export success

As a reward for their toil – extensive uprooting and replanting – some estates achieved instant success with the release of their first vintage. Domaine de l'Hortus was one of them: it achieved brilliance in one stroke in 1990, with an outstanding blend, selling 40,000 bottles at 4 times the market price. *"In terms of marketing and media coverage, Jean Orliac galvanised an appellation which had always drawn on its human resources,"* stresses Guilhem Bruguière. *"Outsiders saw the Pic Saint Loup as a ground-breaking appellation. But local wine growers were totally unaware that they were the talk of the town,"* comments Jack Boutin. As former chairman of a co-operative winery in Gard, he became a Pic Saint Loup wine grower in 1985, after falling in love with Château La Roque, which he owned until 2005. He explains: *"I borrowed money and replanted 39 hectares with no grants. We were starting from scratch; every single market had to be conquered. We worked hand-in-hand with each other, rushing to make headway but without knowing in which direction we were going. Our wines soon gained recognition though."* One endorsement came from Kim Marcus, writing in the influential American magazine 'Wine Spectator' in 2000: *"One of the leading districts of the Coteaux is Pic Saint Loup"*. He cites Jack Boutin as being *"among the first to offer quality bottlings from the Pic Saint Loup cru."* Three years later, La Roque was classed 15th out of the magazine's 100 most exciting wines in the world, ahead of prominent Syrah producers such as Guigal with its Hermitage. At home, though, growers were whistling down the wind: *"Pic Saint Loup wines tapped into export markets before they garnered a name for themselves in Paris and Montpellier. Unlike France, where we had trouble shaking off our image as a producer of jug wines, consumers abroad went to the trouble of tasting our wines,"* recalls Jean-Marc Ravaille of Ermitage du Pic Saint Loup. Since then, sales in France and export markets have evened out, mainly through the increase in cellar door sales. On a completely different level, wine growers began using integrated pest management and are now gradually switching over to organic farming methods, due to a heightened awareness of the need to preserve the environment.

Human resources

"We sometimes tend to forget that the word 'terroir' encompasses not only soils and climate but also people! Our appellation owes some of its success to

révèle Jean Marc Ravaille à l'Ermitage du Pic Saint Loup. Depuis, un rééquilibrage s'est effectué, notamment en raison du développement de la vente directe au caveau. Dans un autre registre, les vignerons, très sensibles à la protection de l'environnement, se sont engagés dans la lutte raisonnée, avec une mutation progressive vers la production de vin biologique.

Richesse humaine

« *On l'oublie parfois mais le terroir, c'est un sol, un climat… Et des hommes ! Notre appellation doit une partie de son succès à l'apport de sang neuf : des jeunes, des néo vignerons venus d'autres régions, parfois en quête de reconversion se sont installés entre la fin des années 1990 et 2002 en amenant leur vision…* » soutient Guilhem Viau, actuel président du syndicat. En l'occurrence, l'appellation est passée d'une demie douzaine de domaines en 1990, à soixante aujourd'hui. « *Il s'agit de l'une des densités les plus importantes du Languedoc, signe de la dynamique et du côté solidaire de cette appellation.* » Et l'histoire ne s'arrête pas là… En 1985, le Pic Saint Loup a fait partie des 7 VQDS ayant obtenu la reconnaissance en appellation d'origine contrôlée « *Coteaux du Languedoc* » (devenu « *Languedoc* »). En 1994, il a obtenu la dénomination « *Pic Saint Loup* », avec des conditions de production spécifiques. Et depuis 2003, le syndicat des vignerons a entamé une demande d'AOC en nom propre auprès de l'INAO. Pour l'heure, le dossier est sur les rails administratifs : « *l'enquête de l'INAO sur la délimitation parcellaire a été réalisé en 2013 et les conclusions ont été soumises à enquête publique. Une commission d'experts examine les réclamations et va rendre son rapport prochainement. Ce dernier sera soumis aux vignerons en assemblée générale. S'il est accepté, le dossier sera transmis au comité national de l'INAO pour aval* » résume Guilhem Viau.

the influx of new blood: both young and new wine growers from outside the region, some of whom were looking for a change of lifestyle, arrived here between the end of the 1990s and 2002, bringing with them their own vision of wine growing," points out Guilhem Viau, current chairman of the growers' organisation. As a result, the number of wine estates rose from half a dozen in 1990 to nearly 60 today. "This is one of the highest densities in Languedoc and demonstrates the vitality and community spirit within the appellation," adds Guilhem. However, the story doesn't end there. In 1985, the Pic Saint Loup was one of 7 VDQS wines promoted to the 'Coteaux du Languedoc' controlled appellation (now known as 'Languedoc'). In 1994, it became eligible for the 'Pic Saint Loup' designation, with a specific set of production rules. In 2003, it filed an application with appellation board, INAO, for its own appellation, which would allow it to drop the Languedoc name. The application is still being processed. "INAO's enquiry on plot selection was conducted in 2013 and the conclusions were submitted for public consultation. A committee of experts is examining comments and is due to publish its report shortly. The report will be forwarded to wine growers who may or may not approve it at their AGM. If it is passed, the application will then go through to the national INAO committee to be rubber-stamped," sums up Guilhem Viau. Entering the elite inner circle of France's most prestigious wines takes time, but the waiting period has given the appellation time to reflect on its evolution. "The current application is fundamentally different to the 2003 version," Guilhem explains. Future specifications will further increase the percentage of Syrah – it already accounts for at least 50% of the varietal range; boost vine densities; ploughing the soil will become compulsory; and viticultural practices will be geared to enhancing landscapes and the countryside. "These are all more demanding rules that are aimed at showcasing this unique area and making it one of the jewels in Languedoc's crown," concludes Guilhem.

An ambitious initiative

If, and when, the Pic Saint Loup secures its own appellation, the number of villages within its boundaries would rise to 17, and it would welcome new producers in Vacquières along with parts of Brouzet-les-Quissac, Assas and Guzargues. Although an AOC is an endorsement of quality, it is not seen as an end in itself. "For 30 years, Pic Saint Loup wine growers have imposed restrictive production rules on themselves in order to realise their ambitions. You cannot create the AOC you want for yourself over a short period of time: it needs to be created for future generations," stresses Guilhem. The next chapter is now being written: "It will involve aiming for even higher standards by singling out micro vineyard sites." An in-depth review of white wines will also be conducted: "Some wine growers have vineyards classed as AOC Languedoc which are planted to a specific varietal range, and others produce Protected Geographical Indication* Val de Montferrand and Oc from an extensive array of grape varieties, including Chardonnay. We will have to deal with the issue of non-AC classed vineyards and choice of vine varieties, but judging from progress so far, there is undoubtedly real potential," concludes Guilhem. There is still plenty of room for development, and some day, the name Pic Saint Loup may well feature on labels of white wines.

*The reform of the Common Organisation of the Market for Wine simplified wine classifications by introducing three categories:
- Wines without a Geographical Indication
- Wines with a Protected Geographical Indication (formerly regional wines or vins de pays) displaying an origin
- Protected Designation of Origin wines displaying a strong sense of place and made with due respect for tradition.

Entrer dans le panthéon des vins français peut prendre du temps mais « *ce délai d'attente a permis à l'appellation de réfléchir à son évolution de façon plus précise, le dossier actuel étant fondamentalement différent de celui de 2003.* » Dans le cahier des charges ? Davantage de syrah -qui représente déjà 50 % minimum de l'encépagement-, une densité de plantation plus élevée, des méthodes culturales favorisant la mise en valeur du territoire et du paysage… « *Autant de contraintes de production plus poussées, destinées à mettre en exergue ce terroir spécifique et en faire la pépite du Languedoc.* »

Démarche ambitieuse

Par ailleurs, en cas d'accession à l'appellation, le Pic Saint Loup passerait à dix-sept communes et engloberait d'autres producteurs avec l'entrée de Vacquières ainsi qu'une partie des communes de Brouzet-les-Quissac, Assas et Guzargues. Si l'AOC marque la reconnaissance d'un travail accompli, elle n'est cependant pas une fin en soi pour le cru. « *Depuis trente ans, les vignerons du Pic se sont imposés des conditions de production contraignantes afin d'arriver à la hauteur de leurs ambitions. On ne fait pas une AOC telle qu'on la souhaite en peu de temps et pour soi mais pour les générations à venir.* » Un nouveau chapitre s'écrit : « *celui d'une hiérarchisation interne complémentaire qui aura pour vocation de faire des sélections de micro terroirs.* » Un travail de fond doit aussi être mené sur les blancs : « *aujourd'hui les vignerons disposent de parcelles en AOC Languedoc avec les cépages correspondant et d'autres en IGP* Val de Montferrand et IGP d'Oc avec une batterie de cépages dont le chardonnay. Entre parcelles non classées et choix d'encépagement, la problématique est double mais le potentiel est réel au vu des progrès réalisés.* » À (long) terme, le Pic Saint Loup pourrait bien se décliner en AOC blanc… Et sa marge de progression reste grande.

* La réforme de l'OCM a simplifié la classification
de la production en trois catégories
- les vins Sans Indication Géographique
- les vins avec Indication Géographique Protégée
(ex vins de pays) qui expriment une provenance
- les vins à Appellation d'Origine Protégée ayant un lien
fort au terroir et élaborés dans le respect de la tradition.

LE CRU PIC SAINT LOUP EN CHIFFRES
KEY FIGURES FOR PIC SAINT LOUP

800 hectares en production
hectares on-stream

13 communes constituant le territoire de l'appellation (dont une dans le Gard)
villages within the appellation area (including one in Gard)

60 producteurs dont 3 coopératives
producers, including 3 co-operative wineries

36 000 hectolitres produits en 2013 (dont 27 800 en rouge)
hectolitres of wines produced in 2013 (27,800 hl of which are red)

Terroir

VOUS AVEZ DIT TERROIR ?

Il correspond à un système complexe, typiquement français : le terroir vitivinicole désigne l'ensemble des facteurs naturels et humains qui caractérisent un territoire et fondent la spécificité du produit qui en résulte.

Attesté dès le Moyen-Âge en France, le mot « terroir » se précise à la fin du XIXe siècle avec l'avènement de la pédologie, instaurant la vocation des sols. Depuis, les approches se sont multipliées mais tendent vers une définition plus homogène. Ainsi, selon l'Organisation internationale du vin, le terroir vitivinicole se réfère à « *un espace sur lequel se développe un savoir collectif, des interactions entre un milieu physique et biologique identifiable et les pratiques vitivinicoles appliquées, qui confère des caractéristiques distinctives aux produits originaires de cet espace* ». Il inclut « *des caractéristiques spécifiques du sol, de la topographie, du climat, du paysage et de la biodiversité* ». Ce concept est en l'occurrence le pilier des Appellations d'origine contrôlée. Pour être classé en AOC (AOP au niveau européen), un vin doit être élaboré en respectant des règles établies par l'Institut national de l'origine et de la qualité (INAO) qui délimite les aires de production. D'abord perçues empiriquement, les interactions entre terroir et qualité des vins ont fait l'objet d'études pluridisciplinaires permettant de mieux comprendre les phénomènes qui lient la vigne à son milieu, de caractériser des zones viticoles et d'aider les viticulteurs à adapter leur travail à leur terroir. Parallèlement, des dégustations ont mis en évidence l'influence de la composition du sol sur le cépage, la qualité des raisins et au final les propriétés organoleptiques des vins. Aujourd'hui la pratique consiste souvent à faire une récolte par parcelle et à la vinifier séparément, l'assemblage se faisant ensuite avec les meilleures cuvées. Et la connaissance des terroirs ne fait que s'affiner…

DID YOU SAY 'TERROIR'?

The word 'terroir' is used to define a typically French, complex system embracing all the natural and human components that factor into an area, and shape the specific characteristics of the products made there.

Recorded in France as far back as the Middle Ages, the word terroir became more explicit at the end of the 19th century with the advent of soil science, which introduced a distinct purpose for different soil types. Since then, a number of approaches have been applied, all of them aimed at a more consistent definition. The International Vine and Wine Organisation thus refers to the concept of wine terroir as "*an area in which collective knowledge of the interactions between the identifiable physical and biological environment, and applied viti-vini-cultural practices develops, providing distinctive characteristics for the products originating from this area.*" It includes "*specific soil, topography, climate, landscape characteristics and biodiversity features.*" The concept is, in actual fact, the basic tenet of controlled appellations. To be eligible for an AOC (or Protected Designation of Origin) at European level), a wine must be made according to a set of rules defined by the National Institute for Origin and Quality (INAO), which demarcates production areas. Initially based on empirical evidence, the interactions between terroirs and wine quality have been the subject of multidisciplinary studies. These have improved knowledge of the phenomena occurring between vines and their growing environment, and have enabled wine regions to be characterised, helping wine growers adapt their techniques to suit the terroir. Alongside this, wine tastings have highlighted the influence of soil composition on grape varieties; the quality of the grapes; and ultimately, the properties of the wines, as perceived by the senses. Wine growers now tend to harvest grapes from individual plots, and vinify them separately, before blending their premium offerings. All the while, knowledge of terroirs is constantly being refined.

Des singularités climatiques

Une pluviométrie plus marquée que sur la côte languedocienne, une température moyenne annuelle plus basse et de grandes amplitudes thermiques entre le jour et la nuit : originale, la climatologie du Pic Saint Loup favorise l'expression aromatique et la fraîcheur des vins.

« *Plus encore que la géologie, les facteurs climatiques jouent un rôle primordial dans notre appellation* » résume Pierre-Jean Arnaud, viticulteur à Saint-Jean-de-Cuculles et membre du bureau du syndicat des vignerons du Pic Saint Loup. Et pour cause : bien que situé en zone méditerranéenne, ce vignoble est le plus septentrional des AOC Languedoc. Sa proximité avec le massif des Cévennes, son altitude moyenne (150 mètres) et son éloignement de la mer (30 kilomètres environ) lui apportent en prime, des accents continentaux non négligeables.

Précipitations relativement importantes

« *Nous bénéficions d'un climat Méditerranéen à tendance fraîche et humide* » poursuit Pierre-Jean Arnaud, en citant la pluviométrie comme premier marqueur : « *situé dans une zone de sécheresse modérée, notre secteur affiche un cumul annuel de 800 à 1000 mm de pluie avec une période de déficit hydrique qui est à peine d'un mois. Ce qui explique d'ailleurs la présence d'une végétation forestière arbustive et le fait que la syrah ait trouvé sa place ici.* » Ainsi, un été chaud et sec succède à un printemps frais tandis que l'essentiel des précipitations se concentre lors des équinoxes de printemps et surtout d'automne. Ce qui peut pénaliser les cépages tardifs mais permet la reconstitution des stocks d'eau dans les sols et limite le stress de la vigne lors des périodes plus sèches. Avec une grande variabilité dans le temps : « *depuis quelques années, les rendements sont surtout liés à la pluviométrie estivale.* » Millésime difficile pour de nombreux vignobles français,

« 2013 a donné ici une belle récolte en quantité et en qualité grâce aux averses importantes du mois d'août. Alors qu'en 2003, la récolte a été concentrée, faute de pluie l'été et le bilan s'est soldé par une énorme mortalité dans les vignes l'année suivante. »

Amplitudes thermiques fortes

Avec une somme des températures comprise entre 1550° et 1650° d'avril à septembre, le Pic Saint Loup se situe dans une moyenne douce, l'une des plus basses du Languedoc-Roussillon. Sans oublier l'existence de micro climats liés au relief, à l'altitude, à l'orientation… « *Des zones chaudes par exemple sous l'Hortus voisinent avec des secteurs beaucoup plus froids comme dans les bas fonds de Valflaunès ou vers Fontanès.* » Mais ce qui caractérise le plus l'appellation et impacte le cycle végétatif de la vigne, ce sont les grandes amplitudes thermiques entre le jour et la nuit, en particulier en août et septembre. « *La vigne débourre plus tard et les raisins mettent plus longtemps à mûrir.* » Au final, ces variations entraînent une fin de maturation favorable à la qualité des raisins, le développement de polyphénols aromatiquement intéressants et confèrent de l'équilibre aux vins. Un Pic Saint Loup paradoxe en somme. « *Nous détenons deux records qui illustrent bien la climatologie locale : - 35°C en 1956 et + 50°C en 2003, sachant que dans la journée, la différence entre la température la plus froide et celle la plus chaude peut atteindre 20°C.* »

Vents bénéfiques

Grâce aux reliefs environnants, l'appellation est plutôt préservée des forts coups de vent. Secs et froids, mistral et surtout tramontane qui ont tendance à assécher la vigne lorsqu'ils soufflent trop longtemps contribuent ici à la protection du vignoble face aux maladies liées à l'humidité de l'air (oïdium, pourriture grise) tout en rendant les nuits plus fraîches. Vecteur d'humidité pas toujours apprécié, « *le marin s'avère néanmoins intéressant l'été en déposant sur les feuilles, une rosée que ces dernières s'empressent de capter.* »

ZOOM

• *L'ensoleillement, lié également à l'exposition, permet la photosynthèse, impacte la teneur des baies en polyphénols et leur niveau d'acidité. La température quant à elle, influence le bon déroulement du cycle végétatif de la vigne et la maturation des raisins. En revanche, un excès de chaleur en période de maturation peut nuire à la finesse des arômes dans le vin.*
• *La pluie joue un rôle au moment de la période floraison-véraison sur le rendement et au moment des vendanges en favorisant la concentration en taux de sucres réducteurs et la qualité organoleptique des vins. La régularité de l'alimentation en eau tout au long du cycle végétatif est primordiale : un manque d'eau excessif perturbe la photosynthèse, bloque la maturation des raisins. À l'inverse, trop d'eau peut donner des baies peu sucrées, acides et pauvres en composés phénoliques. Conclusion ? La vigne a besoin d'un stress hydrique modéré.*

CLOSE UP

• *Sunshine, partly related to aspect, promotes photosynthesis and has an impact on polyphenol content and acidity levels in the grapes. Temperatures allow the growth cycle and ripening to develop smoothly. Too much heat, though, during ripening can jeopardise aromatic finesse in the wines.*
• *Rain has an impact on yields during flowering and veraison and again during the harvest, promoting reductive sugar content and the flavour and aroma profile of the wines. A regular supply of water to the vines during the entire growth cycle is essential: severe lack of water disrupts photosynthesis and impedes grape ripening. Conversely, too much water can produce grapes that lack sweetness, are acidic and lacking in phenolic compounds. Hence, vines need moderate water stress.*

A unique climate

Higher rainfall than on the Languedoc coast, lower average annual temperatures and significant temperature variation between day and night time all combine to make the Pic Saint Loup's climate unique, promoting aromatic expression and freshness in the wines.

"Climatic factors play an even more crucial role than geology in our appellation," sums up Pierre-Jean Arnaud, a wine grower in Saint-Jean-de-Cuculles and member of the Pic Saint Loup wine growers' board. Justifiably so, because although it is still part of the Mediterranean, it is the most northerly of all the Languedoc appellations. The nearby Cevennes mountains, an average elevation of 150 metres above sea level and the 30 or so kilometres that separate the Pic Saint Loup from the sea also infuse the climate with quite significant continental influences.

Relatively substantial rainfall

"We enjoy a cool, damp Mediterranean climate," continues Pierre-Jean Arnaud, quoting rainfall as the most salient feature. *"Our appellation is located in an area of moderate drought with total annual rainfall of between 800 and 1,000 mm. Water shortages last for no more than a month, which explains why there are shrubby woodlands and why Syrah thrives here."* Cool springs are followed by hot, dry summers with most rainfall occurring during both the spring, and particularly autumnal equinox. This can potentially penalise late-ripening varieties but it allows depleted water supplies in the soil to be replenished, and limits water stress during the driest months.

Significant variations can occur over time, however: *"For the last few years, yields have been related primarily to summer rainfall."* A challenging vintage for many French wine regions, *"2013 produced a wonderful crop here both in quality and quantity due to heavy showers in August. Conversely, in 2003, the crop was extremely condensed through lack of rain over the summer, leading to huge vine mortality the following year."*

Significant day and night time variations

With cumulative average temperatures ranging from 1,550° to 1,650° from April to September, the Pic Saint Loup's climate is mild and one of the coolest in Languedoc-Roussillon. The area is also home to a variety of microclimates due to landform, elevation, aspect and other factors. *"Hot areas like the one below mount Hortus alternate with much colder spots like the low-lying parts of Valfaunès or near Fontanès."* The most characteristic climatic feature though is the significant difference in day and night time temperatures, particularly in August and September, which has a major impact on the vine's growth cycle. *"Bud burst occurs later and the grapes take longer to ripen."* Ultimately, these variations lead to more favourable end of season ripening, promoting higher quality fruit, the development of aromatically interesting polyphenols and greater balance in the wines. This is one of the Pic Saint Loup's great paradoxes. *"We hold two records that provide a perfect illustration of the local climate: -35°C in 1956 and +50°C in 2003, with a potential difference of 20°C between the hottest and the coldest parts of the day."*

Beneficial breezes

The surrounding hills and mountains shelter the appellation from strong gusts of wind. The Mistral and particularly the Tramontane are dry, cold winds that tend to dry the vineyards out when they blow for too long, but also protect them from the onset of diseases caused by damp air (powdery mildew and grey rot) whilst cooling down night time temperatures. Although the sea breezes can be maligned for the damp air they carry, *"the dew they deposit on the leaves during the summer is much appreciated and rapidly soaked up by the thirsty vines."*

Une identité géologique affirmée

Composée en grande partie de roches calcaires et marno-calcaires de l'ère secondaire, la disposition des terroirs de l'appellation est liée au plissement des Pyrénées puis à la naissance de la Méditerranée. Marque d'une originalité certaine, ces événements géologiques ont organisé les paysages autour d'une faille traversant l'ensemble du cru, les différents terroirs découlant de ce couloir nord-sud.

« Ce secteur a pour trait géologique majeur une des grandes failles de la région. Elle est appelée faille des Matelles ou de Corconne car elle est beaucoup plus apparente près de ces deux villages : on lui doit le contraste paysager entre les massifs de roches du Jurassique supérieur du Causse de Viols-le-Fort au Sud et ceux de la Forêt de Coutach au Nord, avec en contrebas des plaines et des coteaux couverts de vignes » explique Jean-Claude Bousquet, géologue, universitaire et auteur de nombreux ouvrages. « Prenant pratiquement en écharpe toute l'appellation, en suivant la D17 cette faille sert de véritable fil conducteur à ses terroirs ce qui, sans renier la variété de ces derniers, constitue une vraie spécificité » renchérit Luc David, géologue, membre des Écologistes de l'Euzière*. Il existe en effet une relation directe entre les jeux de cette cassure de la croûte terrestre et les terroirs actuels du Pic Saint Loup. Une longue histoire qui se déroule en plusieurs épisodes.

A strong geological identity

Formed primarily of limestone and limestone-marl rocks from the Mesozoic era, the land within the appellation area was shaped by the folding of the Pyrenees and subsequently the birth of the Mediterranean Sea. One of the salient features of these geological events is the fault line that cuts through the appellation from North to South, forming a backbone from which landscapes and vineyards fan outwards.

One of the region's largest fault lines is the major geological characteristic in this area. It is known as the Les Matelles or Corconne fault line because it is most visible near these two villages. *"The contrast in landscapes between the Late Jurassic rock formations along the limestone plateau of Viols-le-Fort in the South, and those of Coutach Forest in the North, which overlook vine-clad plains and hillsides, is due to the fault,"* explains Jean-Claude Bousquet, a geologist, lecturer and author of many books.

"Following the D17 road, the fault sweeps up most of the appellation area and acts as a common thread for the different vineyard sites. This in no way undermines their diversity and provides them with a unique characteristic," adds fellow geologist Luc David, a member of the Ecologistes de l'Euzière*. There is in fact a direct correlation between movement in this crack in the earth's crust and present-day vineyard sites in the Pic Saint Loup. The story is one that goes back millions of years and unfolds in several episodes.

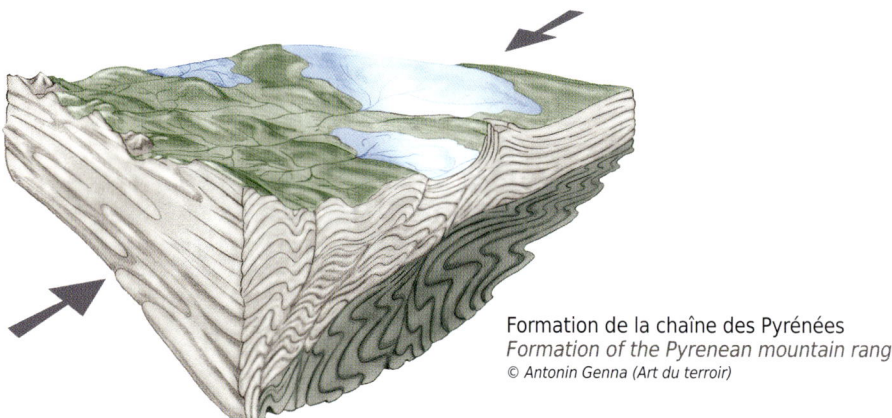

Formation de la chaîne des Pyrénées
Formation of the Pyrenean mountain range
© Antonin Genna (Art du terroir)

ACTE 1 - POUSSÉE PYRÉNÉENNE À L'ORIGINE DU PIC SAINT LOUP

Dans la première moitié de l'ère tertiaire, vers - 40 millions d'années, la plaque ibérique entre en collision avec la plaque européenne. Sous l'effet de cette poussée, calés contre le Massif central, les sédiments calcaires déposés par la mer au cours de l'ère secondaire (du début du Jurassique à la fin du Crétacé inférieur) et ceux continentaux qui les ont suivis sont compressés, se plissent et se soulèvent, donnant naissance à une grande chaîne montagneuse qui s'étend des Pyrénées à la Provence. Le Pic Saint Loup prend naissance. Suivant une faille orientée Est-Ouest, ses roches s'arc-boutent en formant un pli anticlinal (en forme de voûte). « *De ce plissement reste aujourd'hui le flanc nord correspondant au Pic Saint Loup tandis que la partie sud retombe dans les garrigues de Saint-Jean-de-Cuculles* » détaille Luc David. Au milieu se trouve la combe de Mortiès. Détruisant la voûte de ce grand pli, l'érosion a en fait dégagé cette petite dépression en mettant à jour les formations les plus anciennes du Pic (marnes tendres du Jurassique inférieur). « *La bosse de calcaire sur laquelle se trouve le mas Mortiès est entourée de marnes noires, dominées par des dolomies grises du Jurassique moyen, puis des roches du Jurassique supérieur : ces dernières correspondent notamment aux calcaires du Pic Saint loup. Sur son flanc oriental, ses couches sont très fortement redressées. Mortiès est donc le cœur de l'anticlinal dont le Pic Saint Loup fait partie* » interprète Jean-Claude Bousquet. La poussée pyrénéenne offre ainsi un premier terroir, un peu atypique à l'appellation : une partie des sols de dolomies (du coté de Cazevieille, sur les bords de la combe) et tout le creux de la combe (éboulis et colluvions en surface). Une structure géologique qui au passage, bat en brèche une idée reçue. « *Elle démontre que le Pic Saint Loup et l'Hortus n'ont jamais été reliés et ne sont pas constitués de roches du même âge : les calcaires du Jurassique supérieur qui forment le premier sont des sédiments marins accumulés en strates successives il y a 150 millions d'années. Et n'ont rien à voir avec les calcaires de l'Hortus dont les sédiments se sont déposés il y a quelques - 140 à - 135 millions d'années au Crétacé inférieur et sont superposés au-dessus de ceux qui forment l'ossature du Pic.* »

ACT 1 - THE PIC SAINT LOUP FORMED BY THE UPTHRUST OF THE PYRENEES

During the first half of the Tertiary period, approximately 40 million years ago, the Iberian plate collided with the European plate. Wedged against the Massif Central, the limestone sediment deposited by the sea during the Mesozoic era (from the start of the Jurassic to the end of the Early Cretaceous period), and the continental limestone sediment which followed, were compressed, folded and thrust upwards, forming a large chain of mountains extending from the Pyrenees to Provence. The Pic Saint Loup was thus born. Along an East-West trending fault, its rock formations arched, forming an anticline or vault shape. "*The remains of this fold are its northern flank, now the Pic Saint Loup, whilst the southern part peters out amongst the garrigue or scrubland of Saint-Jean-de-Cuculles,*" explains Luc David. In the middle is Mortiès coomb. Erosion shattered the vaulted ceiling of this major fold, revealing a tiny hollow where the Pic's oldest rock formations are exposed (soft marl from the Early Jurassic period). Jean-Claude Bousquet expounds further: "*The limestone hillock where Mas Mortiès is located is surrounded by black marl, predominantly grey dolomite from the Middle Jurassic period, followed by Late Jurassic rocks. The latter formation is Pic Saint Loup limestone. Along its eastern flank, the different layers have been strongly pushed upwards, thus making Mortiès the centre of the anticline of which the Pic Saint Loup is also a part.*"

The Pyrenean upthrust therefore formed the appellation's first, quite unusual, soil type: part of the dolomite soils near Cazevieille around the edge of the coomb, and the valley floor (scree and superficial colluvium). This geological formation debunks a longstanding myth: "*It shows that the Pic Saint Loup and Hortus ridge have never been joined and do not comprise rocks of the same era. The Late Jurassic limestone forming the Pic Saint Loup is marine sediment accumulated in successive layers 150 million years ago. It bears no relationship with the limestone on Hortus ridge which is sediment deposited around 140 to 135 million years ago, during the Early Cretaceous period, superimposing the limestone forming the Pic Saint Loup's structure.*"

ACTE 2 - EFFONDREMENTS EN CASCADE ET JEU DE LA FAILLE DE CORCONNE-LES MATELLES

Au cours de la période Oligocène (entre 34 et 23 millions d'années), les reliefs de la chaîne subissent tout d'abord une forte érosion : « *des torrents qui en descendent charrient les gros galets calcaires que l'on remarque dans certaines vignes près des Matelles et entre Saint-Mathieu-de-Tréviers et Valflaunès et au-delà, au nord de Sauteyrargues et vers Brouzet-les-Quissac.* » Le mouvement des plaques continue, mais les forces de compression ont cessé et sont remplacées par des forces qui « *étirent* » le Languedoc. Il s'affaisse selon une direction Nord-Est /Sud-Ouest depuis le plateau du Larzac jusqu'à la Camargue sous forme de marches d'escaliers limitées par des failles, telles celles des Cévennes et de Nîmes et entre elles la faille de Corconne-Les Matelles. Au pied de cette dernière, aux Matelles, des brèches s'écroulent dans la partie abaissée occupée par des lacs (calcaire lacustre de Saint-Mathieu-de-Tréviers). Au Miocène, l'effondrement de l'énorme chaîne pyrénéo-provençale se poursuit et provoque l'apparition de la mer, ancêtre de la Méditerranée au niveau du Golfe du Lion, mer qui s'avance loin à l'intérieur des terres.

ACT 2 - SUCCESSIVE LANDFORM COLLAPSES AND MOVEMENT IN THE LES MATELLES-CORCONNE FAULT

During the Oligocene epoch (between 34 and 23 million years ago), the range's landforms initially underwent significant erosion: *"Descending torrents transported the large limestone pebbles that are noticeable in some vineyards near Les Matelles, between Saint-Mathieu-de-Tréviers and Valflaunès, North of Sauteyrargues and near Brouzet-les-Quissac."* The plates continued to move but compressive forces stopped and were superseded by forces which 'stretched' Languedoc. Following a North-East/South-West trend, from Larzac plateau to the Camargue, it subsided, forming steps delimited by fault lines such as those of the Cevennes and Nimes, and the Les Matelles-Corconne fault located between the two. In Les Matelles, at the foot of the latter fault line, gaps caved into the lowered part occupied by lakes (lacustrian limestone in Saint-Mathieu-de-Tréviers). During the Miocene era, the collapse of the huge Pyrenean-Provencal mountain range continued and led to the emergence of the sea - the forerunner of today's Mediterranean - in the Gulf of Lion, which stretched far inland.

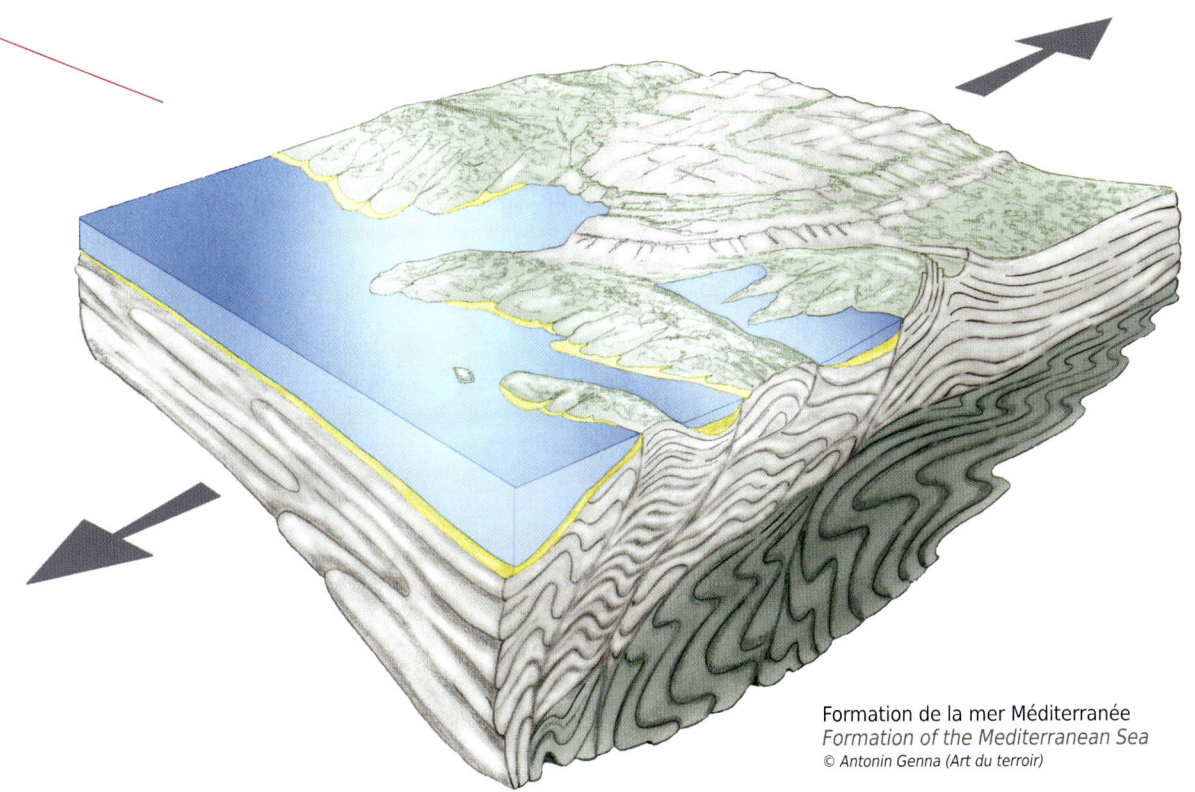

Formation de la mer Méditerranée
Formation of the Mediterranean Sea
© Antonin Genna (Art du terroir)

ACTE 3 - SCULPTURE DU RELIEF ET TERROIRS

Après ces deux actes, la disposition générale des roches est acquise et l'érosion va créer les topographies sur lesquelles viennent s'ancrer les terroirs du Pic Saint Loup. Le plissement pyrénéen a légué le pli qui est alors creusé profondément dans la combe de Mortiès. Ailleurs, le rôle de la faille de Corconne-Les Matelles est primordial : l'érosion va jouer sur les différences de nature des roches que cette grande fracture a mis en face à face.

Selon Luc David : « *au long de la faille entre Valflaunès et Vacquières, parallèlement, entre deux barres de calcaires déterminées par les blocs basculés, des roches tendres ont formé des combes marneuses occupées par des parcelles cultivées.* » Enfin, toujours dans le même contexte, « *sur le revers de ces petites cuestas, c'est à dire la partie basculée du calcaire dur, les zones de pâture puis de garrigue fermée ont fait place à des terroirs qualitatifs récents, en pente douce : depuis une quinzaine d'années, des vignes apparaissent sur des terres défrichées qui n'ont jamais été cultivées, comme c'est aussi le cas sur le causse, au-dessus de Lauret* ».

De l'autre coté de la faille, l'érosion a dégagé la grande plaque des calcaires de l'Hortus qui forme le causse de Pompignan. En contrebas, d'autres barres calcaires de moindre importance pointent dans l'épaisse série marneuse du début du Crétacé inférieur. Le creusement s'est fait petit à petit, « *non pas de manière uniforme mais là où la roche est la plus tendre, composant un paysage en festons avec trois reculées majeures -Valflaunès, Lauret et Claret- bien exposées et protégées des vents de terre froid, les courants frais et humides étant à l'inverse drainés au fond des combes.* » Ces reculées créent d'une part un terroir de plaine lié à la partie dégagée par l'érosion et d'autre part un terroir de pente sur lesquels s'étalent des éboulis très bien triés, assez régulièrement calibrés, car éclatés par l'eau qui gèle. Ils forment un glacis au dessus de marnes imperméables si bien que l'eau de pluie suinte entre ces blocs, offrant à la vigne une réserve d'eau certes ténue mais toujours présente. Les périodes froides du Pléistocène sont ainsi à l'origine des dernières formations géologiques visibles : « *la gélifraction, phénomène de fractionnement des roches causée par les effets répétés du gel et du dégel, a également été très importante sur tout le massif de calcaires jurassiques de la Forêt de Coutach* » relate Jean-Claude Bousquet. Les torrents ont charrié ces débris qui couvraient les versants des ravins et les ont déversés sur les terrains du Crétacé inférieur, sous forme de vastes cônes de déjection correspondant à la fameuse gravette de Corconne. « *En profondeur, comme en surface, ces sols viticoles sont très caillouteux, bien drainants, avec une bonne réserve utile en eau, variable selon l'épaisseur de la gravette.* »

ACT 3 - THE SHAPING OF THE LANDFORM AND VINEYARD SOILS

After the first two Acts, the overall layout of the rock formations remained the same and weathering created the topography in which the Pic Saint Loup's various soil types became rooted. The Pyrenean folding left behind it the fold which subsequently dug deep into Mortiès coomb. Elsewhere, the Les Matelles-Corconne fault played a pivotal role: erosion had an impact on the different types of rock formations on either side of this major fault line. According to Luc David, "*Along the fault, between Valflaunès and Vacquières, soft rock formations have created marly coombs in which vineyards are grown, between two parallel limestone ridges outlined by upturned blocks.*" In this same area, "*on the backslope of these small cuestas – i.e. the overturned part of the hard limestone – pastureland then dense scrubland have made way for younger, gently sloping quality soils. Over the last 15 years, vineyards have emerged in clearings where vines had not previously been grown. The plateau overlooking Lauret is one such example.*"

On the other side of the fault line, erosion has revealed the extensive limestone slab forming Pompignan plateau. Down below, other, smaller limestone ridges form outcrops amongst the thick marly series from the beginning of the Early Cretaceous period. Hollowing occurred gradually, "*not consistently, but in places where the rock is softest, forming a scallop-edged landscape with three major steephead valleys – Valflaunès, Lauret and Claret. The valleys boast a favourable aspect and are sheltered from the cold land winds; conversely, cool, damp breezes are drawn into the valley floors.*" The steephead valleys form both plains caused by weathering and rolling landforms strewn with extremely well-sorted scree, which is fairly consistently sized due to shattering by freezing water. It forms a glacis on top of impermeable marl so that rainwater seeps through the stones, providing vines with a supply of water that is restricted yet constant. The latest visible geological formations stem from the glacial periods of the Pleistocene: "*Frost shattering, through which rocks are broken down by the recurrent effects of frost and thawing, was also very significant across the Jurassic limestone range of Coutach forest,*" recounts Jean-Claude Bousquet. Torrents transported the debris covering the sides of ravines to areas dating from the Early Cretaceous, forming extensive alluvial fans like the famous 'gravette' soils of Corconne. "*These vineyard soils, both deep down and on the surface, are extremely stony with good drainage and usable supply of water, which varies according to the depth of the 'gravette'.*"

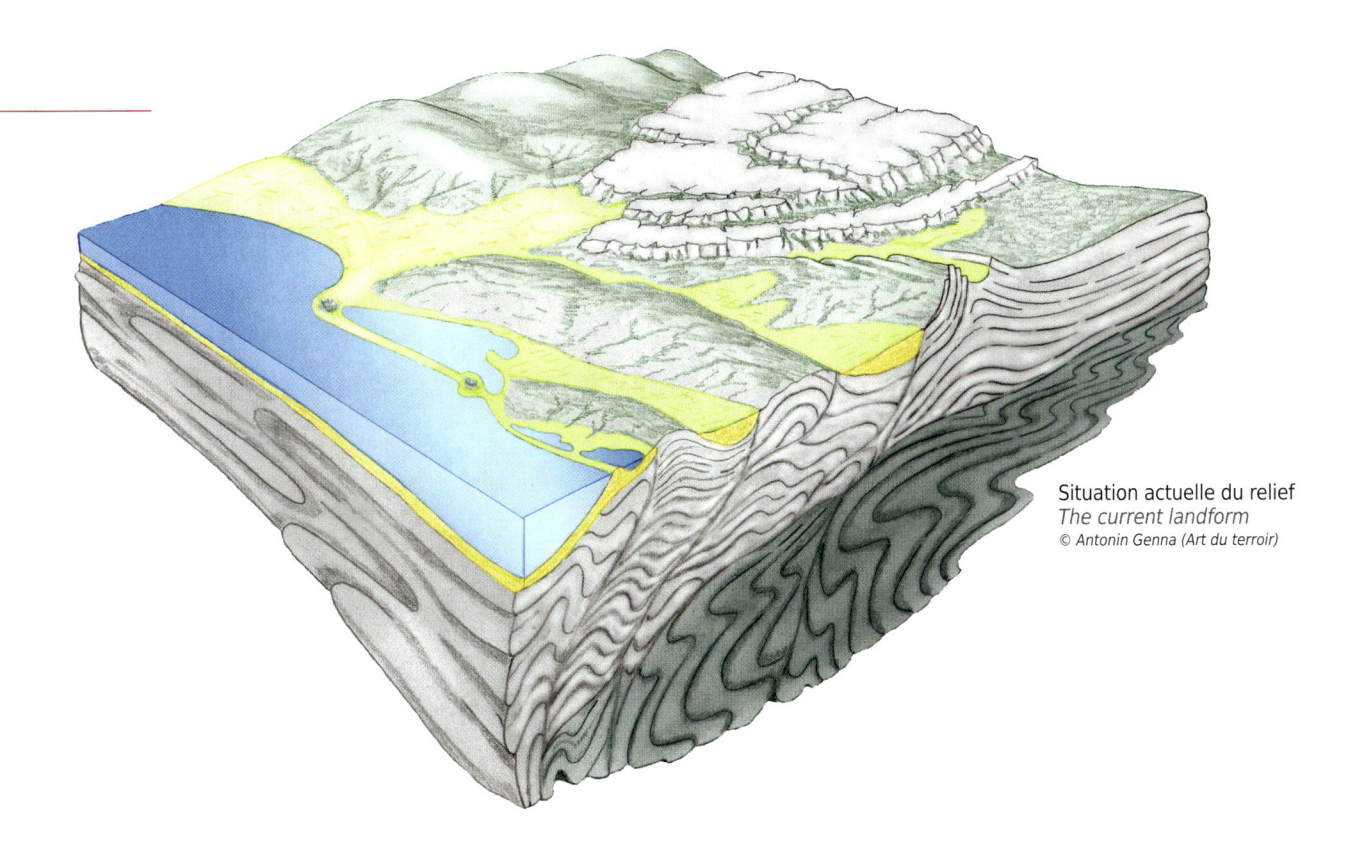

Situation actuelle du relief
The current landform
© Antonin Genna (Art du terroir)

EN CONCLUSION

« *Si cette appellation présente quelques particularités géologiques comme la gravette, la combe de Mortiès, le plateau de Cazevieille… elle se caractérise surtout par une belle unité, liée à une majorité de terrains argilo-calcaires du Crétacé inférieur en versant avec des orientations différentes.* » Comme le confirme Pierre-Jean Arnaud, viticulteur à Saint-Jean-de-Cuculles, « *le Crétacé correspond au final à 80 % de la surface de l'aire d'appellation. Les argiles et galets de l'Oligocène inférieur, amenés par les alluvions sur roches du Crétacé, représentent pour leur part, 15 à 20 %. Le vignoble se situe sur ces fragments qui ont été arrachés aux massifs et ces alluvions qui sont restées piégées en l'absence de rivière importante susceptible de les déblayer.* » De l'avis même des géologues, la topographie montre par ailleurs des similitudes troublantes avec une célèbre région viticole : « *Face à l'Est, la grande ligne de versants dominant une faille qui structure l'aire d'appellation n'est sans rappeler la situation de la Bourgogne.* » Tout un symbole…

* Les Ecologistes de l'Euzière sont une association d'éducation à l'environnement et de conseil en gestion environnementale à Prades-le-Lez

TO CONCLUDE

"*Although the appellation offers up some unusual geological characteristics like the 'gravette', Mortiès coomb and the plateau at Cazevieille, its primary feature is the great consistency stemming from a majority share of rolling, clay-limestone soils from the Early Cretaceous, with a variety of aspects.*" Pierre-Jean Arnaud, a wine grower in Saint-Jean-de-Cuculles confirms that, "*80% of the appellation area dates from the Cretaceous period. Clay and pebbles from the Early Oligocene, deposited by alluvium on rock formations from the Cretaceous, account for between 15 and 20%. Vines are grown on rock fragments stripped off mountain ranges and on alluvium that remained trapped due to the lack of any major river that might have carried it away.*" Symbolically, the geologists themselves have likened the local topography to the uncannily similar features of another wine region: "*Facing East, the long line of slopes overlooking the fault which forms the appellation's backbone, bears a resemblance to Burgundy.*"

* The Ecologistes de l'Euzière is an association responsible for environmental education and management consultancy in Prades-le-Lez.

Chronologie des principaux événements géologiques à l'origine des reliefs et formations dans la région du Pic Saint Loup
Timescale of the main geological events which caused the land forms and rock formations in the Pic Saint Loup area

ÈRE SECONDAIRE

Dépôts marins :
- formation des calcaires durs du Pic Saint Loup et du plateau de Cazevieille
- formation des dolomies et des calcaires à silex
- dépôts des marnes noires avec ammonites et bélemnites de la Combe de Mortiès
- dépôts des calcaires du Mas de Mortiès

Dépôts marins calcaires et argileux

Formation des calcaires durs de l'Hortus et des alternances de calcaires tendres et de marnes avec ammonites

Départ de la mer de l'ère secondaire et érosion puis dépôts lacustres (calcaires) et fluviatiles (conglomérats, marnes, grès continentaux)

Plissements pyrénéens : le Pic Saint Loup s'arc-boute en formant le pli anticlinal de Mortiès. Dépôts continentaux éocènes et paléocènes

JURASSIQUE			CRÉTACÉ		PALÉOGÈNE
INFÉRIEUR	MOYEN	SUPÉRIEUR	INFÉRIEUR	SUPÉRIEUR	PALÉOCÈNE
- 175 M.A.	- 165 M.A.	- 145 M.A.	- 100 M.A.	- 65 M.A.	

- 175 M.Y.	- 165 M.Y.	- 145 M.Y.	- 100 M.Y.	- 65 M.Y.	
JURASSIC			CRETACEOUS		PALEOGENE
LOWER	MIDDLE	UPPER	LOWER	UPPER	PALEOCENE

Marine sediment :
- formation of hard limestone on the Pic Saint Loup and Cazevieille plateau
- formation of dolomites and limestone with silica
- black marl sediment with ammonites and belemnites in Mortiès coomb
- limestone sediment at Mas Mortiès

Limestone and clay marine sediment

Formation of the hard limestone on Mount Hortus and alternating layers of soft limestone and marl with ammonites

Receding of the sea from the Mesozoic era and erosion then lacustrian (limestone) and fluvatile sediment (conglomerate, marl, continental sandstone)

Pyrenean folding. The Pic Saint Loup arches, forming an anticline at Mortiès Eocene and paleocene continental sediment

MESOZOIC ERA

ÈRE TERTIAIRE

ÈRE QUATERNAIRE

Erosion de la chaîne pyrénéenne et dépôt d'alluvions (conglomérats, marnes et grès)

Effondrement de la chaîne pyrénéenne et d'une partie du Languedoc

Arrivée de la mer miocène : dépôt de marnes, sables et « pierre du Midi »

Départ de la mer miocène

Erosion :
- formation d'éboulis d'éclats calcaires (au pied du Pic et de l'Hortus) et de colluvions, alluvions et dépôts récents
- creusement des combes de Mortiès et de Fambetou ainsi que des reculées de Lauret et Claret

NÉOGÈNE

| EOCÈNE | OLIGOCÈNE | MIOCÈNE | PLIOCÈNE | PLÉISTOCÈNE |

- 34 M.A.   - 23 M.A.   - 5,3 M.A.   - 1,8 M.A.

→

- 34 M.Y.   - 23 M.Y.   - 5,3 M.Y.   - 1,8 M.Y.

NEOGENE

| EOCENE | OLIGOCENE | MIOCENE | PLIOCENE | PLEISTOCENE |

Erosion of the Pyrenean mountain range and alluvium deposits (conglomerate, marl and sandstone)

Collapse of the Pyrenean mountain range and part of Languedoc

Arrival of the Miocene sea:
- marl, and and 'Midi stone' sediment

Receding of the Miocene sea

Erosion :
- formation of limestone shard scree (in the foothills of the Pic and Hortus) and colluvium, alluvium and recent sediment
- hollowing of Mortiès and Fambetou coombs as well as the Lauret and Claret steephead valleys.

TERTIARY ERA

QUATERNARY ERA

Cette représentation 3D correspond à la plus grande partie de l'appellation Pic Saint Loup et illustre ces deux traits majeurs : la combe de Mortiès creusée au cœur du pli anticlinal dont le Pic Saint Loup est le flanc nord très redressé qui fait face à l'Hortus, aux calcaires plus jeunes ; la faille de Corconne-Les Matelles, grande fracture qui en mettant en contact des roches d'âge et de nature différents est responsable de la disposition générale du relief.

This 3D image covers most of the Pic Saint Loup appellation and illustrates its two major features: Mortiès coomb, hollowed out of the centre of an anticline of which the Pic Saint Loup forms the vertical northern flank, opposite mount Hortus where the limestone is more recent; and the Corconne-Les Matelles fault line which, by bringing together rocks of different ages and characteristics, is responsible for the overall lie of the land.

© Jean-Claude Bousquet

faille de Corconne-Les Matelles

faille de Corconne-Les Matelles

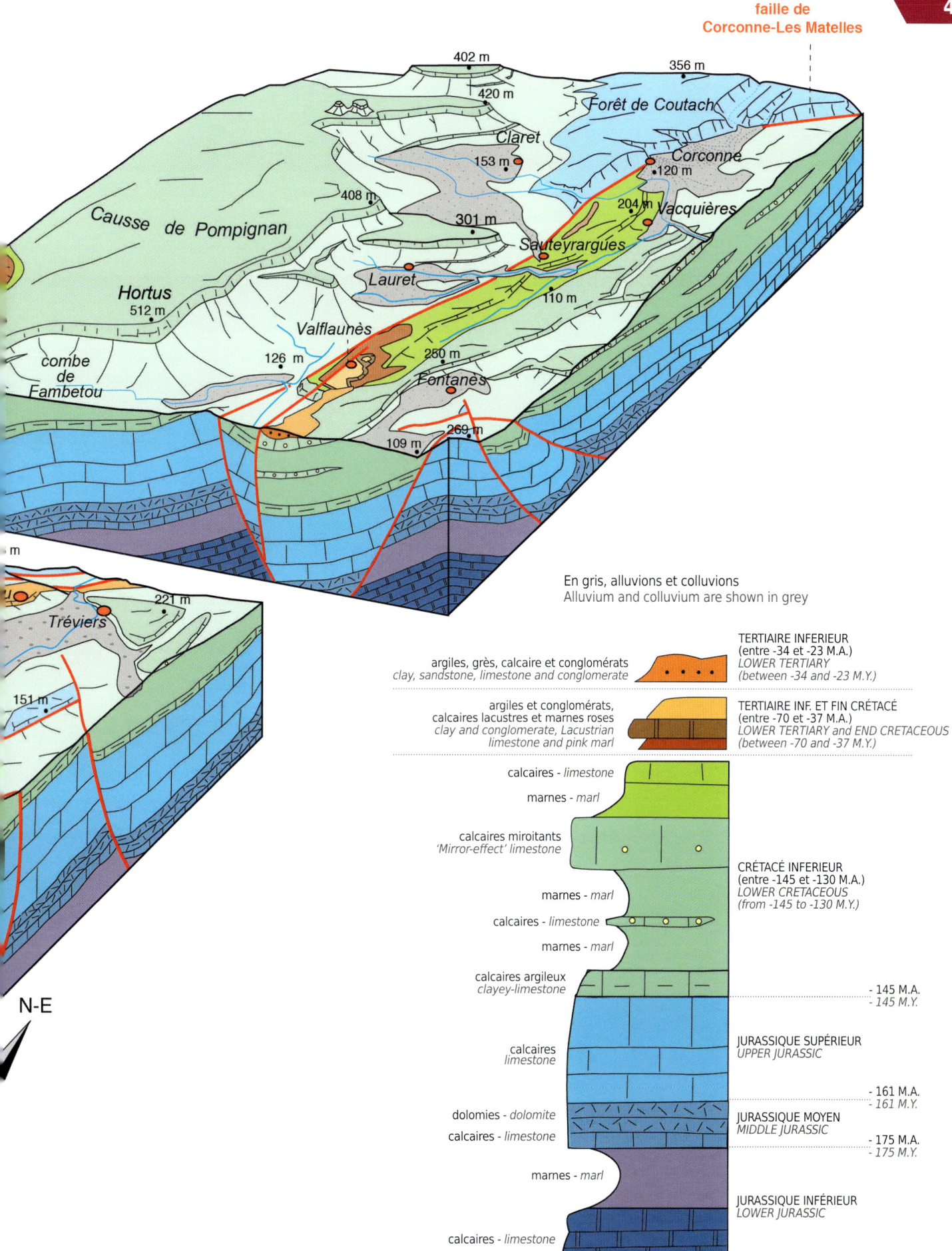

402 m — 420 m — 356 m

Forêt de Coutach
Claret 153 m
Corconne 120 m
408 m
301 m — 204 m Vacquières
Causse de Pompignan
Sauteyrargues
Hortus 512 m
Lauret
110 m
combe de Fambetou
Valflaunès 126 m — 250 m
Fontanès
109 m — 269 m

Tréviers 221 m
151 m

N-E

En gris, alluvions et colluvions
Alluvium and colluvium are shown in grey

argiles, grès, calcaire et conglomérats *clay, sandstone, limestone and conglomerate*	**TERTIAIRE INFÉRIEUR** (entre -34 et -23 M.A.) *LOWER TERTIARY* *(between -34 and -23 M.Y.)*
argiles et conglomérats, calcaires lacustres et marnes roses *clay and conglomerate, Lacustrian limestone and pink marl*	**TERTIAIRE INF. ET FIN CRÉTACÉ** (entre -70 et -37 M.A.) *LOWER TERTIARY and END CRETACEOUS* *(between -70 and -37 M.Y.)*
calcaires - *limestone* marnes - *marl* calcaires miroitants *'Mirror-effect' limestone* marnes - *marl* calcaires - *limestone* marnes - *marl* calcaires argileux *clayey-limestone*	**CRÉTACÉ INFÉRIEUR** (entre -145 et -130 M.A.) *LOWER CRETACEOUS* *(from -145 to -130 M.Y.)*

- 145 M.A. / -145 M.Y.

calcaires *limestone*	**JURASSIQUE SUPÉRIEUR** *UPPER JURASSIC*

- 161 M.A. / -161 M.Y.

dolomies - *dolomite* calcaires - *limestone*	**JURASSIQUE MOYEN** *MIDDLE JURASSIC*

- 175 M.A. / -175 M.Y.

marnes - *marl* calcaires - *limestone*	**JURASSIQUE INFÉRIEUR** *LOWER JURASSIC*

1. AMMONITES

Dans les couches d'origine marine (calcaires et marnes du Jurassique et du Crétacé inférieur) de l'appellation Pic Saint Loup, les coquilles de ces céphalopodes sont assez fréquentes. Leur coquille calcaire est divisée en loges, comme leurs cousins actuels les nautiles dont des fossiles ont été trouvés également dans les calcaires qui sont au sommet des terrains du Crétacé inférieur.

2. CRÉTACÉ INFÉRIEUR

Un ravinement récent a mis au jour des marnes (argiles un peu calcaires) dans lesquelles des petits bancs de calcaire marneux sont de plus en plus nombreux vers le haut. Ces dépôts marins du Crétacé inférieur s'étendent sur de vastes surfaces et forment les versants en contrebas de la grande dalle du Causse de Pompignan, de la combe de Fambetou et l'Hortus jusqu' à Claret (voir dessin p 41).

3. MIROIR

Visible à l'entrée sud du village de Corconne, ce plan incliné régulier correspond au « miroir » de faille de Corconne-Les Matelles : les jeux successifs de cette grande cassure ont broyé les calcaires jurassiques de la Forêt de Coutach et les ont mis en contact avec les calcaires marneux du Crétacé inférieur, couverts par la « Gravette ».

4. GRAVETTE

Pendant une période froide (« glaciaire ») de l'ère quaternaire, l'eau en gelant à maintes reprises dans les fissures et les fractures des calcaires de la Forêt de Coutach a fait éclater la roche en petits fragments. Aux débouchés de ravins traversant ce massif, des torrents ont étalé ces cailloutis (carrière près de Baubiac).

5. COLLUVIONS

Près de Claret, en contrebas des reliefs, les sols se sont formés sur des limons argileux avec des passées de cailloutis calcaires. L'érosion des terrains du Crétacé inférieur a produit ces dépôts de faible pente (colluvions).

1. AMMONITES

In the strata of marine origin (limestone and marl from the Jurassic and Early Cretaceous periods) within the Pic Saint Loup appellation area, the shells of these cephalods are fairly common. Their limestone shell is divided into chambers, like their present-day cousin, the nautilus, whose fossils have also been found in limestone on higher, Early Cretaceous ground.

2. EARLY CRETACEOUS

Recent gully erosion has revealed marl (clay with some lime content) in which small banks of marly limestone become increasingly common on higher ground. This marine sediment from the Early Cretaceous stretches over extensive areas and forms the lower slopes of the substantial plateau of Pompignan, Fambetou coomb and mount Hortus as far as Claret (see drawing).

3. MIRROR

The regular incline that can be seen from the southern route into the village of Corconne, is the Corconne-Les Matelles fault 'mirror': successive movement of this substantial fracture crushed Jurassic limestone in Coutach forest and brought it into contact with marly limestone from the Early Cretaceous, covered by 'gravette' soils.

4. GRAVETTE

During an era of cold weather (glacial) in the Quaternary period, water constantly seeped into cracks and fractures in the limestone of Coutach forest and shattered the rocks into tiny fragments when it frequently froze. Torrents spread this gravel around gully outlets along the mountain range (quarry near Baubiac).

5. COLLUVIUM

In the foothills near Claret, soils have formed over clayey silt with a few smatterings of limestone gravel. Erosion of ground from the Early Cretaceous produced this low gradient sediment (colluvium).

Photos et Légendes :
Jean-Claude Bousquet

La combe de Mortiès • *Mortiès coomb*

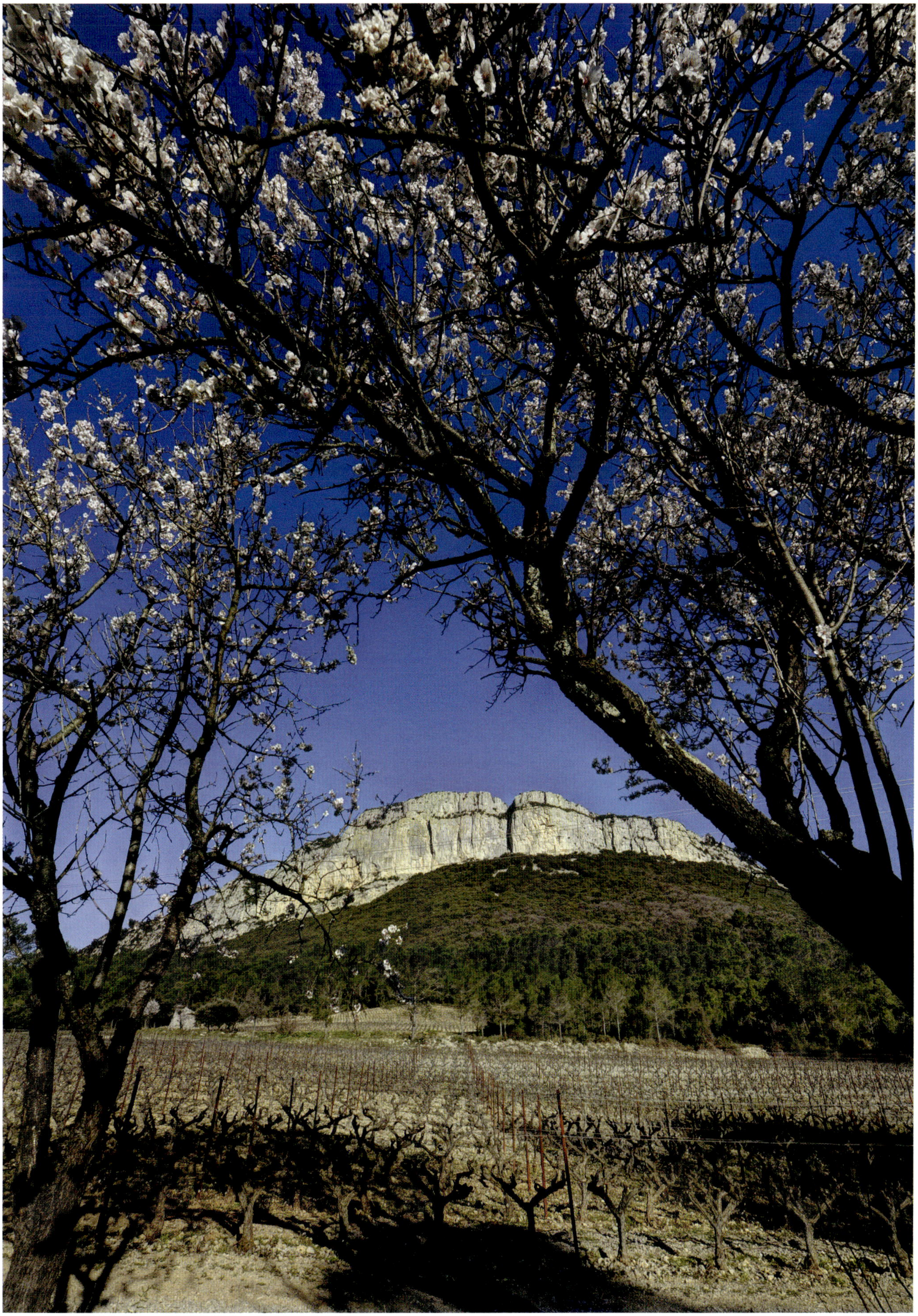

Un terroir magnifié par la main de l'homme

Calcaires durs ou tendres, conglomérats, dolomies, marnes, éboulis calcaires d'origine fluviale ou cryoclastique... les vignerons pianotent sur une large gamme dominée par les sols argilo et marno calcaires. Ces sols présentent des caractères communs : fertilité faible, pierrosité, bon drainage, absence d'horizon limitant afin d'assurer un enracinement profond, réserve en eau répartie en profondeur. Aujourd'hui, grâce à une connaissance plus pointue de leur terroir, les vignerons s'orientent même vers l'expression de lieux dits.

« *Quand les vignerons attaquent les vendanges à Lauret, ceux de Saint-Mathieu-de-Tréviers ont déjà commencé depuis une semaine...* » Pour Christophe Peyrus, vigneron à Clos Marie, si le climat joue un rôle important en Pic Saint Loup et se traduit par des exemples concrets, ce sont d'abord les sols qui font le terroir. « *Notre appellation regroupe une grande famille de calcaires, chacun avec son évolution historique et son positionnement. Question de texture, les éboulis d'arrachement des contreforts de l'Hortus n'ont rien à voir avec les calcaires durs de Cazevielle et vont influencer le profil des vins de façon primordiale.* » Un constat, né d'observations empiriques, qui a conduit à l'origine, six communes -situées pour la plupart dans des « *fers à cheval* » du contrefort de l'Hortus- à se regrouper pour initier une démarche de délimitation parcellaire en VDQS. « *Les anciens avaient défini les contours de l'appellation avec leur bon sens paysan. Sur cette base historique, les vignerons ont entrepris de travailler depuis 1994, sur l'identité des lieux qui composent leur terroir.* » Correspondant à des résurgences géologiques spécifiques, Corconne (« *gravette* »), Mortiès (marnes noires et dolomies avec éboulis et colluvions en surface) et Cazevieille constituent des zones atypiques, de même que Saint-Gély-du-Fesc, caractérisé par la présence de conglomérats et grès continentaux. Le Pic Saint Loup recouvre ainsi trois situations dominantes : les plaines argilo calcaires, les penchants d'éboulis, les vignes sur calcaire dur en hauteur.

Les hauts de côte

Située le long des plateaux du Pic Saint Loup/Viols-le-fort

et de l'Hortus jusqu'à Corconne, cette ligne de côte correspond à l'appellation historique. Il s'agit d'un terroir noble, constitué d'éboulis d'éclats calcaires sous falaises. Les sols y sont en général profonds, poreux et filtrants, avec une excellente capacité de drainage et une très bonne gestion de l'eau tout au long du cycle de la vigne. L'installation très progressive de la sécheresse estivale permet en outre, d'obtenir des maturités homogènes et équilibrées. « *C'est le sol '4x4' de l'appellation : il est propice à l'installation de l'ensemble de nos cépages à condition de savoir ce qui se trouve en profondeur* » précise Christophe Peyrus. Les expositions Sud sous falaise sont plutôt utilisées pour le mourvèdre, cépage exigeant et très tardif, tandis que les expositions Nord plus fraîches conviennent à la syrah. Le grenache est positionné de préférence sur les marnes un peu asséchantes en haut de côte car il a besoin de moins d'eau. « *Ce terroir va donner des vins plus complexes, denses, épais, avec de la fraicheur, du croquant et de l'acidité. En moyenne, il est plus facile d'y faire un vin de garde.* »

En bas de côte

Ici, les sols marno calcaires représentent la formation pédologique la plus dominante en surface. Ils sont cependant de nature très diverse (proportion d'argile, épaisseur et densité des marnes, profondeur de la couche tendre, etc...) : certains offrent une excellente réserve en eau. D'autres sont un peu plus asséchants. Le climat y est plus homogène et sans contrainte d'exposition. Si les marnes sont profondes, la syrah sera privilégiée, si elles sont asséchantes, elles

How human intervention enhances terroir

Pic Saint Loup wine growers are able to draw on a wide array of soil types: hard and soft limestone, conglomerate, dolomite, marl, fluviatile or cryoclastic limestone scree, for instance, even though clay and limestone marl are predominant. Despite their diversity, the soils share some common features: low fertility; high stone content; good drainage; no restrictive horizons, hence allowing roots to plunge deep into the soil; and available water content distributed deep below the surface. More intricate knowledge of these soil patterns, over the years, has allowed growers to begin revealing a sense of place even in wines from specific sites.

"When wine growers start harvesting in Lauret, Saint-Mathieu-de-Tréviers has already been harvesting for a week," points out Christophe Peyrus, for whom climate undeniably plays an essential role in the Pic Saint Loup – the evidence is tangible – but, who also believes that soil types determine terroir. He goes on to explain: *"Our appellation covers a large family of limestone, each with its own historical evolution and positioning. In terms of texture, the abrupt scree in the foothills of Mount Hortus has nothing in common with the hard limestone at Cazevieille, and this has a crucial influence on the profile of the wines."* This observation, based on empirical evidence, originally led six villages to group together in order to define specific plots for producing VDQS wines (Vin Délimité de Qualité Supérieure). Most of the villages were located in U-shaped valleys, in the foothills of Mount Hortus. *"Our elders had defined the boundaries of the appellation using traditional farming wisdom. Based on these original foundations, in 1994, wine growers began exploring the identity of the sites that form the area."*

Specific geological resurgences – in Corconne ('gravette'), Mortiès (black marl and dolomite with superficial scree and colluvium) and Cazevieille – are atypical features, as is Saint-Gély-du-Fesc, home to characteristic continental conglomerate and sandstone. Generally speaking, the Pic Saint Loup embraces three main vineyard settings: clay-limestone plains, sloping scree and vines grown on hard limestone, situated on high ground.

The upper slopes

Located along the Pic Saint Loup/Viols le Fort and Mount Hortus to Corconne plateaux, this line of hills forms the original appellation area. It is home to noble soils formed of shattered limestone scree located beneath cliff faces. The soils are generally deep, porous and free-draining. They boast excellent drainage capacity and extremely good water management throughout the vine's growth cycle. As summer drought conditions very gradually take hold, they also promote consistent, balanced ripening. *"This is the appellation's 4 x 4 soil: it is suitable for all our grape varieties provided the grower knows what's deep below the surface,"* explains Christophe. South-facing sites beneath cliff faces are used primarily for Mourvèdre, a demanding and very late-ripening grape, whereas cooler, North-facing vineyards are well-suited to Syrah. Grenache is grown preferably on slightly drying marl soils situated on high ground, because it needs less water. *"This type of soil yields more complex, dense, thick wines with freshness, crunchiness and acidity. As a rule, it has a greater propensity for producing wines for cellaring."*

The lower slopes

Here, limestone marl is the most common soil type on the surface. However, it varies greatly in nature (proportion of clay, thickness and density of the marl, depth of the soft layer etc.). Some provides excellent water reserves, while other types are slightly more drying. The climate

conviendront mieux au grenache, le mourvèdre étant généralement exclu de ce terroir du fait de sa fraîcheur. « *Les marnes amènent en général plus d'anthocyanes et de couleur, des vins plus légers, plus courts.* »

Les sols sur calcaires durs

Enfin, au niveau de la ligne de côte secondaire (Fontanès, Sainte-Croix-de-Quintillargues jusqu'à Corconne), les calcaires durs constituent des terroirs exigeants qui nécessitent beaucoup de doigté de la part du vigneron, pour réussir à extraire en cave, les tanins les plus fins. Ces sols moins profonds se révèlent favorables en année humide mais la vigne peut y souffrir en année très sèche. Les cépages aimant les sols pauvres s'y plaisent (carignan, grenache). Les vins issus de ces sols allient souvent garde, puissance, belle matière et complexité aromatique. Des nuances s'imposent toutefois car les apparences sont parfois trompeuses : « *du calcaire dur peut se trouver sous 50 cm d'éboulis.... En réalité, tout vigneron qui se respecte doit savoir ce qu'il a en surface, dans le sol et en sous sol. A partir de là, il peut décider ce qu'il a envie d'implanter. Ensuite, le travail du sol à la bonne période et en essayant de gagner au maximum l'enracinement favorable va être déterminant. Bien préparé avec le bon cépage, un terroir très superficiel peut donner de très belles choses.* »

Des micro terroirs

L'influence des pratiques culturales est donc indéniable. En l'occurrence, les vignerons font preuve d'une meilleure adaptation cépage/terroir que dans le passé et maîtrisent de mieux en mieux leurs sols. Résultat ? « *En 2003, on pouvait parler d'une certaine homogénéité en Pic Saint Loup avec un profil aromatique, une même approche de travail. Dix ans après, cette base solide existe toujours. Mais certains vignerons ont évolué un peu différemment parce qu'ils sont situés sur un tènement particulier dont ils ont envie de faire ressortir l'identité. Or, à la dégustation, au delà de la patte du vigneron et à condition de ne pas aller chercher une sur maturité gommant les paramètres d'équilibre, on perçoit clairement des différences, des caractéristiques nouvelles liées au lieu et au millésime donné. Ce qui signifie dans l'absolu, qu'il est possible de rediviser cette appellation en tenant compte des familles d'arômes, de structures, de maturité et même des familles climatiques qui s'y trouvent en fonction de la pédologie* » estime Christophe Peyrus. Le consommateur a tout à gagner à cette approche de micro terroirs : à savoir des vins au goût unique, avec des nuances plurielles !

is more consistent here, and there are no constraints in terms of aspect. If the marl is deep, Syrah is the preferred grape variety. If it is drying, it is better suited to Grenache. Mourvèdre is usually avoided, as the soil is too cool. *"Marl generally imparts more anthocyans and colour, producing lighter, shorter wines,"* explains Christophe.

Soils on hard limestone rock

Lastly, along the secondary line of hills (Fontanès, Sainte-Croix-de-Quintillargues and as far as Corconne), the hard limestone forms demanding soils, requiring a lot of skill from the wine grower to extract the finest tannins in the winery. These shallower soils are favourable in wet years but vines can suffer on them in very dry years. Grape varieties that prefer poor soils (Carignan, Grenache) thrive here. Wines grown on this type of soil tend to combine longevity, power and beautiful substance with aromatic complexity. Appearances can be deceptive, however, and the situation is not always as clear-cut. As Christophe points out, *"There may hard limestone beneath 50 centimetres of scree. Therefore, any self-respecting wine grower should always know what is on the surface, in the sub-soil and the bedrock. Using that knowledge, he can then decide what to plant. Subsequently, both the soil management at the right time, and encouraging good root development, will be decisive factors. Even very superficial soils, when properly managed with the right grape varieties, can yield some excellent wines."*

Micro sites

The impact of viticultural techniques is therefore undeniable. Wine growers today pay much more attention to the suitability of soils for certain grape varieties than in the past, and manage their soils much more efficiently. Consequently, in 2003 there was a degree of consistency in the Pic Saint Loup with a similar aromatic profile and approach to vineyard and winery management across the area. Ten years on, there is still the same firm foundation, but some wine growers have evolved in slightly different ways due to a particular plot of land from which they seek to elicit the inherent characteristics. *"Provided natural balance has not been cancelled out by overripe fruit, and taking into consideration the wine grower's signature style, these differences can be clearly perceived in the glass - new characteristics linked to place and a given vintage, appear. Ultimately, this means that the appellation could be sub-divided into groups by aroma, structure, ripeness and even the climates created by the type of soil,"* believes Christophe. Consumers have everything to gain from this micro site approach, which yields wines with a unique taste and endless variations.

PÉDOLOGIE : UNE INFLUENCE COMPLEXE SUR LA VIGNE

Un sol provient d'une dégradation de la roche mère (par fragmentation, altération physico-chimique) et de son mélange avec la matière organique en surface. Les matériaux qui en résultent se déposent les uns sur les autres pour former des couches appelées horizons, chacune étant caractérisée par sa couleur, sa texture, sa structure et sa porosité. Les éléments constitutifs du sol ont ainsi une capacité plus ou moins grande à réguler l'alimentation en eau de la vigne et à lui fournir des nutriments. Ils influent sur l'enracinement de la plante et la température au niveau racinaire (facteur important dans la croissance de la vigne). Et au final, sur la composition et la qualité des vendanges.

SOIL TYPES: A COMPLEX IMPACT ON VINES

Soils are derived from a breakdown of the bedrock, by fragmentation or physical and chemical deterioration, which then mixes with organic matter on the surface. The resultant materials are deposited on top of one another, forming layers called horizons, each one characterised by its colour, texture, structure and permeability. The effectiveness of the different soil components in regulating water and nutrient supply therefore varies. A soil's components also have an impact on the plant's root system and temperature (an important factor in a vine's growth), and ultimately on the make-up and quality of the crop.

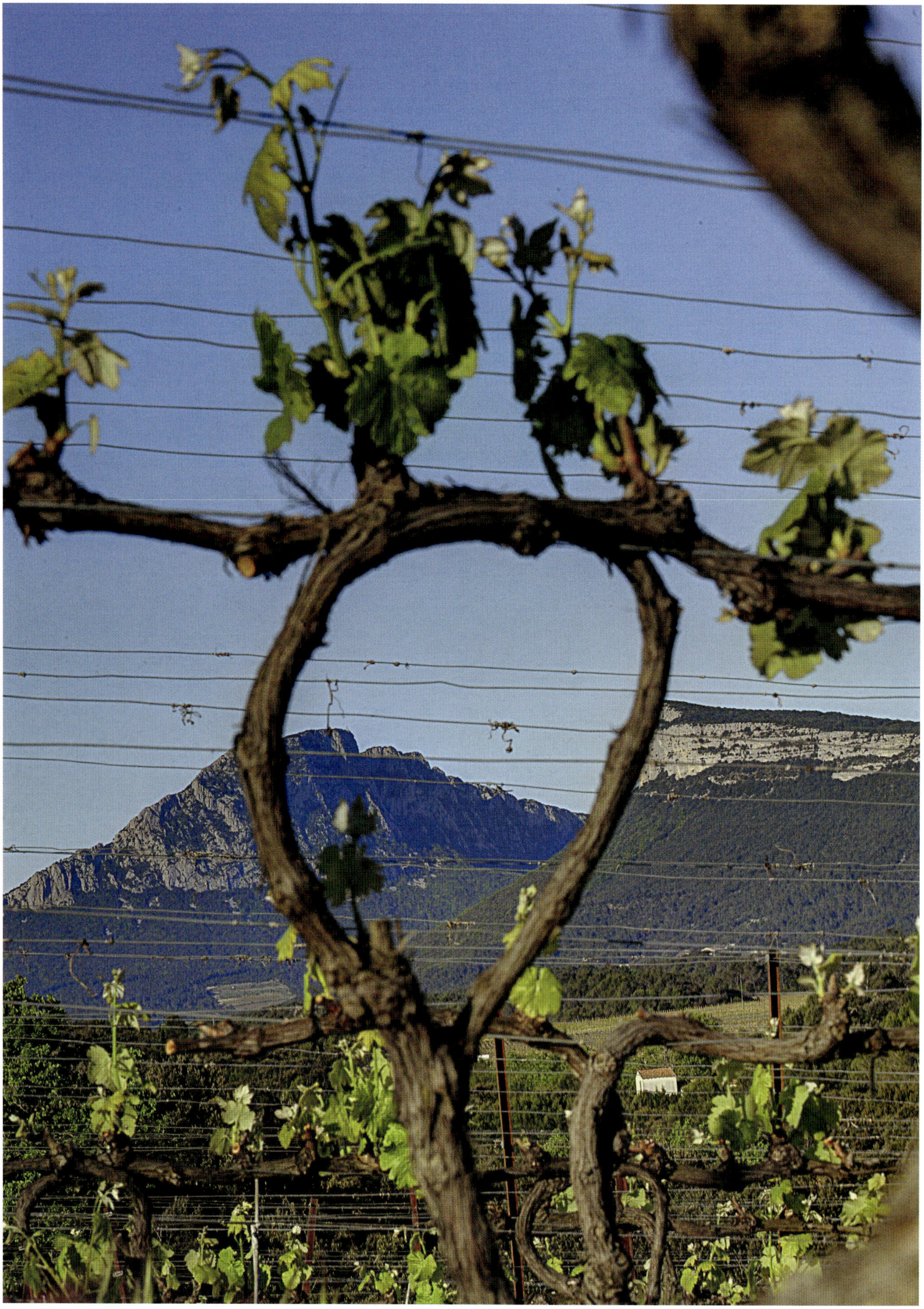

Des règles de production strictes

L'appellation Languedoc Pic Saint Loup qui est en cours de reconnaissance comme cru à part entière, s'oriente vers des règles de production plus fines, dans une optique toujours plus qualitative. En attendant, les producteurs respectent le cahier des charges de l'AOC Languedoc avec des spécificités propres au terroir Pic Saint Loup. Ainsi, en AOC Languedoc, les raisins doivent provenir d'une aire géographique précise, la conduite du vignoble suit les indications du cahier des charges* et le vin doit être issu de deux cépages au minimum -ayant été reconnus comme adaptés au terroir- dans des proportions réglementées.

L'aire parcellaire délimitée approuvée par l'INAO pour l'AOC Languedoc Pic Saint Loup concerne les communes de Cazevieille, Claret, Fontanès, Lauret, Les Matelles, Sainte-Croix-de-Quintillargues, Saint-Gély-du-Fesc, Saint-Jean-de-Cuculles, Saint-Mathieu-de-Tréviers, Sauteyrargues, Le Triadou et Valflaunès dans l'Hérault, ainsi que Corconne dans le Gard.

Encépagement

Les vins ayant droit à l'appellation « *Languedoc* » suivie de la dénomination « *Pic Saint Loup* », proviennent d'au moins deux cépages principaux (syrah, grenache, mourvèdre) sachant qu'un cépage ne peut représenter plus de 80 % de l'assemblage. Les cépages complémentaires (cinsault et carignan) doivent constituer au maximum 10 % de la surface revendiquée dans l'appellation pour les vins rouges et 30 % pour les vins rosés.

Méthodes culturales

• La densité minimale de plantation s'élève à 4 900 pieds de vignes par hectare (au lieu de 4 000 pour les autres dénominations de l'appellation).

> Cette façon de procéder est très qualitative. Plus les pieds sont nombreux, plus ils entrent en concurrence pour s'alimenter. D'où des grappes plus petites et une plus grande proportion de pellicule dans le raisin. Or, la qualité du vin provient essentiellement des constituants de la pellicule.

• L'écartement entre les rangs (un des éléments déterminant de la vigueur des souches et des coûts de production) ne peut être supérieur à 2,50 mètres.

• Les vignes sont taillées en taille courte (gobelet, cordon de Royat) à coursons, avec un maximum de dix yeux francs. Chaque courson porte un maximum de 2 yeux francs. La syrah peut être taillée en guyot simple (taille mixte) : en cas de taille courte, elle doit être conduite sur échalas ou palissée.

> La taille est importante tant pour la qualité de la récolte que pour la pérennité de la vigne. Des tailles courtes permettent l'obtention de rendements plus faibles avec une meilleure maturité du raisin. De plus, grâce à un meilleur étalement dans l'espace, la végétation bénéficie d'un ensoleillement optimal et résiste mieux aux maladies fongiques.

Vinification

• Les vins ne peuvent provenir de jeunes vignes qu'à partir de la 6e année (3e année pour les vins rosés) suivant celle au cours de laquelle la plantation a été réalisée.

• Les rouges sont vinifiés de façon traditionnelle (90 % des vins) ou par macération carbonique c'est à dire une vinification à grains entiers. Ils font ensuite l'objet d'un élevage de 12 à 24 mois (parfois en barriques).

• Les rosés quant à eux, sont élaborés par saignée ou pressurage direct.

• Le rendement est de 45 hl/ha et le titre alcoométrique doit être supérieur à 11,5°.

* Décret n°2011-1508 du 10 novembre 2011 relatif à l'appellation d'origine contrôlée « Languedoc » modifié par le décret n°2013-848 du 23 septembre 2013.

Strict production rules

The Languedoc Pic Saint Loup appellation is currently being approved. In the process, production rules are being fine-tuned to ensure even higher standards. Until the new rules come into force, growers comply with dedicated rules for the Pic Saint Loup area, in addition to general specifications for Languedoc appellation wines. Wines labelled with a Languedoc appellation must come from grapes grown within a precise geographical area, vineyard management must comply with specifications*, and the wine must be blended in regulated proportions, from at least two grape varieties, recognised for their soil suitability.

The demarcated grape-growing region, approved by national appellation board, INAO, for AOC Languedoc Pic Saint Loup, covers the villages of Cazevieille, Claret, Fontanès, Lauret, Les Matelles, Sainte-Croix-de-Quintillargues, Saint-Gély-du-Fesc, Saint-Jean-de-Cuculles, Saint-Mathieu-de-Tréviers, Sauteyrargues, Le Triadou and Valflaunès in Hérault, and Corconne in Gard.

Varietal range

Wines entitled to the Languedoc appellation followed by the Pic Saint Loup designation must be blended from at least two main grape varieties (Syrah, Grenache or Mourvèdre), with no one variety accounting for more than 80% of the blend. Secondary varietals (Cinsault and Carignan) must cover no more than 10% of the appellation area for red wines and 30% for rosés.

Viticultural practices

- Minimum planting density stands at 4,900 vines per hectare (compared with 4,000 for other designations under the Languedoc appellation).

> Vine density has a major impact on quality: the more vines are planted per hectare, the more they compete for natural resources. Hence, they produce smaller bunches and a higher skin to fruit ratio. This is important because skin components play a major part in wine quality.

- The distance between vine rows (a decisive factor in vine vigour and production costs) must be no greater than 2.5 metres.
- Vine canes are kept short (goblet, cordon de Royat) with renewal spurs and a maximum of 10 buds. Each spur has no more than 2 buds. Syrah can be pruned using the single Guyot method (mixed pruning): when pruned short, it must be trained using stakes or tied to wires.

> Pruning is essential, as much for the quality of the crop, as for the longevity of the vine. By keeping canes short, yields are curbed and grapes ripen better. Additionally, the canopy is more evenly spread, thereby benefiting from optimum sunshine and greater resistance to fungal diseases.

Winemaking

- Wines can only be made from young vines from the sixth year (third year for rosés) following their planting.
- Red wines are made traditionally (90% of the wines) or by whole cluster fermentation. They are then aged for 12 to 24 months, sometimes in casks.
- Rosés are made using the 'saignée' or bleeding method, or by direct press.
- Yield is 45 hl/ha and alcohol content must be above 11.5%.

* Decree n° 2011-1508 dated November 10, 2011 pertaining to the Languedoc controlled appellation, amended by Decree n° 2013-848 dated September 23, 2013.

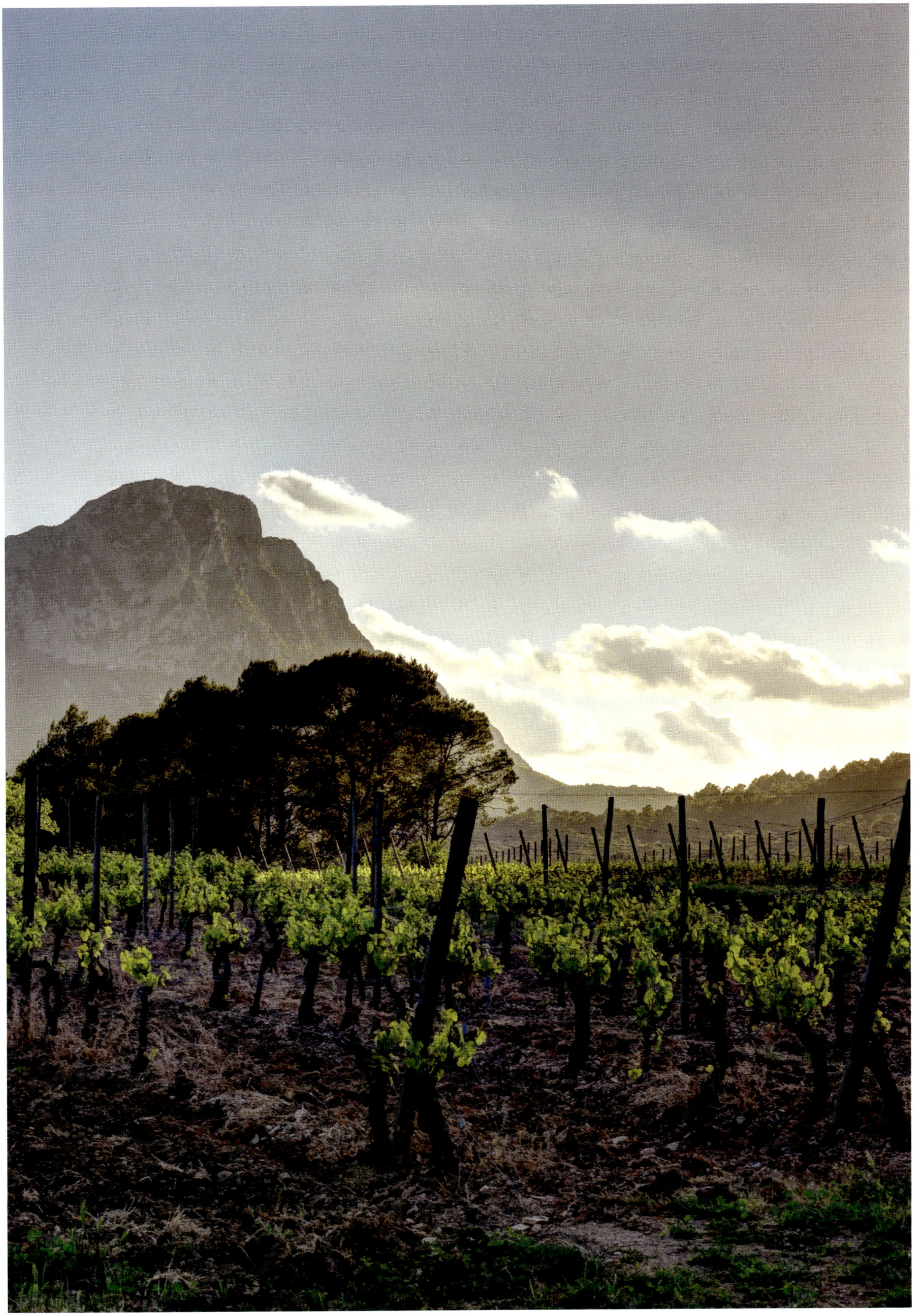

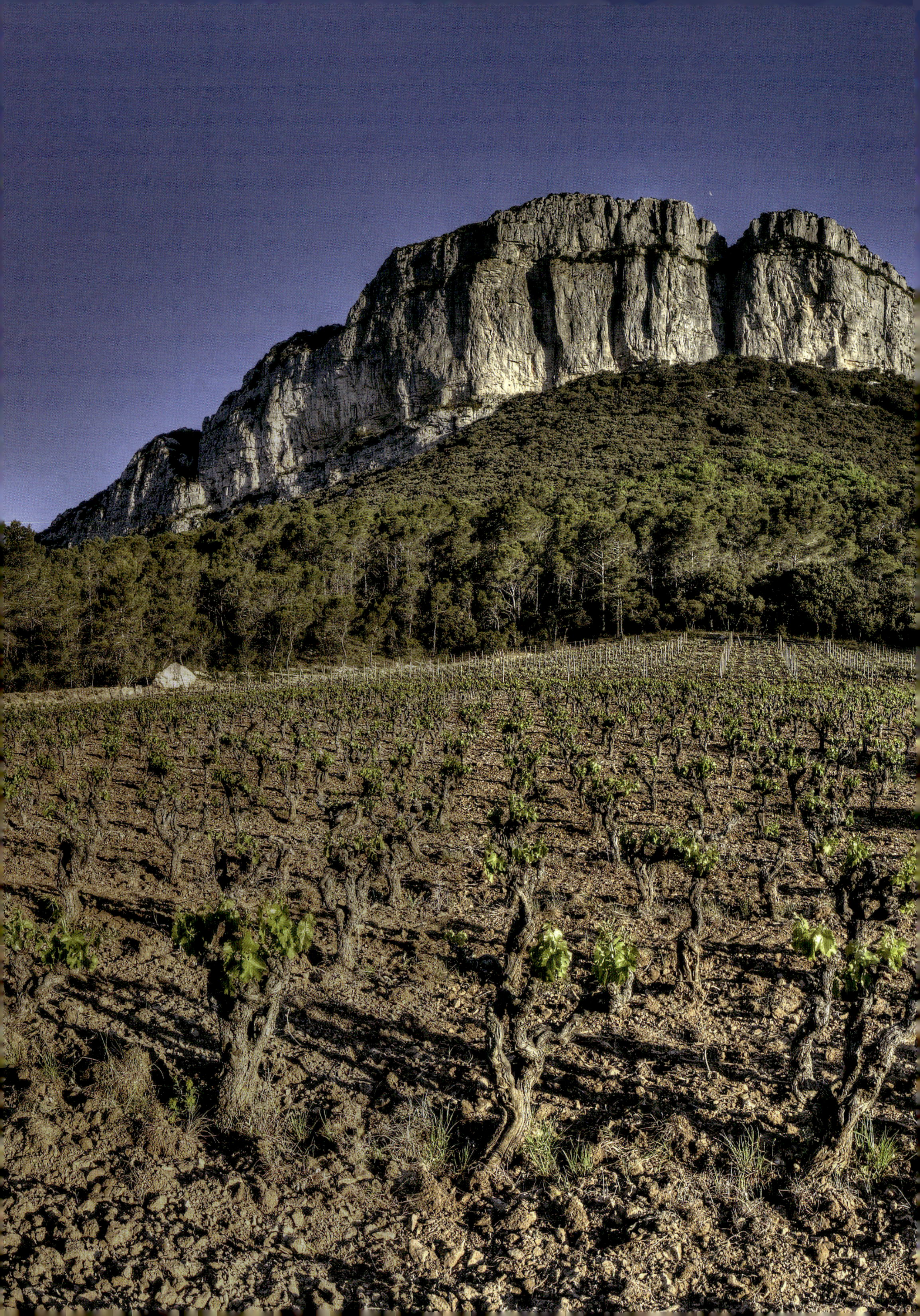

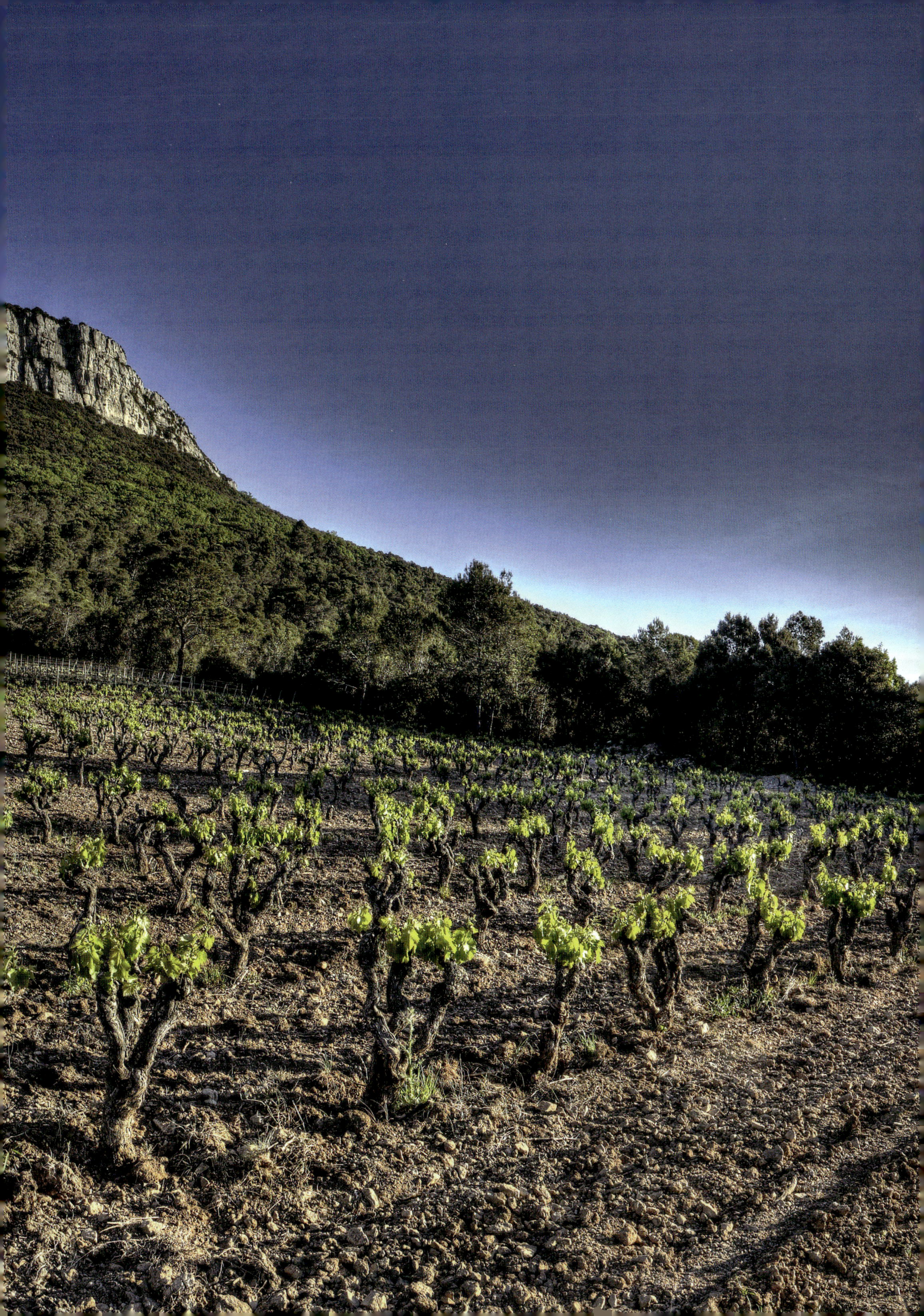

De la vigne au verre

L'esprit du terroir

Un dégustateur averti reconnaîtra un Pic Saint Loup entre mille... « L'expression » du terroir dépend de la vigne, du climat ou encore du sol, mais les facteurs humain et temps sont aussi essentiels. Le point avec les trois principaux œnologues intervenant en Pic Saint Loup.

La rencontre entre des vignerons passionnés et un terroir d'exception a toutes les chances de donner des vins à forte « *typicité* », terme souvent employé pour traduire l'expression d'un terroir au niveau gustatif. Mais qu'en est-il exactement pour les vins du Pic Saint Loup ? Dès ses débuts ici en 1992, Jean Natoli se souvient avoir été marqué par le caractère « *moins opulent* » de ces derniers par rapport à la plupart des crus languedociens de l'époque. Pour lui, l'explication se trouve dans « *la situation du vignoble, entre 150 et 300 mètres d'altitude, ayant un effet concret en terme d'acidité, de fraîcheur aromatique et de minéralité.* » Au delà d'une perception organoleptique suggestive et de nuances selon les terroirs et les assemblages, Sandrine Boesch (ICV) évoque, du fait de la dominante syrah, « *des arômes allant des fruits rouges à la tapenade d'olive noire en passant par la réglisse ; des notes mentholées et de garrigue.* ». A fortiori, la syrah, sensible au stress thermique et hydrique, a trouvé ici des conditions idéales. Et « *offre des similitudes claires avec les Côte Rôtie et les Saint Joseph* » souligne Jean-François Vrinat. À une nuance près : « *La structure en bouche des Pic Saint Loup est plus puissante mais sans aucune lourdeur.* »

From vineyard to wine glass

The search for sense of place

The hallmark features of Pic Saint Loup wines make them immediately recognisable by connoisseurs. Sense of place stems from the vineyard's climate and soils, but human factors and time are also essential. Three leading Pic Saint Loup consultant wine makers share their thoughts about typicality in the appellation's wines.

When passionate wine growers and an outstanding wine region fuse, the resultant wines invariably reveal a strong sense of typicality, a term used to describe sense of place in the glass. The question is, do Pic Saint Loup wines tick these boxes? As soon as Jean Natoli began making wine here in 1992, he remembers being struck by the less opulent character of the wines compared with other Languedoc growths at the time. His explanation is, *"Vineyard elevation, between 150 and 300 metres above sea level, has a tangible impact in terms of acidity, aromatic freshness and minerality."* Aside from the aromatic suggestions and nuances that stem from specific sites and blends, consultant wine maker Sandrine Boesch from the Co-operative Wine Institute (ICV) describes *"aromas ranging from red fruit to black olive paste and liquorice with menthol and garrigue notes,"* due to the predominance of Syrah. Sensitive to water and heat stress, the varietal enjoys ideal growing conditions here. Fellow consultant wine maker, Jean-François Vrinat, explains that the wines therefore offer up some clear similarities with Côte Rôtie and Saint Joseph. There is just one slight difference: *"Pic Saint Loup wines have a more powerful structure on the palate yet without heaviness."* The same is true of the rosés: *"Nowadays, they are made along the same lines as reds, with precise harvest dates and ripeness levels and from specific vineyard plots. They therefore display highly unusual aromas and great elegance."* Due to a trend towards lighter-coloured rosés, most of them are now made using the direct-press method rather than 'bleeding'. According to Sandrine, *"They are also expected to show fresh fruit aromas of strawberry, raspberry or citrus."*

Y compris dans les rosés : « *Aujourd'hui, ils sont élaborés, à l'instar des rouges, selon des choix de maturité, de rendement, de zones et de parcelles identifiées. D'où beaucoup d'originalité aromatique et d'élégance.* » Mode oblige, depuis quelques années ils sont plus souvent vinifiés par pressurage que par saignée pour être moins colorés « *et doivent exprimer le fruit frais : fraise, framboise ou encore agrumes* », complète Sandrine Boesch.

Place aux blancs

Parallèlement, « *dans ce secteur frais, il serait dommage de se priver de blancs* » estime Jean Natoli. Roussanne, marsanne, grenache blanc, viognier… Les cépages en AOC Languedoc sont adaptés au terroir du Pic Saint Loup, même s'il faut « *savoir composer avec le chenin, le petit manseng et le gros manseng dont l'acidité est accentuée par le climat.* » Autrement dit, la complexité des blancs résulte souvent de l'association entre plusieurs cépages bien choisis, à différents niveaux de maturité, comme le confirme Jean-François Vrinat : « *La zone méridionale n'est pas forcément propice au monocépage en blanc, les caractéristiques climatiques rendant difficile l'obtention simultanée de l'arôme, de l'acidité et de la fraîcheur.* » Toutefois, « *une juste extraction permet de retrouver le profil propre à une parcelle plus qu'à un cépage* ». Pour Sandrine Boesch, la réflexion doit à la fois porter sur « *l'encépagement, des rendements plus élevés, donc un choix de sols relativement riches, des investissements en matériel pour contrer les risques d'oxydation et la perte des précurseurs aromatiques et une vinification maîtrisée.* »

Heralding in the whites

Similarly, Jean claims it would be a shame not to utilise the cool climate by making white wines. The Languedoc appellation white varietals – Roussanne, Marsanne, Grenache blanc and Viognier – are ideally suited to the Pic Saint Loup. Conversely, *"Varietals such as Chenin, Petit Manseng and Gros Manseng – whose acidity is emphasised by the climate – are more challenging to work with."* Hence, complexity in white wines is often due to a blend of carefully selected grape varieties, picked at varying degrees of ripeness. Jean-François explains further: *"The southern part of France is not necessarily suited to single varietal white wines, as weather conditions make it difficult to achieve aroma, acidity and freshness at the same time."* He adds that, *"By using the right extraction, site-specific profiles can be elicited rather than archetypal varietal characteristics."* According to Sandrine, thought should be given to: *"The range of grape varieties; higher yields and therefore relatively rich soils; investment in equipment to avoid the risk of oxidation and loss of aromatic precursors; and winery management."* Jean-François believes that the quantum leap in quality of reds and rosés over the last 25 years can and should be *"mirrored in the whites where the scope for further development is considerable."* He continues, *"Wine growers are now working towards an essential aspect of historic French wine appellations: identifying individual, high potential vineyard sites."*

Single vineyard wines

Within the same area, even when criteria such as ripeness, yields and training systems are met and the same grape varieties, rootstock and wine making techniques are used, some single vineyard wines display idiosyncratic characteristics that can be reproduced from one year to the next, sometimes in places where you would least expect it. This illustrates how difficult it is to understand sense of place:

Quoi qu'il en soit, les efforts réalisés sur les rouges puis les rosés « *peuvent et doivent être faits sur les blancs, car la marge de progression est monumentale* » insiste Jean-François Vrinat, au regard de la révolution qualitative menée par les vignerons il y a vingt-cinq ans. « *Ces derniers sont désormais engagés dans cette démarche indispensable qu'ont mené des appellations françaises historiques : l'identification de parcelles à fort potentiel.* »

Vinifications parcellaires

Car à l'intérieur d'une même zone, la maturité, le rendement, le palissage et autres préalables ont beau être réunis, sur la base des mêmes cépages, porte-greffes et vinifications, « *certaines cuvées parcellaires vont présenter une expression originale et reproductible d'une année à l'autre, parfois sur un secteur où on ne les attendait pas.* » Ce qui montre bien la difficulté à appréhender la notion de terroir, « *l'enjeu aujourd'hui étant d'arriver à une connaissance plus précise, via une délimitation plus stricte.* » Restent ces différences inexplicables, cette part de magie, « *peut-être liées à l'alimentation en minéraux de la plante* ». En attendant, l'existence de micro-terroirs est invariablement constatée lors des dégustations. « *Par exemple, à Corconne, le profil des vins se révèle aérien, avec des tanins soyeux et une certaine longueur en bouche. D'ailleurs, les anciens séparaient souvent de façon très juste deux terroirs par un chemin et beaucoup dans l'appellation se sont battus pour que ces chemins ne disparaissent pas* », commente Sandrine Boesch. Ensuite, « *La patte du vigneron se ressent dans les vins* ». Même son de cloche chez Jean Natoli : « *L'appellation délimite un terroir mais les vignerons déterminent un style via leurs choix collectifs et individuels. Certains vont mettre des techniques au service des raisins pour exprimer le terroir. D'autres veulent laisser parler la nature, quitte à prendre certains risques et à s'accommoder d'une netteté imparfaite.* »

Priorité au vignoble

Par philosophie et/ou en réponse à la demande des marchés, de nombreux vignerons ont au demeurant choisi la voie de l'agriculture biologique. Voire de la biodynamie.

Vineyard management essential

Many wine growers, either out of principle or due to market demand, have chosen to farm organically, or even biodynamically. *"When wine growers are very good at what they do, when they respect the fundamental rules of farming, have a perfect grasp of organic or biodynamic viticulture and implement it properly, it does make a difference, even though we don't know why or how,"* Jean-François explains. Whether growers choose integrated pest management or organic farming methods, viticulture plays a pivotal role in sense of place, especially the quest for balance in the soils. *"If soils are deep and fertile, grass cover between vine rows is used to reduce yields and, ultimately, avoid distorting the aromatic profile of the wines,"* Jean stresses. Good vineyard management, with meticulous care given to training systems, cleanses the microclimate and promotes good ripening in the grapes. *"As wine growers have gradually grasped the need to nurture their vines and use canopy management, the quality of the fruit has improved."* Consequently, greater monitoring out in the vineyard has led to fewer interventions in the winery. *"Wine making techniques that allow this quality to reveal itself are generally straightforward, because tannins and aroma pass naturally and quickly from the grapes to the wine."*

Sensitive intervention

The extraction process is therefore gentle and spread out over time. *"Punching, pumping over and possibly racking are more fragmented and cautious; maceration has gained a week or two with a view to achieving freshness and balance,"* adds Jean-François, intimating that wine styles have changed. *"Wine growers tend to harvest grapes slightly less ripe, often tasting the berries to assess their potential, then crush them without over-extracting because consumer tastes have evolved in favour of fruitier, easy-drinking wines,"* says Sandrine, who has also noticed greater use of wild yeasts. Technically, this is a challenging and risky option, because the wines can develop undesirable smells if the soils are not balanced. The same yeasts ferment year after year, though their proportion varies according to rainfall.

the challenge now is to gain a better understanding by more accurately identifying individual plots. There will always be that element of magic, though, the inexplicable differences, which may be linked to the plant's mineral resources. There is certainly no denying the fact that micro sites are invariably identified in blind tastings. *"For instance, in Corconne, the wines have an ethereal profile, with silky tannins and a degree of length on the palate. In fact, in days gone by, people would often very accurately use lanes to separate two different growing sites and many growers within the appellation fought hard to keep these lanes,"* comments Sandrine, for whom the wines also bear the signature of the wine grower. Jean fully agrees: *"The appellation defines boundaries, but wine growers dictate style in their choice of individual and collective strategies. Some might enhance sense of place by using technology, others give free rein to nature, even if that means taking chances and foregoing absolute precision."*

« *Quand cette approche est comprise, bien appliquée, elle amène un plus sans que l'on sache comment ni pourquoi, à condition d'être un très bon vigneron à la base et de respecter les fondamentaux agronomiques* », nuance Jean-François Vrinat. Raisonnée ou bio, la viticulture reste essentielle dans l'expression du terroir, notamment à travers la recherche d'équilibre des sols. « *Si ces derniers sont profonds et fertiles, les rangs seront par exemple enherbés pour réduire le rendement et au final, éviter de déformer le profil aromatique des vins* », souligne Jean Natoli. Le fait est qu'en Pic Saint Loup, les vignobles sont bien tenus, avec des palissages minutieux permettant d'assainir le micro-climat et d'atteindre de bonnes maturités. « *Au fur et à mesure, là où les vignerons ont compris la nécessité de soigner la vigne, de faire des travaux en vert, la matière première est devenue de plus en plus qualitative.* » Résultat : plus d'observation côté vigne égale moins d'intervention en cave. « *Les techniques de vinification vont généralement être simples pour exprimer cette qualité, le passage des tanins et des arômes se fait alors rapidement et naturellement.* »

Tout doucement

Par conséquent, les extractions s'effectuent en douceur et sur la durée. « *Le pigeage, le remontage et éventuellement le délestage sont plus fragmentés, plus prudents ; les macérations ont gagné une semaine à quinze jours, avec une recherche de fraîcheur et d'équilibre* », ajoute Jean-François Vrinat. De là à penser que les styles ont changé… « *Les vignerons ont tendance à vendanger un peu moins mûr, en dégustant souvent les baies pour évaluer le potentiel du raisin, puis à vinifier sans extraire à outrance parce que la demande du consommateur a aussi évolué vers le fruit et la gourmandise* », confie Sandrine Boesch qui remarque également un recours plus fréquent aux levures indigènes. Un choix techniquement difficile, voire risqué « *car elles peuvent développer des odeurs non désirées si le terroir n'est pas équilibré.* » En revanche, ce sont les mêmes levures qui fermentent chaque année, leur proportion variant selon la pluviométrie. Si bien que « *lorsqu'elles fonctionnent, elles participent à l'effet terroir en amenant des marqueurs aromatiques identiques d'une vendange à l'autre.* » Quant aux doses de sulfites, elles ont considérablement baissé : « *Une grande partie des vins conditionnés ont moins de 40 mg de SO_2 total, parfois 20 à 25 mg mais ils restent nets grâce à la rigueur apportée tout au long de la chaîne* » souligne Jean-François Vrinat. Autre tendance : un usage plus subtil du bois. « *La sélection des contenants en terme de taille, d'origine et de fabricant est plus poussée dans le but d'obtenir un boisé fondu* », explique Sandrine Boesch.

Elevage millimétré

En l'occurrence, lorsque la taille des fûts augmente (demi-muids, 300 litres), le rapport entre la surface du bois et le volume de vin diminue au profit d'un élevage moins marqué.

Hence, *"When wild yeasts develop, they also contribute to sense of place by introducing identical aromatic markers from one vintage to the next."* The amount of SO_2 used has dropped considerably over the years: *"A large proportion of bottled wines have less than 40mg of total SO_2, sometimes as little as 20-25mg, but they stay clean due to rigorous control throughout the production chain,"* points out Jean-François.

Sparing use of oak

Another trend is more subtle use of oak. Sandrine explains: *"Choice of oak is more selective, with the size of the container, origin of the oak and cooperage all factored into the equation, in order to obtain more mellow oak in the wines."* When wooden containers increase in size (butts and 300-litre casks), the surface to volume ratio decreases, leading to lower oak influence in the wines. *"In the past, use of oak was supposed to enhance the qualities of a great wine. Now, some top-flight offerings forego the use of oak. The cost of top quality oak casks means that they are only worthwhile if the wines spend between 36 and 48 months in them,"* believes Jean-François. For fellow consultant wine maker Jean, the issue is more about oak management. *"Pic Saint Loup wine makers have always avoided excessive use of oak; some feel more comfortable using certain techniques than others."* Subtle hints of oak can impart complexity, longer ageability and even enhance fruit. Another alternative is ageing the wines partly in tanks and partly in oak: *"The results are just as interesting with greater contrast in the final blends."* As for small tuns and upright, cone-shape oak tanks, *"Oak influence is pronounced with new oak, but lessens over time, thereby changing the style of the wine."* There is a limit, though, to man's power over nature. Every year, weather conditions hang like a sword of Damocles over wine growers' heads.

Vintage variation versus sense of place

With weather conditions ranging from torrential rain (2002) to heat waves (2003), yields, ripeness and the components in the grapes (sugar content, acidity, anthocyans and polyphenols for instance) constantly vary. *"A wine maker anticipates these variations, adapts techniques and can partly erase some aspects but vintage variation is irrefutable,"* states Jean-François. 2013, which was a very late, atypical vintage, provides a clear example of this: *"Fortunately, phenolic maturity – i.e. the ripeness of the skins – occurred before pulp ripeness. Consequently, alcohol levels remained moderate, unlike those of the last decade where skin ripeness often came later, ultimately producing higher alcohol levels."* Everybody agrees that in challenging vintages, the successful wine growers are the ones who have been patient, flexible and taken a chance, particularly in their choice of harvest dates. *"In 2013, when September sunshine was a godsend, but also in 2012, 2008, 2004, 2002 and other years, each site had to be managed differently,"* recounts Sandrine. *"Basically, in addition to forward planning and choice of harvest dates, technical issues, like filtering and use of sulphites, also play a part."* Once again, however, sense of place is pivotal, as Jean points out: *"Vintage variation does take a back seat to great vineyard sites,"* which also ensure longevity in (good) wines. *"A superlative wine from a prime vineyard site will also come up trumps, even in challenging years,"* concludes Sandrine. Vintages such as 2005, 2007, 2011 and 2013 are all very promising and well worth cellaring. *"Premium vineyard sites, balance in the soils and good canopy management produce wines with depth, and the more they age, the more harmonious they become."* Jean is categorical: *"Good vintages will keep for 10, 15 or 20 years without too much difficulty if the wines have been aged, bottled and stored in good conditions."*

« *Autrefois, le passage en barrique était censé magnifier un grand vin. Maintenant, certaines cuvées haut de gamme s'en passent, d'autant qu'un fût de très belle qualité représente un gros investissement qui n'a de sens qu'employé pour un élevage de 36 à 48 mois* », estime Jean-François Vrinat. Un faux débat selon Jean Natoli pour qui tout est question de maîtrise. « *Les vins du Pic se sont toujours tenu à l'écart du boisage excessif, chaque vigneron étant plus ou moins à l'aise avec certaines techniques.* » Une touche d'élevage discret peut ainsi apporter « *une complexité, une tenue dans le temps supplémentaire, voire exacerber le fruit* ». Une autre option consiste à élever une partie du vin en barrique et l'autre en cuve : « *Les résultats sont tout aussi intéressants, avec des bases finales d'assemblages plus contrastées.* » Du côté des petits foudres et des cuves tronconiques, « *le boisage s'avère marqué sur le neuf, ensuite la réponse s'atténue au fil du temps et change par conséquent le style du vin.* » Mais jusqu'où peut aller le pouvoir de l'homme sur la nature ? Chaque année en effet, les conditions climatiques font peser une épée de Damoclès sur la tête des vignerons.

Terroir versus millésime

Entre les trombes d'eau (2002) ou les fortes températures (2003), les niveaux de rendement, de maturité et de composition du raisin (teneur en sucres, acidité, anthocyanes, polyphénols...) varient. « *L'œnologue anticipe, s'adapte, peut gommer en partie certains aspects mais l'effet millésime est bien là* », considère Jean-François Vrinat. Atypique, très tardif, 2013 en offre une démonstration éclatante : « *Par chance, la maturité phénolique, c'est-à-dire celle de la peau, est arrivée avant celle de la pulpe, d'où des degrés très raisonnables contrairement à la dernière décennie où la maturité des peaux a souvent tardé avec au final des degrés plus élevés.* » Tout le monde s'accorde à le dire : dans les millésimes difficiles, les vignerons qui sortent leur épingle du jeu sont ceux qui ont su attendre, s'adapter et prendre des risques, sur la date des vendanges notamment. « *En 2013 où le soleil de septembre a été du pain béni, mais aussi en 2012, 2008, 2004, 2002… il a fallu faire du cas par cas selon les terroirs* », raconte Sandrine Boesch. En résumé, « *outre le travail en amont et le choix de la date de récolte, l'aspect technique entre aussi en ligne de compte dans l'effet millésime, comme le fait de filtrer ou pas ou la dose de sulfites* ». Sans oublier encore une fois le terroir, rappelle Jean Natoli : « *Les grands terroirs prennent le dessus sur les millésimes.* » Et apportent aux (bons) vins leur pérennité : « *Un grand vin sur un grand terroir s'en sortira toujours bien même dans une année difficile* », conclut Sandrine Boesch. 2005, 2007, 2011 ou 2013 constituent autant de millésimes très prometteurs… qu'il ne faut pas hésiter à conserver. « *Quand il y a un terroir, un travail sur l'équilibre des sols et entre le foliaire et les raisins, les vins ont du fond, et plus ils vieillissent, plus l'ensemble est harmonieux.* » Qu'on se le dise, poursuit Jean Natoli : « *Les bonnes années peuvent se conserver 10, 15 ou 20 ans sans trop de difficulté si le vin a été élevé, mis en bouteille et conservé dans de bonnes conditions.* »

Cépages : l'alliance du Nord et du Sud

L'encépagement du Pic Saint Loup est depuis une trentaine d'années une priorité qualitative. Des replantations ont été effectuées dès 1990 avec trois cépages dominants : à côté du grenache, détenteur de la mémoire du Pic Saint Loup et du puissant mourvèdre, la syrah règne en maître. En dépit de leur rôle secondaire, carignan et cinsault participent également à l'assemblage de certaines cuvées.

Grape varieties: when North meets South

The quality of the varietal range in the Pic Saint Loup has been a priority for the last 30 years. From 1990 onwards, existing vineyards were replanted with three main grape varieties: alongside Grenache, which epitomises the history of the Pic Saint Loup, and the powerful Mourvèdre, Syrah reigns supreme, covering 70% of areas under vine. Although they only play a supporting role, Carignan and Cinsault are also blended into some wines.

SYRAH

On l'a longtemps crue persane, syrienne ou née à Syracuse. La belle au nez de violette est le fruit d'un croisement naturel entre la mondeuse blanche de Savoie et le dureza ardéchois. Et a trouvé ici terroir à son pied ! Sensible aux maladies, elle émet de longs rameaux nécessitant un palissage soigné. Sa maturité est rapide. Son rendement moyen. Elle est aussi victime d'un dépérissement dont les causes sont inconnues. Emblématique des Côtes-du-Rhône septentrionales, elle donne des vins rouges très aromatiques (fruits rouges à noirs, notes épicées et florales), tanniques, aptes au vieillissement. Elle fait également des rosés sur le fruit, d'une belle finesse.

For many years, it was thought that this grape variety originated in Persia, Syria or Syracuse. This beautiful varietal, with its violet-infused nose, is the result of a natural crossing between Mondeuse blanche from Savoy and Dureza from Ardèche. The growing environment here matches its requirements perfectly. Sensitive to disease, it grows long shoots which need to be carefully trained. It ripens quickly and is a medium-yielding variety. It is, however, a victim of die-back, of which the causes remain unknown. An iconic variety of the northern Côtes du Rhône, it produces highly aromatic (red and black fruit, spice and floral notes) and tannic red wines that are suitable for cellaring. It also produces fruit-driven rosés showing beautiful finesse.

GRENACHE NOIR

Roi de l'appellation Châteauneuf-du-Pape, ce cépage d'origine espagnole fut importé dès le Moyen-Âge dans le Languedoc. De maturité tardive, il excelle sur des sols pauvres mais craint les carences en potassium et magnésium. Il est à l'origine de vins rouges capiteux, riches en arômes souvent poivrés ou herbacés, généreux en alcool, ronds en bouche. Du côté des rosés, il étonne par son fruit, sa bouche soyeuse. Sensible à l'oxydation, il nécessite une bonne maîtrise de sa vinification et de son élevage.

The king of grape varieties in the Châteauneuf-du-Pape appellation, Grenache noir comes from Spain and was introduced into Languedoc in the Middle Ages. A late-ripening variety, it excels on poor soils but is sensitive to deficiencies in potassium and magnesium. It yields heady red wines that are rich in peppery or herbal aromas, have generous alcohol content and are round on the palate. In rosés, it shows stunning fruit and a silky palate. Sensitive to oxidation, it requires good winery management and ageing.

MOURVEDRE

Tardif, de culture délicate, intraitable sur des terroirs qui ne lui conviennent pas : voilà un capricieux qui a besoin d'une exposition favorable et de chaleur automnale. Mais il le vaut bien : reconnu pour sa structure tannique et sa richesse aromatique, il est souvent utilisé en assemblage pour amener complexité et potentiel de vieillissement. Jeunes, ses vins dégagent des arômes de poivre et de fruits noirs avec des touches végétales. Avec le temps, ce bouquet s'étoffe de senteurs sauvages (sous-bois, cuir, truffe…)

This late-ripening variety is difficult to grow and unmanageable on soils that are not suitable: it is a temperamental grape that needs a favourable aspect and heat during the autumn. It does deserve all the pampering, however, and is renowned for its tannin structure and broad aromatic spectrum. It is often blended with other varieties for its complexity and ageing potential. In their youth, its wines exude aromas of pepper and black fruits with some vegetal touches. Over time, its bouquet embraces wilder aromas of undergrowth, leather and truffle.

CARIGNAN

En raison de sa capacité à produire en abondance, ce cépage de grande longévité a longtemps souffert d'une mauvaise réputation. Cultivé en coteaux, avec des vieux ceps et un faible rendement, il excelle dans l'art d'apporter aux assemblages des arômes fruités et une structure puissante qui se bonifie avec le temps. Ayant du mal à mûrir, il a toutefois besoin d'ensoleillement et d'une récolte à très bonne maturité pour éviter un côté parfois astringent, souvent corrigé par la macération carbonique.

Due to its high-yielding potential, this long-living grape variety was much maligned for many years. When low-cropping, old vines are grown on hillside sites, though, they excel in the art of imparting fruit aromas and a powerful structure that improves with age. It needs sunshine and late-harvesting to ripen properly and avoid an astringent edge, which is often corrected by whole-cluster fermentation.

CINSAULT

Des arômes élégants et délicatement fruités, une faible acidité et des tanins souples : ce vieux cépage probablement originaire de la Provence peut entrer dans les assemblages de vins rouges mais reste surtout utilisé dans la production de vins rosés. C'est un cépage tardif et productif, très résistant à la sécheresse et qui préfère les coteaux caillouteux et pauvres pour une production de qualité.

With its delicate fruity and elegant aromas, low acidity and supple tannins, this ancient grape variety – which probably originated in Provence – can be blended as a red wine but is mainly used for rosés. It is a late-ripening, high-yielding variety that is very drought-resistant and favours stony hillside sites with poor soils to fully reveal its qualities.

Encépagement en AOC « Languedoc » blanc

Le cru Pic Saint Loup n'existe pas encore en blanc. Les vignerons du Pic Saint Loup déclinent donc cette couleur en IGP ou en AOC Languedoc. Dans ce cas, les cépages suivants sont autorisés : grenache blanc, clairette blanche, bourboulenc, piquepoul blanc, marsanne, roussanne, rolle et tourbat (70 % au minimum pour l'ensemble de ces huit cépages) aux côtés du carignan blanc, du terret blanc, de l'ugni blanc, du maccabeu, et 10 % maximum de viognier.

White AOC Languedoc varietal range
There are, as yet, no white Pic Saint Loup wines. Wine growers label their white wines as Protected Geographical Indication or AOC Languedoc. In the latter case, the following varieties are permitted: Grenache blanc, Clairette blanche, Bourboulenc, Piquepoul blanc, Marsanne, Roussanne, Rolle and Tourbat (minimum 70% for these 8 grape varieties combined), along with Carignan blanc, Terret blanc, Ugni blanc, Maccabeu and a maximum 10% Viognier.

Environnement

Front commun pour la préservation des paysages

Enchâssé dans la nature, le vignoble du Pic Saint Loup est une source de diversification paysagère et de biodiversité, mais aussi un moyen de gérer la pression urbaine et les risques d'incendie. Face à ces enjeux, les vignerons, déjà engagés dans de bonnes pratiques environnementales, poussent le bouchon plus loin. Objectif : connaître, protéger, aménager et valoriser les paysages viticoles pour renforcer les liens entre qualité des paysages, qualité des vins produits et qualité de l'environnement.

Nul besoin d'être un observateur attentif pour mesurer à quel point la vigne occupe une place singulière en Pic Saint Loup. Jamais dominante, présente par petites touches, elle s'immisce dans le paysage à la manière d'un fil rouge. « *Le visiteur la découvre un peu par hasard, sur des petits plateaux, d'étroites terrasses, des combes inondées de soleil ou des coteaux défrichés. Entourées de garrigue, ces micro-parcelles ont un aspect très jardiné, renforcé par la qualité des piquets et des clôtures* », témoigne Jean-Paul Salasse, directeur des Ecologistes de l'Euzière. Ainsi, l'implantation du vignoble et ses modalités de conduite (nombre de pieds par hectare, hauteur de palissage, écartement, taille…) n'apportent pas seulement des réponses techniques adaptées aux conditions du terroir pour un type de vin souhaité. Elles façonnent aussi les paysages. Par exemple, « *la syrah, très présente en Pic Saint Loup, est un cépage obligatoirement palissé et le palissage est ici plus élevé qu'ailleurs* », constate Jacques Fanet, ancien directeur des Coteaux du Languedoc et ancien directeur adjoint de l'INAO.

Plus-value écologique

Au delà de sa dimension esthétique, la vigne participe à la biodiversité en procurant un milieu ouvert et des ressources alimentaires à différentes espèces. En contact direct avec les bois ou la garrigue, elle profite en retour de la présence naturelle d'auxiliaires de lutte contre ses parasites. Conséquence logique : les vignerons peuvent se passer de la majeure partie des traitements phytosanitaires et sont d'autant plus nombreux à s'être engagés en agriculture raisonnée, biologique ou biodynamique. « *Comme en témoignent la fréquence et la rapidité des conversions en bio, la viticulture tend à devenir de plus en plus écologique* », souligne Jean-Paul Salasse. « *Cette communion entre l'homme qui utilise les qualités du paysage pour élaborer un produit d'exception et le paysage qui en retire un bénéfice absolu est tout à fait exemplaire.* » Elle s'est même traduite par une évolution significative de la sémantique : « *il y a trente ans, le Pic Saint Loup symbolisait une montagne. Aujourd'hui, il évoque un vin.* »

Enjeux pluriels

Premiers promoteurs de cet espace, les vignerons se sentent particulièrement concernés par l'avenir de leur outil de travail. « *Ils vivent de leurs paysages et les font vivre mais la forêt, de plus en plus fréquentée, apparaît en situation de grande fragilité avec pour danger principal le feu* » souligne Manuel Ibanez, responsable de projets aux Ecologistes de l'Euzière. En l'occurrence, la vigne crée des coupures vertes efficaces contre l'avancée des flammes. Elle constitue aussi un îlot de résistance face à la pression foncière et forestière. En fait, à travers les différents services qu'elle rend, la vigne est symbolique du mode de fonctionnement de cette garrigue, où, depuis des millénaires, un acte productif

Environment

A common front in the drive to safeguard the countryside

Ensconced in their unspoilt natural setting, vineyards in the Pic Saint Loup bring variety and biodiversity to the countryside, as well as keeping urban sprawl and forest fires under control. Wine growers, who have already proven their environmental credentials, are taking their commitment a step further by protecting, developing, promoting and gaining a greater understanding of vineyard landscapes. Their ambition is to strengthen the bond between the countryside, the quality of their wines and that of the environment.

A cursory glance at the landscape reveals the special relationship between the Pic Saint Loup and its vineyards. Vines are intricately and sparingly woven into the landscape. Visitors discover them almost by chance, on diminutive plateaux, along narrow terraces, in sun-bathed coombs or hillside clearings. *"Surrounded by "garrigue", these pocket-sized vineyards look more like landscaped gardens, which is emphasised by the quality of the posts and fences,"* observes Jean-Paul Salasse, director of the Ecologistes de l'Euzière, an association involved in environmental education and management consultancy in Prades-le-Lez. Therefore, the way the vineyards are planted and managed (number of vines per hectare, height, spacing, training, pruning etc.), not only provides technical solutions for making a specific type of wine in a given environment, but also shapes the landscape. For instance, *"Syrah, a widely-planted grape variety in the Pic Saint Loup, needs to be trained, and the vine systems here are high-trained,"* notes Jacques Fanet, former director of the Coteaux du Languedoc and deputy director of appellation board INAO.

Environmental benefits

In addition to their contribution to the beauty of the landscapes, vines also improve biodiversity by opening up clearings in otherwise dense vegetation and providing nourishment for several wildlife species. In return, their proximity to woodlands and *garrigue* attract natural predators for their own parasites. As a result, wine growers can forego the use of the majority of agrochemicals which in turn means many are able to use integrated pest management, organic and biodynamic viticultural methods. *"As evidenced by the speed and number of conversions to organic viticulture, wine growing is increasingly becoming environmentally-friendly,"* stresses Jean-Paul Salasse. *"This communion between man, who uses the qualities of the landscape to make an outstanding product, and the landscape itself, which fully benefits from human intervention, is exemplary."* The symbiotic bond between the two is even mirrored in language: *"30 years ago, the name Pic Saint Loup referred to the mountain. Now, it symbolises the wine."*

peut avoir plusieurs intérêts, moyennant une valeur ajoutée exceptionnelle, en partie non comptabilisée. « *Les paysages viticoles jouent un rôle fondamental dans la vie des AOC et réunissent de multiples enjeux : la gestion de l'urbanisation, l'entretien des structures végétales, le maintien du caractère rural d'un territoire...* » résume Joël Rochard de l'Institut français de la vigne et du vin (IFV). Cependant la viticulture ne peut résoudre à elle seule tous les problèmes, à commencer par la fermeture des milieux.

Le retour des moutons

« *Aujourd'hui,* explique Manuel Ibanez, *le cheptel équin prédomine mais avec des petits propriétaires qui n'assurent pas ou peu d'entretien. La gestion de l'espace pose donc la question de la réintroduction de troupeaux ovins et de la viabilité de ce type d'exploitation. Un challenge qui passe par la reconnaissance du rôle de l'élevage au niveau européen.* » Sans attendre, certains vignerons ont déjà recours à des moutons ou des vaches pour nettoyer l'herbe en hiver et fertiliser la terre. D'autres réfléchissent à la façon d'agrandir l'écosystème et de pérenniser l'agriculture via des solutions de diversification : oliviers, plantes aromatiques, maraîchage autour de circuits courts... Autant de marchés de niche répondant à une forte demande des consommateurs. « *La polyculture n'est pas encore à l'ordre du jour, mais dans dix ans, je suis persuadé que des systèmes de Gaec polyvalents vont se développer sur des terres en friche, d'autant que la vigne n'est pas extensible à loisir. Sans forcément le faire, les vignerons, habitués au long terme et connaissant bien le terrain, peuvent imaginer des investissements à rotation plus courte* », analyse Jean-Paul Salasse.

Multiple issues

As the foremost promoters of the land, wine growers take the future of their work environment very seriously. *"The countryside ensures their sustenance and they, in turn, sustain the countryside"*, points out Manuel Ibanez, project manager for the Ecologistes de l'Euzière. Although increasing numbers of visitors are putting the woodlands at risk, mainly of fire, Manuel goes on to illustrate one of the ways in which vines protect the natural surroundings: *"Their canopy creates an effective barrier against the spread of fire."* Vines also form a rampart against urban sprawl and encroaching woodlands. In fact, through the various natural functions they perform, vines symbolise the way the *garrigue* operates: for thousands of years, single actions have produced multiple beneficial effects, generating outstanding added value, some of which cannot be quantified. Joël Rochard, of the French Vines and Wine Institute (IFV), sums up the situation: *"Viticultural landscapes play a pivotal role in the life of appellations, and address multiple issues: managing urban sprawl, maintaining plant life, upholding an area's rural nature."* However, wine growing alone cannot solve every problem, particularly major issues such as the recurrence of dense vegetation.

Sheep make a comeback

"Horses are now the most common sight in the area but very often they belong to small-scale concerns which do little or nothing to safeguard the countryside," explains Manuel Ibanez. *"Reintroducing flocks of sheep is one potential solution for managing rural areas. The economic viability of sheep farming therefore needs to be addressed and requires recognition of sheep breeding at European level."* In the meantime, some wine growers are already using sheep or cows to keep grass levels down in the winter and fertilise the soils. Others are mulling over ways of broadening the ecosystem and creating a sustainable future for farming through diversification: olive trees, herbs, market gardening with a *"farm-to-fork"* approach, all of which are buoyant, consumer-driven niche markets.

Gestion concertée du paysage

« *L'avenir s'ouvre pour un certain nombre de productions agricoles, le marché des produits de qualité s'élargit. L'avenir se refondera sans doute sur une relation ville-campagne* », renchérit Manuel Ibanez. Autres pistes de développement possibles : l'énergie bois ou encore l'agroforesterie, liée aux bénéfices mutuels qu'arbres et cultures peuvent tirer de leur voisinage. Des chercheurs de l'Inra n'ont-ils pas démontré récemment que le sorbier abritait des acariens tueurs d'araignées rouge et jaune néfastes pour la vigne ? Quel que soit le scénario, au vu du lien étroit entre toutes ces problématiques, une approche globale de la gestion des paysages semble primordiale. Les vignerons l'ont bien compris : instigateurs de la candidature de la Communauté de communes à la Charte internationale de Fontevraud, ils font front commun pour la défense du paysage. « *En adhérant à cette charte, tous les acteurs d'un territoire viticole - syndicat, collectivités locales, opérateurs culturels et touristiques, universités et laboratoires - s'engagent dans une démarche paysagère volontaire et concertée, qui conjugue optimisation de la production vinicole et valorisation culturelle et touristique des paysages, dans une logique de développement durable et ce, au sein d'un réseau international d'excellence* », détaille Joël Rochard de l'IFV, animateur de la charte.

Des mesures agri-environnementales

Initiée en juin 2013, la démarche avance : après la réalisation d'un diagnostic visant à comprendre les spécificités et les enjeux du paysage pour en guider les aménagements, une stratégie globale et un plan d'actions vont maintenant être définis. Ambition ? Faire de la qualité des paysages viticoles une valeur ajoutée au vin, une ressource pour le cadre de vie et un élément de l'identité et de l'attractivité touristique du territoire. Au final, un cercle vertueux se crée entre démarche environnementale et vitalité économique. Les vignerons du Pic Saint Loup, eux, ne comptent pas s'arrêter en si bon chemin : « *Nous ne devons pas nous contenter d'actions qui existent déjà comme la balade œnotouristique* « Les Vignes buissonnières ». *La valorisation du terroir, du territoire, et du paysage est un atout et même une nécessité pour arriver à développer le tourisme et à travailler ensemble à l'émergence d'une autre économie* », souligne Guilhem Viau, président du syndicat. Avec en ligne de mire, la volonté d'intégrer à terme des mesures agri-environnementales (entretien des abords de la vigne, palissage avec des piquets bois...) dans le cahier des charges de l'AOC. Un nouveau défi en perspective !

Propos recueillis lors des Entretiens du Terroir en Pic Saint Loup « Vignobles et paysages »/ateliers de terrain organisés par le syndicat des vignerons du Pic Saint Loup (juin 2013) et à l'occasion d'une rencontre avec Jean-Paul Salasse.

STRATÉGIE ŒNOTOURISTIQUE

En 2011, la communauté de communes a obtenu le label Pôle d'Excellence Rurale* « *Excellences en Pic Saint Loup* » visant à développer une offre œno-agro-touristique de pleine nature : autrement dit une alliance entre découverte des paysages et du patrimoine, activités de pleine nature et promotion des produits du terroir. Il prévoit notamment des aménagements autour et entre les sites phares du territoire, pour créer les conditions d'une fréquentation touristique accrue tout au long de l'année.

* Ce label est attribué aux projets de développement économique situés sur des territoires ruraux. Il est fondé sur un partenariat entre des collectivités locales et des entreprises privées et financé en partie par l'Etat.

"Mixed farming is not yet on the agenda, but I am sure that over the next 10 years multi-product farming associations will emerge in areas of fallow land," believes Jean-Paul Salasse. "After all, vineyard expansion cannot go on indefinitely. Although they may not be tempted to go down that route, wine growers are accustomed to long-term solutions and are very familiar with land usage, so they may consider investments providing a shorter turn-around."

Collaborative landscape stewardship

"There is a future for certain types of agricultural produce, and the market for quality products is expanding. Our own future will once again be based on the relationship between town and country," adds Manuel Ibanez. Other potential areas of development include logging, as a source of renewable energy, and agro-forestry, which capitalises on the mutual benefits of crop farming amongst woodlands. Research scientists recently discovered, for instance, that the Rowan tree is home to mites that feed on the red and yellow spiders that are harmful to vines. Whatever the chosen scenario, all of these issues are closely linked, making a holistic approach to landscape stewardship essential. Wine growers are fully aware of this and have encouraged the local authorities to apply for membership of the International Charter of Fontevraud as a collaborative response to landscape conservation. "By signing up to the Charter, every stakeholder in a wine region – the growers' organisation, local authorities, cultural and tourist structures, universities and laboratories – commit to landscape preservation on a voluntary and collaborative basis," explains the Charter's coordinator, Joël Rochard of IFV. He goes on to say, "The approach combines optimisation of wine production with the enhancement of landscapes from a cultural and tourism perspective. Its guiding principle is sustainable development with the backing of an international network of excellence."

Agri-environment measures

Launched in 2013, the initiative has already made progress: a preliminary analysis of the specific landscape features and challenges has been conducted in order to ascertain optimum land usage, and a comprehensive strategy and action plan are due to be drawn up. The overriding ambition is to enhance the intrinsic value of the wines, improve quality of life and boost the identity of the area as a tourist destination by promoting the quality of vineyard landscapes. Ultimately, a mutually beneficial link between environmental stewardship and economic vitality is created. Pic Saint Loup wine growers intend to devote even more time and attention to the issue: "We must not stop at existing activities like the 'Vignes Buissonnières' gourmet food trail amongst the vines. Promoting 'terroir', the area and landscapes is an advantage, a necessity even, if, together, we are to expand tourism and develop a new, alternative economy," stresses Guilhem Viau, chairman of the growers' organisation. The ultimate aim is to incorporate agri-environment measures (maintaining land around the vineyards, use of wooden stakes etc.) into future production rules for the appellation. However, this is still very much a work in progress, and another challenge for wine growers.

The quotations in this text come from a conference and field trips on the same theme organised in June 2013 by the growers' organisation and from an interview with Jean-Paul Salasse.

A BLUEPRINT FOR WINE TOURISM

The area was designated a Centre of Rural Excellence* in 2011 with a view to developing wine, agricultural and tourist activities in a rural setting, hence linking up beautiful scenery, architectural heritage, outdoor activities and promotion of local products. The Centre is designed to develop leading landmarks and destinations to promote and increase year-round tourism.

*The Rural Excellence designation is awarded to economic development projects located in rural areas. It is based on partnerships between the local authorities and private enterprise, and is partly funded by the State.

La garrigue, fille de l'activité humaine

La garrigue, si elle apparaît comme un espace de nature sauvage, a pourtant été façonnée par l'homme : sans lui, elle aurait en effet été dominée par la forêt. Des millénaires d'agriculture et d'élevage ont paradoxalement renforcé sa richesse biologique sur des territoires ainsi maintenus ouverts.

10 000 ans avant J.-C, un climat tempéré s'installe progressivement dans notre région. Une aubaine pour nos aïeux ! Chasseurs et cueilleurs, ils deviennent agriculteurs-éleveurs au Néolithique et se sédentarisent peu à peu. Parallèlement à la domestication et à l'élevage des chèvres et des moutons qui débute autour de 6 000 ans av. J.-C, les hommes portent les premières atteintes à la forêt primaire dense, pour la construction d'habitations, pour le chauffage et l'agriculture. En défrichant le chêne blanc qui occupe les terres profondes dont ils ont besoin pour installer leurs cultures, ils favorisent la domination des chênes verts et kermès tandis que sous la dent du mouton, une végétation faite d'arbustes et d'herbes se développe. L'acte de naissance des garrigues est signé.

Tryptique méditerranéen

Petit à petit, l'espace se morcelle, se spécialise, donnant lieu à trois types d'usages :
• les zones de parcours (c'est-à-dire de pâture) réservées aux moutons : le patus,
• la forêt, exploitée à diverses fins (souvent en taillis) : la sylva,
• les terres arables, laissées aux céréales pour les meilleures (le pain reste longtemps la base de l'alimentation), aux vignes et aux oliviers pour les autres : l'ager.

Tout au long de l'histoire, une lutte s'engage entre forêt et garrigue qui régressent ou s'étendent au gré des évolutions climatiques, démographiques, économiques (épidémies, famines, guerres…). Tantôt l'arbre reprend ses droits, tantôt il est abattu et la garrigue retrouve sa place.

Fermeture du milieu

Moteur de l'économie locale pendant des siècles, l'activité ovine reste importante jusque dans les années 1960-70. Mais les progrès techniques et la politique agricole commune, ouvrant la concurrence étrangère, rendent l'élevage en garrigue peu rentable. Plus globalement, à la fin du XIXe-début du XXe siècle et plus encore après guerre, la crise des activités traditionnelles et la modernisation entraînent des changements radicaux. L'abandon des terres agricoles et des espaces de parcours, les modifications de la gestion forestière et l'urbanisation modifient la morphologie du milieu : sous-pâturée, privée du feu maîtrisé des bergers, les garrigues occupent désormais la moitié du territoire tandis que les surfaces agricoles représentent 23 % de cet espace, avec une prédominance de la viticulture. Au-delà d'une dynamique de filière, des vignerons tentent aujourd'hui de renouer des liens complémentaires entre élevage et vigne, au profit de la lutte contre les incendies et de l'ouverture du milieu.

ZOOM

Plusieurs industries, terminées à la fin du XIXe siècle, sont basées sur l'exploitation des ressources naturelles de la garrigue ou se développent grâce à elles : fabrication du verre, élevage des vers à soie (ayant nécessité la plantation de mûriers blancs), distillation de l'huile de cade.

The history of the garrigue

Although the garrigue, or scrubland, resembles a natural wilderness, in actual fact it was shaped by man: without human intervention, it would have been overrun by woodland. Ironically, thousands of years of agriculture and animal rearing have strengthened its biodiversity and prevented it from becoming impenetrable.

10,000 years BC, the climate across the region gradually became temperate. It was a godsend for our forebears, who were thus able to make the transition from being hunters and gatherers, to livestock and arable crop farmers when, in the Neolithic era, they became more sedentary. As well as domesticating and rearing goats and sheep from approximately 6,000 years BC onwards, they also began to encroach upon dense primal forests in search of building materials and fuel and for farming purposes. By chopping down white oak covering the deep soils they needed to grow crops, they promoted the spread of holm and kermes oak, whilst shrub vegetation and grass were propagated by grazing sheep. These changes heralded the birth of the *garrigue*.

A Mediterranean triptych

Gradually, land was divided up and set aside for three specific purposes:
- Path lands (for grazing) that were kept for sheep: 'patus' or pasture
- Woodland, that was used for a variety of purposes (often for coppicing): 'sylva'
- Arable land, where the best soils were hived off for cereal farming (bread remained a staple food for a long time) and the remainder was planted to vines and olive trees: 'ager' or farmland.

Throughout the course of history, expanses of woodland and *garrigue* vied for space, increasing or diminishing, depending on climatic, demographic and economic changes (epidemics, famines, wars etc.). Sometimes trees would reclaim land; at other times, trees would be felled and the *garrigue* would be restored.

Closed landscapes

Sheep farming drove the local economy for centuries and remained a linchpin until the 1960s and 70s. However, advances in technology and the Common Agricultural Policy – which opened the market up to foreign competition – undermined its profitability in the *garrigue* areas. Generally speaking, the decline in cottage industries and modernisation brought about radical change at the end of the 19th century and early 20th century, particularly after the war. Mothballed arable land and pastures, changes to forestry management and urbanisation modified the appearance of the landscape: with insufficient grazing and the end of controlled forest burning by shepherds, the *garrigue* receded.

CLOSE UP
Several industries which declined at the end of the 19th century were based on use of natural resources or developed because of them: glass manufacture, silk worm breeding (requiring plantations of white mulberry trees) and distillation of juniper-tar or cade oil.

Un paysage grandeur nature
Myriad species populate the garrigue

La garrigue est une formation typique des régions méditerranéennes, véritable mosaïque végétale. Les espèces qui la composent sont fonction du relief, de l'exposition, des sols… et de l'intervention humaine. Avec le recul du pastoralisme, ce milieu a ainsi tendance à s'homogénéiser, au profit d'un couvert arboré plus dense.

Souvent confondue avec le maquis, **la garrigue** se développe sur sol calcaire tandis que le premier affectionne les substrats acides, trahis par la présence de bruyères ou encore d'arbousiers. **Le maquis** arbore un aspect plus forestier (typé chêne liège), là où la garrigue donne la préférence aux chênes verts avec une végétation généralement plus basse. Etablir une frontière précise reste toutefois difficile quand la géologie s'amuse à brouiller les pistes en faisant surgir ça et là des poches plus acides ou atypiques.

The garrigue is a typical feature of Mediterranean landscapes. It is home to a true mosaic of plant species which vary according to the lie of the land, aspect, soil types and human intervention. The decline of livestock grazing has ironed out some of its diversity, favouring denser, woodland vegetation.

Often confused with 'maquis', **the garrigue** grows on limestone soils whereas maquis thrives on acidic substrates, as evidenced by the presence of heather and strawberry trees. **The maquis** also has a more wooded appearance, typified by cork oak, whilst the *garrigue* gives pride of place to holm oak, and its vegetation is generally lower to the ground. It is hard to establish a precise dividing line between the two, however, especially when geology throws up some irregular soil patterns like pockets of more acidic ground.

La garrigue abrite **des végétaux quasi exclusivement persistants** (ils gardent leurs feuilles l'hiver) et **xérophiles** (adaptés à la sécheresse). Pour esquiver les coups de soleil et économiser l'eau, ils multiplient les stratégies : leurs feuilles sont inexistantes (genêt d'Espagne) de surface réduite (thym) voire en forme d'aiguilles (genévrier, photo 1), recouvertes d'un cuticule imperméable et luisant (chêne vert, photo 4) ou de poils feutrés isolants (chêne blanc, photo 5)... Et gare aux herbivores car nombre d'espèces sont bel et bien armées : piquants (genêt scorpion), odeur repoussante (térébinthe), ou poison (euphorbe) attendent les importuns. Les plantes de garrigue sont très sensibles au milieu physique qui, en favorisant telle ou telle espèce mieux adaptée constitue un facteur de sélection naturelle. C'est ainsi que **le thym** (photo 6) se développe sur des sols plus riches en argile.

Alors qu'il était minoritaire dans le paysage au début du siècle dernier, **le pin d'Alep** (photo 2) s'est considérablement étendu sur les terrains marneux autrefois cultivés ou pâturés. Ayant une redoutable aptitude à conquérir les espaces dénudés, il profite des incendies pour densifier ses peuplements grâce à ses graines ailées.

Le chêne kermès (garric, c'est-à-dire l'arbre du rocher, photo 3) qui a pu donner son nom à la garrigue est très résistant et développe un réseau souterrain de racines qui le rendent pyrophyte : le feu détruit la partie aérienne, mais en quelques mois, de vigoureux rejets occupent le terrain.

Le chêne vert (photo 4) ou yeuse s'enracine dans les substrats les plus hostiles. Des arbustes et plantes ligneuses lui tiennent compagnie comme le nerprun alaterne, le genévrier cade, les filaires, le pistachier lentisque, le térébinthe, le laurier tin, les genets, les coronilles, etc. Le romarin occupe ensuite les zones les plus érodées.

Le chêne pubescent (ou chêne blanc, photo 5) trouve des conditions optimales en terrains profonds, plus frais et humides. D'autres végétaux l'escortent : érable de Montpellier, amélanchier, buis, poirier faux amandier, salsepareille, clématite...

The *garrigue* is almost entirely home to evergreen, drought-tolerant plants. To avoid sunburn and save water, they deploy any number of strategies: some have virtually no leaves (Spanish broom) or have small leaves (thyme) or needles (juniper, picture 1); others are covered with an impermeable, glistening sheath (holm oak, picture 4) or insulated, felt-like bristles (white oak, picture 5). Herbivorous animals should steer clear of many of them as thorns (scorpion's thorn), repulsive smells (terebinth) and poison (euphorbia) await. **Garrigue** plants are highly sensitive to physical conditions which, by promoting the most suitable species, provide natural selection. **Thyme** (picture 6), which thrives on soils with high clay content, is a case in point.

In a minority at the beginning of the last century, **the Aleppo pine** (picture 2) has since spread considerably over marly ground that was once farmed or used as pasture land. With a formidable capacity for taking over barren ground, it increases planting density by propelling winged seeds during forest fires.

Kermes oak (or 'garric' in Occitan, meaning 'rock tree', picture 3) may have lent its name to the *garrigue*. It is very hardy and develops an underground network of roots which make it pyrophyte: fire destroys the parts above ground but in just a few months, vigorous suckers spread outwards again.

Holm oak (picture 4) puts its roots down in the most hostile substrates. Shrubs and woody plants like Mediterranean buckthorn, cade juniper, phillyrea, mastic tree, terebinth, laurustinus, broom and coronilla grow alongside it, as does rosemary, which chooses the most eroded sites.

Pubescent oak (or white oak, picture 5) boasts optimum growing conditions on cooler, deep and damp soils. It is escorted by other plant species: the Montpellier maple, shadbush, boxwood, almond-leaved pear tree, sarsaparilla, clematis…

Plantes pharmaceutiques, tinctoriales (phlomis herbe-à-mèche, crapaudine romaine, lavande aspic...) **alimentaires** (asperge - photo 1 -, asphodèle porte cerise, ail rose...) : les utilisations de la garrigue étaient multiples. Le buis servait d'engrais et de litière pour le bétail, la garance était utilisée pour faire de la teinture, les bergers se servaient de la résine des genévriers pour soigner les dermatoses de leurs bêtes. Récoltée au Moyen-Âge, la galle du chêne kermès, excroissance produite par la piqûre d'une cochenille, servait aussi à teindre en rouge les draps montpelliérains.

Associées à cette végétation, **une faune remarquable** peuple la garrigue : busards, alouettes, fauvettes, reptiles, insectes... Et plus d'une cinquantaine d'escargots différents. Parmi les stars ? La grande cigale commune, la couleuvre de Montpellier, le scorpion languedocien, la rare magicienne dentelée (photo 2) ou encore le papillon proserpine (photo 3). Cela étant, ces espèces de milieux ouverts régressent et celles de milieux fermés se multiplient, à commencer par le sanglier.

Les pelouses (photo 4) où dominent les graminées, légumineuses et ombellifères se localisent sur les espaces encore pâturés ou près des habitations.

Le printemps couvre la garrigue de mille couleurs : jaune des genêts d'Espagne (photo 5), blanc des asphodèles et des narcisses douteux, rose des cistes (photo 6) et des orchidées, bleu de la lavande, du romarin et de l'aphyllante de Montpellier (photo 7).

L'exploitation forestière était très importante autrefois : les verriers alimentaient leurs fours grâce aux chênaies, des bouscatiers coupaient puis brûlaient le bois pour livrer les villes en charbon, des chaufourniers y bâtissaient leurs fours à chaux, des ruscaïres (écorceurs) y prélevaient des écorces pour les tanneurs.

Medicinal plants, dyes (Jerusalem sage, ironwort, common rue, flax-leaved daphne, spike lavender...) and **edible plants** (asparagus - picture 1 -, blue lettuce, common brighteyes, asphodels, pink garlic): there were countless uses for *garrigue* plants. Boxwood was used as a fertiliser and bedding for cattle while madder was used as a dye. Shepherds cured dermatosis in sheep with resin from juniper bushes. Harvested in the Middle Ages, kermes oak galls – or growths caused by female cochineal bites – were also used in Montpellier to dye sheets red.

In addition to these plants, **a remarkable range of fauna** populates the *garrigue*: harriers, larks, warblers, reptiles, insects and over fifty different types of snail. The most prized animals include the large common cicada, the Montpellier grass snake, the Languedoc scorpion (whose venom is not deadly) and the rare bush cricket or 'spiked magician' (picture 2). The butterfly, Spanish festoon (picture 3), becomes poisonous for most of its predators by feeding on birthworts, which are toxic. Species such as these, though, which live in open habitats, are declining whereas wildlife typical of closed landscapes, such as wild boar, is increasing in number.

Grassed areas (picture 4), predominantly home to various species of grasses, legumes and umbellifers, are located in areas still used for grazing or found near houses.

In the spring, the *garrigue* dons its multi-coloured mantle of flowers: the yellow of Spanish broom (picture 5), the white of the daffodils or dwarf daffodils, the pink of the rock roses (picture 6) and orchids, the blue of the lavender, the rosemary and blue grass lily (picture 7).

Logging was extremely important in the past: glass manufacturers lit their furnaces with wood from oak groves; lumberjacks chopped down trees then made charcoal which they took to the towns; lime producers built their kilns amongst the woodlands; and barkers removed bark for tanners.

Zoom sur la garrigue

A look at the garrigue, close-up

À l'évocation de son nom surgit une image de carte postale : celle d'une étendue pierreuse et ensoleillée. Avec en toile de fond, le chant des cigales et des parfums de lavande. Pourtant cet ensemble complexe offre des visages bien différents. Des recoins secrets, aujourd'hui protégés, qui prouvent que la garrigue, c'est d'abord du détail !

Dans le secteur du Pic Saint Loup / l'Hortus, la diversité des milieux (micro climat frais et humide dans les combes, garrigue sèche, escarpements rocheux, marnes noires) est à l'origine de l'exceptionnelle diversité de la flore, surtout celle, **méditerranéenne à montagnarde d'éboulis et de parois** dont le Saxifrage des Cévennes (photo 1) constitue un bel exemple. Falaises, grottes et rochers servent aussi d'habitat aux oiseaux rupestres (tel le hibou grand duc, photo 2) et à différentes chauves souris (Minioptère - photo 3 -, Molosse de Cestoni...)

La face Nord du Pic Saint Loup constitue probablement le plus grand site de **vignes sauvages** de France. Rares et protégées, ces « lambrusques » dont l'homme préhistorique a consommé les fruits, s'accrochent aux arbres et arbustes grâce à leurs vrilles et peuvent atteindre 30 à 40 m de long. Il ne faut pas les confondre avec des individus issus d'anciennes vignes abandonnées qui présentent d'ailleurs des différences morphologiques avec leurs ancêtres.

Les prairies humides, plutôt froides, sont une curiosité en plaine méditerranéenne (bassin de Saint-Martin-de-Londres notamment). Quadrillées par des canaux et ruisselets, elles abritent des espèces végétales remarquables (plantes aquatiques, orchidées, rosacées, joncs...) mais aussi des papillons (belle population de damier de la Succise, rare Diane) et des libellules (photos 4 et 5).

Les marnes noires de la combe de Morties présentent la **série de fossiles** la plus complète de tout le bas Languedoc : 26 espèces d'ammonites, bélemnites, gastéropodes et lamellibranches y ont été découvertes. Le site a malheureusement subi une exploitation inconsidérée...

Its name alone conjures up picture-postcard images of sun-drenched, stone-strewn expanses resounding with the trill of cicadas and exuding pungent aromas of lavender. Yet behind this two-dimensional image is a complex, multi-faceted arena with secret, unspoilt recesses, proving that the real essence of the garrigue is in the details.

In the Pic Saint Loup/Hortus area, an extensive range of habitats (cool, damp microclimates in the coombs; dry *garrigue* land; rocky scarps; and black marl) has resulted in outstanding floral diversity, particularly **Mediterranean-mountain flora growing on scree and rock faces**, of which the Cevennes saxifrage (picture 1) is a fine example. Cliff faces, caves and rocks also provide a home for birds endemic to rocky areas – like the eagle-owl, picture 2 – and a number of bats (the long-winged bat - picture 3 - and the European free-tailed bat, for example).

The North face of the Pic Saint Loup is probably one of the largest areas of **wild vines** in France. These rare, protected 'lambrusque', whose fruits were eaten by prehistoric man, climb up trees and shrubs using their tendrils, and can reach up to 30-40 metres in length. They should not be confused with vines spreading across mothballed vineyards that differ in appearance from their forerunners.

Meadow marshes, that are fairly cold, are an oddity on the Mediterranean plains (particularly in the Saint-Martin-de-Londres area). Criss-crossed by canals and streamlets, they are home to remarkable plant species (aquatic plants, orchids, wild roses, bulrushes…) though also butterflies (a sizeable marsh fritillary population, the rare southern festoon…) and dragonflies (pictures 4 and 5).

Black marl in Mortiès coomb offers the most comprehensive **series of fossils** in the whole of lower Languedoc: 26 species of ammonites, belemnites, gastropods and bivalve molluscs have been unearthed there. Unfortunately, the site has been plundered.

Le bois de Courtes sur un sol siliceux, est composé de châtaigniers et de chênes blancs ainsi que d'une végétation caractéristique des terrains décalcifiés comme la callune tandis que dans le **bois de Gabriac**, des placages siliceux de silex permettent le développement de chênes liège (dont il n'existe que deux à trois stations dans l'Hérault - photo 3), bruyères ou fougères.

Le brachypode rameux (la « baouco », l'herbe à moutons, photo 4), composante typique des **pelouses rases méditerranéennes** se peuple au printemps d'iris nains et d'une grande diversité d'orchidées (photo 5), comme l'ophrys araignée. La pelouse à Aphyllante présente aussi des facies rares.

Les **mares** ainsi que les **lavognes** (Cazevieille, Claret… - photo 6), simples cuvettes dans le sol ou dallées, aménagées depuis le Néolithique afin de servir d'abreuvoir aux troupeaux de moutons présentent des espèces à valeur patrimoniale (gratiole officinale, menthe des cerfs, triton marbré, crapaud calamite, crustacé Triops…)

DES SITES NATUREL CLASSÉS

Reconnu par différents inventaires et classements de ses espaces naturels, le territoire du grand Pic Saint Loup comprend quatre sites Natura 2000* dont deux concernent l'ensemble Hortus - Pic Saint Loup :
- le Site d'Importance Communautaire Pic Saint Loup. 35 habitats naturels et semi naturels y ont été cartographiés. Préserver les milieux ouverts en encourageant toutes les activités, au premier chef pastorales, est l'un des enjeux de ce site : en 40 ans, plus de la moitié de ces formations ont disparu au profit de la forêt.
- la Zone de Protection Spéciale pour les oiseaux Hautes garrigues du Montpelliérais. Avec ses falaises couplées à une mosaïque de milieux ouverts, ce site attire de grands rapaces dont le rare aigle de Bonelli. Au total, une vingtaine d'espèces d'oiseaux protégés ont été recensés.

réseau qui vise à préserver les habitats et les espèces animales et végétales menacées et/ou remarquables sur le territoire européen dans un cadre global de développement durable.

3

4

Courtes woods with their silica soils are home to chestnut trees and white oaks as well as plant life characteristic of decalcified ground, such as common heather. The silica inlays in soils located in **Gabriac woods** promote growth of heather, ferns and cork oak trees (picture 3), of which there are only a couple of sites in Hérault.

Mediterranean false-brome ('baouco' - picture 4), a typical component of **Mediterranean short grass**, becomes populated in the spring with dwarf irises and a wide array of orchids (picture 5), like the early spider orchid. Areas of blue grass lily also present a rare sight.

Ponds and artificial **watering holes** (Cazevieille, Claret - picture 6) are basic hollows dug straight out of the ground or paved, that have been used as drinking troughs for flocks of sheep since the Neolithic era. They are also home to species of heritage value (common hedgehyssop, Hart's pennyroyal mint, the marbled newt, the natterjack toad, tadpole shrimps).

PROTECTED AREAS

Featuring on a number of lists and classifications of protected areas, the greater Pic Saint Loup area embraces four Natura 2000* sites, two of which cover the combined Hortus-Pic Saint Loup locality:
- the Pic Saint Loup Site of Community Importance, where 35 natural and semi-natural habitats have been charted. One of the main challenges here is to preserve open landscapes by encouraging various activities, spearheaded by pastoralism. Over the last 40 years, over half of these formations have been replaced by woodland.
- the Special Protection Area for birds in the highland *garrigue* areas around Montpellier. The area's cliff faces coupled with a mosaic of open spaces attract large birds of prey, including the rare Bonelli's eagle. A total of twenty or so protected bird species have been identified.

A network aimed at preserving habitats, endangered and/or remarkable animal and plant species across Europe, as part of an overall drive towards sustainable development.

Viticulture et biodiversité : des liens qui se cultivent

Nurturing the bond between wine growing and biodiversity

Quand ils ne développent pas certains itinéraires techniques favorables à l'environnement, les vignerons, au rythme de leurs travaux, apportent gîte et couvert à de nombreuses espèces qui à leur tour favorisent la bonne santé de la vigne.

Le maintien de la biodiversité passe par l'emploi de produits phytosanitaires moins agressifs mais aussi par une meilleure gestion du parcellaire viticole et des espaces non productifs qui y sont associés (haies, bandes enherbées, fossés, arbres isolés, mares, murets…). A travers ces aménagements, le vignoble peut constituer un refuge pour de nombreux insectes. Certains sont nuisibles, d'autres utiles : typhlodromes, araignées, punaises, hyménoptères, jouent un rôle non négligeable dans la régulation naturelle des ravageurs de la vigne (chenilles, araignées rouges, cicadelles, cochenilles). Parallèlement, la présence de plantes adventices diminue la vigueur et le rendement des vignes, améliore la structure et la vie du sol, limite l'érosion et le ruissellement, etc… Charge au vigneron de veiller à ce que ces dernières n'entrent pas en concurrence avec la vigne du fait de leur niveau de consommation hydrique et azotée.

Sétaire verticillée dont les épillets s'accrochent aux vêtements, morelle velue qui donne de petites tomates toxiques, aristoloches, euphorbes, muscaris, fumeterre grimpante, réséda raiponce, séséli tortueux, héliotrope d'Europe, sénéçon visqueux, souci des champs, prêle rameuse… : **la flore spontanée** est variée.

In addition to the environmentally-friendly solutions implemented by wine growers from a technical perspective, their work in the vineyard ensures board and lodging for numerous species which, in return, promote a healthy vineyard.

Maintaining biodiversity not only implies the use of less aggressive agrochemicals, but also improved management of vineyard plots and the surrounding, non-bearing land (hedges, grassed areas, ditches, isolated trees, ponds, dry stone walls...). By introducing and maintaining these, vineyards can become a refuge for many insects, some harmful, others useful: predatory mites, spiders, bugs, sawflies, wasps, bees and ants play a significant part in naturally controlling vineyard pests (caterpillars, red spider mites, leafhoppers and mealybugs). Additionally, weeds can help reduce vine vigour and yield, improve soil structure and life, and limit erosion and gullying, for example.

À côté des annuelles, les géophytes à bulbes (ail, muscari, tulipe…) sont d'autant plus présents que le labour ne contrarie pas leur développement voire favorise leur multiplication. Ainsi, **le poireau des vignes** (en réalité un ail à la saveur délicate) côtoie de nombreuses salades sauvages.

La roquette blanche au goût de moutarde, est fréquente dans les vignes alors qu'elle faisait figure de rareté botanique il y a 30 ans. Très utile, son pivot profond fait descendre l'eau et l'air, remonte des micro organismes et aère la terre.

La faune se compose surtout d'insectes pollinisateurs, coléoptères et orthoptères (criquets, sauterelles, cigales, mantes). Parmi ceux-ci, **l'éphippigère**, sauterelle de grande taille (photo 1), aux ailes atrophiées abonde pendant les vendanges. **L'empuse** a l'allure frêle du phasme, les armes de la mante religieuse et une tête de monstre de science fiction. Quant au **sphynx des vignes**, papillon de nuit rose et vert, il doit son surnom de « pourceau » à l'avant du corps de sa chenille qui ressemble à un groin.

Le lézard ocellé (photo 3) -plus grand lézard d'Europe- aime les garrigues très ouvertes, les clapas et les insectes mangeurs d'excréments, type bousiers. Délaissant les espaces pastoraux où les animaux sont désormais vermifugés, il a fait de la vigne un terrain d'élection.

Friand de gros insectes, **le rollier d'Europe** (photo 2) au plumage turquoise et à la voix rauque est intimement lié au bocage méditerranéen. Sur les 7 à 800 couples dénombrés en France, 200 vivent dans l'Hérault, uniquement sur les domaines viticoles. Il arrive quand la vigne commence à mettre des feuilles et repart à la vendange. Les piquets lui servent de support et les vieux arbres ou les mas, de nichoirs.

Outre la perdrix rouge ou la pie grièche, **le petit duc**, amateur de gros arbres et de « clapas » est aussi l'animal des paysages viticoles. Présent dès que la vigne débourre, il scande ses notes plaintives et flûtées.

It is the wine grower's task to ensure they don't compete with vines for water and nitrogen supply.

The range of **wild plants** is extensive: bristly foxtail, whose barbed bristles stick to clothing, hairy nightshade, which produces tiny toxic tomatoes, birthwort, euphorbia, grape hyacinth, ramping-fumitory, corn mignonette, meadow saxifrage, European heliotrope, sticky ragwort, common marigold and branched horsetail, to name a few.

In addition to annual plants, bulbs such as garlic, grape hyacinth and tulips not only grow but spread due to soil ploughing. Hence, **wild vine leeks** (which are actually delicately-flavoured garlic) grow alongside numerous wild salad leaves.

Mustard-flavoured **white rocket** is now common in vineyards whereas it was a botanical rarity 30 years ago. It is a highly useful ally as its long tap root takes down water and air, brings micro-organisms up to the surface, and aerates the soil.

Fauna revolves primarily around pollinating insects, beetles and orthopterans (crickets, grasshoppers, cicadas and mantis) including the **vine bush cricket**, a large grasshopper with atrophied wings (picture 1), which abounds during harvest time. **The conehead mantis** looks as frail as a stick insect, is armed like a praying mantis and has the head of an enemy in a science fiction movie! The pink and green elephant hawk-moth owes its nickname of 'pig' to the front body parts of its caterpillar, which look like a snout.

The ocellated lizard (picture 3) is the largest lizard in Europe and likes very open *garrigue* land, piles of stones and faeces-eating insects, like dung beetles. It now favours vineyards, having deserted pastureland, where the animals are now treated for worms.

Partial to large insects, **the European roller** (picture 2) with its turquoise plumage and harsh call is closely linked to the Mediterranean wooded countryside. Of the 7-800 couples known in France, 200 live in Hérault – all of them on wine estates. They arrive when leaves begin sprouting on the vines and leave during the harvest. They land on vineyard posts and make their nests in old trees or stone farmhouses.

In addition to the red-legged partridge and the shrike, the scops owl – which is fond of large trees and piles of stones – is another animal familiar to vineyard landscapes. It arrives during bud-burst when it lets out its plaintive, flute-like call.

Promenons nous dans les bios

Si l'agriculture raisonnée est de mise depuis plusieurs années en Pic Saint Loup, la culture biologique ou en biodynamie réfléchie de la vigne concerne plus de 30 % des domaines à ce jour. Mais entre ces différents termes, comment ne pas s'emmêler les pipettes ? Petit tour d'horizon des pratiques...

La viticulture raisonnée essaie de réduire son impact sur l'environnement, notamment par l'usage réfléchi des intrants et un travail des sols sans renoncer aux méthodes de l'agriculture moderne, garantes de la rentabilité économique de l'exploitation.

En agriculture biologique, le vigneron n'utilise que des produits d'origine naturelle pour protéger la vigne ainsi que des engrais organiques. Seules les méthodes culturales étaient contrôlées jusqu'en février 2012, date à laquelle les pays européens ont adopté une législation sur la vinification. Laquelle n'interdit pas l'ajout de sulfites mais en limite les quantités. Le logo AB n'est décerné qu'à la quatrième vendange qui suit l'engagement. En cas d'accroc à la règle, le vigneron retourne à la case départ.

Certifié en agriculture biologique, **le vigneron en biodynamie** agit en plus, sur les équilibres de la vigne, des sols et du vivant. Pour cela, il emploie des préparations issues de matières végétales, animales et minérales, dynamisées avant d'être pulvérisées selon des proportions très faibles et à des moments précis. Ce sont les rythmes lunaires et planétaires qui vont dicter ici les tâches, par ailleurs non mécanisées. Côté vinification, les ajouts de composés chimiques sont réduits au maximum, voire proscrits.

Le partisan du vin naturel (pas de label à ce jour) est hostile aux interventions techniques ainsi qu'à l'ajout de produits exogènes en cave, en particulier le soufre, pour ne pas entraver l'expression du raisin. Revers de la médaille : un risque d'oxydation du vin.

Dans la réalité, certains domaines :
- s'imposent parfois des règles plus drastiques que celles des cahiers des charges officiels,
- ne souhaitent pas mettre en avant leur certification,
- pourraient revendiquer l'une de ces démarches mais refusent de s'enfermer dans un label contraignant et coûteux pour différentes raisons (par exemple pour rester libres de traiter ponctuellement leur récolte afin de ne pas la perdre).

Au final ? Seuls l'œil et le palais du consommateur font foi !

Take a walk on the organic side

Although integrated pest management has been the norm for many years in the Pic Saint Loup, the number of estates using rational organic and biodynamic farming methods now exceeds 30%. It's easy to get confused over the differences between integrated pest management, organic and biodynamic farming, so here is a brief explanation.

Integrated pest management is aimed at reducing environmental impact by rational use of agrochemicals and soil management. Wine growers can still use modern farming methods, thus ensuring their property's economic viability.

With **organic farming methods**, wine growers only use natural products to protect vines against disease and organic fertilisers. Until February 2012, only viticultural practices were monitored; subsequently, legislation was changed within the European Union to include wine making practices. The new rules do not outlaw use of sulphites but restrict the amount that can be used. The organic logo is only awarded on the fourth vintage after a commitment is made to farm organically. Any wine grower who infringes the rules has to return to year one.

Certified organic growers can go a step further by farming **biodynamically** which involves taking into account natural balance in the vine, soils and living organisms. He/she uses preparations made from vegetal, animal and mineral substances which are 'dynamised' (stirred vigorously to create a vortex) before spraying and used in minute, homeopathic doses at specific times. Each task is carried out according to a lunar and planetary calendar and is performed by hand. In the winery, chemical compounds are added very sparingly or banned altogether.

Natural wine advocates (not officially certified to date) are against all technical intervention and addition of off-winery inputs, particularly sulphur, so as not to hinder fruit expression. The disadvantage of this method is that it can lead to oxidation in the wines. In reality, some properties:
- Occasionally abide by stricter rules than needed to comply with official specifications,
- Do not wish to promote their certification,
- Are entitled to one of these certifications but, for a number of reasons, do not want to be trapped in a restrictive and expensive process, whereby they cannot spray their vines to avoid losing their crop, for instance.

Ultimately, the final choice rests with the consumer, whose sight and palate are decisive.

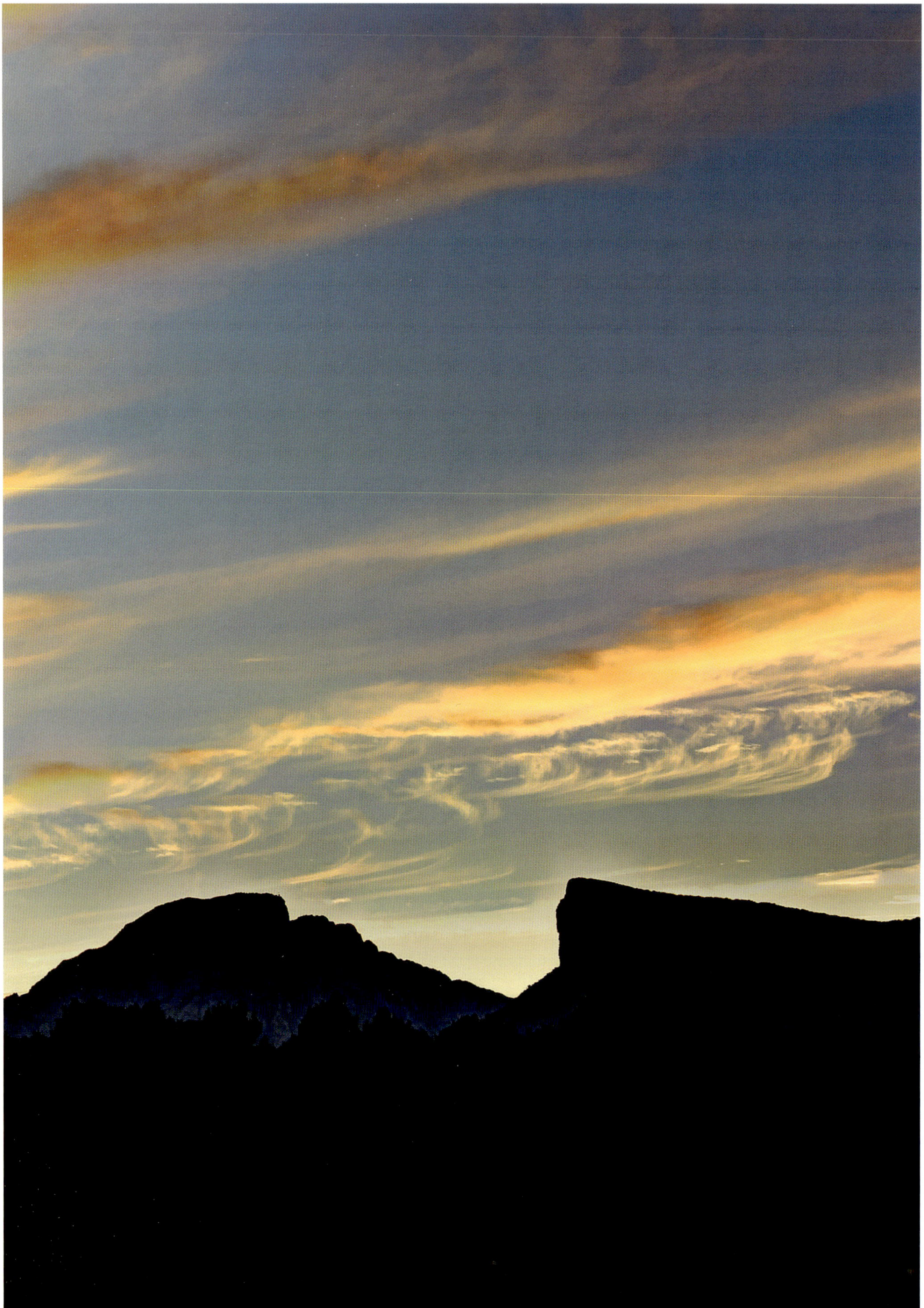

Chapitre 2 Chapter

RENCONTRER
MEET THE WINE GROWERS

Chemin des Rêves

SERVANE ET BENOÎT VIOT

LE VIN ENCHANTEUR

Les cuvées

Abracadabra, Gueule de Loup, La Soie — Abracadabra

The wines

Changer de vie ? Certains y songent. D'autres le font. Après avoir bourlingué en Afrique, au Moyen-Orient et en Amérique latine pour de grands laboratoires, Benoît Viot raconte comment, à 35 ans, il a soudain plaqué son job : « *Docteur en pharmacie, une situation confortable au Chili... Mon parcours avait été un peu trop facile, j'avais l'impression de n'avoir rien construit.* » L'idée d'une nouvelle voie, épicurienne, le démangeait somme toute depuis longtemps : « *J'ai fait mon premier vin -un jus de raisin dégoûtant- il y a douze ans en Angleterre, dans ma salle de bains. Plus tard, j'ai récidivé avec un plant de baco hybride, foulé aux pieds, vinifié en bonbonne et... très acide.* » Deux expériences si concluantes qu'avant d'embrigader femme et enfants, il part vendanger chez des cousins à Bandol puis dans le Médoc ! « *J'ai rempli des cahiers et des cahiers de notes, c'était magique.* »

Du costume au short

Restait à savoir où aller titiller le cep. Et pourquoi pas dans ce Languedoc réputé accueillant ? « *J'ai contacté les domaines du coin en leurs proposant de venir gratuitement tailler, ébourgeonner... Chaque lundi, je dégustais avec des œnologues pour dépasser le seul aspect technique.* » BPA en poche, en 2004 il jette son dévolu sur des vignes en fermage. Construire sa maison et un caveau aux normes écologiques, rénover la cave après avoir longtemps vinifié chez des confrères, augmenter le pourcentage en blanc et en cépages de l'appellation pour atteindre 17 hectares : les chantiers sont légion. Et le changement de vie, radical : « *Je démarrais le tracteur en quatrième et, plutôt habitué au travail intellectuel, j'étais épuisé, même si anticiper, organiser, déterminer les écartements ou planifier les traitements requiert une vraie gymnastique mentale.* »

Une voie prédestinée

Sur deux terroirs aux caractères opposés, en Pic Saint Loup et Grés de Montpellier, il avance à son rythme vers une culture naturelle. Son maître-mot : l'équilibre. Celui du pied de vigne comme celui des vins, vinifiés d'une main légère « *en les réchauffant pendant les macérations pour enrober les tanins* » avec un net penchant pour l'élevage en cuves. Ex-juriste, Servane, sa moitié vigneronne, l'aide à mener sa barque sur le plan commercial : « *Nous avons cherché à nous démarquer en termes d'esthétique, de nom et de prix. Puis, cartons sous le bras, nous avons démarché les cavistes. En faisant simple et bien, nous avons vite manqué de vin.* » Hymnes à la personnalité de chaque cuvée, des noms extraordinaires valsent sur leurs étiquettes comme Bois-Moi, référence à Alice au pays des merveilles : tout en souplesse, au goût de ce Tourangeau élevé aux vins de Loire et d'un nombre croissant de connaisseurs. Dix millésimes plus tard, le couple ne roule pas sur l'or. Sa richesse est ailleurs : dans une reconversion réussie sur le Chemin des Rêves. Un nom inspiré de celui d'un sentier bordant leur domaine... D'autant plus incroyable (mais vrai) qu'ils habitent également rue de la Syrah !

Le Chemin des Rêves

218, rue de la Syrah
34980 Saint-Gély-du-Fesc
TEL +33 4 99 62 74 25
*   +33 6 85 73 29 33*
FAX +33 4 67 10 09 84
contact@chemin-des-reves.com
www.chemin-des-reves.com
GPS N 43,678342 - E 3,797201

Chemin des Rêves

SERVANE AND BENOÎT VIOT:
ENCHANTED BY WINE

Some people dream of a complete change of lifestyle, others actually do it. After travelling far and wide across Africa, the Middle East and South America for large pharmaceutical companies, Benoît Viot tells of how, one day, age 35, he threw in his job. *"I was a doctor of pharmacy and was earning a comfortable living in Chile... But it all seemed too easy, I felt as if I hadn't really accomplished anything."* He had been toying with the idea of going down a different, more Epicurean, route for some time. *"I made my first wine – a disgusting grape juice – twelve years ago in my bathroom in England. Then I tried again with hybrid Baco grapes, trodden by foot, fermented in demijohns and... very tart!"* His attempts were so (un)convincing that, before roping his wife and children into this new life, he decided it was best to join cousins in Bandol then the Medoc for some first-hand experience of the grape harvest. *"I filled notebook after notebook, it was so exciting!"*

From shirt and tie to shorts

Which wine region to plump for, though? Renowned for its hospitality, Languedoc seemed to fit the bill. *"I contacted local wine estates, offering to prune and de-bud vines for free... Every Monday I would taste with wine makers to broaden my experience of the wines themselves."* After passing his agricultural diploma in 2004, he fell in love with some leased vineyards. He then embarked on a full-scale project: building an eco-friendly house and cellar door facilities; renovating the winery after crushing his grapes in neighbouring cellars for several years; and increasing the percentage of white grapes and varieties geared to making appellation wines. The total area under vine reached 17 hectares. It was a steep learning curve: *"I would do odd things like start the tractor in fourth gear! Most of the time I felt absolutely exhausted. I was so accustomed to working intellectually, although having to anticipate, organise, decide how far apart to plant vines, and planning when to spray them is extremely testing mentally."*

Foreordained path

On two sites with fundamentally different characteristics – Pic Saint Loup and Grés de Montpellier – he is edging towards natural growing methods. His guiding principle is balance, both in the vineyard and the winery. The wines are made with as little intervention as possible. They are warmed during maceration to integrate the tannins and he is strongly inclined to use tanks for ageing. A former legal expert, Servane – his vinous other half – helps him manage sales. *"We tried to take a very individual approach to the appearance, prices and names of our wines. Then we took boxes of them to show wine merchants. By doing things simply but well, we quickly ran out of wine."* Each label is a tribute to the personality of the wine itself, leading to some extraordinary gems like 'Bois-Moi', a nod to Alice in Wonderland which symbolises suppleness and drinkability. It reflects the personal taste of this wine grower from Touraine, who grew up with Loire valley wines, though also appeals to a broadening consumer base. Ten vintages on and the couple hasn't struck it rich. Theirs is a different form of wealth: a successful change of lifestyle on 'Chemin des Rêves' or 'dream road'. The name was inspired by that of the actual lane surrounding the property, made all the more remarkable by the fact that they also live in Rue de la Syrah!

Domaine Desvabre

HENRI BRETON

APÔTRE DE LA TRADITION

Les chasseurs l'auront repérée au premier coup d'oeil. En choisissant la bécasse pour emblème, Alain et Henri Breton se sont naturellement inspirés de leur passion. « *Nous menons notre domaine comme nous gérons la chasse : de façon raisonnée* » soulignent en choeur le père et le fils. Prélever le moins de gibier possible d'une part ; redonner vie au sol de l'autre : leur ligne de (bonne) conduite est toute tracée. « *Même si nous n'avons pas de stratégie pré établie car chaque année est différente, nous employons beaucoup de fumier mais plus aucun herbicide. Nous privilégions le labour, nous essayons de réduire les traitements et de maintenir de l'herbe, des vendanges à avril* » énumère Henri, cinquième représentant du nom. D'origine Champenoise, les Breton ont migré sous les cieux montpelliérains en 1762. Tanneurs, ils s'y sont mués en vignerons chevronnés, céréaliers et propriétaires d'oliveraies de surcroît.

Grignotage urbain

Avec 100 hectares de terre dont une trentaine de vignes, la polyculture n'est pas leur seule originalité : « *nous sommes sans conteste, l'un des derniers domaines viticoles du Pic situé aux portes de la ville. Face à une urbanisation galopante, un jour viendra néanmoins où nous devrons chercher des terres ailleurs* » déplore Henri. Pour l'heure, ce jeune vigneron formé au Lycée agricole de Montpellier, s'appuie sur un éventail idéal de terroirs. Déployé entre Aniane, Saint-Jean-de-Fos, Prades et Corconne, ce dernier engendre des merveilles en AOP comme en vins de pays. En blanc, colombard, chardonnay et ugni blanc partent à la cave coopérative de Prades d'ailleurs présidée par son père : « *je n'avais*

Domaine Desvabre

HENRI BRETON:
DEDICATED FOLLOWER OF TRADITION

Huntsmen will immediately feel a resonance with this father and son. By choosing a woodcock as their emblem, Alain and Henri Breton quite naturally drew on their shared passion. Whether at work, putting new life back into the soil, or at play, shooting a minimal amount of game they follow the same guiding principles: "*We run our estate as we do a shoot – sustainably,*" they chorus. "*Even though we don't follow any predetermined rules, because every year is different, we use a lot of manure and have stopped using weed killers. We prefer to plough the soils, try and reduce the amount of spraying and promote grass cover from the harvest through to April,*" explains fifth-generation family member, Henri. Originally from Champagne, the Bretons moved to the Montpellier area in 1762. Initially tanners, they became seasoned wine growers and cereal farmers, with olive groves to boot.

Urban sprawl

Growing a range of crops on their 100-hectare property, 30 of which are planted to vines, is not the only thing that sets them apart from other wine growers: "*We are unquestionably one of the last remaining wine estates located on the outskirts of the city. The pressure of urban sprawl will undoubtedly force us to look for land elsewhere one day,*" laments Henri. Until then, the young wine grower, who trained at the agricultural college in Montpellier, can choose from an ideal array of vineyard sites stretching from Aniane and Saint-Jean-de-Fos to Prades and Corconne, all of which yield gems labelled as both appellations and regional wines. His white Colombard, Chardonnay and Ugni blanc grapes are taken to the co-operative winery in Prades, which is chaired by his father. "*I had neither the will nor the equipment to make proper use of*

ni l'envie ni les moyens de valoriser ces raisins dont la vocation export nécessite une vinification très technologique » explique t-il. En rouge, la syrah dominante oriente le style : rond et fruité, merveilleusement équilibré.

Esprit de continuité

Ne manquait qu'un rosé à sa panoplie : un vide récemment comblé par Pleine lune, « *cuvée tendance* » vendangée de nuit. « *Ce sont le terroir et la parcelle qui nous guident, l'assemblage intervenant une fois les vins faits* » martèle Henri. Ancré à la tradition, conscient de l'impact à long terme de chacun de ses gestes, il agit avec mesure et laisse le temps au temps. « *Se lancer dans une technique pour en changer trois jours plus tard me semble contre productif. Je ne cherche pas non plus à vieillir les vins artificiellement en barrique.* » Patiemment, il a remis à neuf sa cave de Montferrier, héritée du grand père, puis agrandi et équipé une vieille bâtisse sur le hameau de Vabre, « *histoire d'avoir une longueur d'avance sur la réforme syndicale qui nous oblige à garder le vin un an en cuverie.* » Ses maîtres mots ? : valoriser, consolider. Cela lui réussit : 60 % des ventes se font hors hexagone sans qu'il joue des coudes pour s'imposer. Les vins du domaine se boivent comme se chasse la bécasse : à l'arrêt. Il faut prendre le temps de les déguster. Et le tour est joué.

Les cuvées

Tradition, Prestige, Cuvée élevée en fût de chêne

Domaine Desvabre

The wines

---

these grapes. They make market-driven wines for export and they require state-of-the-art wine making techniques," he explains. His Syrah-dominant red wines show archetypal varietal characteristics – they are round and fruity with marvellous balance.

Long-term vision

The only shortcoming in his range was lack of a rosé. The gap has recently been bridged with the arrival of 'Pleine Lune', so called as it is harvested by night for maximum freshness to suit contemporary tastes. *"Sense of place dictates the profile of the wine and we only blend the different plots once the wines are made,"* points out Henri. With a strong sense of traditionalism and a heightened awareness of the long-term impact of his actions, he moves forward at a measured pace and lets time take its course. *"To me, embracing a new technique one day, only to change tack immediately afterwards, is counter-productive. Neither do I feel the need to artificially enhance my wines through barrel-ageing."* He has patiently restored the cellar handed down by his grandfather in Montferrier, and extended and equipped an old stone-clad barn in the hamlet of Vabre. *"I wanted to stay one step ahead of future changes to production rules, when it will become compulsory to store our wines in tanks for a year before releasing them."* Adding value and consolidation are at the top of Henri's agenda and they are paying dividends. A significant 60% of his wines are shipped abroad and he hasn't had to elbow his way to success. Savouring the estate's wines takes time, in much the same way as a huntsman stands patiently waiting for woodcock.

Domaine Desvabre

10, chemin du Fescau
34980 Montferrier-sur-Lez
TEL   +33 4 67 59 91 56
*   +33 6 81 77 96 67*
*   +33 6 87 41 41 11*
FAX   +33 4 67 12 22 34
bretonala@wanadoo.fr
GPS   N 43,669201 - E 3,862510

Domaine Estelle et Pierre Clavel

ESTELLE ET PIERRE CLAVEL

LA BONNE PIOCHE

Les cuvées

🍷 Bonne pioche 🍷 Mescladis

The wines

Il voit la vie en vert. Et cela ne date pas d'hier. « *Cette sensibilité à l'environnement a mûri doucement et s'est renforcée quand nous sommes arrivés en 2000 au Mas Périé, un lieu magique, sauvage, que nous avons mis longtemps à apprivoiser* », résume Pierre Clavel. Remplacer la débroussailleuse par des moutons aura été l'un des premiers actes de foi de cet enfant de la terre qui a récidivé depuis : du choix de fournisseurs responsables au traitement des eaux usées, des panneaux photovoltaïques au chai climatisé selon la méthode du puits provençal. Avec Estelle, son épouse, son socle, il a surtout fait de ce domaine un eden où oliviers et arbres fruitiers côtoient potager et poulailler. « *J'ai la conviction que nous irons très loin dans nos pratiques, bien au-delà de l'agrément Déméter* », anticipe Pierre. Entre un arrière grand-père en première ligne lors des manifestations viticoles de 1907 et un père fondateur des Coteaux du Languedoc, il a de qui tenir.

Autodidacte…

Dans une fratrie de six enfants, il est pourtant le seul à avoir opté pour la viticulture. « *Adolescent, je faisais les vendanges à la cave de Berlou. Georges Dardet, son président, était d'une bonté invraisemblable. C'est sans doute là qu'est née mon envie.* » Tour à tour employé dans une ferme d'élevage à La Salvetat, livreur de vin à la sortie des usines, sommelier… il a tout appris sur le tas. Vigneron, il l'est devenu en 1986 sur les galets roulés de la Méjanelle : trente-quatre hectares pris en fermage. « *À cette époque, il y avait ceux qui buvaient des Bordeaux et ceux qui aimaient les Bourgogne. Le vignoble était en piètre état, la cave quasi moyenâgeuse…* » Et ses finances, au plus bas. En avoir bavé ne l'a pas empêché de mettre un pied en Pic Saint Loup (à Saint-Jean-de-Cuculles) en 2009 pour y enfanter Bonne Pioche : un délice. « *Je suis allé grignoter des îlots à forte identité, distants de 28 km, sur quatre terroirs remarquables qui nous font vibrer. Ailleurs,* j'ai produit des cuvées qui plaisaient mais en galérant. Il me semble qu'ici, les résultats sont venus très vite, avec des vins passionnants. »

Et anxieux

Au total, seuls 2,25 ha lui appartiennent : « *La terre est un outil de travail, l'idée de possession m'emmerde.* » Ses vins ont beau partir vite (pour 80 % à l'export), jouer sur la rareté ne correspond pas davantage à sa philosophie : « *J'ai toujours voulu garder une entrée de gamme, même quand j'étais au firmament.* » Anticonformiste, audacieux, curieux, sensible, sincère… Comment le définir ? À cette question, il répond : « *Ma femme est bretonne, elle obtient toujours gain de cause. Moi je suis un utopiste, fidèle en amitié.* » Une idée turlupine les Clavel : s'ancrer un peu plus dans l'agriculture. « *Nous allons bientôt récolter nos semences de blé ancien pour les transformer en pain* », annonce Pierre qui reste obnubilé par son vin. « *Je suis conscient que la recherche de l'excellence est difficile, j'ai l'angoisse d'en être encore loin.* » Accent chantant, sourire désarmant : l'un des vignerons les plus cotés du Languedoc a tout simplement la trouille de ne pas faire assez bien !

Domaine Estelle et Pierre Clavel

Mas de Périé, route de
Sainte-Croix-de-Quintillargues
34820 Assas
TEL   +33 4 99 62 06 13
FAX   +33 4 99 62 06 14
info@vins-clavel.fr
www.vins-clavel.fr
GPS   N 43,724763 - E 3,897535

Domaine Estelle et Pierre Clavel

ESTELLE AND PIERRE CLAVEL:
THE GOOD LIFE

For many years now Pierre Clavel has been seeing the world through green-tinted, rather than the more usual, rose tinted glasses. *"Our environmental awareness developed gradually and strengthened when, in 2000, we moved to Mas Périé, an unspoilt, magical haven that took us a long time to get to grips with,"* sums up Pierre. To help him take this leap of faith, this country lad swapped his strimmer for a flock of sheep and then went on to select sustainable suppliers and water treatment facilities, photovoltaic panels and a cellar cooled by a ground-coupled heat exchanger. Above all, though, he and Estelle - his wife and rock - transformed the estate into an Eden where olive groves and fruit trees grow alongside the kitchen garden and chicken coop. *"I am convinced that we will far exceed the requirements of the Demeter biodynamic certificate,"* anticipates Pierre. With a great-grandfather in the front line during the wine grower demonstrations in 1907 and a father who founded the Coteaux du Languedoc appellation, it is fair to say he is a chip off the old block.

Self-taught

He alone, out of all his six siblings, is the only one to have chosen wine growing. *"As a teenager, I harvested grapes at the Berlou co-operative winery where the chairman, Georges Dardet, was an incredibly kind man. That's probably where my vocation stems from."* After working on a farm in La Salvetat, delivering wine to factory workers and doing a stint as a wine steward, his training was very much on the job. He became a wine grower in 1986 in the pebble-strewn vineyards of La Méjanelle where he leased 34 hectares. *"At that time, there were those who drank Bordeaux and those who loved Burgundy. The vineyard was in a terrible state of repair and the winery was like something out of the Middle Ages!"* His money situation was quite dire too, but the hardship didn't deter him from securing a vineyard in the Pic Saint Loup (in Saint-Jean-de-Cucules) in 2009, from which he created his delicious 'Bonne Pioche'. *"I tapped into tiny pockets of land, 28 km apart, with a strong wine growing identity. These four remarkable sites give us a real buzz. Whereas in other vineyards I had to sweat blood to make pleasurable wines, here, results were much more forthcoming and the wines very exciting."*

And a worrier

He only actually owns 2.25 hectares. *"Land is the tool that allows you to work and I hate the idea of ownership."* Although his wines fly off the shelf – 80% in export markets – using scarcity as a sales ploy is not part of his philosophy either. *"Even at the pinnacle of success, I have always kept an entry-level wine."* Finding the words to describe him is not easy – nonconformist, audacious, inquisitive, sensitive, sincere... *"My wife is Breton and she is always proved right. I'm an idealist and a loyal friend."* For a long time, they have been ruminating on how to broaden their agricultural involvement. *"We will soon be harvesting the heirloom wheat variety we grew from our own seeds, and turning it into bread,"* announces Pierre, with his singsong accent and disarming smile. He remains nevertheless fixated by his wines: *"I'm very aware of how challenging it is pursuing excellence. I am constantly worried that I still have a long way to go."* How ironic that one of Languedoc's most prized wine growers is petrified that he might not make the grade!

SCA Les Vignerons du Pic

LA QUALITÉ EN LIGNE DE MIRE

Soixante-quinze ans ! Et elle affiche une vigueur d'adolescente. Jugez plutôt : douze millions d'euros de chiffre d'affaires en 2012 contre trois en 1988. « *L'activité de nos deux caveaux de vente ne cesse de progresser* » confirme Bruno Daneluzzi, tout en énergie et volonté. Lorsqu'il a pris les commandes de la cave, présidée par le non moins dynamique Yves Euzet, seul le site d'Assas existait. « *Entre le vieillissement des viticulteurs, l'impossibilité de pousser les murs et l'absence du wagon Pic Saint Loup dans notre locomotive, nous nous sommes rapprochés de la coopérative de Claret.* » Sur sa lancée, cette jolie brochette de vignerons a épinglé les caves de Saint-Gély-du-Fesc et Baillargues avant de mettre les bouchées doubles. Trois millions d'euros ont été injectés dans l'outil de vinification. Deux autres dans un chai de conditionnement, d'expédition et d'élevage de 2 000 m² à Lunel Viel.

Cépage à la base

De quoi ravitailler un (gros) réseau traditionnel France en bouteilles ou en BIB. Des AOC bien sûr. Mais pas seulement. « *Au départ, pour redresser la barre, nous avons misé sur un produit qui nous manquait et payait bien : le vin de cépage* » explique Bruno Daneluzzi. Un challenge relevé haut la main par cet ancien directeur technique du groupe Skalli, spécialiste en la matière. Toutefois, il aurait été dommage de s'appeler « *Les vignerons du Pic* » sans se prévaloir de flacons éponymes. Dont acte. « *Nos premiers 500 hectos vinifiés à Claret en 1993, ont été pour moi une découverte.* » De là sont nées quatre cuvées parcellaires « *à prix défiant toute concurrence* ». Et faisant mouche en dégustation à l'aveugle comme auprès des consommateurs. Ce qui n'empêche pas Bruno Daneluzzi de relativiser : « *nous avons le tènement requis pour faire un Pic Saint*

SCA Les Vignerons du Pic in Assas

SIGHTS SET ON QUALITY

At 75, this co-operative is still in fine fettle, posting turnover of 12 million euros in 2012, compared with just three million in 1988. *"Sales at our two cellar door stores continue to spiral upwards,"* confirms Bruno Daneluzzi, the co-operative winery's ebullient and efficient managing director. When he took over, alongside the equally dynamic chairman Yves Euzet, there was just one winery in Assas. *"Due to ageing wine growers, no room to expand and no Pic Saint Loup wines in our range to drive sales, we merged with the co-operative in Claret."* Building on its momentum, this by now, impressive line-up of growers went on to bring the co-operatives in Saint-Gély-du-Fesc and Baillargues into the fold before redoubling its efforts in the winery. Three million euros were injected into wine making facilities and a further two million into a 2,000 m² packaging, shipping and ageing cellar in Lunel Viel.

Varietal focus

The group's new facilities were capable of supplying a large sales network in France, both of bottled and boxed wines. Many were, of course, appellation wines, but not all. *"Initially, to get the wineries back on track, we targeted a particular category that was profitable but not yet part of our range – varietal wines,"* explains Bruno. It was a challenge that this former technical director of varietal wine specialist, Skalli, was perfectly able to address. A winery called 'Les Vignerons du Pic' would have been missing a trick, though, by focusing solely on varietal wines and not ramping up involvement in its namesake appellation. So that's just what it did. *"The first 500 hectolitres we made in Claret in 1993 were a real eye-opener for me."* The group went on to release four site-specific wines *"retailing at unbeatable prices."* Their style struck a chord

Loup digne de ce nom, mais pas forcément l'encépagement et les modes culturaux. Nous nous limiterons donc sans doute à 2 500 hectolitres ».

Jeunes coopérateurs

Partisans convaincus de l'appellation, ayant à cœur de réaliser des vins du niveau des meilleurs, président et directeur ont poussé le cursus d'un cran : « *la qualité est devenue draconienne, quitte à mettre les producteurs en compétition.* » Ou à interdire les apports partiels « *car on ne peut pas être à la fois au four et au moulin.* » Un avis partagé par Jean-Michel Azermar, adhérent à la cave. « *La coopération s'embrasse avec ses avantages et ses inconvénients* » estime cet ancien technicien de maintenance à Midi Libre, venu par hasard autant que par plaisir à la viticulture. « *Mon père avait des vignes à Saint-Gély-du-Fesc. Il vieillissait, j'avais du temps libre pour rénover un peu à ma guise...* » Et de constater : « *tout le monde ne fait pas les mêmes efforts. Il faut aussi mettre en musique des sensibilités différentes...* » Les Vignerons du Pic savent ce qu'ils veulent : monter en puissance. Pour y parvenir, le potentiel existe : « *avec une quarantaine de coopérateurs ne dépassant pas les cinquante-cinq ans, nous sommes très jeunes dans l'appellation, y compris d'esprit...* » Alors roulez jeunesse !

Les cuvées

🍷 Tour du Roc, Saint-Hubert, Domaine de Galabert   🍷 Domaine de Galabert

The wines

---

with consumers, and in blind trade tastings. Nevertheless, Bruno puts the wineries' potential for Pic Saint Loup into perspective: *"We have the facilities to produce Pic Saint Loup wines of the standard one would expect but we don't necessarily have the prerequisite grape varieties or viticultural practices. So, we will probably restrict production to 2,500 hectolitres."*

Young growers

As staunch advocates of the appellation concept, with the determination to always aim for the top, both chairman and director are constantly pushing the boundaries of quality. *"Our standards have become extremely stringent, even if that means pitting producers against one another."* Or forbidding partial integration – whereby growers only take some of their grapes to the co-operative – to avoid becoming *"a jack of all trades and master of none."* Co-operative member Jean-Michel Azermar shares this viewpoint. *"You accept the co-operative system with its strengths and weaknesses."* As a former maintenance technician for the newspaper group Midi Libre, he became a wine grower by chance, but also for pleasure. *"My father owned a vineyard in Saint Gély. He was getting older and I had some free time to restructure it a little at my own pace."* He agrees though that, *"Not everybody puts in the same amount of effort. You have to contend with different levels of awareness..."* Les Vignerons du Pic know where they're headed: onwards and upwards, and they have the potential to realise their aims. *"With around forty member growers under the age of 55, we are, by local standards, extremely young both in age and in our mindset."* Don't they say the future belongs to the young...

SCA Les Vignerons du Pic
285 avenue de Sainte Croix
34820 Assas
TEL   +33 4 67 65 93 55
FAX   +33 4 67 20 03 99
cavevigneronsdupic@wanadoo.fr
www.vigneronsdupic.net
GPS   N 43,705406 - E 3,900707

Château Montel

BÉATRICE, FRÉDÉRIC ET FRANÇOIS-XAVIER MONTEL

À L'UNISSON

Les cuvées

Duc des Gardies, Sylve Gautier, Taurus

Taurus

The wines

Pour offrir une continuité à cette propriété, conduite en famille depuis 1872, trois Montel occupent le terrain : Frédéric, maître à bord, son épouse Béatrice, au commerce et à la communication, leur fils, François-Xavier, apprenti technico-commercial en vins... Et qui sait si leurs filles - 17 et 5 ans - ne vont pas suivre le même chemin ? En attendant, chaque décision fait l'objet d'une concertation familiale. « *Comme les discussions tournaient beaucoup trop autour du domaine, j'ai fini par instaurer une pause hebdomadaire durant laquelle il est interdit de parler du vin... mais pas de le déguster !* », commente Béatrice avec une bonne humeur contagieuse. Dans le cas contraire, cette inscription sous la voûte d'entrée a tôt fait de vous rafraîchir la mémoire : « *Aïci biscam pas* », soit « *Ici on ne râle pas* ». On poursuit plutôt une seule et même ambition : mettre en bouteille les plus belles expressions des terroirs dont le domaine jouit à Teyran, Saint-Drézery, Vacquières et Corconne, sur trois appellations.

Arômes surprenants

« *En dégustation à l'aveugle, beaucoup reconnaissent nos vins : purs, concentrés, aromatiques...* » Dix jus de première classe, dont quatre en Pic Saint Loup que Frédéric peaufine « *au flair* » à partir d'une sélection parcellaire pointue. Tête chercheuse, « *il aime innover, tester des vinifications orientées vers des notes inattendues de fruits exotiques, de litchi ou de rose* », précise Béatrice. Lorsqu'il est en phase de création, rien ne saurait le perturber ni le distraire. Exception faite de l'œnologue Mathieu Lequeux, fidèle garant de la fiabilité technique des opérations. Tous deux comptent s'appuyer à terme, sur une nouvelle cave à Vacquières. Pimpante avec son design contemporain épousant le paysage. Ecologique via l'emploi d'énergies renouvelables. Et taillée pour un travail optimum. « *Nos chais occupaient des bâtisses du XIXe au cœur de Teyran. Mais vinifier en centre-ville n'a rien d'évident...* »

Quatre-vingts hectares

En déménageant, les Montel vont surtout faire d'une pierre deux coups : « *Nous avons anticipé sur le nouveau cahier des charges qui oblige à vinifier sur le lieu de production. Parallèlement, nous nous sommes fixé des contraintes culturales similaires à celles de l'AOP bien avant le classement attendu de Vacquières en appellation.* » Leur vignoble en Pic Saint Loup devrait passer de cinq à une vingtaine d'hectares. « *Les extensions se sont faites au fil des opportunités : un hectare vendu ici pour en acheter dix ailleurs, avec la volonté précoce d'ajouter des AOP à nos vins de pays.* » Aujourd'hui, l'exploitation affiche quatre-vingts hectares. Une belle victoire pour cette famille visionnaire, tombée en amour pour le vin. « *Quand on pense que Frédéric voulait devenir vétérinaire...* » se souvient Béatrice, émerveillée par le travail accompli. C'est à elle que Château Montel doit sa cuvée Taurus. « *À 17 ans j'ai rêvé que j'étais poursuivie par un taureau qui a planté ses cornes dans la terre et creusé des sillons.* » Longtemps obscur, ce rêve a pris aujourd'hui tout son sens.

Château Montel

1 rue du Dévès
34820 Teyran
TEL   +33 4 67 70 20 32
        +33 9 79 50 68 95
FAX   +33 4 67 70 92 03
info@chateau-montel.com
www.chateau-montel.com
GPS   N 43,693295 - E 3,927362

Château Montel

BÉATRICE, FRÉDÉRIC AND FRANÇOIS-XAVIER MONTEL:
IN UNISON

Three Montels are on board to ensure the future of a property that has been run by the same family since 1872: at the helm is Frédéric; Béatrice runs the sales and advertising department; and son François-Xavier is currently studying to be a technical salesman specialising in wine. Their two daughters, aged 17 and 5, might one day follow suit too, who knows? In the meantime, every decision is discussed as a family. *"As our conversations were revolving too much around wine, I ended up introducing a weekly break when nobody is allowed to talk about wine... They can still drink it though!"* comments Béatrice, whose high spirits are contagious. For those who don't share her high spirits, a sign in Occitan above the entrance warns: 'Aïci biscam pas', or 'No grumbling here'. The focus at Mas Montel is the single-minded pursuit of the finest sense of place in the wines. These are grown on a variety of estate-owned sites in Teyran, Saint Drézéry, Vacquières and Corconne, spanning three different appellations.

Offbeat aromas

"In blind tastings, a lot of people can pick out our wines for their purity, concentration and aroma." Of their ten first-rate offerings, four are Pic Saint Loup and Frédéric perfects them using his intuition and very precise plot selection. His in-built homing device constantly impels him *"To innovate and try out different wine making techniques designed to bring out the unexpected aromas of tropical fruits, lychee and rose,"* explains his wife. When he is creating a new wine, nothing or nobody can disturb or distract him, except that is Mathieu Lequeux, the consultant wine maker who faithfully guarantees that work in the winery proceeds seamlessly. Both are looking forward to the new winery in Vacquières. With its smart contemporary design blending in with the local landscape, it is environmentally friendly through the use of renewable energy. It is also designed to last. *"Our current winery is housed in 19th century buildings in the centre of Teyran. Making wine in the town centre is definitely challenging..."*

Eighty hectares

By moving, the Montels are killing two birds with one stone: *"We are pre-empting future changes to production rules whereby all wines will have to be made within the appellation area. Similarly, we have introduced viticultural constraints similar to those of appellation wines, well before Vacquières actually gains appellation status."* Their Pic Saint Loup vineyard area is poised to grow from 5 to approximately 20 hectares. *"Every time an opportunity arose, we extended our area under vine. One hectare sold in one place would allow us to buy 10 in another. Very early on, we sought to add appellation wines to our regional offerings."* The estate currently boasts a significant 80 hectares of vines, a triumph for a visionary family that came to wine through love. *"When you think Frédéric wanted to be a vet..."* recalls Béatrice, amazed at how much has been achieved. Château Montel owes its Taurus label to her: *"At 17, I dreamt I was being chased by a bull which then dug its horns into the ground and ploughed furrows."* It took a long time for her to realise the significance of this dream. Now, it's crystal clear.

Château Puech-Haut

GÉRARD BRU
AU ZÉNITH

Relookées par une centaine d'artistes, stars de la mode ou de la gastronomie, les célèbres barriques de Gérard Bru ont fait le tour du monde. Le chef-d'œuvre se trouve néanmoins ailleurs. Dans un château de rêve, bâti ex nihilo. « *Mon père était intendant de l'École nationale supérieure agronomique de Montpellier : j'ai voulu recréer le cadre dans lequel j'avais grandi* », se souvient l'intéressé qui, au début des années 80, a racheté l'oliveraie sur laquelle il venait travailler à dix-huit ans « *pour gagner quatre sous* ». Sentimental, esthète, le goût du concret plutôt que des palabres… Après avoir vendu sa société de transformateurs électriques au groupe Alsthom en 1995, ce brillant capitaine d'industrie n'y est pas allé de main morte. « *Sur de beaux galets roulés pareils à ceux de Châteauneuf-du-Pape* », il a planté un vignoble, bâti plus de 1 000 m² de chais semi-enterrés puis utilisé les pierres d'un hôtel particulier démantelé pour édifier sa propriété. « *À quarante-cinq ans, je m'ennuyais.* »

Inspiration bordelaise

Non content d'investir ses deniers dans la viticulture, Gérard y a mis son cœur et sa vitalité. Avec le succès que l'on sait. Fort de 115 hectares en agriculture biologique, il écoule depuis des vins charnus à la capacité de garde reconnue : soit 1,5 million de bouteilles générant un chiffre d'affaires annuel de 8 à 9 millions d'euros. De la tête de bélier, signature du domaine, aux cuves tronconiques, il flotte sur Puech-Haut un petit air de grand château bordelais. « *Vendre des bouteilles à plus de mille euros… Bordeaux reste la référence mondiale* », concède Gérard Bru, doué en affaires mais terrien avant tout. « *Sans être technicien, la marque de fabrique de Puech-Haut - vinifications parcellaires*

Château Puech-Haut

GÉRARD BRU:
AT THE PINNACLE OF SUCCESS

Gérard Bru's celebrated collection of barrels, painted by around one hundred artists, fashion icons and celebrity chefs, have been admired across the globe. His greatest masterpiece however, is the idyllic château he designed from the ground up. "*My father was the bursar at the agricultural college in Montpellier and my ambition was to recreate the surroundings I grew up in.*" So at the start of the 1980s, Gérard bought the olive grove where, as an 18 year-old, he went to earn some pocket money. An ingenious captain of industry, he is also a sentimentalist and an aesthete with a penchant for the practical things in life rather than long-winded debates. After selling his electric transformer business to Alsthom in 1995, he didn't pull any punches. He planted a vineyard "*on beautiful pebble soils similar to those in Châteauneuf-du-Pape,*" then built 1,000 m² of partially underground wine making facilities. He went on to use stones from a dismantled private mansion in Montpellier to build his own manor house. His explanation is that, "*at 45, I needed a new challenge.*"

Inspired by Bordeaux

Gérard not only invested a small fortune in wine growing, he also poured all his energy and love into the project. His ensuing success has been well-documented. The vineyard now stretches over 115 hectares and is farmed organically, producing fleshy wines with proven cellaring capacity. In all, 1.5 million bottles leave the property every year, yielding turnover in the range of 8-9 million euros. From the ram's head emblem – the estate's signature – to the truncated cone-shaped vats, there is something vaguely reminiscent of Chateau Mouton-Rothschild at Puech-Haut. "With

longues sur maturités optimales - c'est moi qui l'ai voulu. Plus chef d'orchestre qu'homme orchestre, je sais m'entourer. » N'a-t-il pas recruté la fine fleur de l'œnologie - Michel Rolland puis Philippe Cambie - tout en s'armant d'une force de frappe commerciale ?

Influent mais discret

« J'applique une autre règle d'or : le maintien d'une qualité constante, ce qui est loin d'être simple sur un tel volume, mais nécessaire si je veux rémunérer mon équipe. » Cette équation ne l'effrayant guère, il a acquis voilà plus de quinze ans, 70 hectares de vignes à l'abandon « *sur un terroir magnifique à Fontanès, dont une vingtaine plantés en Pic Saint Loup* ». Là ou ailleurs, il cultive l'anonymat : « *Sans marketing, sans pub, nos vins parlent pour nous.* » N'en déplaise aux jaloux, son rosé, « *un des plus chers du Languedoc* », rime avec rupture de stock. Féru de chasse, amateur de cigares, collectionneur en série : en fait, Gérard ne tient pas en place. Il vient de construire un musée dédié à l'huile d'olive, élève 150 bœufs de Kobé (à la viande inégalable) en Camargue… « *Quand on se lance dans quelque chose, autant le faire bien et de façon originale. J'ai des idées très arrêtées et je ne sais pas fonctionner à petite échelle.* » Pas plus qu'il n'aime regarder dans le rétroviseur, si ce n'est pour mieux veiller sur sa femme Anne et ses enfants Marie et Pierre : en un mot sa tribu.

Les cuvées

🍷 Le Loup du Pic
Le Clos du Pic

🍷 Le Loup du Pic

The wines

---

a price tag in excess of 1,000 euros, Bordeaux is still the world's benchmark for top-flight wines," admits Gérard, who is a talented businessman, yet nevertheless feels a close affinity with the land. "*I am not a technician, but my blueprint for Puech-Haut is fermenting impeccably ripe fruit, from individual vineyards, for lengthy periods of time. I would describe myself not as a one-man band but more of a band leader who relies on the expertise of others.*" He has already recruited two of France's leading wine makers – Michel Rolland then Philippe Cambie – and boasts a highly effective sales team.

Influential yet low-profile

"*Another of my golden rules is to ensure consistent quality. It is a fairly tall order considering the amount of wine we make but absolutely essential if I want to pay my staff properly.*" Keeping a cool head when it comes to figures, Gérard didn't think twice about buying a sizeable 70-hectare mothballed vineyard fifteen years ago, in what he describes as a magnificent site in Fontanès, 20 hectares of which are classed as Pic Saint Loup. Both here and in his other projects, he deliberately keeps an extremely low profile: "*We don't roll out marketing or advertising campaigns. Our wines speak for themselves.*" Probably the envy of many a wine grower, his rosé – one of Languedoc's most expensive – is invariably sold out. A keen huntsman, cigar connoisseur and 'serial collector', Gérard is constantly on the go. He has just had an olive oil museum built and keeps 150 head of cattle for Kobe beef in the Camargue. "*When you start something new, you might as well do it well and in your own distinctive way. I have very set opinions, and I don't know how to do things on a small scale.*" Looking over his shoulder is also something Gérard refuses to do unless, that is, he's keeping an eye out for Anne, Marie and Pierre, the family clan.

Château Puech-Haut

2250, route de Teyran
34160 Saint-Drézéry
TEL +33 4 99 62 27 27
*   +33 4 67 86 93 70*
FAX +33 4 99 62 27 29
château.puech-haut@wanadoo.fr
www.puech-haut.com
GPS N 43,720372 - 3,960999

Domaine de Mortiès

PASCALE MOUSTIÈS, SYLVIE GUIRAUDON ET OLIVIER RABASA

SUR DU VELOURS

Les cuvées

Jamais content, Que sera sera, L'Opportuniste, Pic Saint Loup — Pénélope

The wines

Ils ont succombé à ce site et on les comprend. Magique, ce petit bout du monde flirtant avec le Pic pourrait servir de décor de cinéma. Bien réel pourtant, il constitue leur panorama quotidien : 24 hectares en appellation et micro rendements, autour d'un mas du XVIIIe siècle. « *La combe de Mortiès parle d'elle-même. Composé de calcaires assez durs, le terroir y est plutôt difficile à travailler. Avec dix ans de moins, je pensais le maitriser. En réalité, l'homme ne fait qu'accompagner la nature* » glisse Olivier Rabasa. Cheville ouvrière du domaine depuis 2000, il est à la fois chef d'exploitation, maitre de chai... Et très polyvalent. « *Olivier a un lien viscéral avec Mortiès. Il est pétri d'exigence. Si un de nos vins s'appelle Jamais content, ce n'est pas pour rien...* » observe Sylvie Guiraudon. « *C'est la tête pensante, le gardien du temple* » renchérit Pascale Moustiès. Co-gérantes exploitantes, les deux femmes étaient pour leur part étrangères au sérail.

Chambardement

« *Je travaillais dans l'immobilier et mon mari dirigeait une entreprise de logiciels. Amateurs de vins, baignant dans cet univers car habitant à Saint-Mathieu-de-Tréviers, nous avons voulu changer de vie* » raconte Pascale. Leur coup de cœur pour Mortiès a été immédiat. La banque elle, ne suivait pas. « *Nous avons cherché ailleurs mais rien n'était aussi attachant que ce lieu.* » De là à s'associer, il n'y avait... qu'une foulée. « *À l'occasion d'un jogging, Richard Moustiès a présenté le domaine à mon mari Alain* » explique Sylvie. Une fois de plus, le charme de Mortiès a opéré. Les hommes ont financé. Et les femmes, mis le pied en cave comme à la vigne. Un changement radical dont Sylvie, alors assistante de direction dans une radio privée du groupe Lagardère se souvient : « *C'était l'hiver. J'ai passé quinze jours en godillots à planter des piquets de plantiers. J'en pleurais !* » Entretemps, Olivier a également pris des parts dans le domaine.

Esprit nature

Trois associés mais une seule tactique : travailler d'arrache pied pour rester dans la lignée qualitative d'un domaine à la réputation déjà bien établie et aux cuvées d'un style dense, profond et élégant. « *Nous n'avions pas conscience de nos lacunes et de l'étendue de la besogne. Notre priorité a été d'apprendre à connaître les vignes, à saisir l'âme du domaine, guidés par son propriétaire, Rémi Duchemin* » assure Pascale qui a aussitôt fait du passage en agriculture biologique, son credo. « *Ensuite, j'ai introduit la biodynamie sur une partie du vignoble ... En électron libre. Pour moi, il s'agit de la meilleure façon d'avoir le moins d'intrant possible, des raisins avec plus d'acidité et des maturités phénoliques plus précoces. Mais sur ce point, nos avis divergent.* » À trois, il faut trouver des compromis... Aujourd'hui, chacun songe à avoir les coudées plus franches. « *À long terme, je m'imagine détenir un domaine mais pour l'heure, Olivier et moi aimerions suivre une autre voie tout en gardant une partie des vignes* » explique Sylvie. Pour Mortiès, cela ne signifie pas un clap de fin mais un changement de scénario...

Domaine de Mortiès

34270 Saint-Jean-de-Cuculles
TEL +33 4 67 55 11 12
FAX +33 4 67 55 10 06
contact@morties.com
www.morties.com
GPS   N 43,769885 - E 3,822856

Domaine de Mortiès

PASCALE MOUSTIÈS, SYLVIE GUIRAUDON AND OLIVIER RABASA:
MAKING SENSE OF PLACE

They fell in love with this setting, and it isn't hard to understand why. This tiny corner of the world, which brushes up against the Pic, could easily be a film set, such is its heavenly beauty. But it really does exist and it's their very own: 24 hectares of appellation vines, yielding minute crops, encircling an 18th century farmhouse. "*Mortiès coomb defies words. Formed of fairly hard limestone, it is a challenging place to grow vines. Ten years ago, I thought I could impose my style on it. Now I know that man can only accompany nature, not control it,*" admits Olivier Rabassa. He has been the estate's linchpin since 2000, working both as viticultural manager and cellar master – a genuine multi-tasker. "*Olivier has a deep-rooted attachment to Mortiès. He has extremely high standards, hence the name of one of our wines: 'Jamais Content' [Never Satisfied],*" comments Sylvie Guiraudon. "*He is the mastermind and custodian of the estate,*" adds Pascale Moustiès. Although both women jointly run the property, they had never previously worked in the wine business.

Break with the past

"*I used to work in real estate and my husband ran a computer software company. Both of us were wine lovers, and familiar with the setting because we live in St Mathieu de Tréviers. We wanted a change of lifestyle,*" recounts Pascale. She and her husband fell in love with Mortiès instantly. The bank, however, was not so enthralled with the project. "*We looked at other properties, but nowhere was as endearing as here.*" The idea of going into partnership to overcome the problem was just a step away, literally. "*Whilst he was out jogging one day, Richard Moustiès showed my husband, Alain, the estate,*" explains Sylvie. They too fell under the charm of Mortiès. While the men worked out the finances, the women set to work in the vineyard and winery. It was a radical change for Sylvie, who at the time was an executive assistant for a private radio station belonging to the Lagardère group. She recalls: "*It was winter, and I spent two weeks in hobnailed boots driving in stakes for planting young vines. I was in tears!*"

Natural spirit

Olivier had also invested money in the property. Although there were three partners, a sharply focused strategy was implemented: everyone had to knuckle down to maintain the same high standards, on which the estate's reputation for dense, profound and elegant wines was based. "*We really weren't aware of either our shortcomings, or the amount of work involved. Our priority was to get to know the vineyard, and grasp the spirit of the estate, with the guidance of its previous owner Rémi Duchemin,*" stresses Pascale. For her, converting to organic viticulture was part of her credo: "*So I introduced biodynamic farming to part of the vineyard, in my own free-spirited way. I believe this is how best to reduce agricultural inputs whilst also producing grapes with higher acidity and earlier phenolic ripeness. This is one issue, however, on which we don't agree.*" Working in a three-way partnership means having to make concessions… All three are currently mulling over ways of securing more leeway. "*In the long term, I can see myself owning my own estate but at the moment, Olivier and I would like to head in a new direction, whilst at the same time keeping some of the vines at Mortiès,*" explains Sylvie. This does not mean it's time to bring the curtains down on Mortiès, but rather, change the scenario between its three main characters.

Domaine Haut-Lirou

JEAN-PIERRE, MIREILLE ET HENRI-PIERRE RAMBIER

L'ART ET LA MANIÈRE

Il y a quelque chose d'éminemment sympathique dans cette famille-là. Soudés entre eux et à leur terre, les Rambier cultivent la vigne depuis 1848 et n'ont pas les chevilles qui enflent pour autant. « *Notre domaine est 100 % familial, 100 % made in Saint-Jean-de-Cuculles.* » Précision et volonté réunies, Mireille Rambier après un diplôme de droit s'est consacrée à la commercialisation des vins de Haut-Lirou. Dès lors, un vent de modernité a soufflé dans l'organisation, en même temps que la jeune femme déployait des trésors d'imagination pour fidéliser la clientèle au caveau : cours de cuisine dans l'ancien relais de chasse, journée « *rosé* »... Après un cursus juridique, son frère Henri-Pierre a suivi le prestigieux master de l'OIV* : trente pays viticoles sillonnés en dix-huit mois. « *J'ai pu m'inspirer du meilleur de chaque domaine pour apporter au nôtre quelques ajustements en viticulture et vinification.* » Ce gaillard hyper compétent en est persuadé : « *C'est l'addition de toutes les petites différences qui fait la différence.* »

Vignoble en terrasses

Affable, discret... De l'avis même de ses enfants, Jean-Pierre, leur père, symbolise la force tranquille. Celle qui soulève des montagnes. « *Parti de zéro, il est passé de la quantité à la qualité, de la coopérative à la cave particulière, a construit des bâtiments, arraché, replanté, sur greffé, mis sur fil, développé la bouteille et de nouveaux marchés* », s'extasie Mireille. Son grand œuvre, il l'a en partie extirpé aux cailloux : « *Nous sommes les seuls à avoir des vignes en terrasses jusqu'à trois cents mètres d'altitude, avec vingt mètres de dénivelé entre chacune comme à Porto. Même le bulldozer ne voulait pas y aller !* » relate l'intéressé, également l'un des rares à posséder les clos les plus proches du Pic. Au total, Haut-Lirou compte la bagatelle de quatre-vingt-dix hectares en production. Soit chaque année

Domaine Haut-Lirou

JEAN-PIERRE, MIREILLE AND HENRI-PIERRE RAMBIER:
COMBINING BUSINESS WITH PLEASURE

There is something extremely endearing about the Rambier family. Not only are they a tight-knit clan with a genuine attachment to the land, they are also paragons of modesty despite a wine growing history that dates back to 1848. "*Our estate is 100% family-owned and 100% 'made in St Jean de Cuculles',*" smiles solicitor-trained Mireille who now runs Haut Lirou's sales department. Injecting an entirely modern approach to management, she has also dreamt up exciting ways of drumming up new custom and prompting return visits; cookery lessons in the former hunting lodge and an open-day for rosé wines on the eve of summer are some of the activities on the estate calendar. Also a former law student, her brother Henri-Pierre graduated with a prestigious OIV* diploma after travelling to 30 wine producing countries in 18 months. "*I took the best from each winery and made adjustments to our viticultural and wine making techniques,*" says this extremely capable, strapping lad who is convinced that "*the sum of these minor changes makes all the difference.*"

Terraced vineyards

Affable and reserved, Jean-Pierre Rambier epitomises the kind of gentle strength and wisdom that moves mountains. "*He started from scratch, choosing quality over quantity and switching from co-operative to independent winery. He erected buildings, grubbed up vineyards, planted and grafted new vines, trellised them, began bottling his own wines and canvassing new markets,*" marvels Mireille. He literally moved mountains to accomplish his finest achievement: "*We are

250 à 300 000 bouteilles exhalant les parfums de la garrigue environnante. Taille courte mettant les rendements au régime, labours fréquents pour aérer le sol, vignes palissées et densités de plantation élevées sont les points saillants de la partie viticole. Au chai, « *après le tri de la vendange, chaque clos, chaque cépage est vinifié séparément, longuement, en petites cuves, sous contrôle des températures* », précise Henri-Pierre.

Art de vivre
Puis le vin est élevé en fûts de chêne français… le temps qu'il faut. « *On déguste et on assemble en famille après vieillissement.* » Les installations sont modernes. Les lieux, un condensé d'harmonie digne de la Toscane avec ses allées de cyprès, ses vieilles pierres et ses paons en liberté. « *Ce qui me plaît*, affirme Jean-Pierre, *c'est d'améliorer le quotidien des gens pour qu'ils vivent sereinement.* » Idem dans le village dont il est maire depuis trente-sept ans !

Gérer un autre vignoble en Costières de Nîmes et un groupe immobilier n'effraie pas cette famille survitaminée dans laquelle Maryse, la mère, joue aussi un rôle clé. En lien avec une demande commerciale forte, les Rambier viennent de bâtir un nouveau chai semi-enterré. « *Nous aurions pu acheter un bateau mais notre détente est ici. Vignerons avant tout, nous gardons l'envie de nous développer.* » Ce qui les pousse ? « *Faire toujours mieux !* »

* *Organisation Internationale de la Vigne et du vin*

Les cuvées

🍷 L'Esprit du Haut-Lirou, Mas des Costes, Domaine Haut-Lirou

🍷 Domaine Haut-Lirou

The wines

---

the only estate with terraced vineyards rising up to 300m above sea level. There is a drop of 20 metres between each level, just like in the Port vineyards. Even the bulldozer couldn't cope!" recalls Jean-Pierre Rambier who also owns the vineyards closest to the Pic Saint Loup itself. Haut Lirou boasts an impressive 90-hectare vineyard, equating to an annual production of between 250,000 and 300,000 bottles, all of which exude the fragrant scents of the surrounding garrigue. Short pruning keeps yields to a minimum whilst frequent ploughing draws air into the soil. Trellised vineyards and high plantation densities are also salient landscape features, underscoring the estate's quality focus. In the winery, once the grapes have been sorted, each plot and grape variety is vinified separately over protracted periods in small tanks where temperatures are closely monitored.

A lifestyle choice
The wine is subsequently aged in French oak, for however long it takes. The family tastes and blends the matured wines together in its cutting-edge winery. The whole place has a Tuscany-like harmony with its cypress-lined alleyways, stone-clad buildings and free-roaming peacocks. "*I take pleasure in improving people's daily life so that they can enjoy a trouble-free existence*", says Jean-Pierre Rambier who applies the same ethos to his tenure as mayor, now in its 38th year! For such an over-performing family, in which mom Maryse plays an important role, running another vineyard in the Costières de Nîmes area as well as a real estate business is just a matter of course, as is the construction of a new semi-underground cellar to meet increased demand. "*We could have bought a boat instead but actually this is how we relax. Wine growing is what we do and we are still as keen as ever to expand*". So what is the driving force behind the Rambier family? The constant urge to do better.

* *International Organisation for Vine & Wine*

Domaine Haut-Lirou
34270 Saint-Jean-de-Cuculles
TEL   +33 4 67 55 38 50
FAX   +33 4 67 55 38 49
info@hautlirou.com
www.hautlirou.com
GPS   N 43,729422 - E 3,844266

120

Domaine Christophe Peyrus

JEAN VALLON, CHRISTOPHE PEYRUS ET CHRISTIAN LUCHESSA

ASSOCIATION DE BIENFAITEURS

« *Il s'agit du plateau le plus haut de l'appellation, à 300 mètres d'altitude, orienté Sud-Ouest et d'une pierrosité extrême. La maturité y est plus longue. Ce qui représente à la fois une contrainte à l'approche des équinoxes et un facteur de complexité induisant une acidité et des arômes exacerbés* » s'enthousiasme Christophe Peyrus, qui brûle de transcender ce terroir atypique. Déjà co propriétaire de Clos Marie, il a dans cette optique, porté le domaine Peyrus sur les fonds baptismaux. Mais pas en solitaire : « *j'avais envie de m'appuyer sur une dynamique humaine* » souligne ce forcené de travail, associé d'emblée à Jean Vallon, maire de Cazevieille et grand épicurien. « *Un jour de 1995, je me suis réveillé en me disant : je veux faire du vin… Il y a quelque chose d'alchimique dans cette recherche. Alors bout par bout, j'ai acheté des terres en friche* » relate l'intéressé.

Rencontres humaines

Conquis par la beauté sauvage des lieux, il y a posé les premiers jalons viticoles : une parcelle de 2 hectares au pied du Pic Saint Loup, ceinturée par un mur de 600 mètres de long sur 2 mètres de haut. « *Autant de milliers de mètres cube de cailloux extirpés du sol, ripés, concassés. Et dix-huit mois de travaux pour en faire un clos digne de ce nom.* » L'aventure aurait pu s'arrêter là, mais… « *Je ne pouvais pas rester insensible devant le plus vieux tènement géologique de l'appellation* » s'exclame Christophe. « *Et quand à son tour, il m'a fait découvrir ce site emblématique, j'en suis tombé aussitôt amoureux* » enchaîne Christian Luchessa, homme d'affaires, fou de vins, qui cherchait à concrétiser un rêve : devenir vigneron.

Aujourd'hui, c'est en osmose que nos trois complices font vibrer ce vignoble, mené en bio et à taille humaine grâce à ses 6,5 hectares en production.

Puissance de feu

« *Les plus vieilles vignes ont quinze ans avec la complantation de grenache et de syrah de l'appellation du Pic Saint Loup. Côté blancs, nous sommes partis sur ce que nous aimons : des cépages autochtones ayant toujours bien vécu ici comme le carignan blanc ou la clairette* » souligne Christophe qui envisage même un sur greffage en roussanne. Et d'ajouter : « *ici, la notion d'acidité plus forte place les blancs à un niveau d'équilibre supérieur.* » Dès la première vinification, conduite sur le millésime 2012, « *les premières sensations du terroir sont apparues, pleine de bonne surprises : couleur, densité et fraîcheur étaient au rendez-vous.* » Artistes dans l'âme, chacun apporte sa pierre à l'édifice : Jean, peintre à ses heures a dessiné l'étiquette de la première cuvée, Christian a œuvré à la conception de la cave et Christophe, amené son talent d'homme du vin. « *À plusieurs, on avance plus vite* » souligne ce trio à fort tempérament. « *Nous sommes vraiment complémentaires.* » De l'audace ils en ont. Du réalisme, ils en font preuve. Et de l'imagination, ils n'en manquent pas. Autre certitude : cette joyeuse bande n'a pas le vin triste. Et sa production (25 000 bouteilles) devrait faire au moins autant parler que saliver…

Domaine Christophe Peyrus
Clos des reboussiers
Le Sauzet
34270 Cazevieille
TEL   +33 6 82 11 21 14
GPS   N 43,763288 - E 3,779661

Domaine Christophe Peyrus

JEAN VALLON, CHRISTOPHE PEYRUS AND CHRISTIAN LUCHESSA:
A LEGITIMATE CONSPIRACY

"*This is the highest plateau in the appellation, with a South-West aspect and extremely stony terrain. The grapes take longer to ripen, which is a constraint when we are nearing the equinoxes, but also factors into the complexity of the wines by enhancing acidity and aroma.*" Christophe Peyrus' enthusiasm is palpable, and he is eager to enhance the inherent qualities of this atypical vineyard site. As the existing co-owner of Clos Marie, ambition drove him to found his newest venture: Domaine Peyrus. The idea was not to do it single-handedly, though: "*I wanted it to be a team effort,*" stresses this workaholic who immediately partnered with Jean Vallon, the mayor of Cazevieille, and a passionate epicurean. Jean explains: "*One day, in 1995, I woke up and thought, "I want to make wine"… There is a kind of alchemy in the quest for wine. So bit by bit, I gradually bought up some fallow land.*"

Like-minded people

Bowled over by the unspoilt beauty of the location, Jean had already begun the groundwork for a vineyard: two hectares of vines in the foothills of the Pic Saint Loup, surrounded by a wall stretching 600 metres long and 2 metres high. "*Thousands of cubic metres of stones were wrenched from the soil and then crushed. It took 18 months to create the ultimate walled vineyard.*" The story may well have ended there, but… "*I just couldn't let the oldest land in the appellation go to waste!*" exclaims Christophe. "*When Jean then showed me this iconic spot, I also fell in love with it straight away,*" adds Christian Luchessa, a businessman with a passion for wine, who had long nurtured the dream of becoming a wine grower. Now, the trio has established a true resonance with the vineyard which is farmed organically and extends over a manageable 6.5 hectares on stream.

Myriad resources

"*The oldest vines are 15 years old and the vineyard is home to mixed plantings of Grenache and Syrah for the Pic Saint Loup appellation. For the white wines, we have chosen the varieties we like: native grapes that have always thrived here, like Carignan blanc and Clairette,*" points out Christophe, who is even considering top-grafting with Roussanne. He explains: "*Here, higher levels of acidity impart greater balance in the whites.*" He goes on to say that as soon as the first wines were made in 2012, "*the initial impressions of sense of place emerged. They brought with them lots of wonderful surprises: colour, density and freshness were patent.*" Deep down, all three associates have an artistic disposition and each one is expected to make a worthwhile contribution; there are no sleeping partners here! As an artist in his spare time, Jean designed the labels for the first release, Christian took part in drawing up the plans for the winery, and Christophe brought his talent for wine making into the partnership. This strong-willed trio chorus emphatically: "*The whole is greater than the sum of its parts. We really complement one another.*" They are certainly not lacking in audacity or realism, and there's plenty of imagination too! But one thing's for sure: this group of fun-loving friends never needs to drown its sorrows in a glass of wine. The chances are that they will have as many people talking about their wines - all 25,000 bottles of them - as drooling over them!

Ermitage du Pic Saint Loup

JEAN-MARC, PIERRE ET XAVIER RAVAILLE

ALCHIMISTES DE L'ASSEMBLAGE

Propulser leur cave particulière au firmament de la galaxie Pic Saint Loup ? Certains en rêvent. Les frères Ravaille l'ont fait. Quand ils ont repris l'exploitation familiale en 1989, ils avaient assurément de l'or entre les mains : un patrimoine de vignes piquées sur un terroir d'une formidable diversité. Mais cette antique métairie du château de Montferrand vivait au rythme de la polyculture depuis le XIIIe siècle. Et le grand-père, dont les brebis fournissaient en lait les caves de Roquefort, avait opté pour la coopération. La partie n'était donc pas gagnée d'avance. « *Dès le départ nous nous sommes imposés une organisation très stricte, ponctuée d'une réunion mensuelle, afin de ne pas laisser pourrir les sujets* », confie Jean-Marc, l'aîné des trois frères. Mon premier pilote la gestion administrative et commerciale. Mon deuxième (Pierre), la cave et mon troisième (Xavier), les vignes.

Bio et pro

Chevaux ou sport automobile : aucun ne revendique la même passion. Ni le même tempérament : « *Têtu, j'ai mauvais caractère, Pierre est très volontaire et Xavier, plus solitaire* », reprend l'aîné, deux mandats de président du syndicat des vignerons derrière lui. Quoi qu'il en soit, mon tout forme une fratrie animée d'une seule soif : retrouver dans le verre l'écho de leur terre. « *Nous savons toute l'importance du milieu naturel et son influence sur les vins.* » C'est pourquoi ces trois mousquetaires se sont armés de méthodes douces, en agriculture biologique et biodynamie. « *Un retour aux sources, dans une région où, faute d'argent, les viticulteurs n'employaient pas d'intrant.* » Et comme « *les millésimes les plus chauds en Languedoc sont rarement les meilleurs* », ils s'escriment côté végétal pour rectifier le tir, bridant les rendements, traquant les équilibres.

Ermitage du Pic Saint Loup

JEAN-MARC, PIERRE AND XAVIER RAVAILLE: *WHERE BLENDING MEETS ALCHEMY*

Some people dream of propelling their winery to stardom in the firmament of Pic Saint Loup. The Ravaille brothers have actually achieved it. Admittedly, when they took over the family estate in 1989, they were sitting on a viticultural gold mine, laying claim to quality vine stock and an extensive array of soil types. However, since the 13th century, this former farmstead belonging to Montferrand castle had survived off mixed crop-livestock farming. The grandfather, whose ewes supplied milk to make Roquefort cheese, had also opted to join the local co-operative winery. So it was far from plain sailing. "*Right from the outset, we set strict rules, one of which was a compulsory meeting once a month to avoid issues festering,*" explains the eldest of the three brothers, Jean-Marc. He controls admin and sales, the middle brother Pierre mans the winery and younger brother Xavier runs the vineyard.

Sensitive organic farming

None of them share the same passions either – one spends his free time with horses, whilst another indulges his love for cars. Nor do they have the same temperament: "*I am stubborn and bad-tempered, Pierre is always a willing worker and Xavier is more of a loner,*" continues Jean-Marc, who has already held two tenures as chairman of the local wine growers' association. Differing personalities aside, the siblings have a common, single-minded objective: to elicit a true sense of place in their wines. "*We know how crucial the natural surroundings are, and their influence on the wines.*" The three 'musketeers' have armed themselves with non-aggressive organic and biodynamic farming methods. "*It is a return to our roots in a region where, through lack of money, wine growers didn't use*

Au sein de leur cave refaite à neuf, « *tout est mis en œuvre pour contrôler les températures le plus naturellement possible* » et c'est le fruit qui guide les vinifications. Non l'inverse.

Vinificateurs hors pair

Papilles ouvertes aux blancs de Touraine, aux vins d'Amérique de Sud et autres pépites de vignobles oubliés, le clan Ravaille ne s'enferme pas dans un profil de dégustation. Sans idée préconçue, il fignole des assemblages toujours plus pointus, servis par un juste élevage pour exprimer la quintessence de chaque cépage et parcelle. Certains bénéficient du côté friand du fruit rouge à boire jeune. D'autres plus complexes méritent une garde soutenue. Parfois, ils s'avèrent tout simplement exceptionnels comme la Sainte-Agnès rouge 2008 ou le Guilhem Gaucelm 2001, qualifié de vin de très haut vol par le guide Parker. Des références historiques de l'appellation… qui ne furent pas toujours prophètes en leur pays. « *Avec 98 % de nos ventes à l'export au début, nous étions beaucoup plus connus à New York qu'à Paris, où les gens ne faisaient même pas l'effort de goûter nos vins.* » De leur métier, les frères Ravaille ont fait « *un art de vivre, un état d'esprit* ». Pour eux, « *être trois, c'est une chance* ». Au-delà de la légende, le trio de poissons ornant le blason familial est aussi là pour le rappeler !

Les cuvées

- Tour de Pierre, Cuvée Sainte Agnès, Guilhem Gaucelm
- cuvée Classique

The wines

---

chemicals." As the "*hottest vintages are rarely the best in Languedoc,*" they are constantly on guard when it comes to canopy management in case they need to counter-attack; they cut yields and invariably glide towards balance. Inside their fully modernised winery, "*every effort is made to control temperatures as naturally as possible*" with the fruit dictating the pace and choice of wine making methods, and not the opposite.

Outstanding wine makers

With their palates trained to enjoy not only their own wines but also whites from Touraine, South American offerings and gems from forgotten wine regions, the Ravaille clan does not confine itself to a particular taste profile. Shunning preconceived ideas, they constantly tweak their blends, adding just the right amount of oak to enhance each wine and reveal the quintessential qualities of each grape variety and plot. Some wines showcase delicious red fruit characters in a drink-young style; others are more complex and call for substantial cellaring; and just a few are quite simply outstanding like the red 2008 Sainte-Agnès or the 2001 Guilhem Gaucelm, described in the Parker wine guide as gold standard. The estate is a benchmark for quality within the appellation but the brothers, like the Biblical prophets, weren't always welcome in their own land. "*In the beginning, 98% of our wines were exported and we were better known in New York than in Paris where people wouldn't even make an effort to try them.*" Jean-Marc, Pierre and Xavier have transformed their profession into a lifestyle and frame of mind. They consider themselves lucky to be a threesome. The three fish featuring on their coat of arms is not just a nod to the family's ancestors, it is also there as a reminder to those who may one day doubt their unity…

Ermitage du Pic Saint Loup

Rue Cami lou Castellas
34270 Saint-Mathieu-de-Tréviers
TEL   +33 4 67 54 24 68
FAX   +33 4 67 55 23 49
ermitagepic@free.fr
www.ermitagepic.fr
GPS   N 43,767305 - E 3,847016

Domaine de la Salade Saint-Henri

ANNE DONNADIEU

LE BONHEUR EST DANS LA VIGNE

On lui demande souvent d'où vient le nom curieux du domaine. Ce à quoi elle répond en évoquant la découverte in situ de vestiges de casques romains, appelés « *salades* ». Au passage, les traces d'un village fortifié datant de 2 300 ans avant Jésus-Christ y ont même été trouvées. Mais le véritable exotisme du lieu, c'est la reconversion éclair d'Anne Donnadieu en 2008. Du jour au lendemain, à 55 ans, elle a largué sa blouse de pharmacienne et son appartement à Paris pour aller tailler la vigne. « *Mon père pensait qu'il fallait être folle pour lâcher une bonne situation et passer un brevet agricole après avoir fait des études.* » Arrière-arrière-petite-fille de vignerons, née ici, avec une branche paternelle bordelaise… « *Je ne suis pas tombée dans le vin par hasard* », s'exclame-t-elle. Son point de chute lui, était tout trouvé : « *Le domaine de la Salade appartient à la famille depuis 1803. Partie d'un ancien fief seigneurial, il doit sa physionomie actuelle à mon grand-père, Henri Vialla, qui s'en est occupé jusqu'au seuil des années 80.* »

Vie douce

Un vignoble riche de cinq terroirs sur lequel les héritiers de ce dernier ne se sont guère penchés,

mais qui sont devenus la drogue douce de sa petite-fille, lancée dans un chantier de revalorisation à temps plus que plein. « *Ce n'est pas dur, au contraire : alors que ma vie avait toujours été compliquée, tout s'est mis à couler de source. Et après des années passées derrière un comptoir à m'occuper des autres sans beaucoup de retour, j'ai vu quelles réactions extraordinaires le vin pouvait susciter* », déclare-t-elle, radieuse. D'emblée, cette femme intuitive et déterminée a su faire les bons choix. « *Sur 45 hectares uniquement en cépages AOP, j'ai pris toutes les vignes qui me semblaient intéressantes.* » L'intégralité du mourvèdre, une parcelle de grenache, et l'une des premières syrah plantées sur le domaine entrent ainsi dans l'ADN de ses rouges dont les raisins sont vendangés, triés et longuement pigés à la main.

Instinct maternel

« *Je connais mes vins grain par grain* » assure-t-elle, satisfaite d'avoir su leur donner un abord convivial sans en gommer la complexité : « *Je n'ai trahi ni mon terroir ni ma personnalité.* » Un lien quasi charnel l'unit à ses cuvées. « *Ma cave est une pouponnière dans laquelle je couve mes bébés, angoissée avant chaque millésime comme à l'approche d'un accouchement.* » Au diapason, son mari Jean-Christophe, artiste peintre, habille tous ces nouveau-nés d'étiquettes esthétiques à souhait. Repéré par les guides et les aficionados de bons vins, le domaine de la Salade a rapidement gagné ses galons. Son avenir est en marche : « *Ma fille qui voulait créer des parfums a finalement bifurqué vers l'œnologie* » annonce Anne. À la poursuite du « *breuvage magique* », elle continue pour l'heure à voir loin et haut : « *Il faudra sans doute plusieurs générations pour que les vignerons du Pic arrivent au maximum de l'expression de ce terroir. Nous ne sommes qu'un maillon…* »

Domaine de La Salade Saint-Henri

ANNE DONNADIEU
RETURNING TO HER ROOTS

Les cuvées
- 1803, Aguirre
- Rosa Rosae

The wines

Unsurprisingly, Anne often gets asked what the estate's unusual name means. Her answer is that it comes from the Roman helmets or *"salades"*, the remains of which were discovered in situ, as were traces of a fortified village dating back to 2,300 BC. The most remarkable feature of the property, though, is Anne Donnadieu's whirlwind career change. Age 55, she ditched her pharmacist's lab coat and Paris apartment to prune vines. *"My father thought you had to be mad to give up a good job and sit exams to be a farm technician after graduating from medical school."* As the great-great granddaughter of winegrowers, born on the estate with Bordeaux relatives on her father's side, Anne believes she was predestined to take up winegrowing though, and her future home was an obvious choice. *"Domaine de la Salade has belonged to my family since 1803. It was part of an ancient fiefdom and owes its current appearance to my grandfather, Henri Vialla, who looked after it until the early 1980s."*

The good life

Although the vineyard boasts five specific sites it did not appeal to his other heirs but his granddaughter became so hooked that she launched a full-scale renovation project that would take up all her time, and more. *"It's not difficult, in fact it's easy: my life had been so complicated and then all of a sudden, everything fell into place. After spending years behind a counter, looking after other people with very little in return, I witnessed the extraordinary reactions wine could bring out in people,"* she beams. Intuition and determination would instantly guide her towards making the right choices. *"I selected all the vines that showed potential out of the 45 hectares of appellation-only vineyards."* The entire stock of Mourvèdre, one plot of Grenache and one of the first Syrah parcels planted on the estate, now form the genetic make-up of her wines, for which the grapes are harvested, sorted and slowly crushed by hand.

Maternal instinct

"I know every single grape that goes into my wines," she says, proud to have created approachable yet nevertheless complex wines. *"I feel I have done justice to my own personality whilst preserving a sense of place."* She feels an innate resonance with her wines and likens her winery to a nursery *"where I nurture my babies and become extremely anxious before the birth of every vintage, just like a mother does before childbirth."* Her husband – an artist by profession – is just as committed and 'dresses' all these newborns with aesthetically pleasing labels. Domaine de la Salade was rapidly spotted by wine writers and connoisseurs and has subsequently earned its stripes. It now has its sights set on the future: *"Initially, my daughter wanted to create perfumes before branching off to study wine,"* announces Anne, who continues her ambitious quest for the 'magic potion' in a nod to the Gauls and the Romans. *"It will probably take several generations before Pic Saint Loup winegrowers achieve ultimate expression of place in their wines. We are just one link in that chain…"*

Domaine de la Salade St-Henri
*1050 route de Saint-Jean-de-Cuculles
34270 Saint-Mathieu-de-Tréviers
TEL   +33 4 67 55 20 11
         +33 6 12 62 03 71
annedonnadieu@gmail.com
www.domaine-de-la-salade.fr
GPS   N 43,757778 - E 3,850839*

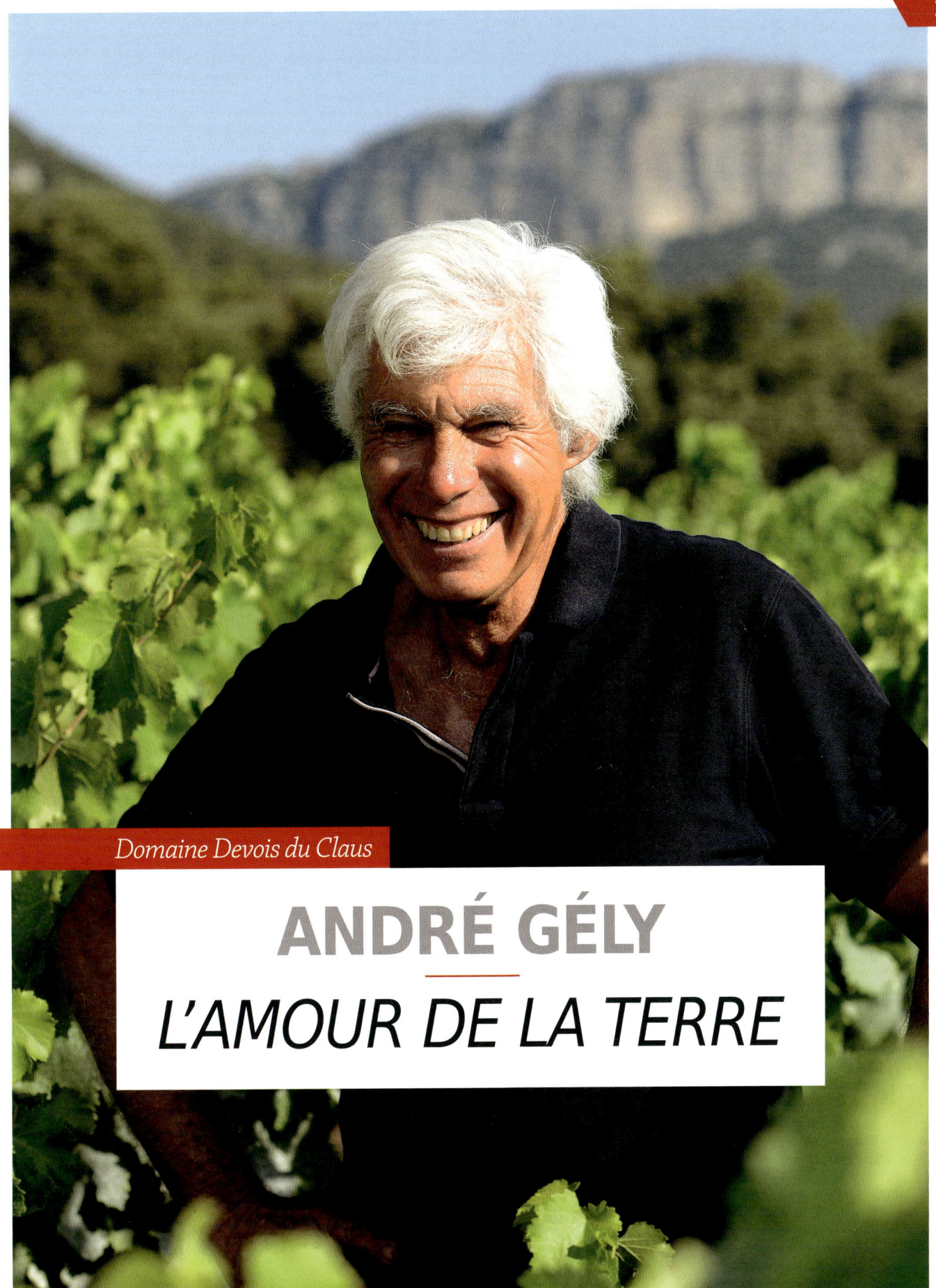

Domaine Devois du Claus

ANDRÉ GÉLY
L'AMOUR DE LA TERRE

Homme de valeurs, cultivant l'art du simple et du vrai, André Gély n'est pas du genre muet. Demandez-lui de retracer son histoire et vous voilà plongé dans un récit captivant. Il faut dire que depuis 1650, date à laquelle ses ancêtres ont fait souche ici, l'eau a coulé sous les ponts. Le vin, dans les verres. Et la sueur, sur les fronts. « *Sorti à 14 ans d'HEC… les hautes études communales de Saint-Mathieu-de-Tréviers, j'ai du me jeter dans le bain vite fait, bien fait* » commente-t-il, pince-sans-rire. Chargé d'épauler son père viticulteur, il apprendra avec lui le respect de la vigne. « *J'ai connu le bio sans le savoir* », résume-t-il en se remémorant les journées passées à piocher, sulfater à la main ou conduire les chevaux de labour. Un travail de Romain dont il fera pourtant son heureux quotidien. En s'installant d'abord comme coopérateur. Puis en créant son propre vin.

Vin canaille

« *Ce sont des hommes tels que Guilhem Bruguière qui m'ont donné envie d'offrir une identité à mes raisins* », déclare-t-il, conscient d'avoir « *changé de métier* », le jour de son passage en cave particulière. Et de témoigner : « *Dans cette mouvance d'amélioration qualitative, il régnait un esprit de solidarité, une émulation et une franchise extraordinaires entre les vignerons.* » Une obsession ne le lâchera plus : « *Chercher à faire les meilleurs vins possibles* »… quitte à ne pas mettre en bouteille les millésimes qui lui déplaisent. Au bout du compte, la démarche s'est avérée payante. Grâce à sa maîtrise de la baie, de la vigne jusqu'au verre, André Gély a toujours signé des vins de belle facture, à mille lieux des produits standardisés. Comme cette cuvée Canaille, 100 % merlot, sobrement étiquetée « *vin de table* » mais qui en dit long en bouche…« *J'ai eu la chance de passer d'un*

Domaine Devois du Claus

ANDRÉ GÉLY:
AN INNATE LOVE OF THE LAND

André Gély is a man of principle and a master in the art of plain speaking. He is rarely at a loss for words, especially when it comes to retracing his story, a narrative that would captivate any audience. Since his ancestors first put down roots here in 1650, generations have toiled in the fields and sought solace over a glass of wine. "*When I left high school – the one on the hill in St Mathieu de Tréviers! - at 14, any ideas of a career elsewhere were given short shrift,*" he comments wryly. Tasked with helping his father in the vineyards, he would gradually learn to respect vines. "*We were farming organically without realising it,*" he sums up, recalling the long hard days spent wielding a pickaxe, hand-spraying vines with copper sulphate and driving the workhorses. Despite the physical hardship, André enjoyed his work, first as a grower at the local co-operative winery and subsequently as an independent wine producer. "*People like Guilhem Bruguière were an inspiration to me and spurred me on to give my grapes a distinctive identity,*" he says, stressing that the switch from co-operative to independent grower involved a complete career change. "*In an era when everyone was striving to improve quality, there was an overriding spirit of solidarity and extraordinary candour amongst wine growers,*" he recounts. A single-minded determination to aim only for the best would soon become all-consuming, leaving wines that didn't meet his exacting standards on the shelf.

The pull of the past

Ultimately the move paid off. Complete control over the quality of the fruit, from the winery to

monde à l'autre en l'espace de quarante ans », estime le joyeux drille.

En bio et à cheval

Sa passion pour « *ce métier à risque où le salaire se joue en vingt jours* » ne s'est jamais émoussée. De même que son attachement viscéral à la terre. « *Même en cas d'urgence, il va passer par des petits chemins de campagne pour contempler la nature* », plaisante Dany Vézies, sa compagne, engagée quant à elle dans la sauvegarde du patrimoine lauretin. Si André a désormais levé le pied pour lire ou ramasser des champignons, c'est que son fils lui a emboîté le pas : « *Je n'ai pas grand-chose à lui apprendre* », précise-t-il non sans fierté. Après avoir fait ses armes au Château de Lorgeril puis au Roc d'Anglade, fief de Rémy Pédréno, son mentor, Franck Gély vole maintenant de ses propres ailes. En mémoire de son grand-père, qui en rêvait, il a d'abord aidé son père à élaborer un blanc puis un rosé, avec une recherche de fraîcheur et de belles acidités. « *C'est un sage, moi un impulsif*, concède Franck, *mais si nos caractères divergent, nous partageons les mêmes valeurs.* » Son avenir ? Il le voit en bio. Amoureux du cheval, il projette même à terme de réintroduire la traction animale au vignoble. Une marche arrière pour mieux boucler la boucle !

Les cuvées — Domaine Devois du Claus — *The wines*

---

the glass, has allowed him to produce expertly crafted signature wines, a far cry from the all-too-common mass-produced bottlings seen elsewhere. His dangerously drinkable Merlot varietal with its deliberately understated 'basic table wine' label speaks volumes on the palate. *"I've been lucky enough to experience two completely different work ethics in forty years,"* says this fun-loving wine grower. His passion for this high-risk occupation where a year's income is earned, or lost, in just 20 days, has never waned. Neither has his deep-seated attachment to the land. *"Even when he is urgently needed somewhere, he still drives along country lanes to soak up the landscape,"* comments his partner, Dany Vézièrs, who devotes much of her time to protecting heritage sites in Lauret. With his son Franck now firmly in the saddle, André can take time out to read and go foraging for wild mushrooms. *"There isn't much he doesn't know,"* smiles André proudly. After learning his trade at the storied Château de Lorgeril and Roc d'Anglade, owned by his mentor Rémy Pédréno, Franck Gély is now a fully-fledged wine grower. In a tribute to his grandfather, he helped his father produce first a white then a rosé wine embodying the kind of freshness and bracing acidity his grandfather had dreamt of. *"My father is wise whereas I am impulsive,"* admits Franck, *"but although we have differing personalities, we share the same values."* He sees his future in organic wine growing and his love of horses may even prompt him to bring back draught horses to plough his vineyards. A step back in time that would bring his family history full circle.

Domaine Devois du Claus
38 impasse du Porche
34270 Saint-Mathieu-de-Tréviers
TEL +33 4 99 62 02 67
     +33 4 67 55 06 86
     +33 6 11 39 66 69
FAX +33 4 67 59 06 51
devoisduclaus34@yahoo.fr
GPS N 43,769831 - E 3,858566

Cave Coopérative

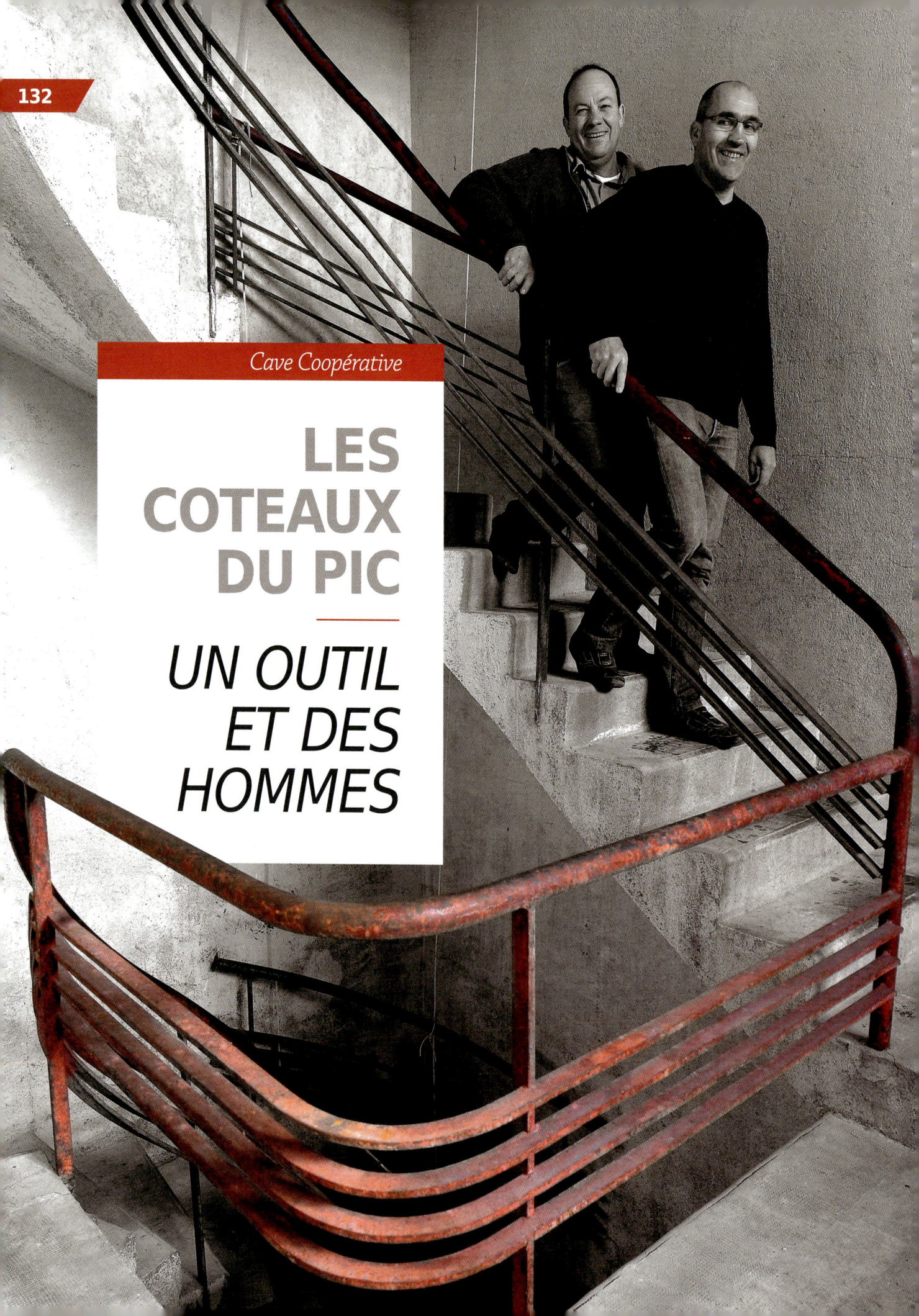

LES COTEAUX DU PIC

UN OUTIL ET DES HOMMES

Les cuvées

- Réserve, Les Déesses Muettes, Sélection, Cuvée Spéciale
- Grand Rosé, Sélection, Les Déesses Muettes

The wines

Neuf cent hectares cultivés par une centaine de coopérateurs : le décor est planté. Un cru à défendre : l'objectif est fixé. Pour gagner la bataille de la qualité et face à une progression constante, cette structure dynamique n'a cessé de s'armer d'outils performants. Dernier en date : *« des chais de stockage thermo régulés, gages d'une traçabilité à la pointe de la technologie »* s'enthousiasme son directeur, Michel Marty. Que l'on ne s'y trompe pas pour autant : le matériel n'est rien sans l'homme. *« Fédérant les caves de Valflaunès et de Notre-Dame-de-Londres depuis 1992, celle de Saint-Mathieu-de-Tréviers a été fondée en 1950 : liée à l'histoire de l'appellation, elle poursuit une démarche d'amélioration et d'émulation collectives depuis des générations »* souligne Thierry Vacher, actuel président. *« Après le gel de 1956, c'est grâce à la coopération que de nombreux vignerons vinifiant chez eux, ont pu s'en sortir »* enchaîne Pierre Jean Arnaud, l'un des adhérents.

Capital humain

Plus sensible à la nature qu'aux courbes de ventes, cet homme de terrain dont le père a jadis veillé aux destinées de la coopérative a trouvé en elle, *« des valeurs humaines doublées d'une force technico-commerciale »*. *« La plupart de ceux qui ont fait le Pic amenaient ici leurs raisins,* renchérit Thierry Vacher. *La cave les a ensuite laissé s'installer en restant apporteurs partiels. En contrepartie, ils l'ont aidée par leur fidélité à devenir un support de conditionnement des vins du Pic Saint Loup »*. Sur les 2,5 millions de cols ainsi embouteillées, la moitié le sont au profit de caves particulières : une synergie rare dans le paysage viticole français. Eugène Saumade puis Pierre Arnaud, René Puech... Reflet de cet état d'esprit, les présidents -tout comme les directeurs- s'y sont succédés dans la durée et la continuité.

L'avenir en bio

Mais là n'est pas la seule particularité des « Coteaux du Pic », devenus le principal opérateur de l'appellation : *« Alors que le vrac représente encore plus de 80 % des volumes des coopératives du Languedoc-Roussillon, les dirigeants ont su anticiper dès 1972, en se lançant dans la vente en bouteilles puis en créant un service commercial, indépendant depuis peu »* relate Michel Marty. D'une révolution à l'autre, une nouvelle étape se profile : le passage en bio, d'une partie de la production. Soit 40 à 50 hectares d'ici 2014, uniquement en AOP Pic Saint Loup. Parmi les premiers à relever le défi figure Thierry Vacher : *« J'ai embrassé le métier de vigneron après 38 ans passés dans l'aéronaval et l'industrie. Si j'avais dû bâtir une cave en plus de ma maison... Alors, loin de livrer simplement mon raisin, j'ai toujours participé à la vie de la coopérative et aux projets collectifs qu'elle suscite »*. Basées sur le volontariat mais aussi un cahier des charges strict relatif à la sélection parcellaire, les cuvées haut de gamme en sont le plus bel exemple. Non le seul : derrière un travail opiniâtre, se cachent une jolie collection de médailles et une gamme à prix doux.

Les « Coteaux du Pic »

140, avenue des coteaux de Montferrand
34270 Saint-Mathieu-de-Tréviers
TEL +33 4 67 55 81 22
FAX +33 4 67 55 81 20
info@coteaux-du-pic.com
www.coteaux-du-pic.com
GPS N 43,766689 - E 3,864811

Les Coteaux du Pic Co-operative Winery

WHEN THE WHOLE IS GREATER THAN THE SUM OF ITS PARTS

Nine hundred hectares is the stage on which some 100 co-operative wine growers strive to achieve their ultimate objective of defending and promoting their appellation. To gain the upper hand in terms of quality and cater for expansion, this dynamic winery has constantly invested in high-performance equipment. The latest addition to an already impressive line-up is "*a temperature-controlled storage warehouse, delivering state-of-the-art tracking solutions,*" says the enthusiastic managing director, Michel Marty. But let there be no mistake: cutting edge equipment is pointless without capable wine growers. "*The co-operative in Saint-Mathieu-de-Tréviers was founded in 1950 and amalgamated with the wineries in Valflaunès and Notre-Dame-de-Londres in 1992. Its history is closely linked to that of the appellation itself and for generations, its policy has been based on quality improvement and emulation,*" stresses co-operative chairman, Thierry Vacher. "*After the big freeze in 1956, many independent wine growers only pulled through because of the co-operative,*" adds member grower, Pierre-Jean Arnaud.

Human equity

With a greater affinity for nature than for marketing spiel, this practically-minded wine grower, whose father once chaired the co-operative, is drawn to its "*human values combined with technical sales expertise.*" Thierry Vacher also points out that, "*Many of the wine growers who established the Pic Saint Loup's reputation used to bring their grapes to the co-operative. The winery subsequently allowed partial integration whereby growers could crush some of their own grapes whilst still belonging to the co-operative. Their loyalty ensured continued financial support for the co-op which now bottles many of their Pic Saint Loup wines.*" Of the 2.5 million bottles that leave the co-operative every year, half belong to independent wine growers – the kind of synergy rarely seen in the French wine growing community. Eugène Saumade, Pierre Arnaud, René Puech... Both chairmen and managing directors have held lengthy tenures, reflecting the winery's long-term vision and sense of continuity.

The future in organic

'Les Coteaux du Pic', which is now the leading producer of Pic Saint Loup wines, has other idiosyncratic character traits. "*Languedoc-Roussillon co-operative wineries still sell over 80% of their wines in bulk, whereas management staff here launched bottled shipments in 1972 followed by a sales division, making the winery a forerunner in its field. The sales department was recently hived off from the main structure,*" Michel Marty explains. After a series of radical changes, the winery is poised to rise to another challenge: converting part of its vineyard over to organic farming. Between 40 and 50 hectares of Pic Saint Loup vines will be managed organically in 2014. One of the first to embrace the change was Thierry Vacher: "*I became a wine grower after working for 38 years in naval aviation and industry. It would have been impossible for me to build both a house and a winery so I joined the co-operative. Rather than just supply fruit, I have always played an active part in the various schemes it offers wine growers.*" The top-tier offerings are a perfect illustration of how growers can go the extra mile: although the schemes are voluntary, they come with a stringent set of rules and eligible areas are ring-fenced. A splendid array of medals and attractively priced range of wines show that the winery's perseverance and high standards have paid off.

Clos des Augustins

ROGER ET FRÉDÉRIC MÉZY

DANS LA COUR DES GRANDS

Rares sont les tables étoilées sur lesquelles ils ne figurent pas. À leur évocation, les yeux des sommeliers s'éclairent, à commencer par ceux d'Olivier Poussier, champion du monde 2000 et fan de la première heure. En un mot, la notoriété des vins du Clos des Augustins trancherait presque avec le profil discret du vigneron. Aux manettes dès l'âge de dix-huit ans, Frédéric Mézy ne doit rien à la chance. Non content de « *cravacher depuis plusieurs années* », il aurait même plutôt choisi la difficulté. D'abord en s'amourachant de terroirs cailouteux, à forte amplitude thermique. Ensuite en poussant le bouchon environnemental toujours plus loin. « *Convertis en agriculture biologique, nous utilisons des préparations biodynamiques depuis 2007 et toutes nos interventions tiennent compte des phases lunaires.* » Un choix mûrement réfléchi : « *Cartésien, j'ai fait des essais car en biodynamie, il est difficile de faire machine arrière et le risque d'être rattrapé par les maladies est plus grand.* »

Style atypique

Aussi consciencieux qu'instinctif, il bichonne de cette façon 32 hectares, dont la moitié plantée en syrah. Cultivées différemment cépage par cépage, terroir par terroir, les vignes sont vendangées parcelle par parcelle, voire rang par rang. Les levures naturelles de ces raisins récoltés à maturité optimale, démarrent les fermentations. Place ensuite à l'élevage en fûts des meilleurs tonneliers français. « *Je m'en sers comme du sel et du poivre, en m'adaptant aux résultats des années précédentes* » résume Frédéric. Un travail de bénédictin pour celui qui, adolescent, avait envisagé de devenir curé - ou footballeur - avant d'étudier la physique-chimie ! Ainsi, certains pourraient croire le domaine

Clos des Augustins
ROGER AND FRÉDÉRIC MÉZY:
PUNCHING ABOVE THEIR WEIGHT

Their wines are listed in many a Michelin-starred restaurant. Just mention their name and the eyes of any sommelier will light up, starting with the World's Best Sommelier 2000, Olivier Poussier, who was one of their earliest aficionados. In some ways, though, the international acclaim garnered by Clos des Augustins is in sharp contrast to the low-key personality of the wine grower himself. In charge of the estate since he was 18, Frédéric Mézy's success is anything but sheer luck. Working like a Trojan for years, he has never chosen the easy option. In fact, his infatuation with rugged, stony terrain where the gap between day and night time temperatures is the widest, has always involved challenges, as has his desire to constantly put his environmental commitment to the test. "*After converting to organic farming, we began using biodynamic preparations in 2007 and everything we do in the vineyard and winery is dictated by moon phases.*" The decision to go down this route was not taken lightly. "*I am a rational person and I always test things first because with biodynamic viticulture it is very difficult to backtrack and the risk of being plagued by disease is much higher than with conventional wine growing.*"

Self-styled

He pampers his 32-hectare vineyard – half of which is planted to Syrah – both consciontiously and instinctively. Each grape variety and vineyard site is tended to individually and the grapes are harvested plot by plot, sometimes even row by row. Fermentation kicks off with yeast naturally occurring on grapes that are harvested at the peak of ripeness. Next comes the ageing process, using casks from the best French coopers. "*I use

rattaché à une congrégation… Alors qu'il porte le prénom des deux arrière grands-pères, dont l'héritage serait tombé aux oubliettes sans l'intervention du père de Frédéric, Roger Mézy, homme de caractère et de conviction : « *En arrachant quatre hectares de vignes à l'abandon pour les replanter il y a treize ans, j'ai voulu raviver l'âme de mes aïeux.* »

En famille

PDG d'une société de prothèses médicales, il n'avait pas grand-chose à y gagner. Mais il s'est pris au jeu, au point de rénover dix hectares supplémentaires et de bâtir un chai, inauguré par son fils en 2003. « *Quand Frédéric m'a annoncé qu'il allait retomber le peu de raisins qui restait, j'ai cru la récolte perdue.* » Résultat ? Pied-de-nez à une année caniculaire, les vins ont brillé par leur fraîcheur dans un style pur et équilibré, devenu la marque de fabrique du domaine. Depuis, loin de s'endormir sur ses lauriers, Frédéric n'a de cesse d'évoluer au fil de ses expériences sensorielles et des conseils de Pauline, sa compagne, petit bout de femme énergique et sommelière de talent. Chez les Mézy, de fait, tout rime avec famille. Et amitié : celle qui les lie au peintre Roger Bonafé, auteur de la femme au chapeau ornant leurs bouteilles. « *Le vin n'est que plaisir* », insiste Roger Mézy, tout simplement heureux de voir une gorgée déclencher un sourire.

Les cuvées

Aîné, Les deux Rogers, Sourire d'Odile, Le Gamin

The wines

---

oak like salt and pepper, adjusting the amount depending on the outcome of previous years," he explains. It is a painstaking task for someone who, as a teenager, wanted to be either a priest – or a footballer – before studying physics and chemistry! The estate does indeed have its congregation of devotees. However, if it hadn't been for the character and conviction of Frédéric's father, Roger, the heritage left by Frédéric's two grandfathers – after whom he is named – would have quite simply been lost for ever. "When I uprooted four hectares of mothballed vines thirteen years ago, I wanted to revive the spirit of my ancestors by planting new vines," says Roger.

A family affair

As the CEO of a firm selling medical prostheses, he wasn't seeking financial reward from the venture but he soon got a taste for wine growing and grubbed up a further 10 hectares then built a winery, officially opened by his son in 2003. "When Frédéric told me he was going to remove more of the few remaining grapes that year, I thought we'd lose the entire crop." In actual fact, he managed to avert the potentially devastating effects of the 2003 heat wave. The wines delivered excellent freshness and showed the purity and balance that have become the estate's signature style. Frédéric has not rested on his laurels, however, and continues to broaden his tasting experience whilst taking on board the advice of his partner, Pauline – an energetic slip of a woman and talented sommelier. In the Mézy household, family life is sacrosanct. So too is friendship, like the one they share with the artist Roger Bonafé who painted the woman in the wide-brimmed hat featuring on their labels. "Wine is all about pleasure," stresses Roger Mézy, whose greatest reward is seeing the smile on someone's face after tasting the estate wines.

Clos des Augustins

111 chemin de la Vieille
34270 Saint-Mathieu-de-Tréviers
TEL   +33 4 67 54 73 45
FAX   +33 4 67 54 52 77
closdesaugustins@wanadoo.fr
www.closdesaugustins.com
GPS   N 43,775051 - E 3,874362

Domaine de la Vieille

GUY ET JULIEN RATIER

TOUT UN POÈME

Les cuvées

- Le Sang du Wisigoth, J... Vrai
- Fille de Gélone, J... Vrai

The wines

Prêle, ortie, camomille, achillée millefeuille, pissenlit... Rien de sorcier dans les potions concoctées par Guy Ratier. Au contraire. Pas question pour cet enfant du pays d'empoisonner la terre. Encore moins de se ruiner la santé en employant des molécules de synthèse. « *Ces remèdes naturels m'aident à lutter contre le mildiou, l'oïdium.... Economiques, ils compensent aussi le surcoût d'une conversion en agriculture biologique car je ne veux pas obliger le consommateur à payer ma philosophie* » martèle-t-il. En communion totale avec ses vignes, cet iconoclaste évolue volontiers à contre-courant. D'observations attentives en essais concluants, il est revenu au labour ancestral avec les vieilles déchausseuses de son père. Tout comme aux anciens gobelets qu'il fait pousser sur un seul bras « *afin de ne pas épuiser la plante* ». Patiemment, il effeuille, retaille, régule les charges. Mais la botte secrète de Guy, ce sont ses papilles, en agitation permanente. « *Je goûte les baies. Au fur et à mesure des prélèvements gustatifs, une recette me vient à l'esprit et oriente les choix techniques.* »

Long métrage

Idem en cave où les pigeages, remontages et autres délestages ne se font qu'après dégustations des moûts, sans ordre préétabli. Découvrir les vins du domaine, ce n'est pas appréhender une gamme, mais une débauche d'imagination : à chaque cuvée correspond un scénario et son casting, un titre et un habillage, pensés bien en amont. « *Pour la cuvée Jean l'Adroit - légende d'un jongleur médiéval - mon palais me disait d'opter pour la clairette et un peu de marsanne. Nous étions en 2003 et je n'avais ni l'un ni l'autre... Le long métrage aura duré sept ans* », relate ce passionné d'histoire. La grande satisfaction de Guy Ratier n'est cependant pas d'avoir créé quelque cinquante cuvées. Ni d'avoir repris la propriété familiale après avoir été technicien viticole pendant vingt ans. Mais de travailler avec son fils. « *Je ne me voyais pas suivre une autre voie* », résume clairement Julien.

Saveur balsamique

« *J'apprends plus aujourd'hui qu'en quatre ans d'études professionnelles agricoles. Tenez, une macération carbonique sur un blanc est théoriquement impossible. Pourtant, nous l'avons fait avec J... vrai.* » Une gamme qui a fêté son arrivée sur le domaine en 2011. « *Même si le nom évoque l'aspect dépoli de la bouteille, il faut être un peu givré pour s'installer maintenant. En tous cas, il progresse plus vite que moi* » souligne Guy. Sur la même longueur d'ondes, le duo fonctionne rondement : « *Conquérants de l'inutile, nous allons passer notre vie en formation sur le terrain, avant de réaliser que nous ne savons rien.* » Mais alors qu'est ce qui le pousse ? Sans doute une madeleine de Proust. « *Marqué par la saveur du vinaigre balsamique quand j'étais enfant, je m'étais promis d'en élaborer une fois adulte. Mes premières vendanges botrytisées en 2012 vont peut-être me rapprocher du but ultime !* » Un coté jovial. L'autre, rude. Les pieds sur terre et la tête dans les nuages. Si Guy Ratier n'existait pas, il faudrait l'inventer !

Domaine de la Vieille

4 chemin de la vieille
34270 Saint-Mathieu-de-Tréviers
TEL   +33 4 67 55 35 17
      +33 6 86 46 44 25
FAX   +33 4 67 55 35 17
domainedelavieille@orange.fr
www.domainedelavieille.fr
GPS   N 43,784449 - E 3,884150

Domaine de la Vieille

GUY AND JULIEN RATIER:
POETRY IN MOTION

Horsetail, nettles, chamomile, yarrow, dandelions... Nothing but natural ingredients go into the 'potions' Guy Ratier concocts to nurture his vines. In fact, he wouldn't dream of poisoning the land he grew up on, and even less of jeopardising his health by using chemicals. *"Natural remedies help ward off diseases like mildew and powdery mildew. They are also economical and help me offset the additional cost involved in switching over to organic farming; the consumer shouldn't have to pay for my beliefs,"* he says. Totally in communion with nature and his vineyard, this iconoclastic wine grower proudly admits that he is anything but mainstream. By closely observing nature and successfully trialling a range of techniques, he has reintroduced ancient ploughing methods using his father's antique plough. Guy also uses the bush vine training system with a single spur, to avoid weakening the plant. He patiently removes excess leaves, prunes the vines a second time and adjusts crop load. However, his real secret weapon is his taste buds, constantly poised for action: *"I taste the grapes and as the taste changes, a specific technique comes to mind and I adjust vineyard management accordingly."*

Unique scenario

His strategy is mirrored in the winery where the wines are pumped over, and the cap punched down only after the must has been tasted. There is no predefined set of rules. Hence, sampling the estate's wines is not about being introduced to a range, in the classic sense of the term, but about gaining access to their creator's unbridled imagination. Each wine embodies a unique scenario, cast, title and dress code, all of which have been dreamt up well in advance by Guy.

"For 'Jean l'Adroit', a nod to the legend of a mediaeval juggler, my palate dictated a blend of Clairette with a little Marsanne. It was 2003 and I had neither. This particular scenario lasted 7 years," recalls this history enthusiast. Guy's proudest achievement though is not the fifty or so wines he has created, or taking over the reins of the family estate after working as a vineyard technician for twenty years, but being able to work with his son. Julien's unequivocal response is, *"I never envisaged working anywhere else."*

Childhood reminiscences

"I am learning more now than I did in four years at college," says Julien. *"For instance, theoretically, you cannot use whole-cluster fermentation on white wines and yet, that's exactly what we did with J..vrai."* A play on the French word 'givré' meaning crazy, the range was introduced in 2011. *"Even though the name also refers to the frosted appearance of the bottle, you do have to be a little crazy to become a wine grower today. Encouragingly, though, Julien's a fast learner,"* stresses Guy. Both father and son are undeniably on the same wavelength and their partnership is working well. *"'Conquistadors of the useless', we will spend our entire lives learning out in the field, before ultimately realising that we know nothing."* So what drives them? Guy's inspiration probably stems from a childhood reminiscence: *"I have a very vivid memory of tasting a particular balsamic vinegar as a child and promised myself I would make some in later life. Perhaps my first noble rot harvest in 2012 brought me closer to my ultimate dream..."* Guy is jovial yet uncompromising. His feet are firmly on the ground, yet his head is in the clouds, and if he didn't exist, he would have to be invented!

Château des Mouchères

JEAN-PHILIPPE TEISSÈDRE

LE MÉTIER DANS LA PEAU

Il faut quitter la route principale, serpenter un peu au milieu des vignes pour atteindre ce hameau pittoresque. Un petit paradis hors du temps d'où surgit un corps de bâtiment en pierres sèches, aux allures de mas cévenol. « *Vers 1689, un de nos ancêtres exploitait déjà une parcelle sous le « roc de la Vieille ». Construit plus tard selon le schéma des villas gallo-romaines, le domaine a longtemps gardé une vocation agricole, pastorale et sylvicole, avant de se recentrer sur la viticulture dans les années 1970.* » Fier de conter l'aventure du château des Mouchères, Jean-Philippe Teissèdre en tient solidement les rennes. Après des études supérieures en électronique, entre les néons des bureaux et les rayons du soleil, il choisit. En 2001, il revient au domaine familial avec l'envie de lui donner un nouvel essor : « *Bien qu'ayant toujours été en cave particulière, la production était destinée au vrac et au négoce. Dès 2002, j'ai mis deux cuvées en bouteilles et ouvert un caveau de vente : gérer son raisin de A à Z est tellement plus valorisant.* »

Palette aromatique

Une belle croisade lancée avec détermination mais sans tapage : « *En apprentissage pendant deux ans aux côtés de mon père, je me suis beaucoup appuyé sur sa façon de faire* », assure-t-il. Exposés plein sud, à l'abri des vents du Nord, ses 28 hectares de vigne (dont un tiers en appellation) sont de fait, conduits dans la plus pure tradition. Rien de révolutionnaire non plus côté vinification : « *Je veille d'abord à une bonne hygiène en cave. Hormis un nouveau pressoir pneumatique qui respecte au mieux la vendange, je ne multiplie pas les investissements superflus.* » S'il ne cède pas aux sirènes des nouvelles technologies

---

Château des Mouchères

JEAN-PHILIPPE TEISSÈDRE:
THE BORN WINE GROWER

A narrow lane winds its way up from the main road through vineyards to this picturesque hamlet. It is the tranquil, timeless setting for a cluster of dry stone buildings resembling a Cevennes-style farmstead. "*In around 1689, one of our ancestors was already farming here, beneath the 'Roc de la Vieille'. The estate was built at a later date in a design similar to a Gallo-Roman villa. For many years, it combined farming, sheep breeding and forestry management, before focusing solely on wine growing in the 1970s.*" Jean-Philippe Teissedre proudly tells the story of Château des Mouchères, which he now controls with a firm hand. After graduating in electronics, the call of the sunlight beckoned him away from the neon lights, and in 2001 he returned to the family estate with a desire to pump new life into it. "*Although it had always been an independent winery, the wines were sold in bulk to shipping firms. Starting in 2002, I bottled two wines and opened a cellar door shop. It is so much more rewarding to control the fruit from start to finish.*"

Extensive range of aromatics

Jean-Philippe embarked upon his 'crusade' with determination yet without making a splash. "*I spent two years learning the ropes with my father and relied heavily on his experience,*" he insists. The 28-hectare vineyard (one third classed as appellation) facing due south away from the northerly winds is indeed managed in the purest local tradition. In the winery, he hasn't broken the mould either. Jean-Philippe is not one

à tout va, Jean-Philippe suit un seul et même fil rouge : la qualité. Modèle de régularité, il a étendu sa palette de blancs à des cépages très aromatiques, comme le muscat petits grains et le viognier. Et montré sa capacité à viser haut avec Les Centaurées à dominante syrah.

Sans artifices

« *Plus complexe, plus structuré, car élevé douze mois en fûts de chêne, ce Pic Saint Loup provient d'une sélection de trois parcelles aux rendements maitrisés* », détaille-t-il. Six cuvées. Deux bag-in-box. Une partie vrac « *histoire de ne pas mettre tous ses œufs dans le même panier* ». Des prix aussi civilisés que les tanins : la gamme a tout pour plaire. Et se vend grâce au bouche-à-oreille : « *Je n'ai pas un tempérament très aventurier, ni une fibre commerciale développée. En harmonie avec moi-même, je progresse à mon rythme* », reconnaît ce vigneron sans fards, accro à son métier. Qu'il soit midi ou minuit, il a toujours une chose ou une autre à régler à la vigne ou en cave : « *Comme j'habite sur place, je baigne sans doute trop dans cet environnement. Mais si un jour, un problème de santé me contraignait à arrêter, je crois que je changerais de région car ce serait trop dur à supporter…* »

Les cuvées

Tradition, Estelou et Centaurées

Château Des Mouchères

The wines

---

to indulge extravagantly in new technology; his primary focus is on quality. *"My priority is good hygiene and apart from a new pneumatic press, which protects the inherent qualities of the fruit, I don't make unnecessary investments."* His range shows textbook consistency and was broadened to include white wines from highly aromatic grape varieties such as Muscat Petits Grains and Viognier. He has also proven his ability to aim for the top with 'Les Centaurées', his Syrah-dominant offering.

No artifice

"This particular Pic Saint Loup, which is selected from three plots where yields are capped, is more complex and structured because it spends 12 months in oak casks," he explains. With six different wines to choose from, two boxed versions, some bulk shipments to avoid putting all his eggs in the same basket, and prices that are as civilised as the wines' tannins, the range has lots going for it. It sells largely by word of mouth: *"By nature, I am not the adventurous type nor was I a born salesman, so I progress at the pace I feel comfortable with,"* admits this guileless wine grower, who is addicted to his job. Whether it's midday or midnight, he always has something to tend to in the winery or out in the vineyard. *"Because I live here, I'm probably too involved. If ever health problems force me to give up wine growing, though, I'd have to move to another region because it would just be unbearable…"*

Château des Mouchères

1, chemin de la Vieille
34270 Saint-Mathieu-de-Tréviers
TEL   +33 4 67 55 20 17
FAX   +33 4 67 34 04 39
contact@chateaudesmoucheres.com
www.chateaudesmoucheres.com
GPS   N 43,784790 - E 3,884260

Château Fontanès

CYRIAQUE ROZIER
VALEUR MONTANTE

Avis aux experts ! Château Fontanès est l'étiquette qui monte dans une appellation qui bouge, son propriétaire n'étant autre que Cyriaque Rozier, talentueux régisseur du Château La Roque. « *Créer un domaine ex nihilo, maîtriser le process de A à Z* », il en rêvait. Tant et si bien qu'il y a dix ans, il a pris une parcelle voisine en fermage avant d'acquérir des terres sur lesquelles il a planté. Soit neuf hectares en propre... Et seize heures de travail quotidien, peu ou prou, entre les deux domaines. « *J'aimerais simplement disposer d'une cave car j'ai déménagé trois fois en dix ans* », soupire ce perfectionniste aux itinéraires techniques pour le moins surprenants. Tenez-vous bien : son vignoble est constitué à 100 % de sélections massales, plantées à plus de 10 000 pieds/hectare. « *À partir de bois issus d'appellations prestigieuses - Côte-Rôtie, Châteauneuf-du-Pape, Bandol et Pic Saint Loup -, j'ai fait fabriquer mes plants greffes : un patrimoine génétique largement plus diversifié que les clones.* »

Entre Mâcon et Bordeaux

Piocher ce terrain calcaire, dur comme le roc, n'aura pas été une partie de plaisir. D'autant que pour protéger son vignoble de l'érosion, Cyriaque a carrément reconstitué des terrasses et pimenté l'aventure en adoptant une conduite bio et biodynamique. Sans certification à la clé car « *pourquoi justifier ce qui devrait être la norme ?* » Au demeurant, « *un sol au pH de 7,5 / 8 manque de « peps », d'où l'intérêt de le travailler pour développer un maximum de vie. Du moins pour les générations futures, car le résultat ne se fait pas sentir du jour au lendemain* », nuance-t-il. De son parcours singulier, on retiendra qu'il a grandi en Bourgogne, suivi des études d'œnologie à Bordeaux et œuvré pour de grands crus classés. Les hasards de la vie l'ont conduit en Pic Saint Loup dans les années 90. Mandaté pour travailler sur le volet technique de l'AOP, il a ensuite accepté un poste de régisseur, mu par « *le besoin de retourner à la production et l'envie d'explorer un terroir aux espaces encore vierges, offrant des caractéristiques climatiques intéressantes, des sols au potentiel sous-exploité et une dimension humaine non négligeable.* »

De bon goût

Cette rencontre entre un grand vigneron et un magnifique terroir s'exprime pleinement dans chaque bouteille, à travers des vins aromatiques à souhait, généreux mais sans excès. « *J'ai grandi sur un terreau favorable : enfant, j'adorais regarder mon grand-père travailler dans ses vignes.* » Et que dire de sa première gorgée : « *un Château-Yquem 1947 dégusté à 13 ans, au baptême d'un cousin... Inoubliable.* » Car voyez-vous, cet homme ne jure que par le goût. Fou de fine chère, il peut avaler des kilomètres et dépenser une fortune pour dénicher un met rare. Cultivant lavande, safran et oliviers par plaisir, il a aussi planté des variétés anciennes de fruitiers : là encore un patrimoine en voie de disparition. « *Tout est conditionné par le produit, comme de beaux raisins pour le vin... Le reste n'est que mise en musique.* » Dixit ce maestro, sans tambour ni trompette.

Les cuvées

Château de Fontanès, Petite Serine

The wines

Château Fontanès

CYRIAQUE ROZIER: *THE RISING STAR*

For the seasoned connoisseur, Château Fontanes is the label to look out for in this upwardly mobile appellation. Its owner, Cyriaque Rozier, is the talented manager of iconic estate Château La Roque. For years, he had been dreaming of creating a winery from the ground up and overseeing every stage of wine production, from vineyard to glass. Ten years ago he began leasing a neighbouring vineyard before buying and planting his own. He now owns 9 hectares of vines, but in the process has doubled his workload to a sixteen-hour day, split between the two properties. *"All I need now are my own winemaking facilities – I have moved three times in ten years,"* sighs this perfectionist winemaker, whose choice of viticultural techniques is impressive to say the least. His vineyard is high density with a remarkable 10,000 vines per hectare. He eschews cloned vines, visually selecting every plant himself. *"I collected canes from prestigious appellations – Côte-Rôtie, Châteauneuf-du-Pape, Bandol and Pic Saint Loup – and produced rootstock from them, thereby creating a much more diversified genetic base than from clones."*

From Mâcon to Bordeaux

With rock-hard limestone soils to contend with, work in the vineyard was anything but plain sailing. To protect his vines from erosion, Cyriaque even had to rebuild the dry-stone walls supporting the terraces but – as a man who likes a challenge - that didn't deter him from farming his vines organically and bio-dynamically. Despite this, he hasn't applied for certification, believing that organic farming should be the norm rather than the publicised exception. *"When soils have a pH level of 7.5/8 they lack goodness and need to be worked on to promote soil life. This doesn't produce results overnight but we should be doing it for future generations."* Cyriaque's convictions stem from an unusual background: after growing up in Burgundy, he graduated in wine studies in Bordeaux, where he worked for a number of classified growths. His life then took a completely different turn when, moving to the Pic Saint Loup area in the 1990s, he was tasked with defining a set of technical criteria for the appellation. Subsequently, he accepted a job as estate manager, driven by *"a need to return to the production side and to explore, at times, virgin territory offering some interesting climatic features, untapped soil potential and a significant human contribution."*

Good taste

Each bottle encapsulates the union between a commensurate wine grower and a magnificent wine region. The wines are generously aromatic and rich without being in-your-face. *"My childhood set the stage for my future career as I loved to watch my grandfather working in his vineyards."* His first tipple was suitably impressive: *"a 1947 Château Yquem I tasted at my cousin's christening... It was unforgettable!"* Cyriaque is a self-confessed devotee of fine fare. He will travel miles and spend a fortune on that elusive delicacy. He grows lavender, saffron and olive trees for his own personal pleasure and has also planted heirloom fruit trees, another endangered part of our agricultural heritage. *"The quality of the produce dictates that of the end product, just like fine wine comes from impeccable grapes...The rest is just about how you orchestrate the various components,"* says this masterful composer of all things vinous, without blowing his own trumpet.

Château Fontanès
*34270 Fontanès
TEL +33 6 10 17 03 18
cyriaque.rozier@hotmail.fr*

Château La Roque

JACQUES FIGUETTE

GORGÉE DE BONHEUR

À l'arrivée, où poser le regard ? Sur la bâtisse à l'étonnante architecture et son pigeonnier médiéval ? Sur la géométrie des rangs de vigne impeccablement relevés sur fils ? Ou sur les paysages pittoresques qui encerclent le domaine ? Tour de péage puis relais de poste au VIIIe siècle, Château La Roque a de quoi régaler les yeux et le palais. Pas de châtelain à l'horizon mais un ex hommes d'affaires. « *Au terme d'une carrière trépidante dans les milieux industriels, plutôt que de réinvestir dans des activités ni très glamour, ni très passionnantes, j'ai voulu opérer un retour à la nature, me rapprocher de ma famille, pouvoir transmettre un patrimoine* » explique Jacques Figuette. Un choix de cœur et de raison : « *mon cousin au domaine Desvabre m'avait vanté cette appellation en devenir, sa bonne réputation qualitative.* » En l'occurrence, depuis sa reprise en 2006, Jacques maintient des critères d'exigence élevés, poussé en cela par son régisseur Cyriaque Rozier « *un garçon brillant et motivé* » que le terroir du Pic fait vibrer.

Cave moderne

« *J'entretenais de bonnes relations avec l'ancien propriétaire, Jack Boutin. Il a eu le mérite de replanter beaucoup et plutôt bien : un quart de la superficie est en mourvèdre, fait plutôt rare dans l'appellation. Composer avec ce cépage dont je ne suis pas fan était un challenge* » précise Cyriaque qui a mis une condition sine qua non à son engagement : « *pouvoir travailler en bio et biodynamie et avoir carte blanche sur les itinéraires techniques.* » Non pas pour révolutionner la production mais pour l'optimiser : « *de nombreuses opérations en vert sont réalisées au printemps, nous attendons les pluies d'équinoxe pour vendanger, nous replantons des sélections massales provenant*

Château La Roque

JACQUES FIGUETTE: *SHEER BLISS*

The minute you set eyes on Château La Roque, you don't know where to look first. The manor house with its amazing architecture and mediaeval dovecot? The geometrical rows of impeccably trained vines? Or the breath-taking landscape encircling the estate? Initially a toll house then a coaching inn during the 8th century, Château La Roque is a feast for both the eyes, and the palate. However, there is no lord of the manor here - a former businessman is at the helm. *"After an exhilarating career in industry, I wanted to return to nature, move closer to my family and pass on a legacy, rather than invest in a business that was neither glamorous nor exciting,"* explains Jacques Figuette. He listened to his heart, but also to his reason: *"My cousin at Domaine Desvabre had extolled the virtues of this up-and-coming appellation and its reputation for quality."* Since he took over the estate in 2006, Jacques has maintained the same high standards. He is spurred on by his estate manager, Cyriaque Rozier, *"A brilliant and highly motivated chap,"* who gets a real buzz from the Pic Saint Loup.

A modern winery

"I had a good rapport with the previous owner, Jack Boutin. To his credit, he replanted a lot of vines and did it pretty well. A quarter of the estate is planted to Mourvèdre, which is fairly rare for the appellation. Learning how to handle a grape variety that I wasn't fond of was a real challenge," explains Cyriaque. He agreed to join the estate on one condition: *"I wanted to farm organically and biodynamically, and have carte blanche for all the technical choices."* His ambition was not to revolutionise the way the wines were made, but to maximise their potential. This is how he achieves it: *"A lot of canopy management is*

de très vieilles vignes... » énumère-t-il. Parallèlement, les espaces de vinification, élevage et stockage ont été modernisés et agrandis. « *J'ai fourni un outil performant à des gens compétents, pour lesquels La Roque représente une grande partie de leur vie* » souligne Jacques dont le rôle s'avère plus ingrat.

Chasse au trésor

« *Habitant la Belgique, je viens pour régler des problèmes. Et je définis la stratégie annuelle car décider d'arracher une parcelle vous engage sur 5, 10 ou 20 ans.* » Quant à sa place dans les assemblages, il la juge tout aussi modeste : « *La Roque produisait déjà de bons vins et je n'ai pas la compétence d'un œnologue. Il me faut apprendre et comprendre pour faire aussi bien.* » Chacun l'aura deviné : il ne prétend pas être vigneron, « *un métier admirable qui exige un travail de fou et garde une part de mystère et de magie.* » Mais quel délice pour cet hédoniste, positif et joyeux, de déboucher l'une des 135 000 bouteilles du domaine. « *Dedans, il y a le résultat d'un travail d'équipe. Je n'ai jamais considéré qu'il s'agissait de mon vin : le nom sur l'étiquette suffit à calmer mon égo !* » s'écrie-t-il en savourant une gorgée de Cupa Numismae. Sa cuvée fétiche fait référence aux pièces d'or du XIIIe siècle découvertes sur le domaine : mais c'est elle le vrai trésor !

Les cuvées
Découverte, Cupa Numismae, Prestige En Garde ! — Découverte

The wines

---

carried out in the spring; we wait for the autumn rains before harvesting; and we replant visually selected plants propagated from very old vines." Alongside this, the winery, ageing and storage cellars have been modernised and extended. *"I have provided an efficient winery for capable people who spend a lot of their life here,"* stresses Jacques, whose task is fairly thankless.

Treasure hunt

Jacques elaborates further: *"I live in Belgium and come here to sort problems out. I also define the year's strategy because the decision to uproot vines is a commitment you make for the next 5, 10 or 20 years."* He is equally modest about the part he plays in the blending process. *"La Roque was already producing good wines and I don't claim to have the skills of a wine maker. I need to learn and understand before being able to match their competence."* No prizes for guessing that Jacques does not claim to be a wine grower: *"It is a highly commendable profession which is extremely labour-intensive and has something magical and mysterious about it."* As a light-hearted hedonist with a positive frame of mind, what Jacques does revel in though, is uncorking one of the estate's 135,000 bottles. *"Each one encapsulates team spirit. I have never considered it to be my wine. The name on the label is enough to deflate my ego!"* he exclaims, whilst sipping a drop of 'Cupa Numismae'. This, the name of his most treasured wine, refers to the 13th century gold coins discovered on the estate: but the real treasure is in the bottle!

Château La Roque
2 chemin de Saint-Mathieu
34270 Fontanès
TEL +33 4 67 55 34 47
FAX +33 4 67 55 10 18
contact@chateaularoque.fr
www.chateau-laroque.fr
GPS N 43,790978 - E 3,898997

150

Château l'Euzière

MARCELLE ET MICHEL CAUSSE

PRÉCISION D'ORFÈVRES

Les cuvées

🍷 L'Almandin
Les Escarboucles

🍷 Mon Ami
Pierrot

The wines

Bien malin qui pourrait deviner derrière cette sobre façade, l'existence d'une cave sous charpente bâtie en 1850 autour de cuves du XVIIIe siècle. Signe que les Causse ont le vin dans les veines depuis belle lurette. « *Il y a toujours eu quelqu'un dans la famille pour travailler la vigne, y compris pendant la guerre et toujours en cave particulière*, observe Marcelle, la vivacité incarnée. *Papa a été parmi les premiers à croire au potentiel du Pic Saint Loup et à penser que ce terroir devait être valorisé autrement qu'en vin de table.* » Un choix concrétisé entre autres par la plantation de grenache dès 1970, syrah en 1975, puis mourvèdre. « *Découragé par deux gels successifs, notre père pensait acheter un bureau de tabac à Montpellier mais maman l'a soutenu. Après avoir œuvré pour faire bon sans en profiter vraiment, il nous a vu mettre en bouteilles, exporter aux Etats-Unis : il était content* » s'empresse d'ajouter Michel, son frère.

Équilibre parfait

Chemin faisant, la réputation du Château de l'Euzière a dépassé les frontières sans que ces deux-là renoncent à se fondre dans le paysage : « *Un vigneron peut magnifier son terroir, en gommer certains aspects mais certainement pas se substituer à lui.* » Entre eux, la tendresse saute aux yeux. Comme le sens des valeurs, l'amour du travail bien fait. Et que dire de leur capacité à transformer chaque flacon en chef-d'œuvre ? « *Même quand la mode était aux excès de matière, nous n'avons jamais aimé les vins matraquant les papilles. D'ailleurs, au fil des millésimes, on s'aperçoit que c'est l'équilibre qui fait la longévité.* » Friands de blancs aériens, ils ont parié très tôt sur le vermentino, tout en préférant le rosé de pressurage à celui de saignée. Pour Michel, l'avenir coulait de source :

« *Alors que mon grand père maternel possédait des moutons et une boucherie, cette filière ne m'a jamais attiré.* »

Plaisir d'offrir

Il n'en allait pas de même pour Marcelle, sertisseuse en joaillerie. « *La question du devenir de l'exploitation s'est posée au départ en retraite de nos parents. La transition fut difficile, mais le plaisir que j'y ai pris m'a aidée à tourner la page.* » Si leurs bouteilles sont reconnaissables entre mille, c'est aussi grâce à son coup de crayon. « *Formée en histoire de l'art, je me suis inspirée d'un abécédaire des moines de l'abbaye de Citeaux pour dessiner notre emblème.* » Qu'elle se réfère à la pyrite ou à d'autres termes de gemmologie, chaque cuvée évoque son ancien métier. « *Un vin réussi vaut un bijou : il procure du plaisir à qui le reçoit.* » Et réserve parfois des coups durs à qui le conçoit : « *Le millésime 2002 s'annonçait merveilleux. À quelques jours de la récolte, le déluge s'est abattu. Il a fallu tout trier sur pied, le travail en cave succédant le soir à celui de la vigne.* » Traumatisant. Mais pas désespérant. Eternels chasseurs de pépites, Marcelle et Michel ont des antécédents... À 82 ans, Monique leur mère, préfère être active au caveau que paresser dans un fauteuil. Preuve que le duo du Château l'Euzière peut aussi former un délicieux trio.

Château l'Euzière

9, ancien chemin d'Anduze
34270 Fontanès
TEL   +33 4 67 55 21 41
FAX   +33 4 67 56 38 04
leuziere@chateauleuziere.fr
GPS   N 43,473700 - E 3,544490

Château l'Euzière

MARCELLE AND MICHEL CAUSSE:
PIN-SHARP PRECISION

Only a trained eye could guess that behind the tasteful, yet unadorned façade lies a winery housing 18th century vats, beneath a robust, 1850 wooden framework. Wine has flowed through the veins of generations of the Causse family. *"At least one member of the family has always been a wine grower, even during the war, and we have always been an independent winery,"* stresses the ebullient Marcelle Causse. *"Our father was one of the first to see the Pic Saint Loup's potential, and to believe that it should eschew production of basic table wines."* As a result he planted Grenache vines as early as 1970, followed by Syrah in 1975 and subsequently Mourvèdre. *"After frost claimed two crops in a row, our father was so disheartened that he considered buying a tobacconist's shop in Montpellier, but our mother wouldn't hear of it, and supported him through the hardships. He laid all the groundwork but never reaped the benefits himself."* Marcelle hastens to add, *"He did live to see us bottle all our wines, though, and export them to the States. He was so pleased."*

Impeccable balance

Over the years, Château de l'Euzière's reputation has continued to grow and cross borders, yet neither brother nor sister, have sought to turn the spotlight on themselves. *"A wine grower can enhance the inherent qualities of his vineyard and perhaps erase certain aspects of it, but he certainly cannot become a substitute for it."* There is a patent fondness and a shared set of values between Marcelle and her brother, Michel. Both are perfectionists and have the capacity to transform each bottle into a masterpiece. *"Even when over-extraction was fashionable, we never favoured wines that bombarded the taste buds. In fact, over time, we have realised that the secret to longevity in a wine is balance."* With a penchant for ethereal white wines, they soon chose Vermentino over other white grapes and opted for direct pressing of their rosés, rather than 'bleeding' off the juice after skin contact.

Precious gift

For Michel, wine growing was an obvious career choice. *"My maternal grandfather owned sheep and a butcher's shop but sheep farming didn't appeal to me."* Marcelle, on the other hand, began her career setting gemstones into jewellery. *"When my parents retired, we were forced to consider the estate's future. It was a challenging transition but ultimately the enjoyment I derived from my new profession helped me put the past behind me."* Marcelle's talent for drawing is the secret to the wines' distinctively fashioned labels. *"I graduated in the history of art and designed our emblem based on imagery from an alphabet book by the monks of Citeaux Abbey."* The names chosen for each wine hark back to Marcelle's erstwhile profession, alluding to the world of gemstones. *"A successful wine can provide as much pleasure to its recipient as a piece of jewellery."* For the person bestowing the gift, however, the path is strewn with pitfalls. *"The 2002 vintage showed excellent promise until torrential rain fell just a few days before the harvest. Each grape had to be painstakingly sorted in the vineyard throughout the day, whilst every evening was spent in the winery."* It was a traumatic, yet not hopeless situation, and Marcelle and Michel were able to draw on their family's history of overcoming adversity. At the age of 82, their mother Monique would rather be manning the wine shop than sitting in an armchair. She represents the final panel of a triptych formed by a family of master craftsmen.

Mas de Jon

MARION ET GUILLAUME GRAVEGEAL

LES DEUX FONT LA PAIRE

Ne vous fiez pas aux apparences. La trentaine à peine, Marion et Guillaume Gravegeal ont de la bouteille : huit ans déjà qu'ils ont lancé leur propre marque, après avoir repris l'exploitation familiale, main dans la main. Soixante-cinq hectares de vignes dont vingt-cinq en AOP, à jamais indissociables de la figure de Gilbert, leur père. « *Il continue à poser un regard émerveillé sur son terroir et sa commune* », confie Marion, admirative d'un parcours viticole « *amorcé à l'âge de 14 ans, après la mort prématurée de notre grand-père.* » « *C'était une autre époque, une autre façon de travailler*, analyse son frère. *Mais loin de nous imposer sa vision, il a toujours été là quand nous avions le moral dans les chaussettes. Et il nous a donné les moyens et la liberté d'entreprendre.* » Exit la vente en vrac et au négoce. Le binôme fraternel a embrayé sur l'excellence qualitative, la bouteille. Sans tapage ni dérapage, mais en mettant le turbo.

Numéro d'acrobate

Rodé à la machine à vendanger depuis l'enfance, l'aîné conduit la partie technique : plusieurs parcelles disséminées sur Fontanès, Vacquières, Valflaunès et Sauteyrargues. Autrement dit un exercice périlleux où il fait abstraction du temps. « *Je gère le vignoble seul, excepté le coup de main d'un ouvrier, pour la taille et le palissage. Je ne me souviens pas de la dernière date de mes congés… Faute de me voir assez souvent, ma fille risque de ne plus me reconnaître* », plaisante t-il, « *stressé mais heureux de pouvoir boucler le cycle de la vigne, d'en amener le fruit jusqu'à la vendange, puis de l'élever.* » Bon sang ne saurait mentir. Diplômée en architecture paysagère, Marion n'a pas hésité à retourner sur les bancs de l'école pour devenir responsable commerciale

Mas de Jon

MARION AND GUILLAUME GRAVEGEAL:
TWO OF A KIND

Appearances are often misleading. Marion and Guillaume Gravegeal may only be in their late twenties, early thirties, yet they already have eight years' experience of managing their own estate. It is a 65-hectare family affair they took over together with its 25 hectares of appellation vines that will forever be associated with their father, Gilbert. "*Even now, he still gazes out in wonder over his vineyards and village,*" says Marion, obviously full of admiration for her father's career as a wine grower. A career that began prematurely, at the age of 14 when their grandfather died unexpectedly. "*It was a different generation, a different work ethos,*" reflects her brother. "*But instead of imposing his vision on us, our father was always there when we felt demoralised and supported us so that we could realise our projects.*" Out went the bulk sales to shipping companies and in came the bottles - the tack chosen by the brother and sister duo to achieve excellence. For years they knuckled down and focused on getting the estate up to speed.

Juggling act

The elder brother, who has been driving tractors since a tender age, handles the technical side of operations, overseeing vineyard parcels dotted between the villages of Fontanès, Vacquières, Valflaunès and Sauteyrargues. It is very much a balancing act in which time takes a back seat: "*I run the vineyard alone, except for the occasional hand from a farm worker for pruning and training. I can't remember the last time I had a holiday and if things carry on like this, my little girl won't recognise me any more!*" Guillaume

du domaine. « *Epicurienne dans l'âme, aimant les gens, je ne ressentais pas ailleurs ce coup de cœur que j'avais éprouvé pour le vin.* »

Le vin dans la bergerie

Partisans des macérations à froid « *en vue d'extraire le maximum d'arômes et de couleur* » et d'une vinification traditionnelle, « *sans utilisation de barrique pour faire parler le terroir* », frère et sœur partagent aussi « *le goût des vins plaisir, à prix accessible* ». Le sens aigu de la perfection. Un caractère entier qui fait d'heureuses étincelles dans les flacons. « *Nos cuvées ne plaisent peut-être pas à tout le monde mais elles nous ressemblent.* » Avec 45 000 bouteilles commercialisées en 2012 contre 22 000 en 2011, le résultat est là : « *Ma petite sœur cartonne*, commente fièrement Guillaume. *Nous avons trouvé nos marques... Reste à poursuivre sur notre lancée pour arriver à vivre ensemble de l'exploitation, nous sortir un salaire décent... Voire atteindre la notoriété, véritable cerise sur le gâteau.* » En attendant, ces jeunes vignerons prometteurs qui s'étaient donné dix ans pour se faire un nom, ne sont plus à un sacrifice près. Leur prochain challenge ? Métamorphoser le lieu-dit « *Mas de Jon* », une bergerie léguée par leur arrière-grand-père, en cave avec caveau et chais de vieillissement...

Les cuvées

🍷 Mas de Jon classique, Aparté 🍷 Mas de Jon

The wines

admits to being stressed and yet happy to be able to see each growing cycle through to completion, when his wines are safely in the cellar and left to mature.

The story comes full circle

Marion is also a chip off the old block. After graduating in landscape architecture, she had no qualms about going back to school to study as a sales manager for the estate. *"Deep down I'm an Epicurean, I love people and nothing else makes me feel the way wine does."* Both brother and sister favour cold soaking the fruit *"to extract as much colour and flavour as possible"* and make their wines traditionally without oak, *"to ensure a true sense of place."* They also share a love of reasonably-priced wines for pleasure, coupled with a quest for perfection. Their unwillingness to compromise is mirrored in the quality offering in the bottle. *"Maybe we don't make crowd-pleasing wines but certainly they reflect who we are."* A modest comment considering sales jumped from 22,000 bottles in 2011 to 45,000 in 2012. *"My sister has worked really hard,"* beams Guillaume. *"We have got our bearings now and need to capitalise on our success so that we can both earn a decent living from the estate. Garnering a reputation for our wines would be the icing on the cake!"* Until then, these promising wine growers, who set a 10-year time frame to make a name for themselves, will continue to make sacrifices. Their next challenge is to transform the barn their grandfather bequeathed to them into a winery and ageing cellar. The name of that barn is Mas de Jon.

Mas de Jon
Ancien chemin d'Anduze
34270 Fontanès
TEL +33 4 67 86 91 78
      +33 6 89 35 23 82
      +33 6 71 02 49 29
FAX +33 4 67 60 66 35
marion@masdejon.fr
www.masdejon.fr
GPS N 43,794231 - E 3,913123

Domaine les Vigneaux

JACQUES ET BRICE GRAVEGEAL

EN PÔLE POSITION

Les cuvées

Pas de vente directe au caveau
No cellar door sales

The wines

Carrure d'athlète. Caractère fonceur. Ce n'est pas un rugbyman. Mais un pilier de la filière, assurément. Dans le cadre du plan Chirac pour la restructuration du vignoble, alors président des Jeunes agriculteurs, il a contribué à l'arrachage d'un bon nombre de vignes, permettant à la viticulture locale d'opérer sa mue. Instigateur des Vins de pays d'Oc, à la tête de la Chambre d'agriculture de l'Hérault pendant vingt-quatre ans, il a assumé et occupe encore les plus hautes fonctions. « *Je suis devenu un personnage public car j'aime faire bouger les lignes : je n'ai jamais accepté que cette région, berceau de la vigne, n'ait pas acquis ses titres de noblesse quand d'autres écrivaient leur nom en lettres d'or* », martèle Jacques Gravegeal. La soixantaine fringante, légion d'honneur à la boutonnière, c'est en homme de la terre qu'il mène sa vie tambour battant.

Créateur né

À Fontanès ou à Campagne, ses racines lui rappellent, si besoin est, à quel point il reste dépositaire d'un savoir-faire. « *Mon père est mort quand j'avais 23 ans. Responsable ipso facto d'une fratrie et d'un vignoble, j'ai tout pris de face.* » Privé en somme d'éducation vigneronne, il dit s'être formé au contact des autres, obnubilé par la qualité et le besoin de créer. « *J'avais planté des cépages améliorateurs mais contraint par la limitation parcellaire, je me suis demandé comment exploiter cette matière première située hors appellation.* » D'où la naissance des Vins de pays d'Oc dont le cahier des charges se veut « *une photocopie de celui de l'AOP* ». Sur les cinquante hectares du domaine les Vigneaux, « *toutes les surfaces en Pic Saint Loup sont utilisées en tant que telles au centiare près* ». Des surfaces attaquées au bulldozer. De quoi construire un HLM : « *Quand on casse des cailloux, c'est que l'on croit en un terroir.* »

Du négoce à la bouteille

Passé entre les mains du fils, le vignoble est depuis en perpétuelle transfiguration : « *À partir de ce qu'il a réalisé il y a trente ans, on concasse* » explique Brice Gravegeal. « *Sur ce terroir où la syrah excelle malgré son problème de mortalité, nous avons mis le turbo*, complète son père. *On arrache, on replante, on arrache, on replante…* » Physiquement, le premier a hérité de la stature du second. Et s'il est plus réservé, qu'il n'y ait pas méprise : pour faire progresser un tel domaine dont les vins s'affinent, il faut un mental d'acier et du doigté. « *Ce n'est pas un fils à papa, il manage tout très bien* » jubile Jacques Gravegeal. Normal : « *Quand j'étais haut comme trois pommes, il me laissait monter sur le chenillard, comme son père avant lui et comme je le fais moi-même avec mon petit garçon* », se souvient son fils. Nouvelle génération même regard ? « *Tout ce qu'il a créé m'a été bénéfique. Nous partageons les grandes décisions* », poursuit Brice dont les 400 hectolitres d'AOP rouge trouvent rapidement preneur, phagocytés par le négoce. Son objectif est simple : « *À force de travail, valoriser au maximum les vins du Pic Saint Loup et développer la vente en bouteilles.* » Visiblement, il est sur la bonne voie !

Domaine les Vigneaux
34160 Campagne
TEL   +33 4 67 86 91 83
FAX   +33 4 67 86 95 74
GPS   N 43,793656 - E 3,912777

Domaine les Vigneaux

JACQUES AND BRICE GRAVEGEAL:
IN POLE POSITION

He's built like a sportsman and has the personality of a high-achiever. Although he's not a rugby man he is undeniably one of the French wine industry's leading 'props'. As chairman of the Young Farmers, he encouraged the uprooting of large swathes of substandard vines under the Chirac strategic plan, allowing the region's wine industry to make sweeping changes and ramp up quality. The driving force behind the creation of the Vin de Pays d'Oc label and chairman of the Chamber of Agriculture for 24 years, he has held and still holds senior positions within the industry. *"I became a public figure because I like shaking things up. I have never accepted the fact that this region – the cradle of wine growing – should fail to establish its pedigree when other regions were writing their names in gold lettering,"* insists Jacques Gravegeal. The dashing sixty year-old, who sports the red Legion of Honour ribbon on his lapel, is a man of the soil who lives life to the full.

An instinctive need to create

His roots in Fontanès and Campagne remind him – in case he needed reminding – that he is the custodian of the family's heritage. *"My father died when I was 23 so I automatically had to take charge of my siblings and the vineyard. It was a rude awakening."* Without the luxury of learning wine growing through the normal channels, he gleaned his knowledge from encounters with others, fixated with quality and the constant need to create. *"I had planted grape varieties to enhance quality but as I couldn't legally increase production of appellation wines, I wondered how best to capitalise on this extra fruit."* His reflections would lead to the advent of the Vins de Pays d'Oc, governed by production rules that are designed to match those of appellation wines. On Domaine les Vigneaux's 50-hectare vineyard, *"every single plot, down to the last square metre, eligible for Pic Saint Loup status is used as such."* Bulldozers that wouldn't look out of place on a building site were brought in to clear the land. *"When you start breaking up rocks, it's a sure indication that you have absolute faith in the quality of the soils."*

From bulk to bottle

With Jacques' son Brice now firmly at the helm, the vineyard is constantly being transfigured. *"We are continuing to crush stones and plant vines in the same way he did 30 years ago,"* explains Brice. *"On soils where Syrah excels, despite the problems of dieback, our plantings have gone into overdrive. We are constantly uprooting and replanting vines,"* adds his father. In appearance, Brice shares the same build as Jacques and although he may be more reserved, make no mistake, taking an estate this size forward and endlessly improving quality takes both skill and nerves of steel. *"He has never been mollycoddled and manages everything impeccably,"* says Jacques with unreserved pride. Brice's vocation makes perfect sense: *"When I was knee-high to a grasshopper, he would lift me on to the crawler dozer, just like his father had him, and I do now with my son,"* recounts Brice. Do the two generations share the same outlook, though? *"I have benefited from everything he has achieved. We make all the major decisions together,"* continues Brice, whose 400 hectolitres of red appellation wines are rapidly snapped up by shipping companies every year. His ambition is very straightforward: *"By putting in as much hard work as it takes, I want to raise the profile of my Pic Saint Loup wines and expand bottle sales."* It certainly looks as if he's headed in the right direction.

Mas Bruguière

GUILHEM ET XAVIER BRUGUIERE

TALENTS HAUTS

Euphémisme que d'écrire combien cette famille compte dans l'appellation. Sept générations se sont en effet succédé dans ce petit paradis gardé par le Pic Saint Loup et l'Hortus. Une histoire d'amour avec la terre amorcée par Pierre en 1259, scellée par Antoine, qui racheta le mas à la veuve de Louis Durand, premier maire de Montpellier, guillotiné en 1794. Puis perpétuée par Albert, l'un des fondateurs du syndicat des vignerons. Mais c'est Guilhem Bruguière qui en a écrit les plus belles pages, avec son épouse Isabelle. Figure de la révolution qualitative et pionnier de la vinification en cave particulière dans le Pic Saint Loup, d'aucuns voient en lui un pape. « *Je ne pensais pas faire ce métier car je n'en connaissais que les désagréments. Après le gel de 1956, j'avais vu ce que signifiait devoir tout replanter et ne rien récolter pendant quatre ans. J'avais aussi été marqué par la mort d'un commandant de CRS et d'un viticulteur en pleine crise viticole.* » Pilote d'hélicoptère dans l'armée de terre, il a finalement renoncé à ses rêves d'aviation.

Vignoble paysager

Cette « *formation à la dure* » lui aura tout au moins servi de longues années durant, pour mener à bout de bras défrichages et replantations et fêter son statut de vigneron indépendant en 1986 avec la cuvée Vinam Calcadiz. « *Une fois les sept palettes rangées, je me suis demandé ce que j'allais en faire. J'ai mis un panneau à l'entrée : des gens sont venus, ont gouté, sont revenus. Cela a fait boule de neige jusqu'aux caves Gambetta, caviste le plus renommé de Montpellier.* » Aujourd'hui, critiques et sommeliers font pleuvoir les distinctions sur les vins du domaine. « *Grâce à des bases économiques saines et un solide réseau commercial, j'ai pu*

Mas Bruguière

GUILHEM AND XAVIER BRUGUIÈRE:
REACHING FOR THE SKY

To say this family is one of the appellation's cornerstones would be a gross understatement. Seven generations have been the custodians of this tiny corner of paradise where the Pic Saint Loup and Hortus mountains stand as gatekeepers. The family's profound love of the land began with Pierre in 1259 then took a new turn when Antoine bought the farmhouse from the widow of Louis Durand, former mayor of Montpellier who was guillotined in 1794. Albert, a founder member of the growers' organisation, carried on the family tradition but its finest chapters were written by Guilhem Bruguière and his wife Isabelle. Guilhem championed a sea-change in the quality of Pic Saint Loup wines and pioneered an independent approach to wine making, so much so that he is seen is one of the appellation's patriarchs. "*I never imagined I would become a wine grower because I was all too familiar with its hardships. After the great freeze of 1956, I saw what it meant to replant an entire vineyard and wait 4 years for it to bear fruit. I had also been grieved by the death of a riot police officer and wine grower at the height of the wine industry crisis.*" Originally a helicopter pilot in the army, he would, eventually give up this first love.

A landscape gardener

One advantage of learning the hard way was that it gave him the long-term stamina needed to clear acres of scrubland to plant vines, leading him ultimately in 1986 to celebrate the release of his first label as an independent wine grower, Vinam Calcadiz. "*I wondered what on earth I was going to do with seven pallets of bottles! So I put*

entreprendre certains choix culturaux », estime Xavier. Seul sur le domaine avec Marjorie depuis 2005, il en prolonge l'esprit et le panache avec une obsession : « *Se rapprocher au plus près de la matière première.* » Exigeant, voire maniaque, il passe au peigne fin ses terroirs. Cultive ses 20 hectares de vignes comme un jardinier ses rosiers. A ceux qui l'ont surnommé « *Le notre* », il répond : « *80 % du vin se fait au vignoble.* » Sans pharmacopée à la cave, il signe des millésimes impeccables qui rendent hommage à la typicité de leur terroir.

Initiatives en série

« *Si je me suis décidé –tardivement- à rejoindre l'exploitation c'est parce que mon père ne m'a jamais mis la pression. D'ailleurs à 18 ans je ne buvais par une goutte de vin* », confie celui qui s'apparente désormais à un serial collectionneur, prompt à dégainer le flacon qui s'impose autour de joyeuses ripailles. Bio jusqu'au bout des sécateurs, il a surtout décroché la certification AB, opté pour des élevages plus longs mais avec des apports de bois limités, replanté en syrah, roussanne, marsanne et vermentino, 10 hectares entre Valflaunès et Lauret, « *un terroir plus tardif accentuant la fraîcheur et l'équilibre des vins* »… Il a aussi créé une ambitieuse cuvée : Le Septième, clin d'œil à tous ces Bruguière qui ont contribué à faire de ce domaine ce qu'il est aujourd'hui : un des ténors de l'appellation.

Les cuvées / The wines

L'Arbouse, la Grenadière, le Septième

l'ARbousé

---

up a sign outside and people came, tasted then came back for more. The whole thing snowballed. Even Montpellier's top wine merchant – Caves Gambetta – listed my wines." Since then, wine critics and sommeliers have showered accolades on the estate. When son Xavier took over, a healthy bank balance and sound distribution network opened up a whole new array of viticultural options. Along with his wife Marjorie, he has been in the saddle since 2005 and perpetuates the estate's spirit and panache with a single-minded objective of eliciting the fruit's finest inherent qualities. Punctilious to a fault, he goes over every inch of his vineyards with a fine-toothed comb, tending to his vines as a gardener would his rose bed, earning him the nickname '*Le Nôtre*'. "*80 percent of a wine is made in the vineyard,*" is his response and explains why he uses none of the usual processing aids in his winery, appending his signature to impeccable growths that fully reflect their origins.

Repeat offender

"*I didn't decide to work on the estate immediately because my father never put any pressure on me. In fact, at 18, I didn't drink a drop of wine*"- some confession from the wine grower cum 'serial collector' who always has a bottle at the ready for a well-laden table. A natural in the art of organic farming, his wines are now certified organic. In the winery, he has lengthened the ageing process but uses oak sparingly. He has planted Syrah, Roussanne, Marsanne and Vermentino on a 10-hectare late-ripening vineyard between Valflaunès and Lauret, thereby enhancing freshness and balance. Ambitiously, he has also released '*Le Septième*', a nod to seven generations of Bruguières who have made the estate what it is today: one of the appellation's most accomplished veterans.

Mas Bruguière
La Plaine
34270 Valflaunès
TEL/FAX +33 4 67 55 20 97
info@mas-bruguiere.com
www.mas-bruguiere.com
GPS   N 43,788190 - E 3,842304

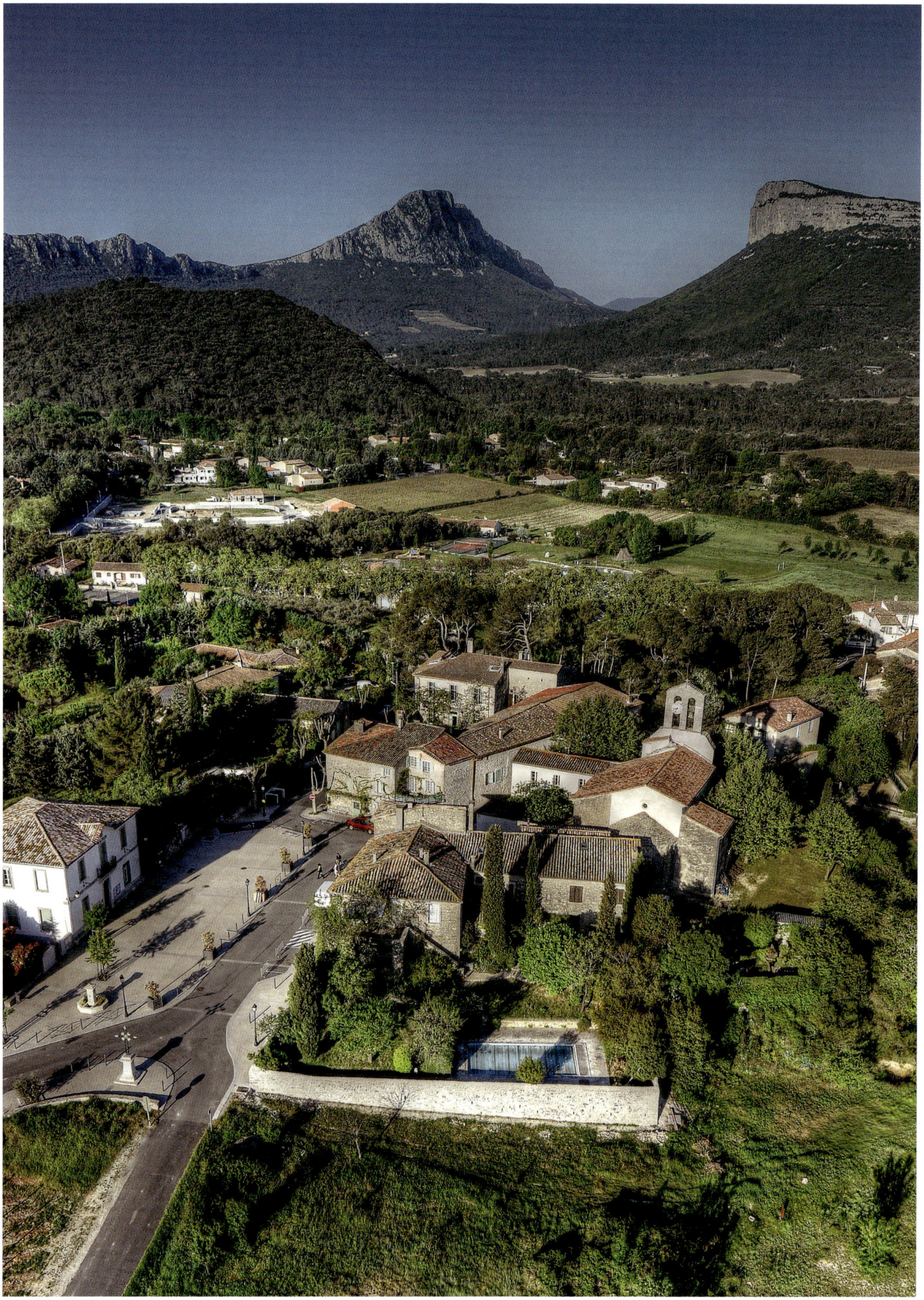

REGARDS CROISÉS
THROUGH THE EYES OF OTHERS

Journalistes, importateur, sommelier... Ils nous livrent les raisons de leur attachement à l'appellation Languedoc Pic Saint Loup.
Why key figures in the wine sector are so attached to the Pic Saint Loup appellation...

Depuis des décennies, les vins du Pic Saint Loup m'attirent et j'en importe actuellement en provenance de quatre domaines différents. Ce qui me séduit avant tout dans ces vins, c'est leur capacité à exprimer fraîcheur et finesse, surtout à une époque où l'on a tendance à privilégier une teneur en sucre élevée dans les raisins et un degré d'alcool important dans les vins qui en sont issus. J'estime que cette appellation a la possibilité d'élaborer les syrah les plus intéressants de l'ensemble du Sud de la France, en raison de la finesse de leurs tannins et de leurs qualités aériennes, comparés aux vins du Rhône méridional, du reste du Languedoc, du Roussillon ou de Provence. Mon rouge idéal est un assemblage de syrah, mourvèdre et grenache élevé en foudre et mis en bouteille non filtré. Mon blanc idéal est un assemblage de rolle et de marsanne vinifié et élevé en demi-muids de plus d'un vin, sa fermentation malolactique terminée, mis en bouteille non filtré. J'ai eu la chance de déguster de tels vins, et ils m'ont confirmé dans mon opinion. **Kermit Lynch, importateur et auteur (Berkeley, Etats-Unis)**

I've been intrigued by the wines of Pic Saint Loup for decades, and now import from four different domaines. Above all, it is the possibility of freshness and finesse that attracts me to the wines, especially in this era of high sugar content in the grapes and high alcohols in the resulting wines. It is my opinion that the appellation has the possibility of making the most interesting Syrahs from the entire south of France because of their fine tannins and ethereal qualities compared with the southern Rhone, Languedoc, Roussillon or Provence. My dream red is a blend of Syrah, Mourvedre and Grenache raised in foudre and bottled unfiltered. My dream white is a blend of Rolle and Marsanne vinified and aged in used demi-muids, malo completed, bottled unfiltered. I have had the luck to taste some example of such wines, which confirmed my opinion, at least to myself. **Kermit Lynch, importer and author (Berkeley, United States)**

Je peux rejoindre, depuis ma maison, le Pic Saint Loup à vélo, mais je passe jusqu'à trois mois de l'année en déplacement. Lorsque je pense à mon chez moi, je vois le Pic, sa silhouette recroquevillée, ou bien les pointes rocheuses de l'Hortus qui brillent sous les premières lueurs du soleil couchant. J'ai grimpé en haut du Pic, j'en ai fait le tour à pied ; je l'ai vu depuis un planeur, aussi, où j'ai été tiré par ses courants d'air ascendants. Parfois, au crépuscule, je traverse les vignobles à vélo, au moment où la nuit arrive comme une marée qui passe au-dessus des terrasses de galets, de couleur pâle. J'ai été émerveillé par leur persistance lumineuse, leur réticence à laisser filer la lumière. Certes, je ne suis pas objectif, mais je ne puis m'empêcher de penser que ces pierres donnent parmi les meilleurs vins du Languedoc. Des vins variés, bien sûr, grâce à la topographie sauvage du lieu ; complexes ; parfois difficiles ; pleins de caractère ; denses ; aériens ; des vins vivants qui expriment des notions d'ailleurs -à moins que vous n'ayez ma chance et que cet ailleurs, ce soit ici-. Promenez-vous dans la garrigue, débouchez une bouteille de Pic. **Andrew Jefford, journaliste, écrivain et animateur radio d'origine britannique**

I live within cycling distance of the Pic Saint Loup, but spend up to three months a year travelling. When I think of home, it is the Pic that I see, hunched in silhouette; or the crags of Hortus, gleaming in the late afternoon sunshine. I've climbed the Pic, and walked around it; glided around it, too, and ridden its updraughts. I cycle through the vineyards at dusk sometimes, as night comes in like a tide over the terraces of pale pebbles, and marvelled at their luminous tenacity, their reluctance to let light slip away. Call me partial, but I still think that the wines those stones surrender are some of Languedoc's finest. Various, of course, thanks to the wild topography here; complex; sometimes difficult; hugely characterful; dense; aerial; alive with a sense of elsewhere - unless you have my luck, and 'elsewhere' is here. Take a walk through the garrigue; uncork a bottle of Pic. **Andrew Jefford, British wine writer, broadcaster and author**

Je n'ai jamais oublié la première fois où j'ai vu les contours spectaculaires du Pic Saint Loup et de la Montagne de l'Hortus. C'était un matin de printemps, le ciel était bleu azur et je venais en voiture depuis Aniane pour rencontrer Jean Orliac au Domaine de l'Hortus. Soudain, une silhouette extraordinaire de collines se découpa à l'horizon. C'était une vue à couper le souffle. Quelques jours plus tard, par un dimanche après-midi ensoleillé, je suis montée au sommet du Pic à pied, avec le « tout Montpellier ». Le Pic a une façon bien à lui de symboliser les vins. Ils ont une présence, une charpente bien structurée, équilibrée par un fruité élégant et propice au vieillissement. C'est pour cette raison, qu'ils figurent parmi les meilleurs vins du Languedoc. Leur évolution a été passionnante à observer : de quelques coopératives au milieu des années 80, ils sont passés à près de 60 vignerons indépendants aujourd'hui, chacun avec sa personnalité, son originalité et comme fil conducteur le terroir du Pic. **Rosemary George « Master of wine », journaliste et écrivain d'origine britannique**

I have never forgotten the very first time that I ever saw the dramatic outline of the Pic Saint Loup and the Montagne de l'Hortus. It was a spring morning with a clear blue sky, and I was driving from Aniane to meet Jean Orliac at Domaine de l'Hortus and suddenly this extraordinary silhouette of hills appeared on the skyline. It was quite breathtaking. And a few days later I walked to the top of the Pic, with tout Montpellier on a sunny Sunday afternoon. Somehow the Pic characterises the wines. They have a presence, a firm backbone of structure balanced with elegant and age-worthy fruit. And for that reason they feature amongst the best of the Languedoc. Their development has been fascinating to observe, from just a couple of cooperatives in the mid-1980s to now nearly 60 independent wine growers, each with their own individuality and originality linked by the common thread of the terroir of the Pic. **Rosemary George M.W., British wine writer and author**

L'Hortus et le Pic Saint Loup me rappellent mon enfance, quand nous partions à la pêche avec mon frère et mon père sur l'Hérault ou à l'embouchure de la Buèges. Le lieu a maintenant pris une toute autre dimension grâce aux hommes : le pic Saint Loup est devenu l'un des plus grands terroirs du Languedoc ! Dans ma jeunesse, lors de mes promenades à moto sur les routes du Pic, mon subconscient me disait déjà « *ici, on doit pouvoir faire de supers vins* », ce que les vignerons ont prouvé ces vingt dernières années. Plus tard, j'ai découvert au travers de mes visites de parcelles, de superbes terroirs avec d'énormes potentiels. La syrah s'y exprime de façon magnifique, sur des notes de cassis, framboise avec des touches de violette, même si je pense que les vins du Pic Saint Loup puisent leur complexité dans l'association emblématique de mes deux cépages préférés : le grand grenache et le mourvèdre. Je retrouve dans ceux ci, l'équilibre et le plaisir des grands vins de restauration. Ce très beau terroir trop méconnu intentionnellement, mérite que l'on s'y penche un peu plus. L'histoire d'un grand vin français est en train de s'écrire ! **Philippe Cambie, oenologue-consultant (Châteauneuf-du-Pape), sacré œnologue de l'année en 2010 par le critique américain Robert Parker**

Mount Hortus and the Pic Saint Loup remind me of my childhood when I used to go fishing with my brother and father along the Hérault river and the mouth of the Buèges. The area has now taken on a completely different dimension thanks to the people: the Pic Saint Loup has become one of Languedoc's finest wine regions. In my youth, when I used to ride around the Pic on my motorbike, subconsciously I was already thinking, "You must be able to make some superb wines here"; over the last 20 years, the wine growers have proved me right. Subsequently, on my visits to vineyards, I discovered some superb growing sites with huge potential. Syrah shows magnificent expression here, driven by notes of cassis and raspberry with touches of violet. I believe though that Pic Saint Loup wines derive their complexity from the iconic blend of my two favourite grape varieties: the great Grenache and Mourvèdre, in which I can sense the balance and pleasure of consummate restaurant wines. This excellent terroir, which is deliberately kept out of the spotlight, deserves greater attention. The history of a superlative French wine is in the making! **Philippe Cambie, consultant wine maker (Châteauneuf-du-Pape), awarded the title of 'Wine Maker of the Year' in 2010 by American critic Robert Parker**

Au pied de cette montagne, marquant la limite de la région montpelliéraine et des proches Cévennes, s'étendent des paysages majestueux dominés par la pointe acérée du Pic et la paroi claire de l'Hortus. Bordé de chênes verts et de garrigue, ce vignoble qui bénéficie du climat pré cévenol, est le plus septentrional du Languedoc. Les vins du Pic Saint Loup, comme ceux de Saint-Saturnin étaient connus pour leurs vins d'une nuit, qui grâce à une courte macération, se buvaient rapidement. La métamorphose du Languedoc et la recherche qualitative des vignerons ont permis de donner des lettres de noblesse au vignoble du Pic Saint Loup, qui a acquis une belle notoriété et obtenu une sacrée reconnaissance dans les plus prestigieux restaurants. Bénéficiant d'un terroir argilo-calcaire riche en cailloux, les cépages grenache, syrah, mourvèdre, carignan et cinsault s'expriment merveilleusement dans ce berceau méditerranéen. Des vins rouges ronds tendres et rafraîchissants aux vins plus complexes marqués par les arômes de fruits rouges et noirs, de garrigues ou d'épices, les vins du Pic Saint Loup se caractérisent souvent par l'équilibre, la fraîcheur et l'élégance.... Dans ces vins, fruit du travail des hommes et d'une certaine ténacité, vous y trouverez un riche nectar alliant souplesse et rondeur.

Michel Hermet, président de l'Union de la Sommellerie Française

The foothills of this mountain, which forms the boundary between the Montpellier area and the nearby Cevennes, are home to majestic landscapes dominated by the jagged peak of the Pic Saint Loup and the light-coloured cliff face of Mount Hortus. Edged with holm oak and garrigue, the vineyards are the most northerly in Languedoc and bask in the climate of the Cevennes foothills. Like Saint Saturnin, the Pic Saint Loup was known for its 'one-night' wines, which macerated for a short period, hence making them early-drinking wines. The transformation of Languedoc and wine growers' pursuit of quality have established the Pic Saint Loup's pedigree. It has garnered an excellent reputation and tremendous recognition by the most prestigious restaurants. The Grenache, Syrah, Mourvèdre, Carignan and Cinsault grapes enjoy pebble-strewn, clay-limestone soils and deliver a marvellous rendition of this ancient Mediterranean region. From round, soft and refreshing reds to more complex examples showing pronounced aromas of red and black fruits, garrigue and spice, the Pic Saint Loup is often characterised by balance, freshness and elegance. Mirroring craftsmanship and a degree of tenacity, the wines offer up a rich nectar combining suppleness and roundness.

Michel Hermet, President of the Union de la Sommellerie Française

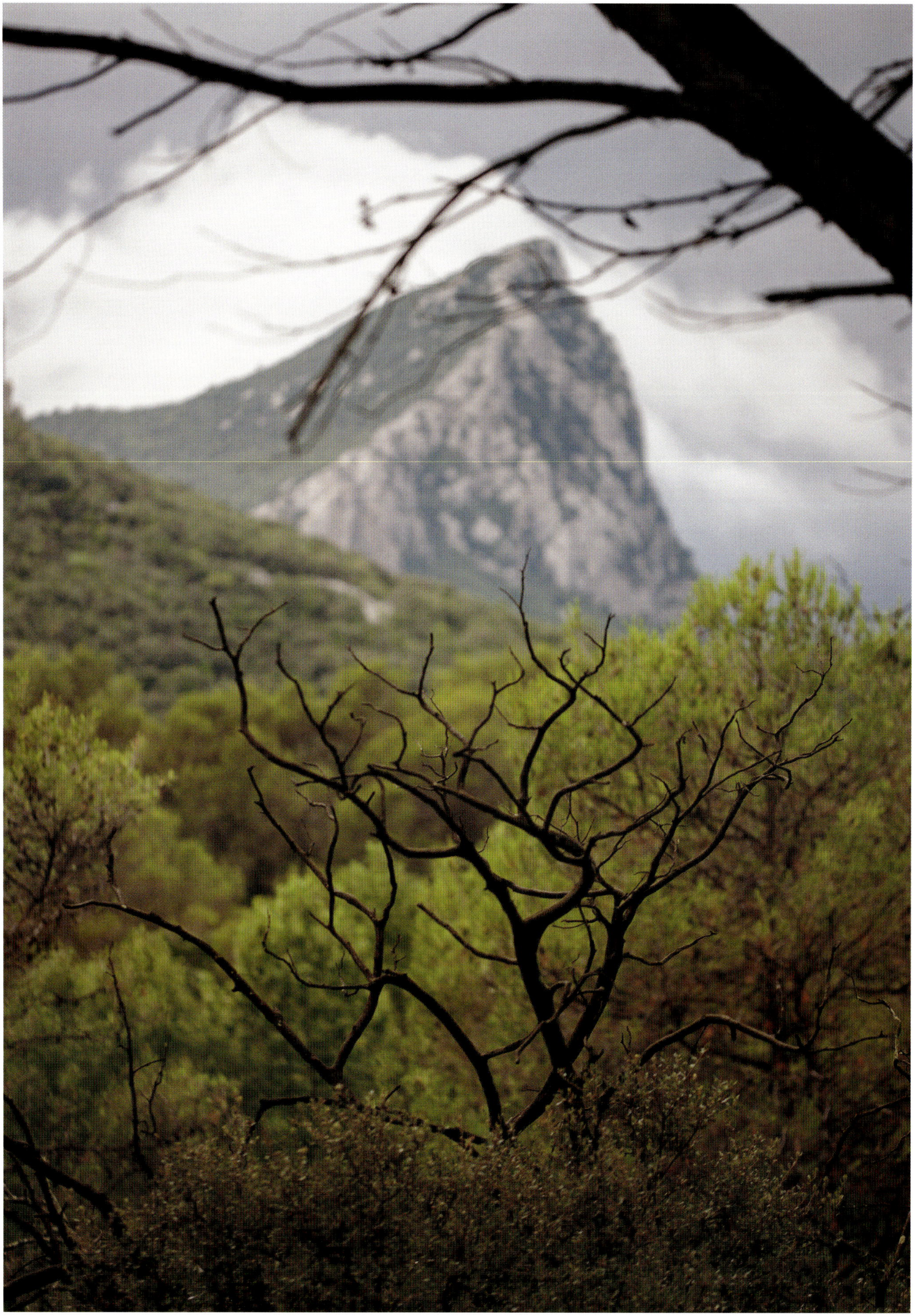

Château de Valflaunès

FABIEN REBOUL
DES RACINES ET DES AILES

Parler de vin avec lui, c'est évoquer immanquablement le pinot noir qu'il adule, tout en feuilletant un album de voyages. Défilent aussitôt les images de stages à Carpentras et Hyères. Les Hautes Côtes de Beaune où il s'est frotté aux délicats Corton Charlemagne. Sa formation auprès des flying winemakers de l'Oregon ou chez la star néo-zélandaise Dry River. « *La culture de la vigne commence par celle de l'homme* », plaide Fabien Reboul. Après avoir écumé les vignobles pendant dix ans, il a posé ses valises à Valflaunès pour y dénicher le sien. « *Quand on naît ici, on baigne dans le vin... Enfant, j'allais souvent en vélo à la coopérative avec mes copains* », relate t-il, sourire en coin. Depuis, il a surtout pédalé ferme : « *Trois années non stop à retaper la demeure achetée par mon père, en même temps que je défrichais.* »

Programme réjouissant

Lovés au pied du château de Montferrand, ses treize hectares patiemment acquis s'épanouissent en culture raisonnée. « *J'essaie de garder un feuillage bien vert et j'opère un maximum de labours.* » Mesuré en matière de traitements, il l'est aussi dans l'usage des barriques. Pas n'importe lesquelles d'ailleurs : « *Je me fais plaisir en privilégiant les 225 litres, la base de bois la plus chère mais aussi la plus qualitative...* » Son idéal ? « *Faire des rouges qui ressemblent à des blancs.* » Logique puisqu'il préfère les seconds aux premiers, allant jusqu'à leurs consacrer un cinquième de sa production. Délicieusement acide, tendue et minérale, sa cuvée roussanne-marsanne fleure bon l'amateur de Chablis. Mais en rouge, c'est dans l'esprit d'un Beaujolais qu'il vinifie son « *plus beau bébé* » : un 100 % carignan léger et souple, baptisé Renverse-Moi... L'épilogue d'un programme où

Château de Valflaunès

FABIEN REBOUL: *ROOTS AND WINGS*

Discussions on wine with Fabien Reboul invariably revolve around the Pinot noir grape, which he idolises, and travel. It's like opening up a huge photograph album, with pictures not only from France - Carpentras and Hyères, where he trained; the Hautes Côtes de Beaune, where he rubbed shoulders with the cream of the wine world like Corton-Charlemagne - but also from far-flung destinations like Oregon and New Zealand. In the States, he trained with flying winemakers then went on to work with New Zealand star 'Dry River'. *"Growing wine is first and foremost about knowing people,"* believes Fabien. After travelling the wine world for ten years, he finally settled down in Valflaunès to begin his own wine adventure. *"When you grow up here, wine is part of everyday life... As a kid, I would often cycle down to the co-operative with my friends,"* he grins. After moving back, carving out his future as a wine grower was initially an uphill struggle. *"I spent three years working non-stop, restoring the old farmhouse my father had bought whilst clearing scrubland to plant vines."*

Gratifying choices

The thirteen hectares of vineyards he patiently acquired are nestled below Montferrand castle, where they thrive on low-input viticulture. *"I try and make sure the leaves stay green and plough the soils as much as possible."* His use of sprays in the vineyard is as sparing as that of oak in his winery and his choice of barrels is equally as discerning: *"I really indulge myself by buying 225-litre casks which are the most expensive but also the best quality..."* Perfection for Fabien is also making red wines that resemble whites, a logical choice for a winemaker who prefers whites to reds and devotes one fifth of his production to them.

l'on passe d'Un Peu de Toi à Encore Une Fois ou T'em T'em... Autant de valeurs auxquelles il croit profondément. L'amitié. L'espérance. L'amour, partagé avec Murielle, son bras droit.

Sans frontières

Faciès du type heureux, à l'aise dans ses baskets : si quelqu'un respire la joie d'être vigneron c'est bien lui, la simplicité de surcroît. « *J'ai horreur des gens qui font de grands discours sur le vin.* » Les siens sont faits pour être bus. Et ont déboulé en fanfare au salon Vinisud : 20 000 bouteilles écoulées en une demi-heure ! « *Une époque faste où les gens faisaient la queue pour acheter mon premier millésime* », se souvient t-il, mal préparé à cette notoriété soudaine : « *J'étais assez renfermé, j'avais peu de volume.* » Sans renoncer à ses jardins secrets (le modélisme), il avoue se montrer davantage. « *À trop rester dans ses vignes, on risque la sclérose, persuadé de faire un vin exceptionnel alors qu'il est mauvais.* » S'il a parfois revendu des terres, « *ce qu'un agriculteur fait rarement* », il n'entend pas quitter son village ni ceux qu'il affectionne : « *J'ai choisi un travail qui me permet de rester ici.* » Une ouverture au monde. Sans idée préconçue. Ainsi va la vie selon Fabien Reboul.

Les cuvées / The wines
- Un peu de toi
- Par hasard

His delicious crisp, tense and mineral Roussanne-Marsanne blend bears the unmistakable hallmark of the Chablis connoisseur. What he calls his *"most beautiful baby"* amongst his reds, though – a light, supple single Carignan varietal labelled 'Renverse-moi' – is distinctively Beaujolais in style. It forms the epilogue of a work comprising chapters such as 'Un Peu de Toi', 'Encore Une Fois' and 'T'em T'em', each of which epitomises Fabien's core values of friendship, hope and the love he shares with Muriel, his partner and chief assistant.

No frontiers

Fabien derives plenty of the *"feel-good factor"* from wine growing, and his positive mindset is reflected in his straightforward, no-nonsense manner. *"I hate people who indulge in long-winded discussions on wine; mine are designed to be drunk."* He was taken aback though by the amount of interest in his wines at his first trade show, Vinisud in Montpellier, when 20,000 bottles sold in just half an hour. *"It was in the heyday when people queued up to buy my first vintage,"* he recalls, admitting he was unprepared for such sudden notoriety. *"I was quite a withdrawn person and on top of that, I didn't have much wine to sell!"* Although he still doesn't stray too far from his own private world of his winery and model cars, he does get out more now. *"If you spend too long in your vineyard, you lose touch with reality and convince yourself that you make outstanding wines when in actual fact, they are undrinkable."* Unlike most farmers, he has actually sold some of his land over the years, but has no intention of leaving the village or people he loves. In fact, one of the reasons he chose to be a wine grower was so that he could stay there. Valflaunès provides the backdrop from which Fabien views the world, in his own unique, open-minded way.

Château de Valflaunès
Rue de l'Ancien Lavoir
34270 Valflaunès
TEL +33 4 67 55 76 30
　　 +33 6 83 48 37 85
chateauvalflaunes@wanadoo.fr
http://chateaudevalflaunes.fr
GPS N 43,800095 - E 3,873405

170

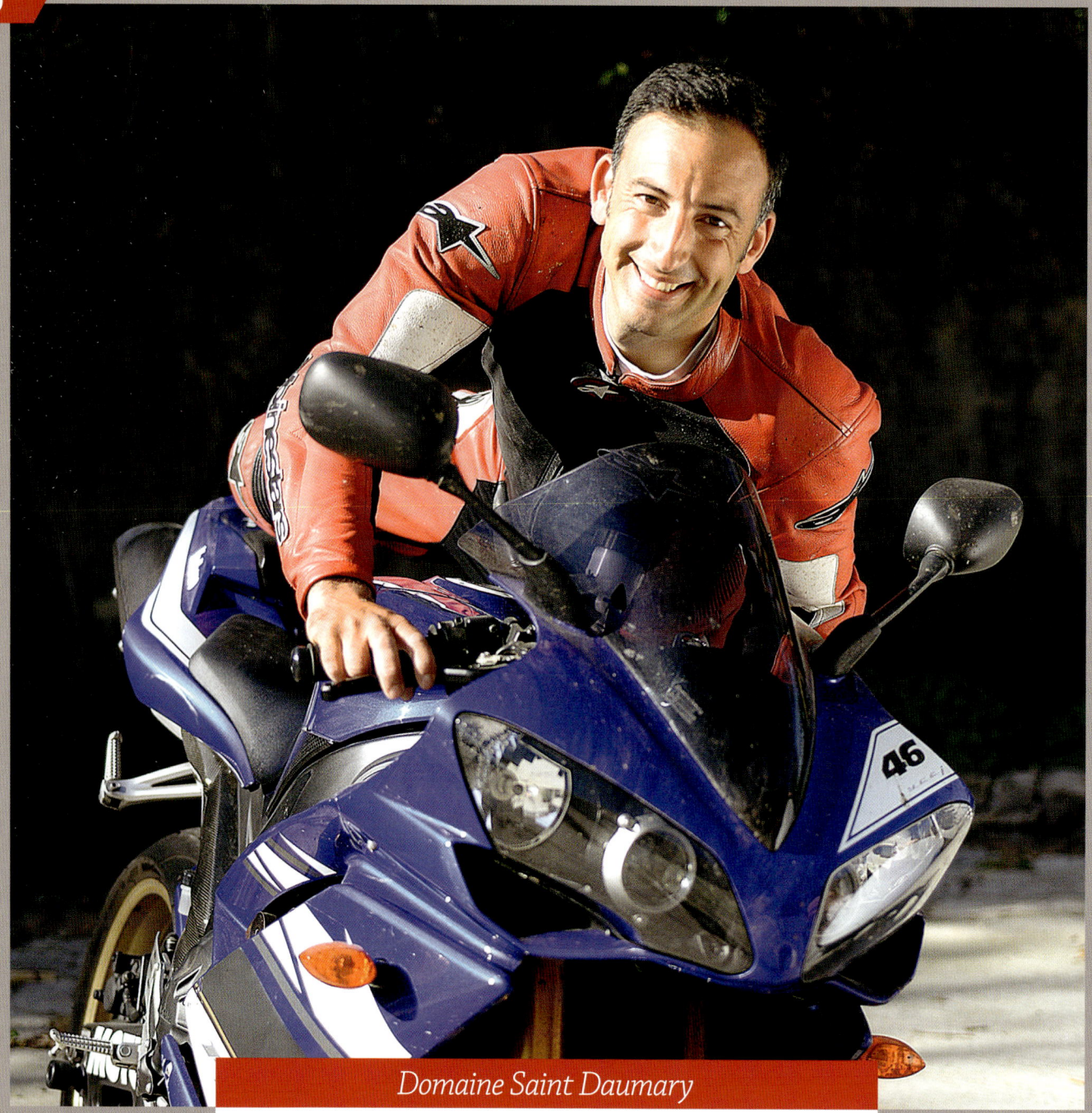

Domaine Saint Daumary

JULIEN CHAPEL

LE VIGNERON QUI DÉCOIFFE

Les cuvées

Voilà le Printemps, Troisième mi-temps, Belladona, L'Asphodèle

The wines

« *Mon arrière grand-père avait choisi de partager ses biens par tirage au sort entre ses six enfants : c'est Alphonse qui a hérité du plus mauvais lot. Il est arrivé à Valflaunès avec une mule, une table et quatre chaises. Bosseur, il a pris des vignes en fermage et transporté du bois de chauffage pour gagner de quoi racheter des parcelles et les défricher.* » Droit dans ses bottes (de motard), Julien Chapel sait d'où il vient... Et où il va : « *fan de sports mécaniques, j'aurai pu en faire un métier mais j'aurai trouvé dommage de ne pas m'appuyer sur un tel patrimoine* » souligne-t-il. Fils et petit-fils de viticulteurs, attaché à ce coin de terre depuis l'enfance, il a d'abord fait ses armes sur une petite superficie. « *La première année, les raisins ont été amenés à la coopérative à titre d'essai, avec l'aide de mon père qui y travaillait.* » In vino veritas... Ses 5 000 premières bouteilles n'ont eu aucun mal à trouver preneur.

Comme jadis

Petit à petit, Julien a donc élargi son champ d'action à 19 hectares et n'exclut pas un jour de monter un peu plus en puissance « *à condition que la qualité des vins soit au niveau.* » Voire au top niveau car ce perfectionniste ne s'autorise aucun faux pas. Palissées, rognées, effeuillées... ses parcelles sont tirées au cordeau, sans brin d'herbe superflu... Ne pensez pas d'emblée aux désherbants : depuis la création du domaine, Julien conduit son vignoble en agriculture biologique et laboure. « *J'ai hérité de mes aïeux, un goût pour le travail bien fait, à l'ancienne, d'autant que les produits de traitement ont un coût à la fois économique et écologique.* » Réparti entre coteaux calcaires ombragés par l'Hortus, sols caillouteux sur Lauret et terrains ventés au Mas Gourdou, son terroir est un diamant brut dont il sculpte chaque facette. À part le carignan et le grenache, tous les cépages noirs y ont été replantés en 1999, suivis par des cépages blancs.

Fibre précoce

Sa préférence va cependant à la syrah : sept parcelles vinifiées séparément après avoir été ramassées à différents degrés, pour jouer « *tantôt sur l'acidité, tantôt sur le fruit confit* » dans les assemblages. L'élevage se déroule en partie en cuve et pour l'autre en barrique. Là encore, « *tout est question d'harmonie : si les tanins sont plus légers, le recours au bois sera plus poussé.* » Cinq cuvées sont nées, chacune avec leur caractère mais quelques points communs : structure, complexité, ce qu'il faut de fraîcheur et de longueur en bouche... Aucun doute, ce sont des Pic Saint Loup ! « *Avec l'expérience, j'apprend à anticiper le millésime, à le comprendre, c'est cette typicité que je veux extérioriser dans mes vins et faire en sorte qu'elle parle pour moi* » reconnaît ce garçon aussi discret que le panneau marquant l'entrée de son caveau. Pour l'anecdote, Julien avait 19 ans lorsqu'il a vinifié son premier millésime, en 1999. Ce qui en faisait le plus jeune vigneron du Languedoc à l'époque : preuve qu'aux âmes bien nées, la valeur n'attend pas le nombre des années !

Domaine Saint Daumary

Julien Chapel
Rue des Micocouliers
34270 Valflaunès
TEL   +33 4 99 61 06 55
FAX   +33 4 67 55 21 94
julien.chapel@orange.fr
GPS   N 43,801528 - E 3,871790

Domaine Saint Daumary

JULIEN CHAPEL:
LIFE IN THE FAST LANE

"My great-grandfather organised a draw between his 6 children to decide who would inherit what: Alphonse drew the short straw. He arrived in Valflaunès with a mule, a table and four chairs. He was a hard worker, though, and leased some vines. He also transported fire wood to earn enough money to buy some land and clear it for vines." Julien Chapel is self-assured; his roots are firmly established; and he knows in which direction he is heading. *"As a motor sport fan, I could have chosen to make that my career but I thought it would be a shame not to utilise such an amazing legacy,"* he points out. The son and grandson of wine growers, he has felt a resonance with the area since childhood. He started out with a boutique vineyard: *"The first year, the grapes were taken to the co-operative winery as a trial run, with the help of my father who worked there."* In Vino Veritas, as they say: his first 5,000 bottles were snapped up overnight!

A nod to the past

Gradually, Julien expanded his area under vine to 19 hectares, and is considering expanding further in the future: *"Provided the quality of the fruit comes up to standard."* Take that to mean, high standards: Julien is a perfectionist for whom mistakes are not an option. His vineyards display impeccable canopy management: the vines are trained and topped; leaves are removed; not a blade of excess grass is allowed to grow. Not that he uses weed killers. Since he established the estate, Julien has farmed organically and ploughs the soils to remove weeds. *"I inherited not only techniques but also a sense of good workmanship from my ancestors. Chemicals come at a cost, both financial and ecological".* His land, which spreads over limestone hills in the shadow of Mount Hortus, stony terrain in Lauret and wind-swept fields at Mas Gourdou, is a rough-cut diamond from which he shapes every detail. Apart from his Carignan and Grenache, all the red vine varieties were replanted in 1999, followed by the whites.

An early-starter

His favourite grape variety, though, is Syrah. He makes wine from 7 different plots separately, once the grapes have been picked at different potential alcohol levels. This gives him greater flexibility for his blends, as he can emphasise the various components, which run the gamut from acidic to candied fruit aromas. His wines are aged partly in tanks, partly in casks. The ultimate aim, once again, is to achieve harmony: *"The lighter the tannins, the more I use oak."* As a result, five blends have been created, each one with its own character, but with some common traits: structure, complexity, just the right amount of freshness and length on the palate. There is no denying that they are archetypal Pic Saint Loup wines. *"With experience, I have learnt to anticipate a vintage and understand it. Those are the typical features I want to bring out in my wines so that they can speak for me,"* admits Julien, who is as low-key as the sign at his cellar door. As an aside, he was just 19 when he produced his first vintage in 1999, making him the youngest wine grower in Languedoc at the time. As the classic French dramatist Corneille would have said: *"In souls nobly born, valour does not await the passing of years."*

Domaine de Mauzac

L'AVENTURE EN SOLIDAIRE DE MARC ET PHILIPPE JEANJEAN

Ces deux-là ont plus d'un atome crochu, y compris un amour commun pour les taureaux de Camargue. Les frères Marc et Philippe Jeanjean gèrent aujourd'hui à quatre mains un héritage vieux de cinq siècles. « *Quand on naît fils d'un vigneron et d'une vigneronne, on commence par regarder ses parents faire, plus tard on leur donne un coup de main et ainsi de suite...* » Reprendre le flambeau à la mort de leur père allait pour eux de soi : « *On ne vend pas un patrimoine familial... Au départ nous nous sentions une obligation morale mais le plaisir est venu petit à petit* » insistent de concert les frangins. Curieusement, cette propriété de vingt hectares a toujours eu deux têtes : l'arrière-grand-père et l'arrière-grand-oncle, le grand-père et son frère, le père et l'oncle y ont opéré en tandem. « *Comme le disait mon oncle, une personne fait le travail d'un homme. Et deux, celui de trois* », sourit Philippe. « *Seul, je n'aurais pas continué. Quand l'un n'a pas le moral, l'autre l'a* », approuve son alter ego, Marc.

Rythme effréné

Entre eux, la répartition des tâches coule de source. Les paperasses pour le premier. La chlorophylle pour le second. « *Si je sulfatais, nous ne récolterions pas beaucoup de raisins. Par contre, j'adore soufrer... sentir cette odeur particulière, partir à l'aube et voir la nature s'éveiller* », confie Philippe. Côté cave, c'est en harmonie et « *le plus naturellement possible* » qu'ils écrivent la partition. Le fruit de ces accords : trois cuvées finement musclées, dont une en Pic Saint Loup. « *Typée, elle sent la garrigue et se passe de vieillissement en fût...* » Cherchez à en savoir plus et la réponse fusera : « *C'est le vin de la sueur et des larmes* ». À les voir détendus, aimables, nul ne soupçonnerait

Domaine de Mauzac

MARC AND PHILIPPE JEANJEAN:
ONE ESTATE, FOUR HANDS

Aside from their shared love of Camargue bulls, Marc and Philippe Jeanjean have lots in common. They hold joint responsibility for a family legacy dating back five centuries. "*When you are born into a family of wine growers, you start off by watching your parents work, then you help them and so it goes on...*" So when their father died, carrying on the family tradition, was a forgone conclusion. "*You don't sell the family estate... Initially, we felt morally obligated but gradually we took pleasure in running the estate,*" both brothers insist. Strangely enough, over the years, the 20-hectare property has been jointly run by great-grandfather and great uncle, grandfather and brother, and father and brother. "*As my uncle used to say, one person does the work of one man, whereas two people do the work of three,*" smiles Philippe. "*I wouldn't have carried on alone. When one of us is feeling down, the other is in good spirits,*" agrees his alter ego.

Hectic lifestyles

Each task is naturally divided between the two. One handles the paperwork whilst the other ensures the vineyard stays healthy. "*If I sprayed the vines with sulphate, we wouldn't harvest many grapes. I love using sulphur though... I love the smell of napalm in the morning, leaving home at sunrise and hearing the dawn chorus,*" admits Philippe. They orchestrate work in the winery harmoniously and as naturally as possible. Their three-part score is formed of muscular yet refined wines, including one Pic Saint Loup. "*It exudes distinctive aromas of the surrounding 'garrigue' and stands well on its own, without the use of oak...*" If you delve a

qu'ils mènent un train d'enfer. Un pied dans les vignes maternelles à Valflaunès, l'autre dans le vignoble paternel de Saint-Bauzille-de-Montmel, ils assument en prime un second métier. « *Si nous avions pu, nous nous serions consacrés exclusivement au domaine. Mais au final, nous faisons autant d'heures à la vigne que si nous étions vignerons à temps plein* », affirme Marc, conducteur de camion (poids-lourds). « *Qu'il pleuve, neige ou vente, je viens ici. Ma femme est une sainte car je suis rarement à la maison !* », renchérit Philippe, professeur de physique.

Lien maternel

« *Il faut une bonne dose de folie pour reprendre une propriété. Dès qu'un peu d'argent rentre, vous devez le réinvestir. Ce n'est pas un hasard si en dix ans, 20 % des agriculteurs ont disparu en France.* » Pour eux, la question de la transmission se pose clairement. « *En l'absence de successeur, nous arracherons. Mais vendre, non !* », s'exclame Marc. « *Au fond cela nous ferait plaisir qu'un de nos gamins prennent la suite*, avoue Philippe. *Encore faut-il les voir à l'œuvre.* » D'exigence, l'un comme l'autre sont pétris. De caractère aussi. « *C'est dans les gênes* », les taquine Fernande, leur maman. « *Quand elle ne sera plus là, elle laissera un vide. C'est la dernière représentante des Mauzac.* » Toujours disponible pour tenir le caveau, elle reste le plus précieux des appuis.

Les cuvées

Domaine de Mauzac   Domaine de Mauzac

The wines

little deeper, the heart-felt response is that their wine is *"the product of blood, sweat and tears."* Their relaxed, affable manner belies their hectic lifestyles, travelling between one vineyard in Valflaunès, passed down on their mother's side, and the other, on their father's side, in Saint-Bauzille-de-Montmel. They also have their day jobs: Marc is a lorry driver and Philippe is a physics teacher. *"We would have preferred to devote all our time to the estate. As it happens, we work as much in the vineyard as a full time wine grower,"* says Marc. Philippe adds, *"Come rain or shine, I'm out in the vineyard. My wife is a saint because I'm rarely at home!"*

Maternal bond

"You need to be fairly crazy to take over a wine estate," they explain. *"As soon as some money comes in, it has to be reinvested, which is why the number of farmers in France has dropped by 20% over the last ten years."* One of their primary concerns at the moment though is who will take over the estate after them. *"If none of our children want to take over, we will uproot our vines but never sell!"* says Marc emphatically. *"Deep down, we would be delighted if one of our kids stepped into our shoes,"* admits Philippe. *"But we'd need to see how they work first."* The pursuit of high standards is another trait they share, along with a strong personality. *"It's in their genes,"* quips Fernande, their mother. *"When she goes, she'll be deeply missed. She's the last member of the Mauzac family."* Always around to serve in the cellar door shop if needed, she is indeed their most trusted ally.

Domaine de Mauzac
Rue des Micocouliers
34270 - Valflaunès
TEL +33 4 67 55 28 98
FAX +33 4 67 55 61 33
domainedemauzac@orange.fr
GPS N 43,801409 - E 3,871769

Domaine Pech-Tort

NADÈGE JEANJEAN
L'ESPRIT DE FAMILLE

Les cuvées

- Une Bonne Étoile, Folle Passion
- Rosé

The wines

Année pluvieuse, 2008 lui aura donné du fil à retordre à la vigne, sans parler de la mise en bouteilles, arrosée par des trombes d'eau. « *À 26 ans, j'ai démarré sur les chapeaux de roue* », atteste Nadège Jeanjean. Entre stress et bouffées d'adrénaline, elle se souviendra toujours du baptême de son premier nectar, le 11 avril, comme d'un moment d'émotion intense. Coïncidence ou signe du destin, cette date marquait en effet l'anniversaire de la mort de son grand-père. « *Quand j'étais petite, il me trimballait partout. C'est lui qui m'a transmis son amour pour le Pic Saint Loup et qui a formé mon palais* », relate la jeune œnologue. Si elle lui a rendu hommage avec *Une Bonne Etoile*, *Entre Copains* se veut un clin d'œil aux parents et amis : « *Mon premier rouge est un peu le leur, car chaque année, depuis mes débuts, ils viennent nous prêter main-forte et partager le repas des vendangeurs.* » Fidèle à cet esprit convivial, Nadège Jeanjean l'est tout autant à la dimension familiale d'un domaine dont son père restera le pilier fondateur.

De père en fille

« *J'ai repris sept hectares de vignes en pensant faire un vin de garage. D'abord aiguillé par mon père, j'ai complété ma formation par la lecture de revues spécialisées* », raconte à son tour Francis Jeanjean. À l'époque, rien ne prédestinait ce chercheur chez Sanofi, aujourd'hui maire de Valflaunès, à manier le sécateur. Hormis la crainte de voir disparaître un patrimoine ancestral. « *Maintenant j'apprends en cave et elle, à la vigne* » soutient-il. « *Heureusement qu'il était là car sans lui, je ne me serai pas installée* » renchérit sa fille. De fermages supplémentaires en restructurations, le domaine a fini par regrouper 16 hectares, vinifiés majoritairement en propre, sous la houlette de Nadège Jeanjean. Cépage par cépage, parcelle par parcelle, elle bichonne ses assemblages, en privilégiant les pigeages manuels et sans abuser de la barrique « *pour obtenir les tanins les plus fondus possibles* ».

Caveau grand ouvert

Mais n'allez surtout pas lui parler de vin féminin. Aussi perfectionniste que têtue, elle affirme : « *Je ne joue pas sur ce registre. Ce que je veux mettre en avant, c'est Pech-Tort.* » Onze îlots aux sols très différents : calcaire dur ou tendre, éboulis cailloutteux, marne, colluvion et alluvion… cultivés dans une démarche minutieuse et sincère qui honore l'esprit du bio, à défaut d'avoir encore franchi le pas. « *Il ne faut pas que je me rate, sinon j'entraîne tout le monde derrière moi*, assure Nadège, bien résolue à rouler plein gaz au niveau commercial. *Mes premières démarches en tant que nouveau domaine ont été difficiles, il faut du temps pour se faire un nom.* » Afin d'accroître sa notoriété, Pech-Tort mise sur les animations régulières et ouvre grand ses portes : « *Je récupère les promeneurs égarés*, plaisante Nadège. *Un jour où je pigeais en cave, rouge comme une pivoine, un importateur japonais s'est arrêté par hasard. Je l'ai fait participer à l'opération avant de lui proposer une dégustation. Depuis, il a référencé mes vins.* » La vérité n'est-elle pas dans le flacon ?

Domaine Pech-Tort

419 Route de Pompignan, 34270 Valflaunès
TEL +33 4 67 55 27 53 / +33 6 18 92 65 08
nadegejeanjean@domaine-pech-tort.com
www.domaine-pech-tort.com
GPS N 43,802994 - E 3,873791

Domaine Pech-Tort

NADÈGE JEANJEAN:
FAMILY VALUES

2008 was a wet, challenging year for wine growing, compounded by the fact that the wines also had to be bottled in torrential rain. "*I was 26 and things certainly got off to a hectic start,*" recalls Nadège Jeanjean. There were plenty of adrenaline rushes and stress to make that first vintage a memorable one for her. When it was officially 'christened' on April 11th, it was a very intense, emotional moment. It may have been a coincidence, or perhaps fate, but it was also the anniversary of her grandfather's death. "*When I was small, he used to take me everywhere. He passed on his love of the Pic Saint Loup to me and trained my palate,*" recollects the young wine maker. The wine name 'Une Bonne Etoile' – or 'Guiding Light' – pays homage to her grandfather whilst 'Entre Copains' is more a tip of the hat to her parents and friends. "*My first red wine in some ways belongs to them too. Every year they come and help out and share a meal with the grape pickers,*" she explains. With her father Francis the founder and pillar of the winery, Nadège is as dedicated to the family spirit that reigns there, as she is to that special sense of sharing.

From father to daughter

"*I took on 7 hectares of vines with a view to making a 'garage wine',*" remembers Francis. "*My own father pointed me in the right direction and then I read lots of specialist magazines.*" A research scientist for pharmaceuticals firm Sanofi, currently mayor of Valflaunès, Francis was not the obvious candidate for pruning vines and making wine but was concerned that a part of local agricultural heritage might disappear otherwise. "*Now I'm learning the ropes in the winery and Nadège in the vineyard,*" he points out. "*Thank goodness he was there because without him, I would not have become a wine grower,*" echoes his daughter. After a series of leaseholds and replantings, the estate now covers 16 hectares with most of the wines made at the winery under the supervision of Nadège. Every grape variety and vineyard site is pampered to produce the final blends. Manual pumping over and sparing use of oak are preferred wine making methods to achieve the mellowest tannins.

Open house

'Feminine' is one word, though, that you will not hear Nadège use to describe her wines. An obstinate perfectionist, she claims, "*I don't promote my wines that way. I want people to remember the name Pech-Tort.*" The vineyard is made up of eleven plots that are home to extremely different soil types: hard and soft limestone, stony scree, marl, colluvium, alluvium... all of which are meticulously farmed with a genuine reverence for nature, even though Nadège has yet to apply for organic certification. "*I can't make any mistakes, otherwise I bring everyone down with me,*" she stresses, determined to pull out all the stops to sell her wines. "*It was hard at first because it takes a while to establish a reputation.*" One of the ways Pech-Tort has been raising its profile is by organising regular events at the winery and throwing its doors wide open to the public. "*Sometimes ramblers stray off their path and end up at the winery... One day I was pumping over my wines, red as a beetroot, when a Japanese importer stumbled upon the winery. I invited him to join me and offered him a tasting afterwards. He has listed my wines ever since!*" Don't they say the proof of the wine is in the drinking?

Mas de Fournel

GÉRARD JEANJEAN
L'ÉLIXIR DE JOUVENCE

Sa naissance en 2004 restera marquée d'une pierre blanche : exquis concentré de mourvèdre, le *Nombre d'or* a étonné tous ceux qui en avaient bu d'autres. A commencer par son géniteur. « *J'étais parti pour en faire un rosé de saignée...* » confie Gérard Jeanjean, qui depuis, n'enfante cette petite merveille que les meilleures années. Aussi différentes soient-elles, ses cuvées ont un air de famille : elles respirent le terroir et débordent de générosité et de vie. Comme lui. Car s'il se défend d'avoir trouvé le secret de la réussite, le doyen des vignerons du Pic semble détenir celui d'une éternelle jeunesse. Au volant d'un tracteur ou en haut d'une échelle, surveillant le chantier de son dernier hangar. Toujours un projet en tête. Jamais les bras croisés... À 83 printemps, Gérard Jeanjean suit « *la meilleure thérapie qui soit pour rester debout jusqu'à la fin* », moyennant une bonne dose de courage.

Nouvelle vie

Après 35 ans voués à sa société de transport de vin, ce petit-fils de vigneron coopérateur a en effet attendu l'âge de la retraite pour répondre à l'appel de la vigne. « *À l'époque, j'œuvrais notamment pour le compte de domaines comme le Mas Bruguière ou le Château de Lancyre. Admiratif de ces produits que je convoyais, j'ai eu envie de me lancer : je ne pensais pas en arriver là. Sans cette expérience salutaire et une série de rencontres extraordinaires, je serais resté petit.* » Ses premiers pas lui vaudront une gifle mémorable : 85 hectolitres virant à l'acétique. Si bien que l'année suivante, il s'adjoint les services de l'œnologue Jean-François Vrinat, resté depuis fidèle au poste. « *La bataille se gagne au moment de l'assemblage* », estime ce vigneron consciencieux, « *toujours sur le fil du rasoir* ». D'abord adepte du remontage, puis du délestage, il pratique désormais le pigeage, « *la*

Mas de Fournel

GERARD JEANJEAN:
THE FOUNTAIN OF ETERNAL YOUTH

Its inception in 2004 was a landmark moment: this exquisitely quintessential Mourvèdre varietal wine – Nombre d'Or – took everybody, even the most experienced, by surprise, including its creator, Gérard Jeanjean. "*My original intention was to make a rosé,*" admits Gérard who only makes this gem in the best vintages. It sits alongside the other wines in the range which may ostensibly all have differing personalities but in actual fact share two unmistakable features: they exude a genuine sense of place and are full of life and generosity - just like the man himself. He may well deny having found the key to success, Pic Saint Loup's oldest wine grower certainly seems to have found the secret of eternal youth. Whether he is driving his tractor or at the top of a ladder checking progress on his newest winery building, he always has a project on the go and never an idle moment. At 83, Gérard believes he is "*taking the most effective medicine there is to keep fit,*" provided it is mixed with a good dose of willpower that is.

Beginner's mistakes

The grandson of a co-operative wine grower, he devoted 35 years of his life to his wine transport company and only answered his calling as a wine grower when he retired. "*I used to transport wines for estates like Mas Bruguière and Château de Lancyre and was full of admiration for them. I wanted to start up on my own but never dreamt I would achieve so much. If I hadn't had that first-hand experience and met some extraordinary people, I wouldn't be where I am today.*"
His first attempt at wine making was a particularly humbling experience: 85 hectolitres turned to

plus belle extraction que l'on puisse faire », travaille ses rouges à froid « *pour empêcher certains arômes de prendre le dessus.* » Et a remisé la barrique « *qui n'amène rien sur des raisins à maturité issus de petits rendements* ».

Jeune vigneron
En agriculture « *tout court* », avec des engrais naturels. Sans fongicide ni machine à vendanger, il essaie simplement de « *comprendre tout ce qui se passe* ». Au cœur de l'appellation, dans la zone la plus chaude, son vignoble devrait, à terme, atteindre 13 hectares, contre 10,5 actuellement. L'intégralité pourrait être classée, mais Gérard Jeanjean n'entend pas sacrifier les bois qui contribuent à sa qualité de vie, à mi-chemin entre amour du décor et respect du passé. « *Fabricants de bâts pour mulets, mes ancêtres lozériens se sont installés à Claret en 1440. Acquis par ma famille en 1911, ce domaine comptait des oliviers et des mûriers pour les vers à soie, des cochons, un four à pain. Je fais partie des gens qui se retournent, vous comprenez...* » Dans cette existence bien remplie, son plus beau souvenir restera d'avoir vu émerger l'appellation et d'y être entré à 66 ans. « *Tout le reste n'est que banalité* », conclut-il. Sacrée leçon d'humilité.

Les cuvées
Tradition, Pierre, Nombre d'argent (et parfois Nombre d'or).

The wines

vinegar. The following year he hired wine maker Jean-François Vrinat who has overseen every vintage since. *"The real moment of truth comes with blending,"* believes this conscientious wine grower who considers himself to be constantly on a razor's edge. After opting for pumping over, then rack and return, he now favours punching of the cap for optimum extraction and cools his reds to prevent certain aromas from obscuring others. His oak casks now stand idle because in his opinion, fully ripe grapes and low yields should cancel out the need for barrel ageing.

Young at heart
In his vineyards, he only uses natural fertilisers and spurns fungicides and mechanical harvesting to get a better grasp of how nature works. Set in the heart of the appellation, where temperatures are highest, his vineyard should ultimately spread from 10.5 to 13 hectares. The entire property is eligible for appellation status, but he prefers to leave the woodland as it is, safeguarding his quality of life and also as a mark of respect for the past. *"My ancestors made pack saddles for mules and moved from Lozère to Claret in 1440. The estate was bought by my family in 1911. At the time, there were olive groves, mulberry trees for breeding silkworms, pigs, a bread oven... the past is always present to me, you know."* Having led life to the full, one particularly memorable moment sticks in his mind: the day when, at the ripe old age of 66, appellation status was granted and his wines were awarded the precious stamp of approval. *"Everything else is just hot air"* philosophises one of the local wine industry's most humble representatives.

Mas de Fournel
34270 Valflaunès
TEL +33 4 67 55 22 12
      +33 6 09 72 35 80
FAX +33 4 67 55 70 43
masdefournel@free.fr
GPS N 43,810877 - 3,859315

Mas Gourdou

JOCELYNE, JEAN-CLAUDE ET BENOÎT THÉROND

AFFAIRE DE COEUR

Les cuvées

Divin Venin, Joseph Onésime, Les Roches Blanches, Le Pas du Loup — Les Drailles

The wines

Au caveau, son sourire fait merveille. Verre tendu au visiteur, elle s'anime, bouillonne, commente chaque cuvée avec ferveur. « *Fille de paysans et fière de l'être* », Jocelyne Thérond aime transmettre. L'histoire du mas, dans sa famille depuis la Révolution française. Celle d'un père, angoissé par temps d'orage car la vigne était son unique revenu. « *Situés en coteaux à l'époque où la plaine était source de rendement, nous étions les parents pauvres de la viticulture. Toute sa vie, il a persévéré en sachant qu'il ne récolterait pas d'emblée les fruits de son labeur.* » Quand (à 84 ans !), ce patriarche est tombé malade en pleines vendanges, l'aventure aurait dû s'arrêter net... si le destin n'en avait décidé autrement. « *Informaticien aux Salins du Midi, j'avais toujours répété à mon beau-père : Tes vignes, je n'en veux pas.* » En prenant des congés pour le remplacer, Jean-Claude Thérond n'imaginait donc pas mettre le doigt dans l'engrenage. C'est-à-dire rénover le vignoble et y prendre plaisir, puis monter sa cave, tout en continuant à travailler...

Transmission

« *Puisque mon voisin du mas de Fournel s'était lancé à la retraite, je me suis dit : Pourquoi pas moi ?* » Branle-bas de combat : tout était à faire ou à refaire. Un œil sur ses parents vieillissants, l'autre sur le domaine, Jocelyne l'a soutenu. Quatre cuves et un pressoir achetés d'occasion. Les conseils d'amis œnologues : il n'en fallait pas moins pour que les premières bouteilles sortent en 2001, séduisant au passage les dégustateurs du Guide Hachette. « *La chance de l'innocent,* justifie humblement Jean-Claude Thérond, *j'avais développé pour Listel un programme allant de la vigne jusqu'à la mise en bouteille. C'est ainsi que j'ai appris à faire du vin.* » Méthodique et visionnaire sous une apparence débonnaire, il a écrit le début d'un chapitre que leur fils Benoît, s'apprête à poursuivre.

Safran et œnotourisme

« *Pur produit de la terre* », ce dernier a eu beau enchaîner un cursus en géographie puis un master d'aménagement touristique, il n'a pu empêcher le naturel de revenir au galop. « *Embauché dans un bureau d'études spécialisées, j'ai fini par démissionner.* » Qui aurait pu d'ailleurs résister à un cadre aussi enchanteur ? Des petites parcelles au milieu des forêts de chênes verts, de pins d'Alep, entourées de plantes méditerranéennes qui contribuent aux arômes des vins. « *Nous cohabitons avec les sangliers. Et les oiseaux, en s'attaquant aux prédateurs, nous évitent de traiter* », explique Benoît Thérond, attentif à la préservation de cet environnement. Officiellement « *jeune agriculteur* » depuis avril 2013, il est sur tous les fronts, qu'il s'agisse de stimuler les ventes, de développer l'œnotourisme. Ou d'impulser des projets avec ses parents : la culture du safran à échelle infinitésimale - « *Un petit plus qui fait venir les gens* » - et la plantation d'oliviers. « *À l'horizon 2014-2015, j'espère édifier une nouvelle cave pour vinifier l'ensemble de l'exploitation contre la moitié actuellement et améliorer l'accueil du public.* » Autant dire qu'au Mas Gourdou, la page est loin d'être tournée.

Mas Gourdou

34270 Valflaunès
TEL   +33 4 67 55 30 45
FAX   +33 4 67 55 30 45
jtherond@masgourdou.com
http://masgourdou.free.fr
GPS   N 43,813747 - E 3,861882

Mas Gourdou

JOCELYNE, JEAN-CLAUDE AND BENOÎT THÉROND:
THE HEART HAS ITS REASONS…

The smiling face welcoming visitors at the cellar door, glass in hand, is Jocelyne Thérond. As she launches into a rapturous description of the wines on offer, she likes to remind people that she comes from a long line of farmers. Her pride is reflected in the stories she tells about the history of the farm, which has been owned by her family since the French Revolution. There were also the anxious times, though, when her father would risk losing his entire crop – and sole source of income – to a single thunderstorm. "*At a time when high-yielding crops were grown on the valley floor, our vineyards were located on the hillsides, and made us the poor relatives of the wine industry. My father struggled all his life knowing that he would not be the one to reap the rewards.*" When (aged 84!) the family patriarch fell ill, right in the middle of the grape harvest, the story may well have come to an abrupt halt… But fate would decide otherwise. "*As a computer programmer for the Salins du Midi company, I had always told my father-in-law that I didn't want his vines,*" insists Jocelyne's husband, Jean-Claude Thérond. So when he took some time off work to fill in during the harvest, Jean-Claude never once imagined that he would get drawn into replanting the vineyard and setting up a winery whilst continuing his day job – and, what's more, derive pleasure from doing so.

Next generation

"*I thought, if my neighbour can become a wine grower after he retired, why can't I?*" recalls Jean-Claude. The mammoth task of creating a modern winery from scratch lay ahead. With one eye on her elderly parents and the other on the estate, Jocelyne supported her husband as he bought four second-hand tanks and a press. With advice from wine grower friends, he successfully released his first wines in 2001, and immediately received kudos from France's leading wine guide, Hachette. His humble explanation is that it was beginners' luck. "*I had developed a computer programme for Listel which covered every stage of wine making, from the vine through to the finished bottle. That's how I learnt to make wine.*" Behind his easy-going appearance, Jean-Claude is extremely clear-sighted and methodical. He would go on to write the first chapter in a story that his son Benoît is about to continue.

Saffron and wine tourism

Describing himself as a true country boy, Benoît nevertheless studied geography and graduated with a master's degree in tourist development. His love of the land soon caught up with him though, and he gave up his job with a specialised consultancy firm. It isn't hard to understand why. The surrounding scenery is bewitching with tiny vineyards ensconced amongst forests of holm oak and Aleppo pine. Strongly scented Mediterranean herbs are dotted amongst the vines, their aroma subsequently revealed in the wines. "*We share the land with the wild boar, and the birds become predators to the insects we would otherwise have to spray against,*" explains Benoît, a keen protector of the environment. Officially classed as a young farmer since April 2013, he has been multi-tasking at the estate, expanding sales and developing wine tourism. He has also been the driving force behind other projects he shares with his parents, like planting olive trees and growing saffron. "*We only produce saffron on a minute scale but it helps attract visitors to the estate.*" By 2014-2015, Benoît hopes to have finished work on a new winery so that the entire crop can be crushed on the estate, compared with half at the moment. New cellar door facilities are also in the pipeline. The next chapter in the book is about to be written…

Bergerie du Capucin

GUILHEM VIAU
LE GOÛT DE LA PERFECTION

À quelques kilomètres de la cave, la bergerie subsiste bel et bien. Mais il y a longtemps que l'élevage des vins a supplanté en notoriété celui des moutons ! « *L'arrière grand-mère de ma femme n'aimait pas son métier. Après avoir encouragé son frère à racheter cette exploitation, elle n'a pas hésité à prendre la pioche* », relate Guilhem Viau. Pour incarner sa première cuvée en 2008, Dame Jeanne, bergère de caractère devenue viticultrice, s'est naturellement imposée… jusque dans les concours viticoles où elle décroche régulièrement l'or ou l'argent. Des trophées dont Guilhem pourrait s'enorgueillir. Mais ce n'est pas le genre du bonhomme. « *Gardiens d'un patrimoine, nous ne sommes que de passage… Nos vins racontent une histoire familiale.* » La sienne a pris corps par l'intermédiaire de Cupidon. « *Etudiant à la fac de sciences en 1993, je suis venu vendanger. J'ai rencontré Christelle. Je suis resté.* »

Permis à points

Adieu cours de biologie. Place au BTS viti-œno. Il était encore en formation quand il a planté ses premiers ceps : « *Planter, certes. Mais quand, quoi et où ?* » Pas évident en effet, de se voir confier les clés d'un vignoble, à 26 ans : « *Tous les jours j'appréhendais une situation nouvelle qui me conduisait souvent à demander conseil à mes voisins vignerons.* » Ce garçon entreprenant l'a cependant vite compris : « *La culture de la vigne équivaut au permis de conduire. Vous disposez d'un capital points qualitatif qui s'amenuise à chaque bêtise ou négligence.* » Après des années passées à gérer la propriété avec son beau-père coopérateur, il a franchi le Rubicon. « *J'avais toujours travaillé les vignes comme si je produisais mon propre vin.* » Autant dire qu'il n'a pas attendu l'émergence du bio pour respecter la faune, la flore, les sols et les saisons. Mais, admet-il, « *recommencer ce que*

Bergerie du Capucin

GUILHEM VIAU:
A TASTE FOR PERFECTION

A few kilometres from the winery, there is indeed a 'bergerie' or sheep barn but the animals have long been superseded by barrels of wine. *"My wife's great-grandmother didn't enjoy farming sheep so she encouraged her brother to buy this property and was not averse to taking a pick-axe to its rocky soils,"* recounts Guilhem Viau. It was therefore only fitting that his first wine in 2008 should be called 'Dame Jeanne' in memory of this characterful sheep farmer turned wine grower. Her name has since then been showered with accolades in wine competitions, credentials that could easily have gone to Guilhem's head, but that's not his style. *"We are the custodians of a legacy and are just passing through… Our wines tell the story of our family."* His own story began when he was struck by Cupid's bow: *"I was studying science at university in 1993 and came out here for the grape harvest. Then I met Christelle and haven't left since."*

"Like a driving licence"

Biology lectures were replaced by lessons in wine making and viticulture and he was still studying when he planted his first vines. *"I knew I wanted to plant vines but didn't know where or how to plant them!"* There's no such thing as a free lunch and being handed the keys to a vineyard at 26 was anything but an easy ride. *"Every day I dreaded being in a new and challenging situation and often asked for advice from neighbouring growers."* It wasn't long though before he grasped the fundamentals of wine growing. *"Basically, it's like*

j'avais fait dix ans plus tôt, dans un contexte économique morose et avec des crédits sur le dos, a été une décision difficile à prendre. »

En équipe
Quand sa première récolte est arrivée, il s'est lancé avec la même témérité. « *N'ayant jamais vinifié, j'ai fait certains choix que je ne referais sans doute pas.* » Son style, il l'a trouvé, mais le peaufine encore à travers des vins « *qui prennent le temps de se poser* ». Très impliqué dans son exploitation, Guilhem l'est tout autant dans la vie de l'appellation. « *Eduqué dans l'esprit du service et du collectif, j'ai accepté la présidence en 2011 à condition de travailler en équipe.* » Sa force ? Chercher inlassablement à apprendre, à comprendre, pour tutoyer les sommets. « *Il est toujours possible de progresser à la vigne comme en cave, de gagner en finesse, en image, en protection de l'environnement…* » Eternel insatisfait, adorant la compétition, il aime « *les choses bien faites et reconnues comme telles.* » En lui prédisant qu'il deviendrait agriculteur ou militaire, son grand-père ne croyait pas si bien dire. Officier de réserve dans la gendarmerie en plus d'être vigneron, Guilhem a longtemps cumulé ces deux vocations, avant de renoncer à la première pour mieux embrasser la seconde. Par passion !

Les cuvées
- Dame Jeanne, Larmanela
- Dame Jeanne

The wines

---

a driving licence. Every time you make a mistake you lose points." After co-running the estate for several years with his father-in-law, he finally crossed the Rubicon and went solo. "*I had always farmed the estate as if it was my own.*" Neither did he wait until organic farming was in vogue to show respect for the fauna and flora, the soils and the seasons. He admits though that "*having to start over, heavily in debt, in a challenging economy was a difficult decision to make.*"

A reserve officer in the gendarmerie
Guilhem was just as enterprising when his first harvest came around. "*As I had never made wine before, I probably made some choices I wouldn't make again,*" he admits. He eventually found the style he was comfortable with, but continues to make minor alterations - his wines are now given plenty of time to mature, for instance. Guilhem's full-on involvement in running his estate is mirrored by his commitment to the local wine community. "*I was brought up to believe that we are here to serve others and I agreed to chair the appellation in 2011, provided it was a team effort*". His forte is his capacity to learn and progress, with his sights set firmly on the top spot. "*There is always room for improvement, both in the vineyard and the winery. Greater finesse, a stronger image and better environmental credentials are always achievable…*" A man who is never satisfied, with a strong competitive spirit, he loves a job well done, and the recognition that goes with it. His grandfather was spot-on when he predicted Guilhem would become either a farmer or a soldier. As a reserve officer in the gendarmerie and a wine grower, Guilhem for many years followed both vocations before finally succumbing to his passion for wine.

Bergerie du Capucin
Boisset - 34270 Valflaunès
TEL +33 4 67 59 01 00
       +33 6 87 83 11 84
FAX +33 4 99 62 56 16
contact@bergerieducapucin.fr
www.bergerieducapucin.fr
GPS N 43,802610 - E 3,880536

Domaine de Viastres

JACQUES DUMAS
UNE VOCATION NÉE

Les cuvées

Pas de vente directe au caveau
No cellar door sales

The wines

On connaît peu ce domaine, d'apparence modeste et comme à l'écart des bruits du monde. Pourtant, il s'agit d'une propriété authentique du XIIème siècle. Et pour ainsi dire historique en Pic Saint Loup : « *je suis l'un des rares à être toujours resté en cave particulière* » affirme Jacques Dumas qui n'a jamais emprunté le chemin de la coopé comme ses ancêtres, et ce depuis cinq générations. « *Mon grand-père avait des bœufs, une écurie, des oliviers, des vers à soie, des vignes…* » Vignerons, ses parents récoltaient chaque année, l'équivalent de cinq cent litres d'huile d'olive. En 1956, les arbres ont gelé. Il a fallu les receper et Jacques s'en est occupé, fier de ses cent vingt oliviers centenaires qu'il adore tailler « *en les faisant pauvres en bois* » pour être sûr d'amener une bonne récolte au moulin. Doué pour travailler la terre, il l'est assurément.

Mécanique révolutionnaire

« *Autrefois dans les familles paysannes, ceux qui se débrouillaient bien en classe faisaient des études. Les autres n'avaient pas d'autre choix que de devenir paysans à leur tour. Moi j'ai quitté l'école à 16 ans car je n'ai jamais envisagé une autre voie* » dit-il, avant d'ajouter : « *c'est important de faire ce que l'on veut dans la vie. Le métier de vigneron, c'est quatre métiers en un. De plus, il faut œuvrer pour l'oenotourisme* ». Le vin, Jacques l'a donc vécu dès l'enfance et il l'a compris en cultivant cinq hectares en vin de Pays d'Oc et dix autres en Pic Saint Loup, sur de gros cailloux en coteaux. Sa logique est mathématique : « *la syrah pour la noblesse des arômes, le mourvèdre pour celle des tanins et le grenache pour la puissance en alcool.* » Témoin du passage de la traction animale au tracteur, il se souvient amusé, du virage qu'il a opéré : « *j'ai cessé de faire 25 km à pied par jour avec le cheval et j'ai tout mis sur fil ou presque alors qu'auparavant, un roseau servait de tuteur à chaque jeune plant. Par conséquent, les souches étaient chargées de grappes mais à ras du sol, avec des raisins blancs par manque de photosynthèse !* »

Parfum de nature

Pas collet monté pour deux sous, Jacques prend un immense plaisir à faire découvrir son mas du XIIème siècle dont la bergerie en pierre de Pompignan faisait encore il y a peu, office de caveau. « *Jusqu'en 2005, j'ai vendu en bouteille. Maintenant, je passe par le négoce. Rencontrer des gens est très enrichissant alors je regrette un peu l'absence de visiteurs mais seul, je ne pouvais pas être partout.* » Près de deux hectares replantés l'an dernier, 2,5 cette année et autant l'an prochain : il s'occupe de tout avec une appétence rare, quitte à se priver de lecture et de danse, ses hobbies. Proche de la nature, il ne désespère pas d'atteindre le 100 % bio. « *J'utilise le moins de produits phytosanitaires possible, le problème étant que chez moi, les herbes poussent comme des champignons.* » Toutefois, les vignes ne sont pas les seules à être choyées. Entre climat tempéré et romarins à foison, les abeilles y sont reines. Et les oiseaux, au paradis. Au delà de cette conscience environnementale, Jacques garde un secret espoir : « *Mon fils spécialiste en hydraulique a déjà fait le tour du globe. Un jour, j'espère qu'il fera comme Ulysse…* »

Domaine de Viastres
34270 Valflaunès
TEL/FAX +33 4 67 55 36 81
GPS   N 43,818795 - E 3,881057

Domaine de Viastres

JACQUES DUMAS:
BORN TO BE A WINE GROWER

Few people will be familiar with this estate. It is unassuming and nestles in its tranquil setting, as if hiding away from the outside world. And yet, it is an authentic – historic, even – 12th century Pic Saint Loup property. *"I am one of only a few wine growers who have always been independent,"* states Jacques Dumas, who, like his ancestors over five generations, has never taken his grapes to the co-operative winery. *"My grandfather owned bullocks, stables, olive trees, silk worms and vines."* Jacques' parents were wine growers too, but also harvested the equivalent of 500 litres of olive oil every year. In 1956, the trees suffered severe frost damage. They had to be cut back to be rejuvenated, and Jacques has tended to them ever since, proud of all 120 of his centuries-old olive trees. He particularly enjoys pruning, keeping the number of branches to a minimum, to ensure a good crop, which he then takes to the mill. There is no doubt that he is a gifted farmer. *"In the old days, children from farming families who did well at school went on to study. Those who didn't, had no option but to become farmers themselves. I left school at 16 because I had never contemplated any vocation other than farming,"* he explains, adding, *"It's important to do what you enjoy in life… Making wine is four jobs rolled into one, even without wine tourism."*

The wonders of mechanisation

Jacques has lived with wine growing since childhood, but didn't fully grasp the basics until he started farming 5 hectares of Pays d'Oc vineyards and 10 of Pic Saint Loup, on hillside sites strewn with large stones. He approaches wine growing with mathematical logic: *"I grow Syrah for its noble aromas, Mourvèdre for its noble tannins, and Grenache for its powerful alcohol levels."* Jacques recalls the problems of the early days: *"Every young vine was tied to a reed for support. They were loaded with grapes but dragged on the ground, and the grapes were white due to lack of photosynthesis!"* He also remembers being bemused by some of the changes that followed: *"Later on, nearly all my vines were tied with wires, and I stopped walking 25 km a day, as horses were replaced with tractors."* There are no airs and graces with Jacques. He enjoys nothing more than showing people around his 12th century farmhouse with its vaulted sheep barn, made from local Pompignan stone. Until recently, it was the cellar door shop.

The scent of nature

"Until 2005, I sold bottled wines. Now I sell my wines to big merchants who bottle them instead. Meeting people is wonderfully rewarding, so I miss the visitors, but I couldn't handle everything on my own." He certainly has an insatiable appetite for work: he planted nearly 2 hectares of vines last year, 2.5 hectares this year and plans to do the same again next year, even if it means foregoing his hobbies - reading and dancing. As an avid nature lover, he hasn't given up hope of converting entirely to organic farming. *"I use as few agrochemicals as possible. The trouble is that in my vineyards, weeds spread like wildfire."* The mild climate and a profusion of rosemary bushes provide luxury accommodation for the bees, and the birds. His environmental commitment is matched only by the secret wish he nurtures: *"My son, who is a hydraulics specialist, has already travelled the world. I hope that one day, like Ulysses, he will come home."*

Château Valcyre-Bénézech

ALEXANDRE BÉNÉZECH,
CAPITAINE AU LONG COURS

Pour la petite histoire, cette propriété s'appelait autrefois le mas Cambon, du nom de son premier propriétaire, ambassadeur de France en Angleterre qui joua un rôle important en 1904, dans l'élaboration du traité d'entente cordiale franco-britannique. De cordialité, il est justement question entre les protagonistes actuels du Château Valcyre Bénézech. « *Je m'occupe des salons mais je laisse carte blanche à Jacques, notre régisseur car sans lui, nous n'aurions rien fait* ». À juste titre : « *je n'ai jamais travaillé la terre, je trouve qu'elle est trop basse* » ironise Alexandre Bénézech qui gère le domaine avec sa femme Marie Thérèse et sa fille Florence. Pince sans rire, bricoleur et surtout grand amateur de voile : à 15 ans, il a été renvoyé de l'école parce qu'il dessinait trop souvent des frégates. « *Un accident m'a empêché de participer aux Jeux Olympiques de Tokyo en 1964 mais j'ai possédé jusqu'à quatre bateaux dont un que j'ai vendu pour acheter une machine à vendanger.* »

Beaucoup de doigté

Il a donc choisi Jacques Gorlier, un temps à la barre du domaine de la Prose à Saint-Georges-d'Orques pour manœuvrer son vignoble. Lequel s'est mué en outil de travail performant avec des clones bien précis et une adaptation parfaite du cépage à la parcelle : « *quand j'étais plus jeune, tout devait aller vite, très vite* » admet Jacques. « *Maintenant je fais preuve de plus de sagesse et de logique par rapport au végétal, aux notions de coût et de rentabilité. Je veille à agir au bon moment.* » Replantés graduellement sur 25 hectares dont huit en Pic Saint Loup, syrah, grenache, merlot, vermentino ou encore roussanne occupent une vallée froide aux

---

Château Valcyre Bénézech

ALEXANDRE BÉNÉZECH:
THE DEEP SEA CAPTAIN

Just for the record, this property used to be called Mas Cambon, after the name of its first owner, the French ambassador to Great Britain, who played a significant role in drawing up the Entente Cordiale treaty in 1904. That same spirit of cordiality lives on at Château Valcyre-Bénézech but with new characters. "*I handle the wine shows but I give Jacques, our farm manager, carte blanche because without him, we could never have managed this estate,*" admits Alexandre Bénézech. "*I have never worked on the land – it's far too low to the ground!*" he quips. Along with his wife Marie-Thérèse and daughter Florence, he runs the estate with his deadpan sense of humour. He is a DIY fan, but above all, a passionate sailor who was expelled from school age 15 because he spent too much time drawing frigates. "*Due to an accident, I couldn't take part in the Tokyo Olympic Games in 1964 but I have owned as many as four boats, one of which I sold to buy a grape harvester!*"

Skilful craftsmanship

Alexandre chose Jacques Gorlier, previously at the helm of Domaine de la Prose in Saint-Georges-d'Orques, to steer his vineyard on the right course. The result is an efficiently run property with carefully chosen clones and the most suitable vine varieties for each individual plot. Jacques confesses: "*When I was young, I wanted everything to happen overnight. Now, I am a lot wiser and make more rational choices with respect to plants and cost effectiveness. I am careful to intervene at the right moment.*" Out of a vineyard of 25 hectares, eight are classed as Pic Saint Loup. It has all been

terres assez profondes : « *entre des marnes d'argile blanche pour la souplesse et des argiles rouges sur calcaires durs pour la puissance, le résultat n'est ni dilué ni alcooleux.* » Comparant l'art de vinifier à un puzzle dont chaque pièce doit s'emboîter, il attribue au terroir la « *trame fine, mentholée, aérienne* » présente dans chaque cuvée.

Nouvelles perspectives

Ce qui ne l'empêche pas d'y apporter son grain de sel : « *dans* Tradition *je cherche un vin de soif, dans* Claous *le croquant du raisin et le velouté. Quant à la grande cuvée, elle se distingue par ses notes compotées et sa longueur en bouche.* » Premières bouteilles, premières ventes, premières médailles… « *Que d'émotion et de souvenirs* » en flacon : 60 000 bouteilles sont désormais commercialisées chaque année, auprès des grossistes et des particuliers, à des prix aussi civilisés que les tanins. « *Nous avons mis beaucoup d'argent et continuons à en mettre pour maintenir ce domaine à flot. Mais à défaut d'être immortel, il faut être raisonnable et savoir s'arrêter un jour.* » S'il ne regrette pas d'avoir vendu sa société d'électroménager pour assumer cette propriété reçue en héritage par sa femme, Alexandre envisage de faire de Jacques un partenaire. Une idée qui n'est pas pour déplaire à l'intéressé : « *à 44 ans, si je ne tente pas quelque chose ici, je ne le ferai pas ailleurs.* »

Les cuvées

Grande Cuvée, Claous, Tradition — Rosé

The wines

---

gradually replanted to Syrah, Grenache, Merlot, Vermentino and Roussanne. It spreads over a cold valley with fairly deep soils: *"With soil types ranging from white clay marl for suppleness to red clay over hard limestone for power, the resultant wines are neither weak nor alcoholic,"* says Jacques. Comparing the art of wine making to a jigsaw, where every piece must slot into the right place, he ascribes to the effect of terroir, *"the fine-grained, menthol-infused and ethereal framework"* perceptible in every blend.

New prospects

Nevertheless, Jacques' own personal input is significant too: *"With our 'Tradition' blend, I try and create a wine for quaffing, whereas 'Claous' is more about crunchy grape aromas and velvety texture. The 'Grande Cuvée' shows distinctive stewed fruit notes and length on the palate."* The first bottles, first sales, first accolades – all these were emotional moments that have been committed to memory, and are encapsulated in the wines. 60,000 bottles are now marketed every year, to wholesalers and private customers, at prices that are as civilised as the tannins. *"To keep the property afloat, we have invested a lot of money and continue to do so. But unless we turn out to be immortal, we have to be rational about the future and learn how to stop one day."* Alexandre has no regrets over selling his electrical appliance company to fund the property he inherited, and is considering making Jacques a business partner. Jacques wouldn't say no: *"If I don't do something worthwhile here at the age of 44, I never will."*

Château Valcyre Bénézech
34270 Valflaunès
TEL   +33 4 67 55 28 99
       +33 6 11 21 56 71
FAX   +33 4 67 55 28 99
contact@chateaudevalcyre.fr
www.chateaudevalcyre.fr
GPS   N 43,809478 - E 3,894551

Château Valcyre-Gaffinel

JACQUES GAFFINEL

AU NOM DU PÈRE

Il a enregistré des disques, tenu un restaurant à Sète, exercé mille et un métiers. Charismatique, Robert Gaffinel a laissé un souvenir impérissable à tous ceux qui l'ont croisé. « *Nous avons travaillé dix-sept ans ensemble, jusqu'à ce qu'il nous quitte le 9 décembre 2007. Malgré nos prises de tête, je le vénérais* », souligne pudiquement son fils Jacques. Il n'a pas attendu pour lui dédier une cuvée : Brise l'âme. Façon d'accuser le coup sans pour autant jeter l'éponge. « *Mon père avait l'ambition de faire table rase du passé peu glorieux de la propriété.* » 2 000 m² de toitures, cinquante hectares de terres et autant de vignes : la danseuse délaissée d'un grand-père rentier. Vaillamment, Robert a tout arraché et planté quinze hectares de cépages améliorateurs en deux ans : un record ! « *Il reconnaissait que c'était de l'esclavage mais il trouvait cela normal. Je l'ai rejoint car cette aventure prenait de plus en plus de place dans sa vie… Je ne voulais pas le décevoir* », explique Jacques.

À bonne école

Tirant un trait sur une maîtrise d'administration économique et son rêve de devenir patron, le fils a dû batailler pour imposer ses choix. « *Nous n'avions pas de rouge de qualité car mon père, inconditionnel du rosé, ne le travaillait pas comme il le fallait.* » Résolu à aller de l'avant, cet entrepreneur-né s'est attaqué à l'amélioration des méthodes de vinification, non sans investir intelligemment : « *Une pompe*

à marc, du matériel de froid à drapeaux et beaucoup de système D pour les remontages et les aérations ». Pas à pas, il a marqué des points, offrant à Valcyre sa première bouteille - une bourguignonne déformée - en 1994, un vin blanc en 1999... Mais la véritable signature de Jacques Gaffinel, son dada, son bonheur, c'est de s'acheminer hors des sentiers battus : « *Je fais des essais d'élevage en fûts de 400 litres, je marie le côté structuré du bois français à la finesse du chêne bulgare. J'expérimente aussi des cépages comme le cabernet franc ou des assemblages inédits...* »

Imagination débridée

Démonstration avec la cuvée Confit de Générations : « *J'avais en tête l'idée d'un Pic Saint Loup original, avec un décalage sensoriel entre le nez et la bouche. J'ai joué sur les niveaux d'acidité, en associant un grenache de 1956 vendangé en surmaturité, un plantier de grenache récolté à peine mûr et ma meilleure syrah. Le tout mis en barriques anciennes douze mois pour arrondir les tanins et accentuer la complexité...* » Explorateur du goût, Jacques revendique sa différence en douze cuvées (aux noms) fantastiques. Vigneron au grand cœur, il s'est également associé à un projet éducatif innovant : issus de l'internat d'excellence de Montpellier, qui accueille des jeunes de milieux défavorisés, soixante-cinq élèves de seconde se sont impliqués avec lui dans le processus complet de création d'un vin. « *C'est une façon de prouver que tout le monde peut s'en sortir, de transmettre mon amour pour ce métier hyper-complet, voire de susciter des vocations.* » Chapeau !

Château Valcyre-Gaffinel

34270 Valflaunès
TEL   +33 4 67 55 22 03
         +33 6 03 46 45 11
FAX   +33 4 67 55 20 32
valcyre-gaffinel@orange.fr
http://www.chateau-valcyre.fr
GPS   N 43,809634 - E 3,895004

Château Valcyre Gaffinel

JACQUES GAFFINEL: IN THE NAME OF THE FATHER

Among his extensive array of jobs, he recorded albums and ran a restaurant in Sète. The highly charismatic Robert Gaffinel left a lasting impression on all those who met him. *"We worked together for seventeen years, until he passed away on December 9th, 2007. Although we didn't always see eye to eye, I worshipped him,"* explains Robert's son Jacques bashfully. That same year, Jacques named a wine after his father – 'Brise l'Ame' – as a way of both coping with the shock and picking up the pieces. *"My father's ambition was to make a clean sweep and break with the estate's fairly inglorious past."* With its spacious cluster of buildings – the roof area alone covers 2,000 m² – and one hundred hectares of land, including 50 under vine, it was originally the expensive 'plaything' of Robert's wealthy grandfather who ultimately lost interest in it. Courageously, Robert uprooted the entire vineyard and planted 15 hectares of quality grape varieties in a record-breaking two years. *"He knew he had become a slave to work, but he didn't see anything wrong with it. Eventually I came to work with him because increasingly it was taking over his life. I didn't want to let him down,"* says Jacques.

School of life

Waving goodbye to his master's degree in business management, and his dream of running a company, he had to struggle to impose his will. *"We didn't produce quality red wines because my father was a die-hard rosé fan and refused to pay more attention to the reds."* Determined to forge ahead, Jacques used his innate business acumen to invest wisely and improve wine making techniques: *"We bought a pump to move pomace, and cooling plates to refrigerate tanks, and used our resourcefulness to design pumping over and aerating systems,"* he explains. Gradually he scored points by releasing Valcyre's first bottled wine in 1994 – in a large-girth Burgundy-style bottle – followed by a white in 1999. What Jacques really revels in, though, and what sets him apart from others, is his propensity for straying off the beaten track. *"I carry out ageing trials with 400-litre casks. I marry the well-structured aspect of French oak with the finesse of Bulgarian casks. I have also experimented with varieties such as Cabernet Franc and produced some novel blends..."*

Highly imaginative

A case in point is his 'Confit de Génération': *"I wanted to make an unusual Pic Saint Loup where the nose aromatics differed from the flavour. I used varying levels of acidity and combined overripe Grenache grapes from a vineyard planted in 1956 with barely ripe fruit from young Grenache vines and my best Syrah. All of these were aged in used oak casks for twelve months to round off the tannins and enhance complexity..."* Constantly seeking out new flavours, Jacques continues to shun mainstream wine growing, an ethos mirrored in his exceptional range of twelve uniquely-named wines. A wine grower with a big heart, Jacques also takes part in an innovative educational project for underprivileged teenagers from a dedicated academy in Montpellier. 65 secondary school students joined him in making a wine from start to finish. *"It's my way of showing them that anybody can succeed in life, and of passing on my love of this extremely rewarding job. It might even encourage some to become wine growers!"* Bravo.

Les cuvées

Quentin, La Vie de Château, Confit de Générations

Coup de soleil

The wines

Château de Lancyre

BERNARD DURAND ET RÉGIS VALENTIN

PIONNIERS DU PIC

Une bâtisse du XVIe siècle sur un puech, embrassant plaine et coteaux. Ainsi apparaît le château de Lancyre, berceau d'une famille qui a joué un rôle moteur dans la mue qualitative du Pic Saint Loup. Et hissé ses vins au sommet. A la force du poignet. « *Descendants d'un aïeul éleveur ovin et vigneron*, relate Bernard Durand, *mon frère et moi avons repris l'exploitation paternelle avec notre beau-frère, Bernard Valentin* ». Cinq cents moutons. Cinquante hectares de garrigue incluant des vignes. Et des coups durs. « *En 1956, quand tout a gelé, la plupart des vignerons sont partis.* » Soudé, le trio survit grâce aux bêtes. « *Mais dans les années 70, l'accord des Anglais avec la CEE a ruiné l'élevage. Alors nous avons replanté, conscients qu'il fallait changer la typicité des vins.* » Derrière le ton bienveillant et l'accent languedocien se profile la figure d'un pionnier : « *Nous avons été quelques uns à y croire et à nous entraider.* »

Vignoble de taille

Défricher. Introduire d'autres cépages, sous l'œil sceptique des gens du pays. Restaurer la cave, achetée en 1970, puis la doter de moyens performants. Oser la mise en bouteille avant d'empoigner son bâton de pèlerin pour conquérir de nouveaux marchés… Ils seront aussi parmi les premiers à planter de la roussanne. Au final, fort de 73 hectares et de neuf salariés, le château de Lancyre a pris de l'ampleur. Sans dérouter Régis Valentin pour autant. Diplômé d'œnologie, il a « *par choix* », rejoint père et oncles en 1995. « *À 20 ans, j'imaginais pouvoir faire de grands vins quelle que soit la qualité du raisin. J'ai vite compris les limites de la technique et l'importance du travail à la vigne.* »

Château de Lancyre

BERNARD DURAND AND RÉGIS VALENTIN: *PIC PIONEERS*

An imposing 16th century stone building first emerges from its dominant hilltop position, commanding sweeping views over the rolling countryside. This is Château de Lancyre, home to a family that has played a pivotal role in bringing about a sea-change in the quality of Pic Saint Loup wines, scaling the heights of wine growing through sheer hard work. *"Our grandfather was a sheep farmer and wine grower,"* remembers Bernard Durand, who took over the estate with his brother René and brother-in-law, Bernard Valentin. They not only inherited 500 sheep and 50 hectares of 'garrigue' or scrubland interspersed with vines, but also financial hardship. *"In 1956, the year of the big freeze, most wine growers left the area,"* recounts Bernard. The three men's economic survival came from strong family ties and sheep farming. *"But in the 1970s, the agreement between the English and the EEC spelled the end of sheep farming. So we replanted our vineyard in the knowledge that we had to change the fundamental characteristics of the wines,"* explains Bernard Durand. Behind his sanguine appearance and unmistakable Languedoc accent, lies one of the appellation's pioneer figures. *"Only a handful of us had the conviction to ring the changes and so we helped each other."*

An extensive vineyard

The task was monumental: clearing the scrubland; introducing new varieties as sceptical locals watched on; restoring the winery bought in 1970; then installing high-performance equipment and courageously bottling their own wines, before setting out on a mission to capture new market. They were also amongst the first to plant the Roussanne grape variety. With 73 hectares of vines and a staff of nine, Château de Lancyre had expanded significantly but this did not faze Bernard Valentin's son Régis, who had recently

Dont acte : de l'ébourgeonnage aux vendanges en vert en passant par le palissage, la conduite est irréprochable ; la culture, plus que raisonnée.

Accompagner la nature

D'un terroir pluriel, composé de cailloutis calcaires, marnes, colluvions et alluvions, il s'efforce « d'extraire le meilleur ». Fonceur, il s'investit à 100 % dans tout ce qu'il entreprend. File en VTT dans la campagne. Mais se pose, réfléchit, cisèle, côté cave : « *Outils en main, je compose avec ce que la nature me donne en essayant d'améliorer sans cesse.* » Son style ? Des vins croquants de fruits, « *tout en fraîcheur et en équilibre* ». Son credo ? « *Procurer du plaisir et de l'émotion.* » Plusieurs millésimes - et trois enfants - plus tard, ce travail d'orfèvre a donné plus d'un joyau. Assemblage de saignée et de pressurage direct, le rosé côtoie cinq AOC en rouge, vinifiées de façon traditionnelle et deux en blanc. Dernière née : « *Madame* », parfaite osmose entre cépages - 90% syrah, 10% grenache - et terroir, a déjà conquis le critique Robert Parker. Les étoiles du guide Hachette auréolant ses cuvées ne lui font pas davantage perdre la tête : « *Créer est un rêve. Vendre, une réalité* », résume Régis Valentin. L'amour de la terre. La sagesse qui va de pair. Ce n'est sans doute pas un hasard si chacune des quarante-deux parcelles a hérité ici, d'un nom.

Les cuvées

Coste d'Aleyrac, Clos des Combes, Vieilles vignes, Grande cuvée

Rosé

The wines

---

graduated in wine studies. In 1995, he made a conscious decision to join his father and uncles. *"When I was 20, I was convinced I could make superlative wines irrespective of the quality of the grapes. It didn't take me long to realise the limits of technology and the importance of work in the vineyard."* From de-budding to green harvesting and trellising, vineyard management is impeccable and farming methods require less than low-input.

Nurturing nature

From myriad soil types, including limestone gravel, marl, colluvium and alluvium, his sole ambition is to elicit optimum quality. A high-achiever whose commitment is always 100 percent, he spends his free time racing through the countryside on his mountain bike. He also takes time out to reflect on his choices in the winery. *"I have to settle for what nature gives me and make constant improvements using the tools available."* He crafts wines with crunchy fruit flavours, abounding in freshness and balance. His ethos is to bring pleasure and emotion to those who drink them. Several vintages – and three children – later this craftsmanship has yielded countless gems. The rosés are blended from free-run and press wines, and are part of a range of five traditionally-made red appellation wines and two whites. The latest addition – Madame – reveals the synergy between Syrah (90 percent) and Grenache, and the local surroundings; it has already received kudos from Robert Parker. Despite this endorsement and numerous stars from the Guide Hachette, Régis' feet are still firmly on the ground. As he points out, *"Creating is a dream, selling a reality."* Every single plot in the vineyard has its own name, and that's not a coincidence. The driving force here is a love for the land and the wisdom that stems from it.

Château de Lancyre

Lancyre
34270 Valflaunès
TEL +33 4 67 55 32 74
FAX +33 4 67 55 23 84
contact@chateaudelancyre.com
www.chateaudelancyre.com
GPS N 43,816249 - E 3,895921

Château de Lascours

CLAUDE, ELIETTE ET LISE ARLÈS

LE TRIO FANTASTIQUE

Elle n'a pas les ongles manucurés. Plutôt des mains de vigneronne expérimentée. Eliette Arlès symbolise à elle seule, toutes ces femmes rarement sous les projecteurs malgré leur rôle crucial au sein des exploitations. À pied d'oeuvre sur tous les terrains, efficace aussi bien dans la mise en bouteille qu'à la communication. « *Mon mari, plus réservé, n'aime pas occuper le devant de la scène alors qu'il est en première ligne pour tous les travaux* ». Souvent donc, elle parle en leurs deux noms. Jamais pour ne rien dire. En se livrant sobrement. « *Fille d'ouvrier agricole, fascinée par le monde viticole, j'ai fait des études d'œnologie sans savoir que j'épouserai un vigneron en la personne de Claude.* » Unis dans la vie et à la vigne depuis 1980, ces producteurs bien connus du Pic peaufinent des vins collés à leur terroir, dans une approche artisanale que ne renierait pas Marcel Arlès. « *Mon beau-père, un instituteur aveyronnais reconverti à la viticulture, a fait partie des précurseurs de l'appellation. Quand il a introduit des syrah en 1972, les gens ne comprenaient pas qu'il puisse planter des cépages non productifs.* »

Muscats réputés

Du reste, la propriété, achetée par les grands parents à des gens de Frontignan, doit en partie sa renommée à… ses muscats, dont certains ne datent

pas d'aujourd'hui. « J'ai retrouvé la trace d'une bouteille à la foire de Pézenas en 1949 » raconte Eliette, surtout fière de ses Pic Saint Loup. « *Il n'y a pas 36 000 techniques de vinification* argue-t-elle. *Mais chaque millésime est une fabuleuse découverte.* » Celui de 2014, le premier certifié bio, va couronner des années d'efforts en faveur de l'environnement. « *Sur certains secteurs, nous rations des ventes, mais cette démarche, nous l'avons surtout entreprise pour notre qualité de vie et celle des générations futures* ». Le jeu en valait la chandelle : « *Nous ramassons des salades et des poireaux sauvage ; les coccinelles sont réapparues. Quand il pleut, les flaques d'eau restent claires.* »

De mère en fille

Pour cet écrin naturel enchâssant la chapelle d'Aleyrac, sa fille Lise Arlès, 28 ans, a elle aussi craqué. « Même si notre aînée gère parfois des dégustations près de Reims où elle est aiguilleur du ciel, c'est la cadette qui est réellement tombée dedans toute petite : sachant à peine marcher, elle a atterri dans une comporte. Il faut croire qu'elle ne s'en est jamais remise… » Parents poule, Eliette et Claude ne tarissent pas d'éloges sur leur progéniture à qui ils conseillent : « *il faut savoir tout faire quand on est une femme pour ne pas se laisser mener en bateau.* » Message reçu. À là moindre occasion, Lise, future œnologue, déboule en cave avant de passer allègrement à la vigne quand elle n'accompagne pas ses parents sur les salons des vignerons indépendants. Elle a même relooké les étiquettes du domaine. « À quoi bon travailler toute sa vie pour devoir vendre ensuite ? s'exclame Eliette. *Mes parents n'étaient pas très conciliants, à l'inverse nous l'avons laissée prendre des initiatives et ferons en sorte de lui léguer un outil prêt à l'emploi.* » Si ce n'est pas déjà fait !

Château de Lascours

CLAUDE, ELIETTE AND LISE ARLÈS:
THE FANTASTIC THREE

Les cuvées

Nobilis, L'ambroisie, Caprice

The wines

Her nails are not manicured; rather, she has the hands of a seasoned wine grower. Eliette Arlès epitomises all those women who are rarely in the spotlight yet, without whom, many wine estates would cease to function. She demonstrates competency across a range of activities from bottling to promoting the wines. *"My husband, Claude, is more reserved and doesn't like being in the limelight."* Speaking for both of them, what she has to say is never trivial *"My parents were farm labourers, and as I was fascinated by the world of wine, I chose to study wine making. Little did I know that I would one day marry a wine grower."* Together since 1980, in both their life and work, Claude and Eliette, these well-known Pic wine growers constantly strive to perfect their wines, which are imbued with a true sense of place. Marcel Arles would certainly have approved of their artisan approach: *"My father-in-law, a primary school teacher from Aveyron turned wine grower, was one of the appellation's forerunners,"* explains Eliette. *"When he introduced Syrah in 1972, people couldn't comprehend why he would choose low-yielding grape varieties."*

Renowned for Muscat

The estate, which was bought by Claude's grandparents from people in Frontignan, owes part of its reputation to its Muscats, some of which have a long-standing history. *"I tracked down one bottle presented at Pézénas fair in 1949,"* recounts Eliette, whose pride and joy is nonetheless her Pic Saint Loup. *"There are only so many ways of making wine,"* she insists, *"but each vintage brings it with some fabulous new discoveries."* Like the 2014, the first to be certified organic, which will reward years of environmental commitment. *"Admittedly, occasional loss of sales due to lack of organic certification spurred us on, but our primary motivation was quality of life, for us and future generations."* It was well worth the effort: *"We now pick wild salad leaves and leeks; ladybirds have reappeared; and when it rains, the puddles stay clean."*

From mother to daughter

Her daughter 28 year-old Lise Arlès has also fallen in love with this beautiful setting that acts as a backdrop to the picturesque Aleyrac chapel. *"Even though our elder daughter sometimes organises tastings near Reims, where she is an air traffic controller, our younger daughter literally fell into it as a child. When she could hardly walk, she landed in a harvest bin and apparently never really got over it!"* Lise's doting parents are full of praise for their daughter. Their advice to her is, *"When you're a woman, you have to multi-task and be a master of all trades, otherwise people take advantage of you."* The soon-to-be wine maker has heeded their warning and at every available opportunity heads for the winery or out in the vineyard; she also attends wine shows alongside her parents and has even redesigned the estate's wine labels. *"What is the point of working hard all your life and then having to sell up?"* exclaims Eliette. *"My parents were not very accommodating, so we have let our daughter take initiatives and are determined to leave her a fully functioning winery."* They probably already have...

Château de Lascours

Château Lascours
Hameau de Lascours
34270 Sauteyrargues
TEL/FAX   +33 4 67 59 00 58
domaine.de.lascours@wanadoo.fr
GPS   N 43,816395 - E 3,914984

Domaine Les Grandes Costes

LA "GRIFFE"
JEAN-CHRISTOPHE GRANIER

Faire de sa passion pour le vin un métier ? L'idée ne l'avait jamais effleuré. Il n'empêche. Réminiscence génétique ? Atavisme ? Chef de pub menant une vie trépidante à Paris, Jean-Christophe Granier a été rattrapé par ses souvenirs d'enfance. « *Le ciel si bleu, les parties de loup sur les collines de la Coste, les vendanges avec mon frangin sur le domaine de notre grand-père...* » À l'aube de l'an 2000, tout le pousse vers un retour aux sources. Même si à l'arrivée, il n'y a rien ou si peu : quelques pieds d'aramon ou de cinsault, des bâtiments vétustes légués par son aïeul. En quête de reconversion, il se lance dans un pari fou : « *Produire de très grands vins* ». N'y voyez aucun narcissisme. « *On peut courir après le Graal et garder les pieds sur terre* », analyse cet autodidacte avant de préciser le fond de sa pensée : « *Quand vous possédez peu de vignes, la seule façon de pérenniser votre activité reste d'opter pour l'excellence. Ce choix impose une certaine vision du métier mais aussi de vrais moyens. Or, si l'ambition ne me faisait pas défaut, je n'avais que ma tête et mes bras...* »

Chantier titanesque

Se former. Acheter et prendre des vignes en fermage. Planter. Construire et aménager la cave. Vinifier son premier millésime et développer un réseau commercial... Le rêve a pris corps au prix d'un boulot de titan. Avec, au bout du tunnel, la joie de retrouver en bouche « *le fruit d'une recherche très intellectuelle à la base* ». Et plus encore, de le partager. « *C'est la rencontre d'un palais qui donne un sens à tout cela* », insiste-t-il. À travers sa gamme, taillée pour les plaisirs de la table, cet artisan vigneron dévoile un talent haute-couture. Voire une fibre littéraire quand il s'agit d'en parler. À propos de « *La Sarabande* », il vous dira par exemple : « *Cette cuvée revêt toute*

Domaine Les Grandes Costes

SIGNATURE WINES BY
JEAN-CHRISTOPHE GRANIER

It had never occurred to Jean-Christophe Granier that he would one day give up a high-flying career as an advertising executive in Paris to become a wine grower. Call it a genetic throwback or atavism, the truth is that his childhood memories ultimately caught up with him. *"Those clear blue skies, playing tag amongst the hills of La Coste, picking grapes with my brother on our grandfather's wine farm..."* – the recollection of those carefree times prompted a return to his roots in the late 1990s. Little was left of that bygone era: a clutch of Aramon and Cinsault vines and a few tumble-down buildings left to him by his grandfather. A complete change of career had to be matched by an ambitious plan to produce superlative wines. A self-taught wine grower, Jean-Christophe is not imbued with his own self-importance; he simply believes that *"you can search for the Holy Grail without losing your sense of reality. When you own a small vineyard, the only way to ensure a long-term future is to aim for excellence which implies not only a certain approach to wine growing but also huge resources. Although I certainly wasn't lacking in ambition, my only resources were my brains and my brawn..."* Turning the dream into reality involved the mammoth task of retraining, buying and leasing vines, planting new vineyards, building and converting winery facilities, producing a first vintage and establishing a sales network. The reward came with the pleasure of drinking what he calls the product of a very cerebral approach to wine and perhaps more importantly, being able to share it: *"Only when*

la diversité et les qualités de son terroir. Elle peut être alors comme cette danse classique, grave, lente et d'une grâce infinie, pleine d'esprit. Mais elle peut aussi se révéler sensuelle et d'un enjouement effréné. »

À la croisée des chemins

Pour un peu, on en oublierait la rigueur qu'un tel résultat suppose : une culture ultra raisonnée, une matière première triée sur le volet, beaucoup de douceur dans les vinifications, conduites au cas par cas, et des élevages très longs… Si Jean-Christophe Granier a fixé la barre haut, c'est aussi parce que *« le Parisien était attendu au tournant »*. Régulièrement récompensé, médiatisé, il a prouvé depuis le bien-fondé de sa démarche. Le voilà maintenant au milieu du gué. *« Continuer à vivre cette aventure seul, à la cinquantaine, ce n'est plus le même topo… À l'avenir, j'aimerais pouvoir me reposer sur une organisation humainement plus acceptable »*, confesse t-il. Pour y parvenir, il lui faudra sans doute *« miser sur une meilleure rotation des stocks, en introduisant d'autres cuvées plus accessibles »*. Dans cette optique, il a lancé en 2013 un vin de pays blanc *« croquant, tendre et sans chichi »*. Avec un bonheur toujours aussi évident.

Les cuvées / The wines

- Les Grandes Costes, Les Sept rangées
- Musardises

a dialogue is established between a wine and a palate does the experience become meaningful."

At a crossroads

An artisan wine grower, Jean-Christophe crafts a range of food-friendly wines with precision and skill. The metaphors he uses to describe his wines also reveal an unmistakable literary disposition: *"La Sarabande mirrors the diversity and quality of its terroir. It can be likened to the dark, brooding presence of a soulful classical dance with endless grace that can suddenly turn sensual and reveal unbridled exuberance."* He makes it all sound so simple and yet, achieving such razor-sharp perfection requires exacting standards: extremely low input viticulture, hand-sorted grapes, ultra-gentle pressing which is tailor-made to suit each wine, and prolonged ageing. Jean-Christophe's high standards are also those of the Parisian many expected to fall flat on his face; a raft of accolades and media coverage have proved his detractors wrong. His career has now reached a crossroads though: *"When you reach middle age, your outlook changes and suddenly, you don't want to carry on living the experience alone. In the future, I would like to be able to rely more on other people's input,"* he admits. Increasing stock rotation by introducing more accessible wines is one way of achieving this and in 2013 he launched a 'crunchy, soft and unassuming' white regional wine. Despite a more modest approach, his pleasure remains undiminished.

Domaine Les Grandes Costes

2-6, route du Moulin-à-Vent
34270 Vacquières
TEL/FAX +33 4 67 59 27 42
jcgranier@grandes-costes.com
www.grandes-costes.com
GPS   N 43,844711 - E 3,944400

Château de Lascaux

JEAN-BENOÎT CAVALIER
PREMIER DE CORDÉE

D'un côté, les voûtes d'un prieuré du XIe siècle faisant office de caveau. De l'autre, une cave ultra-moderne, inaugurée en 2013. Entre les deux, une rue à traverser. Et en guise de fil conducteur, Jean-Benoît Cavalier. Digne représentant des treize générations qui l'ont précédé, il a l'avenir devant lui : « *Le domaine s'étant agrandi de 25 à 85 hectares, je me sentais un peu à l'étroit. Grâce à ce nouvel outil, je vais pouvoir travailler dans des conditions plus appropriées à ce qui se fera demain, aller plus loin dans la valorisation de lieux-dits ou de zones.* » Tel un entomologiste, il dissèque les sols qui doivent lui permettre de sublimer l'identité de son vignoble. « *Si je me situe si bien dans ce qui fait la typicité du Pic Saint Loup, c'est parce que je suis persuadé que la vocation d'un vigneron d'appellation est de chercher dans ses parcelles des expressions toujours plus nuancées.* »

Dimension collective

Infatigable promoteur de l'AOP Languedoc dont il préside la destinée, responsable régional de l'Inao, il pourrait discourir un après-midi entier sur le sujet. Et croit dur comme fer au travail solidaire et à une saine émulation entre vignerons : « *On ne peut exister de façon un peu efficace et durable, émerger à l'échelle mondiale, qu'au sein d'un groupe auquel on peut apporter et sur lequel on peut s'appuyer* », martèle-t-il. Ce qui ne l'empêche pas de faire progresser en parallèle son exploitation. Le vin, il l'a vécu dès l'enfance et il l'a compris en prenant la suite au décès de son père. Alors jeune ingénieur agronome, la question d'une autre voie ne

s'est pas posée : « *J'avais en mémoire des images fortes. Le troupeau, les vins blancs de mon grand-père réputés pour leur finesse. Avec un mélange de naïveté et d'intuition, entre fierté et sens des responsabilités, j'ai voulu poursuivre une tradition familiale. Notre appellation Coteaux-du-Languedoc venait de naître. L'enjeu m'a semblé clair : il fallait restructurer le vignoble, remettre en route et moderniser la cave...* »

Osmose avec la garrigue

Entouré par 300 hectares de garrigue au pied du causse cévenol, il n'a pu envisager de cultiver la terre autrement que naturellement. « *Le paysage, c'est aussi l'écrin dans lequel nous vendons nos vins, la première image que l'on s'en fait.* » Et de déplorer : « *L'envahissement du buis n'est pas signe de biodiversité. Autrefois les marcs nourrissaient les animaux, dont le fumier amendait ensuite la vigne. Les troupeaux disparus, cette symbiose nous fait aujourd'hui défaut.* » Renouer ce lien lui paraît à tel point essentiel qu'il veut s'associer avec un éleveur pour faire paître moutons et vaches sur son exploitation. « *Dans toutes les zones d'appellation, les mêmes réflexions arrivent, le même souci de se réapproprier les territoires.* » Un caractère profond et mesuré. De l'ambition mais aussi beaucoup de discrétion. Cet amoureux de la montagne gravit un à un les échelons. Quelle sera l'expression du Pic Saint Loup de demain ? se demande-t-il. Quelle sera la prochaine étape de la fabuleuse ascension du Château de Lascaux ? répond l'écho...

Château de Lascaux
Route du Brestalou
(caveau place de l'église)
34270 Vacquières
TEL   +33 4 67 59 00 08
FAX   +33 4 67 59 06 06
info@chateau-lascaux.com
www.chateau-lascaux.com
GPS   N 43,845125 - E 3,945178

Château de Lascaux

JEAN-BENOÎT CAVALIER: SCALING THE HEIGHTS

Les cuvées

🍷 Carra, Les Secrets, Les Nobles pierres, Tour des Gardies, Les Pierres Sauvages.

🍷 Carra

The wines

On one side of the road are the vaulted cellars of an 11th century priory housing the wine shop and tasting room, on the other is a state-of-the-art winery unveiled in 2013. Bridging the gap between the two is Jean-Benoît Cavalier who, whilst steadfastly upholding family traditions handed down by 13 generations before him, has his sights set firmly on the future. *"As the estate had grown from 25 to 85 hectares, I felt a little cramped. The new winery is geared to producing tomorrow's wines and taking site selection a stage further."* Like an entomologist, he dissects the various components of his vineyard soils so as to enhance their individual identities. *"I am convinced that the vocation of any appellation wine grower is to constantly elicit the subtlest sense of place from each parcel. It is for this reason I feel such a strong affinity with Pic Saint Loup's unique character."*

Collective dimension

As a tireless promoter of the Languedoc appellation – over which he presides – and the regional representative of National Institute for Controlled Appellations INAO, he could wax lyrical about the subject for hours upon end. He is also a firm believer in community spirit and healthy competition between wine growers. Jean-Benoît believes, *"The only way to achieve a measure of effectiveness and sustainability, and to secure a global presence is to function as a group, not only providing members with support, but also requiring something in return."* Belonging to a group does not prevent him though from constantly pushing the boundaries on his own estate. Wine has been a part of his life since childhood and his understanding of it deepened when his father died. As a young agricultural engineer, he never once contemplated a different career path: *"My mind was full of vivid memories like our flock of sheep amongst the vines or my grandfather's white wines that were renowned for their finesse. With a mixture of naivety, intuition, pride and a sense of responsibility, I wanted to keep up the family tradition. The Coteaux du Languedoc appellation had just been introduced and it seemed clear to me that I had to rise to the challenge of replanting the vineyard and modernising the mothballed winery."*

At one with nature

With 300 hectares of unspoilt garrigue land surrounding his estate amongst the foothills of the Cevennes, the use of natural farming methods seemed to be an obvious choice. *"The landscape is the stage on which we sell our wines, it is the very first image our customers commit to memory."* He laments the loss of bio-diversity to certain invasive plants like boxwood: *"Years ago, pomace would be used to feed animals which in turn would produce manure to fertilise the vineyards. Now that the livestock has gone, that symbiosis is missing."* Reconnecting nature's various components has become a fundamental issue for Jean-Benoît and he is currently working with a livestock farmer to reintroduce cows and sheep to his vineyard. *"All appellation areas have similar concerns and are striving to reclaim their deep-rooted local identities."* A thoughtful, composed man who is ambitious yet low-key, Jean-Benoît continues to scale the heights of wine growing like the passionate mountaineer he is. *"How will Pic Saint Loup wines best express their inherent qualities in years to come?,"* he wonders. *"What will be the next stage in Château Lascaux's amazing rise to the pinnacle of success?,"* is perhaps the more pertinent question.

Mas Peyrolle

JEAN-BAPTISTE PEYROLLE
LE NOUVEAU SOUFFLE

Digne héritier d'une tradition familiale remontant à dix générations, Jean-Baptiste Peyrolle a repris le flambeau... sans brûler les étapes. « *Contrairement à la plupart de mes amis qui ont grandi sur un tracteur, je m'y suis mis plus tard car je voulais étudier* », explique ce jeune homme dont la pointe d'accent trahit les origines languedociennes. Diplômes d'œnologie et de commerce en poche, il décide en 2000 d'explorer de nouveaux horizons viticoles. Tandis qu'il s'envole pour l'Australie, la curiosité pousse son père, Patrick, à franchir un tout autre cap : apporteur à la coopérative de Corconne, il réaménage la cave du grand-père afin d'y produire 4 000 litres de vin. « *Loin de passer inaperçu, le résultat l'a incité à persévérer en augmentant progressivement les volumes* », relate Jean-Baptiste Peyrolle, abonné pendant ce temps aux décalages horaires. Nouvelle-Zélande, Australie, Maroc, Californie... « *En 2006, je suis revenu avec l'envie de m'installer. Mais j'avais encore un peu la bougeotte...* »

Globe trotteur

Une expérience en Irlande dans le commerce du vin, puis celle de sommelier sur un bateau de croisière en Polynésie, viendront donc s'ajouter à son CV déjà bien étoffé. « *J'ai fini en apothéose en 2008, avant le retour au pays où mon père attendait que je prenne enfin une décision... J'avais roulé ma bosse. Plus posé, je me suis investi à 100 %.* » Depuis, père et fils œuvrent côte à côte : à la rigueur et au pragmatisme de l'un répond le sens créatif et commercial de l'autre. Chacun suit néanmoins sa route : si le premier est resté coopérateur, le second est devenu vigneron indépendant. Adepte d'une démarche « *saine et passionnée* », il a mis les deux pieds dans le bio. Un choix non revendiqué

Mas Peyrolle

JEAN-BAPTISTE PEYROLLE: *YOUNG BLOOD*

Jean-Baptiste Peyrolle's ancestors would be proud of him. He has risen to the challenge of upholding a wine growing tradition spanning ten generations at his own, measured pace. *"Unlike most of my friends, who grew up on a tractor, I didn't start until later because I wanted to study first,"* he explains, with a faint local accent that reveals his Languedoc roots. After graduating in wine studies and commerce in 2000, he succumbed to wanderlust and left for Australia. In the meantime, his father Patrick – a co-operative wine grower in Corconne – was driven by his own urge to broaden his horizons and as a result, he revamped his father's winery so that he could produce 4,000 litres of his own wine. *"The end result was so convincing that he decided to persevere and gradually increased output,"* recounts Jean-Baptiste, who by this time had clocked up thousands of air miles with trips to New Zealand, Australia, Morocco and California. *"I came back in 2006 and wanted to start making wine but I still had itchy feet..."*

Globetrotter

He notched up more work experience, first with a trip to Ireland to sell wine, and then as a wine steward on a cruise ship in the Pacific Ocean. *"My days of travelling reached a climax in 2008. I then came home where my father was waiting for me to finally make a decision about my future... I had travelled the world and felt more settled and ready to make a total commitment,"* he says. Father and son have worked together since then: one brings pragmatism and strict discipline into the partnership, whilst the other injects creativity and business acumen. Nevertheless, each follows his own tack: Patrick is still a member of the co-operative whilst Jean-Baptiste is an independent wine grower. Jean-Baptiste is driven by what he

sur les étiquettes mais dicté par la volonté de « *se rapprocher de la quintessence d'un terroir magnifique* ». Argilo-calcaire sur Vacquières et composé des fabuleux éclats de calcaire à Corconne, ces sols pauvres lui permettent d'obtenir « *un niveau de maturation rare* ».

Ambition mesurée

Doté d'une grande sagesse dans la conduite de ses vignes, ce vigneron prometteur déploie également tout un savoir-faire en cave. Ses vinifications se veulent le moins interventionnistes possible, avec des méthodes d'extraction très souples et une réflexion permanente : « *je me suis éloigné d'un premier millésime solaire et concentré pour aller vers plus de fraîcheur et de gourmandise* » dit-il. Enthousiaste et tenace, il fourmille de projets : l'élaboration de grandes cuvées à partir d'un hectare de vieux cinsault enraciné dans des gravettes, la construction d'une nouvelle cave et, à plus long terme, l'aménagement de chambres d'hôtes dans le mas familial du XVIIIe siècle. Passé de sept hectares en 2012 à onze, en 2013, le vignoble ne devrait pas s'agrandir à outrance. « *Je ne cours pas après les hectos car je veux rester maître de toutes les étapes d'un métier que je conçois à l'échelle humaine... Question aussi de qualité de vie* », estime Jean-Baptiste Peyrolle. En attendant, il a bel et bien tiré son épingle du jeu.

Les cuvées

Esprit, Chant de l'Aire — Mas Peyrolle

The wines

---

calls "*a healthy, passionate approach to wine*" and has thus wholeheartedly embraced organic farming. The aim is not to use the certificate as a selling point on his wine labels but to "*get closer to the quintessential qualities of this magnificent terroir.*" The poor clay-limestone soils in Vacquières, along with vineyards strewn with Corconne's tell-tale limestone shards or 'gravette', promote outstanding ripeness in the grapes.

Sensible ambitions

He uses his range of soil types wisely, and displays proven expertise not only in vineyard management, but also inside the winery. An up-and-coming wine maker, his intervention in the winery is minimal. He uses extremely supple extraction methods and constantly reflects on his choice of wine making techniques. "*My first vintage was concentrated, and strongly influenced by the sun. Subsequently, I began making fresher, more user-friendly wines,*" he says. Enthusiastic and persevering, he is abuzz with new development ideas: making top-flight wines from a single hectare of old Carignan vines deeply rooted in 'gravette' soils; building a new winery; and ultimately, converting part of the family's 18th century farmhouse into bed and breakfast accommodation. Although the vineyard grew from just 7 hectares in 2012, to 11 in 2013, Jean-Baptiste does not plan to expand much more. "*I am not obsessed with increasing volumes, as I want to remain in control of every stage of wine production. To me that means restricting the scale of the winery, and preserving my quality of life.*" So far, he seems to have achieved that quite well.

Mas Peyrolle
Route du Brestalou
34270 Vacquières
TEL +33 4 67 55 99 50
jbpeyrolle@yahoo.fr
www.mas-peyrolle.com
GPS N 43,845295 - E 3,946500

212

Mas de Figuier

GILLES PAGÈS

LE PLAISIR EN PARTAGE

À la tête d'une exploitation de vingt-deux hectares, cette famille a le chic pour communiquer sa flamme. Les dégustations bon enfant dans le salon ou la magnanerie, transformée en gîte, en sont la parfaite illustration. Tout comme ce week-end festif durant lequel les clients ont afflué aux beaux jours : « *La première fois, nous avions accueilli cinquante personnes… Là ils étaient cinq cents !* » se félicite Sylvie, la souriante maîtresse des lieux. C'est dire le capital sympathie dont les Pagès jouissent et plus encore, le degré d'attraction de leurs cuvées ! Porte-drapeau de la gamme, *Joseph* incarne bien la façon dont Gilles Pagès conçoit son métier. « *Je n'en produis que 2 500 à 2 800 bouteilles par hectare, auxquelles je prodigue une attention permanente : douze mois d'élevage en fût neuf, six autres en cuve et autant en bouteille* », commente-t-il.

Aux petits soins

Toujours en quête du plus grand équilibre dans ses vins, cet artisan pointilleux redouble d'application sur le terrain. Trouver le juste ratio entre la surface foliaire et le raisin, ne laisser que six à huit grains par souche, vendanger en vert, fignoler le palissage… L'objectif est clair : « *La matière première doit présenter une qualité irréprochable.* » Et les maturités, friser l'excellence : « *Quand la peau éclate sous les doigts et les colore ; que la pulpe a la saveur d'une pêche sucrée, avec des pépins sur le fruit sec* », le tour est (presque) joué. Et pour magnifier son terroir, Gilles Pagès ne jure plus que par le bio. « *En lutte raisonnée, j'ai eu le déclic le jour où des intrants agricoles ont été décelés dans l'eau du réseau communal.* » Depuis, il pulvérise uniquement un minimum de soufre et de cuivre au moment opportun, taille le plus tard possible, « *en sève montante, pour éviter les maladies du bois* »…

Sens de l'innovation

Les années passent. Le climat change. « *Il faut trouver sans cesse de nouvelles stratégies phytosanitaires* » constate-t-il. Un défi parmi d'autres pour celui qui a sorti le domaine de la coopération en 2001 : « *Je voulais revaloriser l'œuvre de mon père, à l'origine des premières syrah plantées sur Vacquières, et celle de Joseph, mon grand-père. Travailleur acharné, en avance sur son époque, il avait instauré un système de livraison de vin sur Montpellier et faisait même de la publicité !* » Fraîchement diplômé en viti-œno, Pierre apportera un jour, sa pierre à l'édifice. « *Qu'il en profite d'abord pour voyager, découvrir d'autres façons de cultiver et parfaire son anglais* », l'encourage son père. Dans ce mas vieux de quatre siècles, niché au cœur d'un havre de paix, lui a trouvé son port d'attache. Longtemps féru de chasse, de pêche et de régates en mer, « *Je porte en moi cette proximité avec la nature* » souffle-t-il. Ce n'est sans doute pas Ritz qui prétendra le contraire. Du moins s'il pouvait parler. Le braque allemand a cessé, comme son maître, de traquer le gibier depuis belle lurette : il préfère passer sa vie dans les vignes !

Mas de Figuier
Route de Sommières
34270 Vacquières
TEL   +33 4 67 59 00 29
*   +33 6 18 19 53 33*
FAX   +33 4 67 59 00 29
pagesgi@wanadoo.fr
www.masdefiguier.fr
GPS   N 43,840230 - E 3,967665

Mas de Figuier

GILLES PAGÈS:
SHARING THE PLEASURE

The Pagès family runs a 22-hectare wine estate where they have unique knack of passing on their contagious passion for wine growing. From the informal tastings in their lounge or silkworm barn – now a comfortable gite – to the party atmosphere during the open weekend heralding the arrival of summer, they organise a range of occasions for clients to share their enthusiasm. *"What started off as a party for 50 or so people has now turned into a full-blown event for 500,"* says smiling hostess Sylvie of their open days. Their power to attract such numbers reveals not only how popular the family is, but also how strong a draw their wines are. The property's flagship offering – 'Joseph' – epitomises Gilles Pagès' work ethos: *"I only produce between 2,500 and 2,800 bottles a hectare, and lavish constant attention on them. The wines are aged for 12 months in new oak, 6 more in tanks and another 6 in the bottle,"* he explains.

Attention to detail

Impeccable balance is the guiding principle for this meticulous artisan. He takes extra care in the vineyard to achieve the right equilibrium between the canopy and the grapes, leaving just 6 or 8 grapes on each vine, green harvesting his grapes and constantly perfecting training methods. His objective is clear: *"the fruit must be of irreproachable quality."* Ripeness borders on excellence and is only acceptable when *"you press the skin and it bursts, staining your fingers, and when the flesh tastes like sweet peach and the pips like dried fruit."*

Gilles is a firm believer that only organic farming methods can enhance the quality of his vineyard. *"I was using integrated pest management, but when agrochemicals were found in the village's mains water supply, I immediately switched to organic."* He uses minimal amounts of sulphur and copper when necessary and waits for the sap to rise before pruning his vines to avoid grapevine trunk diseases.

Pioneering spirit

As the years go by, climate change constantly challenges accepted beliefs, forcing Gilles to seek out new ways of treating his vines. Since he left the local co-operative in 2001, overcoming hurdles has become a way of life. *"I have always sought to capitalise on the achievements of both my grandfather, Joseph, and my father, who was the first to plant Syrah in Vacquières. Joseph was a tireless worker who, ahead of his time, introduced wine deliveries to Montpellier and even used advertising!"* Fresh from graduating in wine growing studies, Gilles and Sylvie's son Pierre will one day make his contribution to the estate. Gilles is encouraging his son to *"travel first and discover other ways of growing vines. He also needs to perfect his English."* A keen huntsman with a passion for fishing and sailing regattas, Gilles himself is unlikely to stray far from his 400-hundred-year-old farmhouse, nestled in its tranquil wooded setting. He confesses, *"I have a deep-rooted bond with nature"*. Ritz certainly wouldn't dispute that, if he could talk that is. Like his master, the German Shorthaired Pointer has long since given up hunting game. He prefers to spend his time out in the vineyards!

Les cuvées

Roman, Jean, Joseph — Gourmandise

The wines

Mas Thélème

FABIENNE ET ALAIN BRUGUIÈRE

PETITE CAVE, GRANDE PASSION

« *Ici n'entrez pas, hypocrites, bigots, vieux matagots...* » Avis aux visiteurs accueillis par ces vers : l'esprit truculent de Rabelais souffle sur le Mas Thélème. « *Ce patronyme, tiré de l'abbaye de Gargantua, nous est venu à l'idée en trinquant avec une amie* », racontent les époux Bruguière, Fabienne et Alain. Libre pensée et plaisirs de la vie : voilà qui leur va comme un gant. « *Nous adorons recevoir, prendre le temps de faire déguster* », s'exclament-ils au diapason. Pas étonnant de trouver sur leur carte une ribambelle de vins gourmands comme Exultet, « *qu'il se réjouisse* » en latin. Promesse tenue ! « *Entrés au guide Hachette avec deux étoiles dès notre premier millésime, nous y sommes restés.* » Signe que le profil opulent et racé de leurs crus ne tient pas de l'effet millésime. « *La vie d'Alain, ce sont ses vignes,* témoigne Fabienne. Initié à leur culture dès l'enfance, il a repris l'exploitation familiale en 1989, à l'âge de 21 ans ». Avec un pêché mignon pour la taille. « *J'ai à peine fait trois souches qu'il a déjà fini un hectare* », s'extasie sa femme, dont la main verte va s'affirmant.

Fusionnel

« *Même si j'ai toujours apprécié le vin, jamais je n'aurais imaginé devenir vigneronne* », raconte cette ex-cadre de la télévision belge, foudroyée par Cupidon. « *Alors que j'étais en vacances à Lauret, Alain m'a apporté une bouteille pour l'apéro... Puis il est revenu chaque soir. Mais le plus étonnant c'est que pendant la guerre, mes arrière-grands-parents et grands-parents avaient fui la Belgique pour travailler ici à la vigne.* » Parce qu'ils s'aiment, ces deux-là assurent tout ensemble. Et c'est ensemble qu'ils ont franchi le Rubicon : « *La récolte allait en coopérative. Frustrés, nous avons*

Mas Thélème

FABIENNE AND ALAIN BRUGUIÈRE:
SMALL WINERY, HUGE PASSION

"*Here, enter not vile bigots, hypocrites, externally devoted apes...*" Beware all ye that enter Mas Thélème. The truculent spirit of Rabelais reigns here. "*The idea for the estate's name, which is taken from Gargantua's abbey, came over a glass of wine with a friend,*" recall Fabienne and Alain Bruguière. Free thought and enjoying the pleasures in life fit them like a glove. "*We love playing host and spending time over a tasting,*" they exclaim in unison. Their raft of wines is suitably delicious, like Exultet, 'Let them exult' in Latin, which fully delivers on its promise. "*Our very first vintage was awarded two stars in the Guide Hachette,*" recounts Fabienne, "*and we've featured in the guide ever since,*" revealing that the racy, opulent profile of their wines is not down to vintage variation. "*Alain lives for his vines. He has been familiar with wine growing since childhood, and took over the family estate in 1989, age 21.*" He admits having a weak spot for pruning. "*When I'm still on my third vine, he's already finished an acre,*" marvels his wife, who is gradually developing green fingers.

Strong bond

"*Although I have always enjoyed wine, I never imagined one day becoming a wine grower,*" admits Fabienne, a former executive with Belgian television who was struck by Cupid's arrow. "*I was on holiday in Lauret when Alain brought a bottle of wine for the aperitif... After that, he came back every evening. Amazingly, during the war, my great-grandparents and grandparents fled Belgium and came to work in vineyards here.*" Love is... doing everything together, which is how they came to

décidé en 2003 d'en vinifier une partie, avant de réduire le vignoble de 18 à 7 hectares. » Qu'y ont-ils gagné ? « Une qualité optimale grâce à la maîtrise de toutes les étapes d'un travail artisanal, jusqu'à la mise en bouteilles manuelle en tiré-bouché. » Dans leur cave de poche où il faut jouer des coudes, eux s'en donnent à cœur joie.

Pour le plaisir

« Les raisins, ramassés très mûrs, macèrent quatre semaines minimum en cuves, histoire d'aller chercher dans les chapeaux de marc, la matière, la couleur, les tanins. » À l'évocation de son domaine ou des Vinifilles, association de femmes vigneronnes dont elle fait partie, Fabienne devient tout feu, tout flamme. « *En réalité, elle est plus rigoureuse que moi* », chuchote Alain, mi-grave, mi-taquin. Une fois sorti de sa réserve, il communique tant d'allégresse à son tour qu'on l'écouterait des heures vanter les qualités du grenache, « *propice aux très bons rouges à condition de le bosser* ». Râler contre les petits grains de cabernet-sauvignon qu'ils sont parmi les seuls à récolter à la main : « *Une galère* ». Ou dévoiler ses projets de plantations en blanc, couleur à laquelle il voue une sympathie croissante. Du sérieux mais le plaisir en ligne de mire : Fabienne et Alain n'ont pas fini de se creuser les terroirs et les méninges.

Les cuvées

Carpe Diem, Exultet, Grandgousier

The wines

---

the point of no return. "The entire crop was being sent off to the co-operative winery, which was very frustrating. So in 2003, we decided to crush part of it ourselves and then reduced the area under vine from 18 to 7 hectares." In the process, they gained "*optimum quality by controlling every stage of artisan wine making, right through to the bottling which is done by hand, with the bottles left unlabelled.*" Yet, in this pocket-handkerchief winery where you have to elbow your way through, both are obviously in their element.

For pleasure

"*The grapes are harvested when ultra ripe and are then macerated for at least four weeks so that substance, colour and tannins can be extracted from the pomace cap.*" At the slightest mention of her estate or 'Vinifilles', the association of female wine growers she belongs to, Fabienne becomes gung-ho. "*Actually, she is more rigorous than I am,*" whispers Alain, part seriously, part jokingly. Once he comes out of his shell, Alain is just as contagiously enthusiastic as his wife. You could listen to him for hours as he lavishes praise on the Grenache grape, for example – "*which is capable of producing excellent reds as long as you put in the hours*" – or grumbles about the tiny Cabernet-Sauvignon berries which they are the only ones locally to pick by hand: "*torture.*" He also waxes lyrical about his plans for planting white grapes, and admits to being increasingly drawn to white wines. They have some serious choices lined up but also look forward to the more pleasurable moments. Fabienne and Alain are certainly going to be racking their wines…and their brains, for some time yet!

Mas Thélème

Route de Cazeneuve
34270 Lauret
TEL +33 4 67 59 53 97
 +33 6 82 42 86 21
FAX +33 4 67 59 53 97
mas.theleme@orange.fr
www.mas-theleme.com
GPS N 43,834571 - E 3,882781

Mas de l'Oncle

AUDREY ET FABRICE BONMARCHAND

ARCHI-DOUÉS

Son désir le plus fou serait de posséder un jour un caveau digne de ce nom, signé par une pointure de l'architecture. « *Avec une belle superficie répartie entre cuverie, chai, espace muséographique et salles de réception… Un bâtiment autonome en énergie, intégré au paysage et ceinturé par des hectares de vignes d'un seul tenant.* » Cette petite merveille marquerait un point d'orgue dans un parcours sans faute : celui d'un vigneron qui a fait de l'œnotourisme son cheval de bataille. « *Vendre à coup de palettes en Chine ne m'intéresse pas. Je préfère parler de mes produits* », soutient Fabrice Bonmarchand. Friand de contacts humains, il serait même du style à vous mitonner un accueil aux petits oignons. À raison de plusieurs animations mensuelles, de stages et d'ateliers déclinés en coffrets cadeaux, sans omettre le lancement d'un club de fidélité ou d'un groupement foncier permettant aux particuliers d'investir dans la propriété… Fabrice et sa douce Audrey se soumettent à un rythme accéléré. Et les ventes marquent la cadence.

Des fourmis dans les jambes

De quoi combler ce couple trentenaire qui au départ, n'avait pas vraiment vue sur le Pic ! Ingénieur en bâtiment né à Marseille, avec deux bureaux d'étude à Paris et Nice : lui passait sa vie dans le TGV tandis qu'elle traçait sa voie dans le tourisme. « *À un moment donné, j'en ai eu plein le*

Les cuvées

- Louis, Jules, François
- Emy

The wines

Mas de l'Oncle
Place Miolane, 34270 Lauret
TEL +33 4 67 67 26 16
     +33 6 40 59 80 40
FAX +33 4 67 67 26 16
contact@masdeloncle.com
www.masdeloncle.fr
GPS N 43,834446 - E 3,884112

dos », glisse Fabrice. D'où un changement de cap en Languedoc. Las. « *Après avoir bâti la maison de mes rêves, je me suis vite ennuyé* » confesse-t-il, victime de déformation professionnelle. « *J'ai besoin de partir d'un terrain nu, de dessiner des projets.* » Ce qu'il a de nouveau entrepris. « *Venu au vin par amour des paysages viticoles, j'ai cherché un petit domaine sur un seul terroir, gage de produits homogènes, dans un cadre séduisant et une appellation porteuse.* » Aux vendanges 2011, il est tombé pile, sur l'ex-propriété de Gérard Vézies, marchand de biens à Montpellier. « *Comme il ne traitait pas, faute de temps, j'ai hérité d'un sol sans résiduels que je trouvais dommage de salir.* »

Un 100 % chenanson

Tout en embrassant la culture bio, ce néo-vigneron a conçu une aire de compost pour recycler les déchets de vendange. Revers de la médaille : « *Passées entre les mains de plusieurs fermiers, certaines parcelles nécessiteront encore plusieurs années de remise à niveau.* » L'énergie d'un bulldozer. Des idées très claires. Fabrice sait ce qu'il fait et ne fait souvent rien comme tout le monde, qu'il adopte le palissage en bois ou gratifie ses vignes d'un code couleur, pour mieux asseoir leur identité. Auteur d'une volée de cuvées parfaites, il se distingue avec Denis : un pur chenanson (croisement du jurançon et du grenache noir), aux arômes de fruits accentués par la macération carbonique. « *Chaque jour, les aléas naturels chamboulent mon cadre de travail.* » Difficile à vivre pour un as du planning. Mais pas impossible. « *Souvent sous pression, j'apprends à relativiser* » constate-t-il. Avec une ambition : « *faire partie des tops cinq de l'appellation.* » Pari lancé !

Mas de l'Oncle

AUDREY AND FABRICE BONMARCHAND:
BUILDING CASTLES ON THE GROUND

His dream is to one day own the ultimate winery designed by a leading architect. *"I want its extensive square footage to be divided between the wine making facilities, a barrel-ageing cellar, an exhibition/museum area and a visitor centre... I want it to generate enough energy to be self-sufficient, to blend in with the landscape and to be surrounded by unbroken vineyards."* Fabrice Bonmarchand's vision, when realised, will be the culmination of an impeccable track record as a wine grower who has chosen to champion wine tourism. *"I have no interest in shipping pallet-loads of wine to China. I would rather engage directly with my customers,"* explains Fabrice. In fact, he enjoys meeting people so much that he will invariably roll out the red carpet for visitors to his winery: he organises wine tasting events regularly; offers a variety of informative courses via a collection of gift boxes; runs a loyalty club; and even allows aficionados to invest in the property. Fabrice and his partner Audrey don't do half-measures or life in the slow lane, and this is reflected in the speed at which they sell their wines.

Restless

Buying a vineyard is just what the doctor ordered for this couple of thirty-somethings, with an insatiable appetite for work. They hadn't initially planned on settling in the Pic Saint Loup area. As a Marseilles-born structural engineer, with offices in Paris and Nice, Fabrice spent most of his time travelling the country on high-speed trains whilst Audrey was mapping out her career path in the tourist industry. *"I got to a point where I was totally fed up with my lifestyle,"* confesses Fabrice, who then turned his sights on Languedoc, keen to branch out in a completely new direction. *"After building my dream home, I was bored. I needed a blank canvas to start over."* Suffering from one of the occupational hazards of the building industry, he broke ground with an entirely new project. *"I was drawn to wine through the beautiful vineyard landscapes. I started looking for a small property with vineyards on a single site to maintain consistent quality. Attractive scenery and an upwardly mobile appellation were also high on the list of priorities."* During the 2011 grape harvest, that's exactly what he found in Lauret, where real estate broker Gérard Vézies was selling his estate. *"Because he didn't have time to spray his vines, I inherited chemical-free soils. It would have been a shame to put that to waste."*

A unique Chenanson wine

As a novice wine grower, Fabrice fully embraced organic farming and built a composter to recycle harvest waste. Unfortunately, parts of the vineyard had suffered from lack of "TLC", and, after being farmed by a number of different growers over the years, will require time and work to restore their inherent quality. Energy is one thing Fabrice does not lack, nor is he short of ideas. He is firmly in the saddle but often bucks the trend when it comes to style. He uses wooden posts to train his vines, for instance, and colour-coding to identify different grape varieties. With an impeccable range of wines now under his belt, one in particular stands out: Denis, a pure Chenanson varietal (a cross between Jurançon and Grenache noir), whose fruit aromas are enhanced by whole-cluster fermentation. *"Every day, our best laid plans are scuppered by the hazards of nature,"* admits Fabrice, a natural in the art of planning, who has found it difficult to come to terms with such uncertainty. Being regularly under pressure, however, has taught him to put things into perspective, and allow him to focus on his overriding ambition to become one of the appellation's top five estates. And if that's not throwing down the gauntlet...

Château de Cazeneuve

ANDRÉ ET QUENTIN LEENHARDT

AMBASSADEURS DU TERROIR

« *Des terres propices à la culture du thym* » : voilà ce qu'André Leenhardt était venu chercher, avant de tomber sous le charme du château de Cazeneuve. En 1987, ce mas agricole du IXe siècle, au cœur d'un cirque naturel adossé à l'Hortus, est à vendre. Les 800 m² de bâtiments s'avèrent en déshérence. Le vignoble produit du raisin de table. Et lui, jeune agronome, n'a « *pas un rond* » en poche. Mais, avec d'autres vignerons de la première heure du Pic, il partage une vision : « *celle d'un futur grand terroir classé en appellation* ». Pugnace, André emprunte, quitte à garder un temps la casquette de technicien de la chambre d'agriculture, tout en retroussant ses manches de néo-vigneron. Etape clé d'une restructuration méthodique, de la vigne au chai, 1991 marquera à la fois la (re)naissance de la cave et son premier jus. « *Obtenir un joli vin est une chose, la constance en est une autre... Je n'avais pas mesuré le travail de longue haleine, a priori sans fin, qui m'attendait.* » Qu'importe. En artisan rigoureux, il n'a jamais cassé le fil de sa trajectoire.

Un homme engagé

Attention constante au vignoble, rendements maîtrisés et sélection parcellaire vont chez lui de pair avec des vinifications cousues main : par parcelles et cépages, en cuvier béton alimenté par gravité ou cuves inox thermo-régulées. Sans oublier un usage judicieux de la barrique. Dans la foulée, André a mis le cap sur la certification « *AB* ». « *Comment voulez-vous parler terroir au consommateur, si vous n'êtes pas le premier à vous en soucier ?* » De là à pousser l'engagement, il n'y avait qu'un cran, franchi via un mandat de président du syndicat du cru. Puis comme maire de Lauret, élu à la vice-présidence de la communauté de communes. Motivé par la

---

Château de Cazeneuve

ANDRÉ AND QUENTIN LEENHARDT:
PIC AMBASSADORS

When André Leenhardt first set foot in the Pic Saint Loup area, he came in search of a suitable place to grow thyme. That was until he fell in love with Château de Cazeneuve. In 1987, the 11th century farmhouse was up for sale along with its 800m² of abandoned outbuildings, set in the heart of a natural amphitheatre backing onto Mount Hortus. Dessert grapes were being grown in the vineyard and to make matters worse, the young agronomist didn't have a penny to his name. He did, though, share a common vision with other pioneering winegrowers aspiring to a premium AOC-classed vineyard. A man of mettle, he borrowed every penny and kept his day job as a technician for the Chamber of Agriculture whilst buckling down to the task of becoming a novice wine grower. 1991 marked a milestone in the methodical overhaul of the estate from vineyard to cellar; it was the year the mothballed winery began producing wine again. *"Making great wine is one thing, long term consistency is another... I hadn't appreciated just how much work was involved and how endless it would be."* As a meticulous wine artisan, though, André doesn't count the hours he spends and he has had to follow a steep learning curve. Paying constant attention to his vines, restricting yields and selecting individual plots are part and parcel of making hand-crafted wines. Each plot and varietal is vinted separately in gravity-fed concrete vats or temperature-controlled stainless steel tanks. Oak is used, but judiciously.

Commitments

André then set himself a new challenge of achieving organic certification because, as he

perspective de valoriser l'identité rurale de ce territoire… Satisfait d'avoir ici créé une activité… « *La manière de faire* souligne-t-il, *compte autant que le fait d'agir.* »

De père en fils
Cette éthique, il l'insuffle désormais à Quentin : « *Mon fils aîné a attendu le jour du bac pour m'annoncer qu'il voulait travailler à la vigne. A partir de neuf hectares repris en fermage, il a déjà produit « Carline », une gamme de vins plaisir, complémentaires des miens.* » Exigence. Personnalité. Les cuvées d'André restent dans la veine de leur auteur. Entre plusieurs flacons dont la réputation n'est plus à faire, son cœur balance. Et penche pour l'emblématique Roc des Mates, « *le plus révélateur du terroir* », ainsi que Sang du calvaire, main de fer dans un gant de velours. Au caveau ou dans les gîtes dont Anne, son épouse, s'occupe, on savoure l'instant. Le goût du partage. Ouvert sur un paysage enchanteur, Cazeneuve l'est aussi aux épicuriens. Sans blabla ni esbroufe.

Les cuvées
Les Calcaires,
Le Sang du calvaire,
Le Roc des Mates

The wines

says, "*how can you talk to your customers about 'terroir' if you do not ensure its environmental stewardship?*" His commitment as a custodian of the land marked the beginning of a number of tenures, first as head of the local growers' organisation, then mayor of Lauret and vice-chairman of the local authorities committee. He is driven by the prospect of promoting the rural identity of the area. He derives great satisfaction from having established a business here.

From father to son
"*The way you do things is as important as what you do,*" he stresses, an ethos he is now instilling in his son, Quentin. "*It wasn't until the day he sat his baccalauréat exams that he told me he wanted to work in the vineyard. He leases 9 hectares of vines and has already produced 'Carline', a range of easy-drinking wines that complement my own.*" André's wines reflect the personality of their creator; they are demanding and show character. When asked to choose which is his favourite, he is torn between wines of proven reputation. He finally plumps for his iconic Roc des Mates, "*that shows the greatest sense of place,*" as well as Sang du Calvaire, an iron fist in a velvet glove.
At the cellar door or in the gites run by his wife Anne, you can soak up the atmosphere and enjoy looking out over stunning landscapes. Cazeneuve is an unassuming haven for lovers of the finer things in life, with none of the usual pretentious wine-speak.

Château de Cazeneuve
34270 Lauret
TEL +33 4 67 59 07 49
FAX +33 4 67 59 06 91
andre.leenhardt@wanadoo.fr
www.cazeneuve.net
GPS N 43,831930 - E 3,873903

Clos Marie

FRANÇOISE JULIEN ET CHRISTOPHE PEYRUS, *FIGURES DE PROUE*

Ils auraient pu continuer à tracer leur sillon. Lui dans la marine, elle dans la gestion. Mais Françoise Julien et Christophe Peyrus ont préféré jeter l'ancre à Lauret il y a vingt-deux ans, pour remettre à flot une poignée de vignes appartenant à Marie, la grand-mère de Françoise. Bien leur en a pris. Car en un temps record, ils ont su imprimer à leur domaine une patte, un caractère inimitable où le terroir et la créativité ont la primauté. Avec en corollaire, une attention extrême portée au matériel végétal. « *Tout est lié au travail que chaque vigneron doit effectuer dans sa vie : implanter son vignoble le mieux possible* », estime Christophe. D'où une orientation progressive vers la biodynamie couplée à une densité de plantation élevée : « *Nous sommes remontés jusqu'à 9 000 pieds/hectare, à l'encontre de ceux qui fixaient le seuil à 4 000 pieds pour des questions de résistance de la plante.* » Et ça marche. Plus petites, les baies sont plus faciles à extraire et le temps de macération s'en trouve réduit.

Sur le pont

« *Nous obtenons ainsi davantage de fruit, de minéralité, de droiture, de pureté.* » Micro-ateliers à l'appui, Christophe cogite en permanence, expérimente, multiplie les réglages, en s'inspirant souvent du bon sens ancestral. « *Chaque année je peaufine un choix. L'an dernier, j'ai remis en place une base de surgreffage. Je n'ai fait que cela mais je l'ai bien fait. Et le jour où j'ai dû arracher des vignes plantées en 1990, j'en ai eu mal aux tripes, mais je l'ai compris car elles étaient inadaptées.* »

D'un bout à l'autre de la chaîne, cent fois sur le métier il remet son ouvrage « *en laissant la matière première s'exprimer à travers le millésime. Car ce dernier a une carte d'identité et c'est au vigneron d'en faire la meilleure traduction.* » « *Ce ressenti, nous le devons à nos origines paysannes* », renchérit Françoise dont le palais excelle en dégustation.

Générationnel

Mais c'est avec l'esprit d'ouverture propre aux grands voyageurs qu'ils ont pris le temps d'observer ce qui se passait ailleurs et acquis le sens du grand vin en côtoyant les meilleurs. « *Il ne s'agissait pas de transposer, plutôt d'échanger pour éviter bien des erreurs. Le mot création prend en effet tout son sens quand on ne s'inscrit pas dans la lignée d'un parent.* » Au sommet de leur art, ces fortes têtes tiennent bon la barre : « *Le monde viticole est fait de patience et de pérennité. Nous avançons par génération, à l'échelle de décennies. Si nous en avions eu conscience au début, nous n'aurions pas osé prendre de risque ni accepté le moindre apprentissage.* » Partisans du compagnonnage, Françoise et Christophe forment à leur tour des stagiaires. Un jour peut-être les enfants liront les notes consignées par leur père à chaque vinification : des livres de bord destinés à apprendre aussi bien qu'à transmettre. Beaucoup d'effervescence intellectuelle et de la sueur en sus : Clos Marie file, toutes voiles dehors.

Les cuvées

🍷 Olivette, Simon, Métaieries du clos (vieilles vignes) Les Glorieuses

🍷 Clos Marie

The wines

Clos Marie
Route de Cazeneuve
34270 Lauret
TEL   +33 4 67 59 06 96
FAX   +33 4 67 59 08 56
clos.marie@orange.fr
GPS   N 43,834612 - E 3,883583

Clos Marie

FRANÇOISE JULIEN AND CHRISTOPHE PEYRUS:
IN THE VANGUARD

Their careers could have been plain sailing – he in the navy, she in management – but 22 years ago, Françoise Julien and Christophe Peyrus chose to change tack and drop anchor in Lauret to relaunch a clutch of vines belonging to Françoise's grandmother, Marie. Their decision was vindicated. In record time, they made their mark on the estate, crafting wines of inimitable character where sense of place and creativity reign supreme. Achieving their objective involved lavishing undivided attention on their plant material. *"Everything revolves around the ultimate aim of a wine grower, which is to establish a vineyard with impeccable credentials,"* Christophe believes. The couple therefore gradually turned to biodynamic viticulture combined with high plantation density: *"To make the vines hardier, we increased density to 9,000 vines per hectare, unlike other growers who have put a cap of 4,000 vines on plantings."* Their strategy has paid off: the berries are smaller and easier to crush, hence reducing maceration time.

At the helm

"This allows us to extract more fruit, minerality, purity and forthright character." Christophe constantly kicks new ideas around: using micro batches, he experiments with different wine making techniques and fine-tunes his choices in the winery, often drawing on traditional farming wisdom. *"Every year, I perfect a new technique. Last year, I re-introduced a scion for top-grafting. That's all I did, but I made sure I did it well. When I had to uproot some vines planted in 1990, it was gut-wrenching but I knew it had to be done because they weren't suited to that location."* Christophe works and reworks every aspect of wine growing, allowing the fruit to fully reveal itself through the effect of vintage variation. *"Each vintage has its own specific identity and the wine grower's task is to accurately convey those character traits." "We owe our awareness of the forces at work to our agricultural backgrounds,"* adds Françoise, whose other fortes include a highly trained palate.

A generational perspective

Their open-mindedness, though – akin to that of the world's great travellers – is what led them to observe and understand how producers in other regions approached wine growing. By spending time with the best producers, they discovered what it takes to make a superlative wine. *"The aim was not to transpose a particular 'recipe' but to discuss issues, thereby avoiding a lot of mistakes. The word 'creation' takes on a whole new meaning when you are not following in your parents' footsteps."* Excelling in their art form, these two strong-willed wine growers have a steady hand on the tiller. *"The wine industry is all about patience and durability. We move forward generation by generation, our timescale is measured in decades. If we had been aware of this at the outset, we would never have had the audacity to take any risks or even taken the first step on the learning curve."* As staunch advocates of the guild of master craftsmen – or 'compagnonnage' – Françoise and Christophe now train apprentices themselves. Perhaps one day their children will read the records Christophe has kept, of every wine growing season. His logbooks are designed not only to help him further his knowledge of wine making, but also to pass it on to future generations. An intensely intellectual enterprise yet also the result of toil and sweat, Clos Marie continues along its course: full speed ahead.

Domaine Zumbaum-Tomasi

LE PARADIS TERRESTRE DE JÖRG/GUILHEM ZUMBAUM

Pas facile de le trouver dans les parages. Hier à l'ambassade d'Allemagne à Paris. Le lendemain à Berlin avec ses chiens et ses chevaux d'attelage qui l'intéressent autant que le vin : quand il ne brouille pas les pistes en se faisant représenter par Guilhem, l'un de ses fils, Jörg Zumbaum est toujours par monts et par vaux. Logique pour un avocat d'affaires international… même s'il n'est pas inconditionnel du costume-cravate. « *Mon père était vétérinaire dans un village où j'ai vécu au contact des paysans et des animaux. La terre n'est donc pas une découverte pour moi. À la moindre occasion, je viens aider à la vigne.* » Quant à savoir ce qui l'a amené ici… « *J'ai connu ma première femme à Montpellier. Lors d'une balade à Claret, amoureux du vieux bâti, nous avons trouvé une maison que nous avons gardée et agrandie.* » De fil en aiguille, la villégiature s'est muée en domaine viticole. « *En 1985, un berger m'a proposé 25 hectares de terre à l'entrée du village. Je ne savais pas quoi en faire puis j'ai appris que je pouvais planter…* »

Equipe cosmopolite

Aussitôt dit, aussitôt fait ou presque… « *Ayant toujours aimé le vin français, je me suis mis en tête de produire mes propres crus et de les vendre par l'intermédiaire du père Arlès, à Château Lascours. Malheureusement, il est mort avant que nous puissions nous organiser.* » L'idée n'est pourtant pas tombée à l'eau. « *Une fois les corps de logis retapés, j'ai rénové une cave et petit à petit, je suis devenu vigneron et régisseur* » relate Azeddine Bouhmama. Sacré rebondissement pour ce tailleur de pierre d'origine marocaine et à l'époque, buveur de bière. « *Au début, nous étions comme deux aveugles* » sourit Jörg qui lui a laissé toute liberté. « *Persuadés que le vin se vendrait seul, nous avons péché par manque*

Domaine Zumbaum-Tomasi

JÖRG/GUILHEM ZUMBAUM'S
EARTHLY PARADISE

Keeping track of him is not easy. Yesterday he was at the German Embassy in Paris, tomorrow he'll be in Berlin with his dogs and carriage horses, a passion rivalled only by wine; he may even throw you completely by asking one of his sons, Guilhem, to represent him. The truth is, Jörg Zumbaum never stays in one place for long. Admittedly, his career as an international lawyer has got a lot to do with it, although he finds it easy enough to shed his suit and tie. "*My father was a vet in a village where I lived in close contact with farmers and animals. The farming environment is therefore nothing new to me. As soon as I get the opportunity, I come and help out in the vineyard.*" Nevertheless, it is still difficult to imagine what brought him here… "*I met my first wife in Montpellier. We loved characterful stone buildings and were out walking one day in Claret when we found a house. We bought it and then extended it.*" One thing led to another and the holiday home became a wine estate. "*In 1985, a shepherd offered to sell me 25 hectares of land on the outskirts of the village. I didn't know what to do with it but then I found out I could plant vines…*"

A cosmopolitan team

No sooner said than done, or almost. "*I had always loved French wine and I decided I would make my own growths and sell them through Mr. Arlès Senior, at Château Lascours. Unfortunately, he died before we could set up the deal.*" The plans weren't shelved though. "*Once the main dwelling had been restored, I renovated a winery and gradually became a wine grower and finally the estate's farm manager,*" recounts Azeddine Bouhmama. It was quite an amazing career change for this Moroccan stonemason, who

de stratégie » poursuit Azeddine « *d'autant que ce domaine n'a jamais été un gagne pain ni une source de gloire pour son propriétaire.* » Plutôt un plaisir. Le reflet d'une éthique.

Ad vitam aeternam

Car chez cet homme allergique au moindre mégot polluant la nature, le bio a été immédiatement de mise, « *quitte à sacrifier parfois une part de récolte comme en 2002, année de mildiou.* » Aujourd'hui, 80 % de la production s'envole vers d'autres cieux : Allemagne, Hollande, Belgique, Etats Unis, Canada... Et les guides spécialisés se font volontiers l'écho d'un parcours sans faute. « *Après dix sept ans de vinification, je suis rodé et pris au sérieux. L'œnologue dit que le bon dieu est avec moi... Mon secret c'est l'hygiène. Et puis, je parle à mes cuves...* » confie Azeddine. La pierre et le vin sont ses deux amours, mais « *une fois le domaine au top,* jure-t-il, j'aimerai passer à autre chose, donner un coup de main à mes six enfants.* » Avec une quarantaine d'hectares classés en AOC dont sept achetés cette année, la construction d'un gîte à partir de pierres récupérées dans le vignoble et un projet de cave au milieu des vignes : la retraite n'est pas à l'ordre du jour. « *J'ai quand même oublié qu'on vieillissait* » soupire Jörg. Quoique... Ce domaine paradisiaque n'a-t-il pas quelque chose à voir avec l'éternité ?

Les cuvées — The wines

- Clos Maginiai
- Clos Maginiai

---

at the time drank only beer. *"In the beginning, it was a case of the blind leading the blind,"* smiles Jörg, who gave Azeddine free rein to look after the estate. *"Our initial mistake was lack of strategy: we were convinced that the wine would sell itself ,"* continues Azeddine. *"This was probably because the estate was never a source of income or glory for its owner."* It was much more about pleasure, and ethics.

Ad vitam aeternam

With a strong dislike for any kind of pollution – even a cigarette end lying around – Azeddine was instinctively drawn to organic wine growing, *"even if it meant sometimes sacrificing part of the crop, like in 2002 when mildew struck."* Now, 80% of the wines are flown to destinations around the world: Germany, Holland, Belgium, the United States and Canada, to name a few. Specialist wine guides have been quick to pick up on Azeddine's faultless track record. *"After 17 years of wine making, I have proven myself and I'm now taken seriously,"* he says. *"The consultant wine maker says the good Lord is with me... My secret is hygiene in the winery. I also talk to my tanks!"* Stones and wine are the two loves of his life, but once the estate reaches the pinnacle of success, he says, *"I'd like to move on and give my six children a helping hand."* With 40 hectares of vines, including 7 bought this year, all eligible for making appellation wines, a gite in the process of being built from stones collected from the vineyards, and plans for a winery in amongst the vines, no one is talking about retiring. *"I forgot we have to grow old,"* sighs Jörg. But then again, maybe there's something about this heavenly estate that's truly eternal...

Domaine Zumbaum-Tomasi

83 rue des Airs
34270 Claret
TEL   +33 4 67 55 78 77
FAX   +33 4 67 02 82 84
domainezumbaumtomasi@wanadoo.fr
www.vin-zumbaum-tomasi.eu
GPS   N 43,863014 - E 3,906146

230

Domaine Chazalon

LA DOUBLE VIE DE
STÉPHANE CHAZALON

Comme le dieu romain Janus, symbole du passage d'un état à l'autre, son visage a deux faces. Patron d'une entreprise spécialisée en électronique. Et vigneron. Il y a neuf ans, Stéphane Chazalon quittait le groupe qui l'employait pour fonder sa société tout en s'attachant à valoriser un mouchoir de poche : « *Ma femme possédait quatre hectares de vignes à Claret. Quand le métayer s'est arrêté, je suis parti, la fleur au fusil… L'année même, j'ai créé une cave de vinification.* » L'idée lui trottait dans la tête depuis longtemps. Mais entre vouloir et pouvoir… « *J'ai sans doute vécu la crise de la quarantaine* », philosophe ce natif d'Orange, inconditionnel des grands vins et des petits plats maison. « *La période n'était pas euphorique. Certains m'ont conseillé d'investir dans un appartement. D'autres m'ont averti des difficultés qui m'attendaient.* » C'était sans compter une bonne dose de détermination.

Autodidacte audacieux

Epaulé par quelques vignerons du cru, il s'est formé sur le terrain et adjoint les services d'un œnologue. Ce qui ne l'a pas empêché d'expérimenter avec audace : osant une dominante de grenache dans l'assemblage de sa cuvée de base « *Le Gouletier* ». Ou misant sur des carignans octogénaires, supposés peu qualitatifs, pour élaborer un fort joli blanc, avec ce qu'il faut d'acidité. « *Je n'avais pas de repères mais je savais où je voulais aller* », commente-t-il. Son domaine a beau être l'un des petits poucets du Pic par la taille, il n'en demeure pas moins grand par le potentiel de son terroir.

« *J'ai la chance de profiter d'une belle diversité géologique avec sept parcelles dont une syrah en coteaux, exposée au nord, donc marquée par la fraîcheur.* » Calme. Droit. Méticuleux. Stéphane Chazalon revendique une démarche en accord avec Dame Nature : « *Pourquoi voulez-vous prendre un médicament si vous n'êtes pas enrhumé ?* » interroge t-il. « *Je traite tôt et peu. Je ne fais pas d'écimage. Je rogne à la main pour favoriser la qualité et la maturité des raisins. J'aère beaucoup les surfaces foliaires.* »

Papilles en émoi

De ses baies scrupuleusement triées puis vinifiées sans filtration, il extrait élégance et plaisir. Les papilles mises en émoi par le premier-né *Altitude 368*, un grand caviste de la région en avait même fait la razzia. « *Après, c'est une autre paire de manches* », confesse Stéphane Chazalon. « *J'ai passé trois à quatre années difficiles pour me faire connaître, en commettant quelques erreurs de jeunesse. La première année, toute la production était embouteillée au bout de dix mois. Aujourd'hui près de vingt-quatre mois s'écoulent entre la récolte et la mise en bouteille.* » En mélomane, amateur de pop-rock, il va piano. « *La vigne m'a appris à relativiser… Cap sur la qualité, je bâtis petit à petit. Je m'étais endetté pour m'installer : sans mon autre activité, nous n'aurions pas pu vivre.* » Avec la fin de ses crédits en 2015, Stéphane Chazalon pourrait amorcer un nouveau tournant : l'avenir, il l'imagine dans ses vignes… Exclusivement.

Les cuvées

Altitude 658, Le Gouletier

The wines

Domaine Chazalon

STEPHANE CHAZALON'S *DOUBLE LIFE*

Like the Roman god Janus, who symbolises the transition from past to future, Stéphane's face has two sides: on one side is the owner of an electronics company, on the other, the wine grower. Nine years ago, Stéphane Chazalon, originally from Orange in the Rhone valley, left his job to found his own company whilst at the same time giving a pocket-handkerchief vineyard a new lease of life. *"My wife owned four hectares of vines in Claret and when the tenant stopped farming, I nonchalantly decided to take over and build a winery."* He had been mulling over the idea for some time but only now crossed the Rubicon. *"It was probably some kind of pre-midlife crisis,"* philosophises this die-hard lover of great wines and home cooking. *"The economy was fairly weak and some people advised me to invest in an apartment whilst others warned me of the challenges lying ahead."* But they had underestimated Stéphane Chazalon's determination.

An intrepid experimenter

With support from local wine growers, he learnt the ropes through practical experience. Although he recruited the help of a trained wine maker, he nevertheless took the bull by the horns and experimented himself. He blended a majority proportion of Grenache into his bottom-tier 'Le Gouletier' label then took a chance with some 80-year-old Carignan – a much-maligned grape variety – to produce a very appealing white wine with just the right amount of zippiness. *"I had no track record, but I knew what I was aiming for,"* he comments. Admittedly, his estate is small fry by Pic Saint Loup standards, but its soils boast huge potential. *"I am extremely fortunate to have a broad-ranging geological spectrum across my vineyards with 7 different blocks, including a north-facing hillside plot of Syrah that brings lots of freshness."* Stéphane is calm, upright and meticulous and he advocates respect for Mother Nature: *"Do you take medicine when you're not ill?"* he asks. *"I spray little and early. I don't remove the growth tip on my vines and I trim by hand to promote the ripeness and quality of the fruit. I also pluck leaves to improve aeration."*

Overwhelming

He elicits elegance and pleasure from his hand-sorted grapes and his wines remain unfiltered. One of Languedoc's leading wine merchants was so overwhelmed when he tasted the first-born 'Altitude 368' that he bought the entire stock. *"It was a different kettle of fish later on, though,"* confesses Stéphane. *"For three or four years, I struggled to make a name for myself and made some beginner's mistakes. The first vintage was entirely bottled after just 10 months. Now I allow nearly 24 months between harvest and bottling."* For this pop-rock fan and inveterate music lover, rhythm is now everything: *"My vineyard has put things into perspective. My ultimate ambition is to produce quality wines and I am working towards that, one step at a time. I borrowed money to become a wine grower and my other job provided us with an income."* In 2015, Stéphane will finish paying off his loans and his career may well take a new turn: he can now see himself as a full-time wine grower…

Domaine Chazalon
160 Chemin du Gouletier
34270 Saint-Mathieu-de-Tréviers
TEL/FAX +33 4 67 55 37 60
+33 6 76 23 98 38
schazalon@domaine-chazalon.com
www.domaine-chazalon.com
GPS N 43,772806 - E 3,853038

Domaine du Grès

GUILHEM COMMEIRAS
VIGNERON AMBULANT

Vous avez toutes les chances de le croiser à Ganges ou encore au Vigan. En saison, Guilhem enchaîne jusqu'à onze marchés par semaine aux quatre coins des Cévennes. « *Je suis le vigneron camelot du Pic !* » Lancée sur le ton de la plaisanterie, cette petite phrase traduit plus qu'un humour affirmé. Elle illustre une certaine façon de concevoir la vente et les rapports humains. « *Arriver très tôt le matin, déballer, boire un café ensemble en refaisant le monde... Le commerce ambulant représente une grande famille, formée de gens d'horizons très différents. D'ailleurs, je n'aurai pas choisi d'être vigneron sans la perspective d'un contact direct avec le consommateur.* » Un paradoxe pour ce grand timide qui avoue changer totalement de personnage derrière son étal, selon le jour et l'humeur.

Electronicien reconverti

Ses tarifs, eux, n'ont pas bougé d'un iota en quinze ans : « *Mes vins sont d'un rapport qualité prix imbattable*, affirme-t-il fièrement. *Et comme je les vends très jeunes - pour les trois quarts au négoce -, je privilégie les cuvaisons courtes, avec un penchant pour les rouges épicés, sur le fruit.* » Des nectars qui, comme lui, ne se haussent pas du col ! Et pourtant : Guilhem est aux manettes d'une des plus vieilles caves particulières du Pic. « *Depuis mon arrière grand-père, fondateur de la cave en 1930, nous n'avons jamais apporté de raisins en coopérative.* » Electronicien dans une autre vie, il a finalement suivi la trace de ses aïeux. C'était en 1994. « *Mon père a continué à travailler avec moi pendant deux ans. Engagés comme d'autres dans une mutation qualitative, nous nous sommes serré les coudes.* » Le duo

---

Domaine du Grès

GUILHEM COMMEIRAS:
ITINERANT WINE GROWER

You may well bump into Guilhem Commeiras in towns like Ganges or Le Vigan. At the height of the summer season, he has been known to set up his stall at 11 markets a week right across the Cevennes. Dubbing himself the Pic Saint Loup's market trader, his comment is more than just idle banter. It expresses his own personal take on selling wine by connecting with people. "*I love the early-morning start, the unloading, drinking coffee with the other stall holders and putting the world to rights – the itinerant traders are one big family from extremely varied backgrounds. The prospect of engaging personally with customers is what swayed me to become a wine grower.*" It may seem an ironic choice for such a naturally shy person but from behind a stall Guilhem's personality changes to suit both the mood and the setting.

From electronics to wine growing

His prices, however, have not changed an iota in 15 years. "*My wines are unbeatable value for money,*" he admits proudly. "*And because I sell them very young – mostly to wine merchants – I use a short fermentation process and opt for spicy, fruit-driven wines*". They are very low-key, just like their creator, even though he heads up one of the oldest independent wineries in the Pic Saint Loup: "*Since my great-grandfather founded the winery in 1930, we have never taken any grapes to the co-operative.*" Previously an electronics engineer, he decided to follow in his ancestors' footsteps in 1994. "*My father stayed on for another two years. By working together, we could follow the same upward trend in quality as other wine growers.*" The father-and-son duo

avait même planté quatre hectares de melons, en vue d'une diversification : « *à raison de 70 heures de travail par semaine, nous avons abandonné cette idée. C'est à peine si nous trouvions le temps de jouer à la pétanque, la grande passion de mon père* », se souvient Guilhem.

Contre la montre
Lancé à fond dans son métier, ce mordu de course à pied a vécu plus d'une journée marathon. Trop peut-être. « *Je suis resté longtemps le nez dans le guidon, croyant faire fortune dans le vin. J'ai très vite multiplié le chiffre d'affaires par deux. Maintenant j'ai freiné. Bien sûr, je languis toujours d'être lundi pour retourner à la vigne. Mais je vais à l'essentiel, je ne cherche plus à bâtir des châteaux en Espagne.* » Avec une dizaine de cépages plantés sur seize hectares dont sept en appellation, sa philosophie au vignoble est tout aussi claire : il utilise les mêmes traitements et fertilisants qu'en bio, sans le revendiquer pour autant : « *J'aimerais que les consommateurs viennent à moi parce qu'ils ont confiance en mes produits, tout simplement.* » Pour vivre heureux, vivons cachés. Telle pourrait être sa devise. « *Mon père faisait partie des syndicalistes à l'époque de Montredon. Moi, je ne bouge pas.* » Il envisagerait plutôt de se retirer sur la pointe des pieds. « *J'espère passer le relais à mon fils dans de bonnes conditions, d'ici cinq ou six ans. Mais je serai toujours là.* » On n'en doute pas.

Les cuvées
Grande cuvée, Cuvée Classique — Domaine du Grès

The wines

---

even planted four hectares of melons to diversify production but when the workload reached 70 hours a week, they gave up on the idea: *"We hardly found time to indulge in my father's great passion for boules!"* recalls Guilhem.

A race against time
Once his new career course had been charted, this avid long-distance runner spent most of his energy on his wines - perhaps too much. *"For years, I was so engrossed in what I was doing that I couldn't see the wood for the trees. I thought I was going to get rich making wine and I did actually double turnover very quickly, but I've slowed down since then. I'm still desperate to get back to my vineyards on a Monday morning but I just focus on the essentials. I've given up building castles in the sky."* His 16-hectare vineyard, 7 of which are in the appellation area, is planted to a dozen grape varieties. He is just as guileless in the vineyard as he is at the cellar door. He uses the same sprays and fertilisers as organic wine growers but doesn't label his wines as such. *"I want consumers to buy my wines because they trust them."* 'He who goes gently, goes safely; he who goes safely, goes far' is probably the motto that best sums up his character. *"My father was a trade unionist during the protests at Montredon, but that's not my scene."* Guilhem is more intent on gradually passing over a financially sound business to his son in five or six years' time. *"But I'll still be around,"* he says. Of that you can be sure.

Domaine du Grès
242 avenue des Embruscalles
34270 Claret
guilhemcom34@hotmail.fr
TEL   +33 4 67 59 01 27
FAX   +33 4 67 59 06 51
GPS   N 43,861497 - E 3,902705

236

Mas de Farjou

CHRISTIAN JEAN

L'HOMME ENGAGÉ

Les cuvées

**Les Lambrusques,
Clos des Jean de Farjou**

The wines

Il y a des domaines qui vous tapent dans l'œil avant même que vous plongiez le nez dans le verre. Le mas de Farjou fait partie de ceux là. Imaginez, aux portes de Claret, une ancienne métairie restaurée dans les règles de l'art, berceau de la famille Jean depuis quatre cents ans… Christian Jean ne s'est pas contenté d'en hériter. Il a mis un point d'honneur à la faire revivre. Mais de là à coiffer la casquette de vigneron à l'heure de la retraite… « *Cela ne s'explique pas* », rétorque t-il. Seule certitude : sa démarche se veut plus patrimoniale qu'économique. « *Avec deux salariés à mi-temps, une fois les dépenses payées, je n'engrange pas un centime.* » Ce lien indéfectible avec la terre, il le doit à son père. « *Membre du petit groupe fondateur des premiers VDQS*, relate Christian Jean, *il a porté le syndicat du Pic Saint Loup sur les fonts baptismaux.* »

Curiosité

Les raisins livrés jadis à la coopérative rejoignent désormais sa cave où rien n'a changé depuis plus d'un siècle. Ou presque. « *À partir de mon premier millésime, je n'ai pas arrêté de bricoler.* » La qualité principale de Christian Jean, c'est sa capacité d'engagement. Conseiller général de l'Hérault, maire de Claret de 1977 à 2008 : « *Issu d'une génération avide de partager des projets, j'ai voulu offrir un avenir à ce village, pointé du doigt à cause de son retard. Maintenant, quand je me promène avec mes petits-enfants, j'aime leur montrer ce qui a été réalisé.* » Derrière le politique se cache un homme épris de son canton. Un curieux, apte à lire les terroirs au terme d'un cursus qui l'a entraîné de la fac de sciences à un diplôme d'œnologie. Puis de l'enseignement à l'étude de la modification du temps, jusqu'au poste de conseiller en agro-météorologie. « *À une époque où il suffisait de saisir les opportunités, j'ai connu le bonheur parfait.* »

Relève féminine ?

De son vignoble ancré aux éboulis du causse de l'Hortus, il disserte avec un plaisir non dissimulé. « *Je connais l'histoire de chaque souche* », clame-t-il, très fier d'un carignan quinquagénaire, planté avec son père : « *Soumis à une contrainte hydrique très forte liée à la rocaille, il offre une expression très singulière.* » Justement dosés, ses assemblages laissent parler l'équilibre sur la fraîcheur. Avec un petit supplément d'âme : « *J'ajoute symboliquement trente grains de raisins de lambrusque, ancêtre de notre vigne, à ma cuvée éponyme.* » Tout indique chez lui un désir de progresser pétri de sensibilité. « *Le vin a quelque chose de passionnel et de très féminin.* » N'ayant pas de garçon, mais deux filles pour lui succéder, il s'interroge : « *Comment leur conseiller de s'investir dans une activité aussi dure, sachant que quand mon vin entre chez un revendeur, c'est souvent pour prendre la place d'un autre ?* » Perplexe quant au futur, il vit l'instant présent : « *Dans le dernier quart temps de ma vie, je ne vais faire que du vin.* » C'est dit.

Mas de Farjou
34270 Claret
TEL +33 6 09 73 13 92
masdefarjou@hotmail.fr
http://masdefarjou.free.fr
GPS N 43,860532 - E 3,892867

Mas de Farjou

CHRISTIAN JEAN:
A MAN WITH A CAUSE

Some estates are immediately captivating, even before you set foot in the tasting room. Mas Farjou is one of them. Set on the outskirts of Claret, this sensitively restored ancient farmstead has been home to the Jean family for four hundred years. Christian Jean didn't just inherit it, he took pride in restoring it to its former glory. He hadn't necessarily anticipated donning the hat of a wine grower though, especially at retirement age... *"There is no logical explanation,"* he admits. He certainly wasn't driven by financial incentives, *"With two part-time employees, once the overheads are accounted for, I don't earn a penny,"* he says. Instead the drive came from a desire to preserve the family's heritage. He owes his unswerving love of the land to his father. *"As a member of the small group of growers who established the VDQS label for Pic Saint Loup wines, my father launched the local growers' organisation,"* he recounts.

Inquisitive

Grapes that were formerly bound for the local co-operative are now crushed in Christian's own winery where almost nothing has changed for a century. *"Ever since my first vintage, I have been constantly making improvements."* His involvement here is mirrored in his steadfast commitment to local politics, both as county councillor and mayor of Claret from 1977 to 2008. Beneath the politician is a man who is deeply fond of the local area. *"My generation was intent on sharing projects with others. This village had been disparaged for being underdeveloped and I wanted to give it a future. Now, when I walk around with my grandchildren, I'm proud to show them everything that's been achieved."* Being naturally inquisitive, he acquired an in-depth knowledge of geology and soil types by studying science then graduating in wine studies. He went on to teach and then studied changes in weather patterns before becoming a consultant in agro meteorology. *"In those days, there were so many opportunities to be grasped. I was immensely lucky."*

Continuity through the female line?

Christian will invariably wax lyrical about his vineyard, firmly rooted in the limestone scree descending from Hortus ridge. *"I know the history behind every single vine,"* he claims with unconcealed pride, citing a 50-year-old Carignan plot planted with his father. *"Severe water stress due to rocky terrain produces extremely idiosyncratic aromas in the wine."* Judicious proportions of each variety and source in his blends produce balanced wines driven by freshness. He also adds a very personal touch: *"Symbolically, I add thirty grapes from wild vines – or 'Lambrusque' – to the blend of the same name."* Christian is imbued with the desire to progress further yet with the same sensitivity. *"There is something passionate and very feminine about wine,"* he reflects. Having no son to take over from him but two daughters, he wonders, *"How can I encourage them to enter such a challenging profession, especially knowing that if a retailer lists my wine, it is often at the expense of another wine grower?"* With the future still very much up in the air, he concentrates on the present: *"In the last years of my life, I want to make wine."* So that's settled then.

Domaine de Villeneuve

DANS L'UNIVERS GOURMAND
D'ANNE-LISE ET BERNARD FRAISSE

C'est un beau roman, c'est une belle histoire… Un apiculteur de Haute-Loire estivant ses ruches dans les environs a rencontré la fille d'un vigneron. De leur union sont nés deux enfants. Et d'élégants nectars, à l'instar du bien nommé Happy Culteur. « À l'époque, mon père s'est exclamé : « Nous n'allons quand même pas sortir une nouvelle cuvée ; nous en avons déjà bien assez ! » *En fin de compte, le succès a été au rendez-vous* » relate Anne-Lise Fraisse, plus inconditionnelle encore de Fol'envie, quintessence de vénérables syrah vinifiées en barrique. « *C'est l'aboutissement d'un rêve un peu fou : nous avons créé ce vin comme un grand couturier crée un nouveau modèle.* » Valoriser la richesse de son vignoble pour en faire jaillir des pépites et sortir des sentiers battus pour atteindre l'exceptionnel : telle est l'idée fixe de cette battante dont le mari vibre à l'unisson.

Attention constante

« *Je participais déjà à la taille et aux vendanges avant que mon épouse succède à ses parents en 2005. Très vite, la vinification m'a passionné* », se souvient Bernard Fraisse qui brûle de la même flamme depuis vingt-sept ans, sans négliger pour autant ses abeilles et sa collection d'agrumes. Le terroir sur lequel ils pianotent ? des coteaux argilo-calcaires bien exposés dans un cirque naturel. Leur partition ? Cuvaisons longues et pigeages (question de souplesse et de complexité aromatique) assortis d'un traitement de luxe. Une partie de la récolte est ainsi élevée 18 à 24 mois en barrique de chêne français dont l'origine varie selon le cépage et le millésime pour un boisé plus fin. Le tout est vendu en bouteilles au domaine, en GMS et à des négociants. « *Lors de sa dernière récolte avant la retraite, mon père a eu l'intelligence de ne pas s'immiscer* », insiste Anne-Lise, consciente d'avoir été à bonne

---

Domaine de Villeneuve

ANNE-LISE AND BERNARD FRAISSE'S *GOURMET WONDERLAND*

Two decades after the Hollies were singing "*It's all honey and wine now,*" beekeeper Bernard Fraisse first set eyes on the daughter of a local wine grower during the summer migration of his hives to Southern France. Their relationship would see the birth of two children and an array of elegant wines like the aptly-named 'Happy Culteur', a play on the French word for beekeeper. "*At the time, my father exclaimed: "We're surely not going to release another wine, we've got plenty already!" But it was successful all the same,*" recounts Anne-Lise Fraisse, whose true vinous love is 'Fol'envie', a sublime cask-fermented Syrah from the estate's venerable vines. "*As the name suggests, it is the culmination of a somewhat irrational desire to create a wine like a fashion designer tailors a new garment.*" With the unfailing support of her husband, Anne-Lise is driven by a single-minded ambition to produce stellar wines by drawing on an extensive and varied range of vineyard plots. She constantly aspires to achieving her magnum opus by thinking outside the box.

Constant attention

"*Even before my wife took over from her parents in 2005, I was already taking part in pruning and harvesting and I soon developed a passion for winemaking,*" remembers Bernard. Although he still tends to his bees and his collection of citrus trees, his passion for wine has not wavered in 27 years. The couple's hillside vineyards fan out over a natural amphitheatre of clay-limestone soils. Once the grapes are safely in the winery they undergo extended maceration and pumping over to bring out suppleness and aromatic complexity. The top-tier offerings are then hived off for luxury treatment, spending between 18 and 24 months in French oak to ensure the subtlest oak influence.

école. « *Mes parents n'ont pas seulement posé des jalons qualitatifs. Ils m'ont aussi appris à gérer l'exploitation. À 20 ans, si j'avais été plus impliquée, je n'aurais pas été à la hauteur. A 40, grâce à l'expérience acquise, j'ai pu progresser plus facilement.* »

Racines paysannes

Sous son impulsion, plus de 15 hectares ont été repalissés un fil au-dessus, dès la première année : « *L'impact qualitatif s'est fait sentir tout de suite. Dans la même optique, nous arrachons un hectare par an.* » Réfection du caveau, construction d'un hangar de stockage avec panneaux photovoltaïques... bien des choses ont été faites. Sans précipitation. Car plus fourmi que cigale, cette vigneronne investit avec intelligence, préférant gravir les échelons petit à petit. « *Il a fallu que je m'impose dans un monde d'hommes* » résume-t-elle. Dans son mas typiquement languedocien règne une âme paysanne revendiquée : « *Tous deux issus d'un milieu agricole, nous sentons d'instinct si une vigne ou un animal est en bonne santé.* » Simple, d'une hospitalité sans faille, le couple prend le temps de recevoir les visiteurs... Même s'ils sont parfois huit cents lors des marchés à la ferme organisés deux fois par an ! La rançon du succès...

Les cuvées

🍷 Les Verriers, Happy Culteur, Vieilles Vignes, Le Chant des Roches, La Sorbière, Fol'envie

🍷 Les Verriers, Happy Culteur, La Sorbière

The wines

The oak itself is sourced from a range of forests, depending on the varietal and the vintage. The wines are then sold at the cellar door, in supermarkets and to shipping firms. "*During his last vintage before retiring, my father wisely took a back seat,*" comments Anne-Lise, who admits her parents gave her a good grounding for taking over the family estate. "*They not only set benchmarks in terms of quality, they also taught me to run the estate. If I had played a more active part when I was 20, I would have been burnt out by 40, whereas by gradually gleaning experience it was easier to progress at a later stage.*"

Ancestral agricultural heritage

One way she made her mark from the outset was by retraining over 15 hectares of vines by lifting them to a higher wire: "*Quality improved immediately. Similarly, we grub up one hectare of vines every year.*" A number of seminal changes have occurred over the years including the opening of a new winery shop and warehouse clad with solar panels – all at the same stately pace. To paraphrase the famous La Fontaine fable, Anne-Lise is more the prudent 'ant' than the wastrel 'cicada', climbing the quality ladder by investing cautiously but wisely. "*I had to assert myself in a male-dominated industry,*" she also points out. In her typical Languedoc farmhouse, there is an overwhelming sensation of ancestral agricultural heritage: "*We are both from farming backgrounds and can instinctively tell if a vine or an animal is in good health or not*". Hospitality is also second nature for this unassuming couple who will always take time out to welcome visitors, even when 800 people turn up for the farmers' market they hold in their courtyard twice a year! But that's the price to pay for success...

Domaine de Villeneuve

149 Chemin des Horts
Hameau les Embruscalles
34270 Claret
TEL +33 4 67 59 08 66
  +33 6 09 86 47 41
FAX +33 4 67 59 07 76
fraisse.villeneuve@orange.fr
www.domaine-de-villeneuve.com
GPS N 43,869066 - E 3,881279

Domaine de Lavabre

LA BELLE NATURE D'ÉMILIE ET ETIENNE BRIDEL

Les cuvées

Tradition Lavabre,
Les Demoiselles de Lavabre
Château Lavabre

The wines

Dire qu'il y a vingt ans, ce mas était une ruine sans eau courante, ouverte sur une décharge sauvage. A vendre, il avait tout pour rebuter n'importe quel acheteur potentiel. Un chantier colossal en perspective, des devis à faire peur sous les yeux, Olivier Bridel y a pourtant trouvé son saint Graal. « *Amateur de grands crus, des copains vignerons dans le Sud-Ouest... le métier le titillait depuis longtemps,* relate son fils Etienne. *Après avoir sillonné plusieurs régions viticoles, il a eu un gros coup de cœur pour le Languedoc et la beauté du site de Lavabre.* » Sacré tournant pour ce Breton fonceur, l'un des héritiers de la célèbre marque de produits laitiers, passé sans complexe de la chimie pharmaceutique à la vigne ! Embarqués dans l'aventure à 19 et 14 ans, Etienne et sa sœur Emilie se souviennent de leurs premiers week-ends au domaine. « *Nous campions, faute de maison habitable, tout en mettant la main à la pâte* » se souvient cette dernière. « *Comme il n'existait aucun système de traitement des eaux usées, une année, nous avons construit un bassin de récupération : treize heures à six pour couler la chape de béton* », complète son frère.

Démarche de précurseur

Olivier Bridel n'a pas seulement fait du développement durable avant l'heure : « *Il a misé d'emblée sur la qualité, initié l'élevage des millésimes et s'est beaucoup investi dans le syndicat des vignerons* », souligne Etienne. Au départ en retraite de leur père en 2012, le duo fraternel s'est concerté. « *Quand on voit tout ce qu'il a réalisé !* » s'est exclamé Etienne. « *C'est une belle histoire à poursuivre* » a acquiescé Emilie, malgré son envie de devenir photographe. Elle fait encore ses armes à la vigne. Lui possède un solide bagage de maître de chai... Et un outil rêvé : « *L'espace pour les barriques a été rogné dans la roche ; la cuverie, de grosse capacité, permet d'employer la résine, l'inox, le béton, la pierre ou les foudres en fonction de la parcelle et de sa qualité.* » Quant aux vignes d'une moyenne d'âge de 20 ans, elles s'épanouissent dans un cirque naturel - paradis des grimpeurs - au rythme de replantations régulières.

Nouvelle génération

« *J'aime beaucoup le cinsault* » confie Etienne, attentif à 60 ares de vieux ceps. « *Travaillés en macération carbonique avec de faibles rendements, ils apportent beaucoup de rondeur, de douceur, de gras...* » D'une génération à l'autre, le travail accompli a payé, avec une gamme resserrée de cuvées à la souplesse affirmée. Sous leur timidité apparente, Emilie et Etienne dirigent la propriété avec un dynamisme et une détermination exemplaires. Fidèles à une certaine vision. « *Papa avait créé une haie naturelle avec les écologistes de l'Euzière pour favoriser l'installation d'une population d'insectes. Aujourd'hui nous expérimentons une parcelle en prairie pour stopper la colonisation de plantes envahissantes.* » Une nuée de libellules passe. Un concert de rainettes monte de la rivière. A l'ombre d'un chêne multiséculaire, on se croit loin de tout, témoins de la renaissance d'un domaine au charme fou.

Domaine de Lavabre

34270 Claret
TEL   +33 4 67 59 02 25
      +33 6 14 58 16 82
FAX   +33 4 67 59 02 39
emiliebridel@orange.fr
GPS   N 43,869424 - 3,868474

Domaine de Lavabre

ÉMILIE AND ÉTIENNE BRIDEL:
INSPIRED BY NATURE

As you round the corner to Domaine de Lavabre, it is hard to imagine that just twenty years ago the property was derelict with no running water and a pile of rubbish tipped illegally on its backdoor. It didn't tick any of a prospective buyer's boxes, requiring tremendous restoration work with a commensurate price tag, and yet it would become Olivier Bridel's Holy Grail. *"As a lover of fine wines with wine grower friends in South-West France, he had been toying with the idea for a long time,"* recalls his son Etienne. *"After travelling to a number of wine regions, he fell in love with Languedoc and the exceptional location of Lavabre."* Even for this enterprising Breton, heir to the famous dairy empire, switching from a career in pharmaceuticals to wine growing was a major life change. At just 19 and 14, Etienne and his sister Emilie were swept up in the adventure and look back fondly on their first weekends spent at the estate: *"the house was not habitable so we had to camp and muck in with the building work,"* reminisces Emilie. *"As there was no sewerage system, one year we built a waste water basin. It took six of us thirteen hours to lay the concrete base!"* adds her brother.

Pioneering spirit

Olivier Bridel not only advocated sustainable wine growing before it became fashionable, but also *"focused on quality from the outset, aged each vintage and became extremely active in the local growers' organisation,"* stresses Etienne. When their father retired in 2012, the brother and sister duo immediately agreed on their vision for the future. *"When we looked at everything he had achieved"* exclaims Etienne, *"..it was obvious we had to write the next chapter in this beautiful story,"* echoes Emilie. Despite her burning desire to become a photographer, she is now learning the ropes out in the vineyard whilst her brother crafts wines masterfully in their efficient, extremely well-equipped winery. *"The barrel cellar was hewn out of the rock face whilst the extensive winery building houses resin, stainless steel, concrete and stone tanks as well as oak tuns, each one suited to particular plots and qualities of wine."* The vines are regularly replanted and are now an average twenty years old. They thrive in a natural amphitheatre where the only sounds that interrupt the birdsong, are the voices of rock climbers from the overlooking cliff face.

Perpetuating the family ethos

Trained wine maker Etienne admits to being extremely fond of Cinsault and nurtures his minute plot of old vines. *"When you use whole cluster fermentation on low yields, the variety produces extremely round, mellow and fat wines..."* The combined efforts of two generations have resulted in a deliberately restricted range of unashamedly easy-drinking wines. Emilie and Etienne Bridel's apparent shyness belies the exemplary verve and determination they put into running the estate. They remain committed to a particular vision of wine growing: *"Dad planted a natural hedge with the local ecologists' association to attract insects. At the moment, we are experimenting with the use of meadows to prevent the spread of invasive plants."* In this haven of nature, dragonflies hover above the gentle waters of the river that meanders through the estate, resounding with the trill of the tree frogs. Beneath the mighty branches of a centuries-old holm oak, the only sight to contemplate is the indescribable charm of an estate now firmly back on the map.

Mas Foulaquier

BLANDINE CHAUCHAT ET PIERRE JÉQUIER

ÉLOGE DU NATUREL

Le vin n'est pas seulement un breuvage qui tapisse un palais. Il cache aussi un visage avenant, un sourire sans contrainte : celui de vignerons épanouis comme peuvent l'être Blandine Chauchat et Pierre Jéquier. Créateurs d'une gamme de cuvées irrésistibles, c'est d'abord au terroir qu'ils attribuent leur succès : « *Pierreux, aéré, campé à l'extrême nord avec des calcaires de plus de 130 millions d'années, ce sol est propice aux vins de garde.* » Mais il ne serait rien sans l'ardeur de nos têtes brûlées, propriétaires de quinze hectares cultivés en biodynamie (labels AB et Demeter), récoltés manuellement en caissettes et vinifiés naturellement. Le tout en appellation : excusez du peu ! Dingue de bonnes bouteilles, lui était architecte : « *Né dans un village du Jura suisse, je suis revenu à la campagne après avoir bourlingué entre Genève et l'Afrique.* » En 1998, il a craqué pour cette bâtisse ancestrale, nantie de « *vignes certes jeunes et négligées mais sur ce terroir exceptionnel.* »

Grands blancs

Fonctionnaire parlementaire, Blandine, elle, a trouvé sa voie via le club œnophile de l'Assemblée nationale. Au point de passer un BTS viticulture œnologie à Mâcon et de s'installer en Anjou jusqu'à sa rencontre avec Pierre. « *Quitter mes vignes a été un déchirement* », soupire-t-elle, même si une fois à Claret, de vieux grenache et carignan lui ont tapé dans l'œil au lieu-dit Les Tonillières. Ses jus, elle les a vinifiés pendant deux ans au mas Foulaquier avant de rejoindre l'équipe. En cours de route, le couple a ajouté une corde à son arc : des sélections massales de grenache blanc et gris, clairette, bourboulenc et rolle, produites par le seul pépiniériste au monde travaillant en biodynamie. « *Planter pour la première fois, choisir la direction, l'écartement, la taille… quelle*

Mas Foulaquier

BLANDINE CHAUCHAT AND PIERRE JÉQUIER: *AN ODE TO NATURE*

Wine is more than just a mouth-watering drink. Behind every one is the affable face and genuine smile of fulfilled wine growers like Blandine Chauchat and Pierre Jéquier. Although they have crafted a slew of irresistible wines, they ascribe their success first and foremost to the local terroir: *"stony, well-aerated, nestled in the most northerly sites, on limestone dating back over 130 million years, the soils are well-suited to producing wines with real ageability."* However, without the spiritedness of these impetuous wine growers, none of this potential would have been realised. Farming a 15-hectare vineyard – all of which boasts appellation status – using biodynamic techniques (certified organic and biodynamic), they harvest their grapes by hand in small crates and use natural wine making methods. A passionate wine connoisseur, Pierre previously worked as an architect: *"I was born in a village in the Swiss canton of Jura and after travelling many a mile between Geneva and Africa, I decided to return to the countryside."* In 1998, he fell head over heels with this ancient farmstead and its young, albeit neglected vineyards, boasting outstanding potential.

Consummate whites

Originally a parliamentary assistant, Blandine discovered her new vocation through the French National Assembly's wine club. In fact, so all-consuming was her passion for wine that she even studied wine growing and wine making in Mâcon and became a grower in Anjou before meeting Pierre. *"Having to leave my vineyard was truly heartbreaking,"* she sighs, although as a consolation she stumbled across some old vine Grenache and Carignan in a site called Les Tonillières, in Claret. For two years she produced

expérience extraordinaire ! » Et concluante : « *Nos blancs sont atypiques, sans lourdeur. D'une acidité remarquable, ils font penser à ceux de Loire ou de Bourgogne* », savoure Pierre, les yeux brillants.

Le plein d'idées

Seul nuage à l'horizon : des parcelles de syrah victimes du dépérissement inhérent à ce cépage. « *La seule façon de lutter est de revenir aux fondamentaux : sélection massale et greffes plus mécanisables* », estime le duo qui ne jure que par la biodynamie, du cep au verre. « *Outre un impact sur la santé du vignoble, le vin a gagné en pureté. Les levures naturelles travaillent en toute liberté et certains millésimes atteignent une telle perfection que le soufre est inutile.* » Embouteillage, étiquetage, capsulage et mise en carton : chaque bouteille est scrupuleusement contrôlée in situ. « *Maîtriser toute la chaîne nous a toujours paru une évidence* », explique ce couple pêchu à souhait, jamais à court d'idées. Au-delà d'un chai de stockage en bois, Blandine rêve de fonder un hameau de caves fonctionnant à l'entraide et un bar à vins, une fois que leurs enfants auront grandi. « *La création du domaine pèse dans nos équilibres*, conclut Pierre, *mais, fonceurs, nous parvenons toujours à nos fins.* » Affaire(s) à suivre…

Les cuvées

L'Orphée, Le Rollier, Les Tonillières, Les Calades, Le Petit Duc, Gran'Tonillières

Pierre de Rosette

The wines

---

her own wines at Mas Foulaquier before joining the team. In the meantime, the couple added another string to their bow by introducing visually selected, Grenache blanc and gris, Clairette, Bourboulenc and Rolle vines produced by the world's only biodynamic nursery. "*Planting vines for the first time, choosing how far apart and in which direction to plant them, then pruning them, is an absolutely amazing experience!*" The resultant white wines are "*atypical, with no heaviness at all. They show remarkable acidity and are similar in style to those of the Loire or Burgundy,*" describes Pierre, with understandable pride.

A plethora of ideas

The only cloud on the horizon is the degenerative disease common to Syrah vines that has affected part of their own vineyard. Totally committed to biodynamic wine growing, from the vine through to the glass, the couple believes that the only way to overcome the issue is by returning to basics – visual vine selection and a more mechanical way of grafting vines. "*Not only does this have an impact on vine health, it also makes for purer wines. Natural yeasts are free to develop and some vintages achieve such perfection that we don't even have to add sulphur.*" From bottling, labelling and adding the sealing cap, to packing the boxes, every bottle is scrupulously checked on the estate. "*Controlling the entire supply chain has always made perfect sense to us,*" explains a couple with boundless energy and a commensurate amount of ideas. In addition to a warehouse made entirely from wood, Blandine dreams of establishing a cluster of wineries based on a policy of mutual aid, and opening her own wine bar, once the children have grown up. Pierre admits that, "*Establishing a winery has made it hard to keep a balanced lifestyle. But we are very resourceful and we always achieve our aims.*" Watch this space!

Mas Foulaquier
Route des Embruscalles
34270 Claret
TEL   +33 4 67 59 96 94
FAX   +33 4 67 59 70 65
contact@masfoulaquier.com
www.masfoulaquier.fr
GPS   N 43,867715 - E 3,895151

JOËL DESCAN ET CHRISTOPHE DUFFES
SOIF DE GRANDS VINS

C'est le fruit d'une amitié. Celle de Joël Descan, gérant de la distillerie d'huile de cade à Claret et de Christophe Duffes, son beau-frère, éleveur de perdrix à Quissac. Deux profils atypiques, a priori aux antipodes mais que tout réunit. « *Nous aimons la pêche à la truite, la chasse, la tauromachie, la tranquillité et la liberté...* » Fils de viticulteurs et donc « *génétiquement prédestinés* », aspirant au grand air et aux grands vins, ils se sont surtout associés pour créer le clos de la Matane. « *En 2013, le père de Joël lui a légué des vignes sur quatre hectares près du lac de la Matane. Ne pas valoriser ce terroir assez filtrant, bien exposé à l'est aurait été regrettable. Comme je m'occupais déjà d'une toute petite parcelle chez moi, j'ai proposé à Joël de vinifier ses raisins* », rapporte Christophe, gérant du domaine. Gratifié d'une météo capricieuse, de coulures sur le grenache et d'attaques de sangliers, son baptême du feu n'est pas allé sans péripéties.

Bien inspirés

« *Nous mesurerons le potentiel de nos vins quand ils seront en bouteille* », jauge-t-il. Sur cent hectolitres produits, la moitié sera estampillée Pic Saint Loup dont une grande cuvée, conjugaison de temps, d'arômes et de savoir-faire inspiré des plus grands. « *À une époque, nous avions monté une équipe de plantation avec un pépiniériste. Ce qui nous a permis de déguster les vins de domaines*

stars en Languedoc ou dans le Bordelais et de voir comment chacun d'eux travaillait. » Entretenir la terre sans désherbant et labourer en décavaillonnant « comme avant », vinifier le plus simplement possible en restant fidèle à la personnalité des cépages ou privilégier l'emploi de fûts de plusieurs vins… Ces compères ont le geste sûr et une vision claire : « Faire peu mais le mieux possible ». Dans l'immédiat, ils jouent à saute-mouton entre grenache frisant la trentaine et jeunes ceps de syrah et mourvèdre, sans oublier d'étendre leur palette.

Sur les rails

En 2014, 6 000 pieds ont été plantés en chardonnay, gros manseng, chenin et sangiovese, le principal cépage rouge du chianti : « Sur une parcelle non classée en AOP, nous avons eu envie de nous faire plaisir. » Bien d'autres projets sont dans les tuyaux : « Mon beau frère doit acheter de nouvelles terres sur un versant de la colline avec l'objectif d'atteindre dix hectares à long terme. » Il est aussi question d'aménager un bâtiment pour le stockage des vins embouteillés et un caveau, de démarcher les cavistes et restaurants et de s'équiper un peu mieux, notamment en fûts de qualité pour des élevages plus longs. « Nous avons injecté toutes nos économies dans l'affaire. Si nous n'étions pas optimistes, jamais nous ne nous serions lancés à cinquante ans », argumente Christophe. Fier de travailler dans une région qui « en l'espace de trente ans, est passée des vins de table aux grands crus », il n'imagine pas lever un jour le pied. En l'écoutant, on se dit qu'il faut découvrir sans tarder ce jeune domaine à l'ambition de fraîcheur toute affichée.

Les cuvées

Tradition, Réserve

The wines

Clos de la Matane

JOËL DESCAN AND CHRISTOPHE DUFFES: *THE QUEST FOR GREAT WINES*

Clos de la Matane is a story of friendship between Joël Descan, who runs the juniper tar distillery in Claret, and Christophe Duffes, his brother-in-law, a partridge breeder in Quissac. Despite their unusual and seemingly unrelated professions, they have lots in common. *"We both love trout fishing, shooting, bullfighting, peace and quiet, and freedom…"* They are also both sons of wine growers and therefore *"genetically predisposed"* to making wine. They aspire to the outdoor life and drinking great wines, which is how they came to create Clos de la Matane. *"In 2013, Joël's father left him four hectares of vines near La Matane lake. It would have been a crying shame not to take advantage of these relatively well-drained, east-facing vineyards. As I was already managing a tiny plot of vines at my place, I offered to crush Joël's grapes,"* estate manager Christophe explains. Adverse weather conditions, shatter on the Grenache grapes and wild boar intrusions turned their maiden experience into a baptism of fire.

Good credentials

"We will be able to gauge the potential of our wines once they're bottled," he believes. Of the 100 hectolitres produced, half will be stamped 'Pic Saint Loup'. One of these is their top-flight offering which fuses the essence of time, aroma and expertise inspired by top producers. *"In the past, we had set up a planting team in conjunction with a nursery which meant we were able to taste wines from the most illustrious estates in Languedoc and Bordeaux and understand how they worked."* With a clear vision, these two sure-footed accomplices have chosen to manage their vineyards without weed killers and using a soil-inverting plough, *"like in the old days"*. They also strive to keep things simple in the winery, aiming to preserve varietal character and shunning the use of new oak. Their objective is to achieve optimum quality on a boutique scale. At the moment, they leapfrog between Grenache vines bordering on 30 years old and young Syrah and Mourvèdre, but are mindful of the need to broaden their range of grape varieties.

Breaking ground

In 2014, 6,000 Chardonnay, Gros Manseng, Chenin and Sangiovese vines were planted. The latter grape is more commonly associated with Chianti: *"In one non-AOC vineyard, we wanted to indulge our love of wines,"* Christophe explains. Many other projects are already in the pipeline: *"My brother-in-law is planning to buy some hillside plots, with the ultimate ambition of increasing vineyard area to ten hectares."* There is also talk of converting a building for storing bottled wines and opening a cellar door shop, as well as plans to canvass wine merchants and restaurants. They intend to upgrade wine making equipment with particular emphasis on better quality oak casks to extend ageing periods. *"We have poured all our savings into the estate. If we weren't optimists, we would never have started out afresh at the age of 50,"* Christophe insists. He is proud to be able to work in a region which, *"Over the last 30 years has switched from entry-level table wines to great growths,"* and he has no plans to lighten his workload. The freshness of his ideas is mirrored in that of the wines, putting this young estate high on the list of places to visit.

Clos de la Matane
913 avenue des Embruscalles
34270 Claret
TEL +33 6 63 60 66 21
+33 6 24 85 54 44

Domaine de Mirabel

SAMUEL ET VINCENT FEUILLADE

LE VIN EN POUPE

Tannins de soie et texture de velours autour d'un fruit éclatant : ces deux gaillards font dans la dentelle et n'ont jamais connu d'accroc depuis leur premier millésime en 2002, pourtant malmené par la grêle et la pluie. Alors forcément, se procurer leurs vins relève de la gageure. Sauf à s'y prendre de bonne heure. « *Nous avons la chance de vendre presque toute notre production sur réservation* », confirment en chœur Samuel et Vincent, bien plus grisés par leur métier que par le succès. Mais quelle est donc la recette des frères Feuillade ? Rien d'insolite dans l'encépagement à part huit cents souches de petit manseng, censées apporter du peps au blanc. Côté chai, aucun mystère non plus. « *Tous les rouges subissent le même châtiment, ce qui leur confère un air de famille* », plaisante Vincent. Entendez : un tri manuel drastique, une vinification par parcelle avec maîtrise des températures.

Deux en un

Assemblé pendant l'hiver, le jus est entonné en fût ayant déjà servi à plusieurs vins, pour dix-huit mois. « *Au moment où les cuvées s'ouvrent, on les enferme* », reprend Vincent, qui évoque surtout « *l'alchimie avec un terroir magique* », le plus frais du Pic car le plus nordique. Une aubaine pour ces Ch'tis de l'appellation, qui ont ciblé ici des hectares à fort potentiel : chacun une vingtaine sur lesquels ils ont la main haute. Adhérents à la cave de Corconne, ils affichaient déjà la couleur, en marge d'autres coopérateurs : peu de traitements par respect des sols et du fruit, un temps fou passé à tailler sévère ou à vendanger en vert pour limiter le rendement et porter la qualité aux nues. Toujours tirées à quatre épingles, les vignes ont pris le chemin de l'agriculture biologique. « *Un raisin raté ne se récupère pas en cave. Nous nous sommes donc consacrés au vignoble, au vignoble et encore au*

Domaine de Mirabel

SAMUEL AND VINCENT FEUILLADE:
THE WINE IN THEIR SAILS

Samuel and Vincent Feuillade may well be strapping lads, yet their wines – with silky tannins and a velvety texture, framing vibrant fruit – have an unmistakable lace-like quality about them. Their track record has been impeccable since that first vintage in 2002 when hail and rain almost put paid to their hard work. In fact, such has been their success that buying their wines is nigh on impossible for those who don't get their orders in early. *"We are lucky to be able to sell almost all our wine on allocation,"* admit Samuel and Vincent in unison, not so much drunk on success, as on their love for wine growing. So what is the Feuillade brothers' recipe for success? In the vineyard, they grow a classic range of varieties, with the exception of 800 Petit Manseng vines designed to give their white wine a little twist. There's nothing unusual about their winery either. *"All our reds undergo the same gruelling routine, so there's a kind of family likeness about them,"* explains Vincent. By gruelling, he means extremely rigorous fruit selection and fermenting grapes from each plot separately in temperature-controlled tanks.

Double act

After being blended during the winter, the wines are then transferred to casks that have already been used for between five and nine wines for 18 months. *"Just as the wines are beginning to open up, we shut them away,"* jokes Vincent, for whom quality stems from the unique chemistry between vines and an amazing site. This is the coolest part of the Pic Saint Loup appellation, a great advantage for these *"Northerners"* who each tend to around 20 hectares of prime

vignoble, en tenant compte chaque année de tous les paramètres : l'exposition, la charge par pied, le travail du sol, le millésime, la sélection des parcelles, le choix du porte-greffe, le type d'élevage... », énumère Vincent.

Dans la complicité

À vouloir composer avec la nature, des sacrifices, le duo en a fait. Comme celui d'écarter parfois les hectos qui ne correspondaient pas au but recherché. « *Ou de s'abstenir de toute rémunération pendant cinq ans, pour bâtir la cave et investir dans le matériel qualitatif de la cuverie* », glisse Samuel. Leur résolution : « *Commencer petit, en essayant de grimper un à un les barreaux de l'échelle...* » Les six années qui séparent les frangins n'entament en rien leur connivence. « *Avec moi, il faut que ça bouge. Mon cadet est plus modéré, mais on se comprend sans se parler* », analyse Samuel. « *On fait bien les choses ou on ne les fait pas. Voilà pourquoi nous n'avons pas de site internet car nous ne serions pas arrivés à un résultat satisfaisant* », embraye Vincent. Une prise de risques partagée. Une plus grande puissance de frappe. Et la même vision des choses : au domaine de Mirabel, l'union fait la force.

Les cuvées

Les Eclats, Le chant du Sorbier — Le dessert du loup

The wines

vineyards. As former members of the Corconne co-operative winery, they had already nailed their colours to the mast by adopting only minimal spraying to protect the inherent qualities of the soil and fruit. They also spent an inordinate amount of time in their vineyards, pruning their vines hard and removing unripe fruit to reduce crop load, all in the name of optimal quality. Ultimately, their impeccably tended vineyards were converted to organic. "*Substandard fruit does not improve in the winery, so we focus all our efforts on the vineyard and factor in annual variations in areas such as aspect, crop load, soil management, vintage effect, plot selection, choice of rootstock and type of ageing,*" explains Vincent.

Kinship

Giving nature the upper hand has forced the brothers to make sacrifices. Sometimes they have had to reject wines that don't fully meet their requirements. "*We also had to forgo taking a salary from the business for five years to pay for a new winery and quality wine making equipment,*" slips in Samuel. From the outset, they vowed to start off small and gradually work their way up the ladder. Despite their six-year age gap, the brothers are extremely close. "*I need action whereas my brother is more cool-headed but we understand each other, even without words,*" reflects Samuel. "*Either we do things well or we don't do them at all. That's why we don't have a website because we knew we wouldn't be satisfied with the end result,*" adds Vincent. They share the risks incurred, and their strength is that they are greater than the sum of two parts. They also share a common vision – at Domaine Mirabel, unity is strength.

Domaine de Mirabel
30260 Brouzet-les-Quissac
TEL +33 4 66 77 48 88
     +33 6 22 78 17 47
domainemirabel@neuf.fr
GPS N 43,859152 - E 3,989356

Domaine de Sigalière

ANDRÉ MOULIÈRE
L'ŒUVRE D'UNE VIE

Les cuvées

Orchis, les Ammonites

The wines

« *Le vin, c'est un sol, un climat et des hommes.* » Chacun l'aura compris : pour André Moulière, la notion d'appellation a bel et bien du sens. « *On y adhère un peu comme on entre en religion* », prêche-t-il. Avec la foi des convertis, il emploie donc toute son énergie à préserver l'intégrité de son terroir : six hectares de gravettes argilo-calcaires à Corconne et dix autres sur les marnes calcaires de Carnas. Seul mot d'ordre : « *Accompagner la nature* », malgré les risques encourus : « *Une année, le mildiou s'est mis sur mon grenache : je n'ai rien ramassé.* » Sous sa houlette, les vignes ont en effet dit adieu à la pharmacopée et fraternisent avec les touffes d'herbe : « *il s'agit d'aérer et de drainer la terre tout en obligeant les racines de la plante à puiser la minéralité en profondeur. Mais dès que la concurrence vis-à-vis de l'eau s'accentue, je laboure.* »

Du fil à retordre

En cave, seules les levures indigènes ont droit de cité, ainsi qu'une pointe de soufre à l'arrivée des raisins. La vinification s'effectue sans matériel complexe. Au plus près de la matière. Et en présence d'un œnologue. « *Comme le médecin de famille, il soigne les maladies de jeunesse et prépare la croissance de nos jouvenceaux.* » Généreux, corsés, dans leurs premières années mais capables de s'assouplir au fil du temps. Voilà bien des vins à l'image de leur créateur ! Les secrets de cette typicité ? Le tour de main d'André qui avec des rendements dérisoires (vingt hectolitres par hectare), privilégie les macérations délicates comme des infusions et les élevages tout aussi prolongés. « *Rien de grand, de beau, de bon, ne se crée facilement* », considère cet homme exigeant, fort de quarante ans de pratique... et pas seulement viticole.

Fils de berger cévenol, parachuté électricien à Montpellier : c'est ainsi qu'il a débuté, à la fin des années soixante-dix.

Vigneron aguerri

« *La ville n'étant pas faite pour moi, j'ai acheté, avec mon épouse, une partie d'une ancienne métairie où des moines semaient le seigle, ségal en occitan, d'où le nom Sigalière.* » Qu'y entreprendre alors, à part une activité qu'il connaissait par cœur ? L'élevage caprin, complété par la production d'asperges, de fraises et de vin. « *J'ai pris en fermage des terres pauvres situées en coteaux. Tout l'encépagement a été renouvelé, à l'exception du grenache. Des ceps qui, à 70 ou 100 ans, donnent des produits fabuleux.* » Son bagage, il l'a acquis à la coopérative de Carnas. Puis en enchaînant les sessions de formation et les voyages d'études, assez longtemps pour pouvoir voler de ses propres ailes. « *Comme Obélix, je suis tombé dans le chaudron... mais j'ai négligé la communication* » déplore-t-il. Un oubli réparé grâce à la création d'un blog qui recèle quelques pépites. « *Aujourd'hui, ma priorité c'est de transmettre.* » Il n'empêche. En bon épicurien, mordu des bourgogne blancs, il ne cessera certainement jamais d'aimer « *cette vie qui s'exprime à travers le vin* ».

Domaine de Sigalière
La Carnassière
30260 Carnas
TEL +33 4 66 35 50 64
 +33 6 81 03 11 92
andre.mouliere@vins-sigaliere.com
www.vins-sigaliere.com
GPS N 43,842683 - E 3,999623

Domaine de Sigalière

ANDRÉ MOULIÈRE:
A LIFETIME'S ACHIEVEMENT

André Moulière's definition of wine – *"a combination of soil, climate and people"* – reads like the pages of an appellation textbook. A committed disciple of the concept, he believes you enter into it as you would a religious order. His unshakeable faith is reflected in the boundless energy he puts into preserving the inherent qualities of his terroir: six hectares of clay-limestone 'gravette' soils in Corconne, and 10 of limestone marl in Carnas. The basic tenet that underpins his vision of wine is that the grower should defer to nature, despite the potential risks involved. *"One year, my Grenache grapes developed mildew and I lost the entire crop."* Under André's guidance, traditional vine medication has long been superseded by natural vine growing methods and grass now grows amongst his vines. *"Grass aerates and drains the soil whilst at the same time forcing the vine's roots deep into the ground to soak up vital mineral components. As soon as the two start competing for water though, I plough over the soils."*

A perfectionist

In the winery, he only allows native yeasts and a dash of sulphur on the grapes after picking. There is no sophisticated wine making equipment, as that might distort the inherent qualities of the fruit, though a trained wine maker does oversee the winery process. *"Just like the family doctor, he tends to any problems early on, pointing the infant wines in the right direction for a long and healthy life."* Generous and robust in their youth yet capable of mellowing over time, André's wines are a faithful rendition of their creator. Their archetypal character traits are formed by his unique expertise; diminutive yields (20 hectolitres per hectare); delicate, tea-like soaking of the fruit; and extended ageing periods. With forty years experience – not only in wine growing but in farming in general – and extremely high standards, André is convinced that *"creating the greater, more beautiful things in life does not come easily."*

A seasoned wine grower

The son of a Cevennes shepherd, his career got off to an improbable start as an electrician in Montpellier at the end of the 1970s. *"City life was not for me though,"* he recounts, *"and my wife and I bought a mediaeval smallholding where monks used to reap rye – or 'ségal' in Occitan – hence the name Sigalière."* His goat farming background stood him in good stead, and he diversified by planting asparagus and strawberries and making wine. *"I rented some hillside vineyards on poor soils. Everything was replanted except for the Grenache; between 70 and a hundred years old, they produce some fabulous wines."* As a member of the co-operative winery in Carnas he learnt about wine growing, then went on study trips and courses until he felt confident enough to become an independent wine grower. *"Like Obelix,"* he says, referring to the Belgian comic book Asterix, *"I fell in the cauldron… But I failed to engage enough with my clients,"* he admits. He has now made amends by writing a blog, where he occasionally vents some pent-up frustration over local politics… His priority from now on, though, is to pass on his estate and retire. As a true epicurean and Burgundy white wine buff, it seems unlikely however that his love of *"life expressed through wine"* will ever leave him.

Cave coopérative

LA GRAVETTE DE CORCONNE

EN PRISE AVEC SON TERROIR

Impossible de visiter le vignoble du Pic Saint Loup sans s'y arrêter. Ouvert toute l'année, ce caveau ressemble à une ruche où les clients viennent butiner une large gamme de nectars à la réputation bien établie. « *Ce qu'ils achètent, c'est le terroir* », soutient Olivier Masson, président de la Gravette de Corconne. Autrement dit : le fruit d'éclats calcaires broyés par le froid à l'ère glaciaire. Un sol à la profondeur vertigineuse qui, à l'égal des grands crus, alimente la vigne de façon faible mais régulière. « *Le cinsault s'y comporte à merveille, si bien que le VDQS rosé, quasiment synonyme de gravette, a d'abord fait notre renommée.* » Depuis, la coopérative a vu rouge... et blanc. Mais sa ligne directrice est restée la même : « *Dans ce secteur à petits rendements, nous avons toujours cherché à valoriser notre terroir et notre production* », insiste Olivier Masson.

Ultra dynamique

En vingt-deux ans de présidence, il a métamorphosé la structure : embauche d'un directeur commercial, réfection du caveau et nouveaux quais de réception en 1995, équipement en groupe de froid, pressoir pneumatique, thermovinification, etc. Puis construction d'un hangar de stockage des bouteilles, d'un chai à barriques climatisé et de l'actuel caveau en 2005. Autant d'investissements rendus nécessaires par l'absorption de trois caves : Saint-Martin de Londres, Saint-Jean-de-Buèges et Carnas. « *Mais au moment où cette dernière a voulu revenir au vrac, elle a pris la porte* », précise Olivier Masson. « *Olivier a de la poigne, la capacité à fédérer, une bonne connaissance des hommes et du marché. Sans lui, la cave ne serait pas là où elle en est aujourd'hui* » confie en aparté Marc Valette, l'un des coopérateurs. « *Cette dynamique déjà*

Co-operative Winery

LA GRAVETTE DE CORCONNE:
A SENSITIVE APPROACH TO TERROIR

Its winery shop, open all year round, shines like a beacon to passers-by, inviting them in. Customers are drawn to it, like bees to a hive, eager to sample its generous array of 'nectars' that have long-since established their reputation for quality. *"What they're actually buying into is our unique terroir,"* points out Olivier Masson, chairman of the La Gravette co-operative winery in Corconne. Shards of limestone shattered by the Ice Age, and unfathomably deep soils providing regular yet scarce nourishment for the vines - mirroring conditions in the great growth vineyards - form the area's hallmark features. *"Cinsault thrives so well here that our quality rosé, which almost perfectly epitomises the 'gravette' style, became our first flagship wine, despite being only mid-way up on the quality ladder."* Since then, the co-operative has branched out into red and white wines, but its guiding principal has remained the same. *"In an area where yields are low, thereby restricting profitability, we have always sought to sell our wines, and terroir, at a premium,"* explains Olivier.

Extremely active

During his 22-year tenure as chairman, Olivier has brought radical change to the winery. In 1995, he took on a sales manager, revamped both the original winery shop and unloading bays for the fruit. Then in 2005 he installed refrigeration equipment, pneumatic presses and thermo-vinification tanks, before commissioning building work on a new bottle warehouse, air-conditioned barrel cellar and the current winery shop. All of these investments were designed to cater for increased capacity due to the merger with fellow co-operatives in Saint-Martin-de-Londres, Saint-Jean-de-Buèges and Carnas. *"When the latter of these three decided to revert to selling all its wines in bulk, though, it*

en marche quand j'ai repris le vignoble familial en 1998 m'a convaincu. Ici, l'aval conditionne l'amont : les chantiers de récolte sont établis, les raisins sélectionnés selon plusieurs critères. Et le système de rémunération en trente-deux catégories est très valorisant. » Vivant uniquement de la vigne, comme un quart des cent quarante coopérateurs de la Gravette, il va de l'avant : « Je fais partie du petit groupe qui a entamé une reconversion en bio depuis quatre ans. »

Sens de l'accueil

Et ces diables de vignerons ne comptent pas s'arrêter là : en 2010 ils ont signé un accord avec le négociant Jeanjean pour la distribution de la marque Gravette en GMS, secteur traditionnel et à l'export. Ambition ? « Augmenter la part du conditionné pour arriver aux deux-tiers en volume contre la moitié actuellement. » Avec sept caveaux, dont trois hors région, la vente directe reste leur priorité. « Ce qui va nous manquer, ce sont des vignes AOP », analyse Olivier Masson. Car victime de son succès, ce terroir vaut de l'or. « Certains renoncent à acheter, d'autres spéculent et on perd du volume », déplore-t-il. Ce qui n'entame en rien la volonté des vignerons de Corconne de rester acteurs de leur fabuleux territoire. En réunissant par exemple 2 000 personnes début décembre autour d'une fête de l'olivier. Raison de plus pour les rencontrer. Alors en route !

Les cuvées

Tourtourel, Cœur de Gravette, Gravettissime, Vignes Hautes.

Tourtourel

The wines

---

was told in no uncertain terms, to leave," stresses Olivier. *"He has a firm hand"*, confirms co-operative wine grower Marc Valette as an aside, *"He has the capacity to bring people together and manage them effectively. He is also well-versed in market dynamics. The winery would not be as successful as it is without him."* Olivier adds, *"The winery was already dynamic when I took over the family estate in 1998 and I found that very appealing. The market dictates how we work: harvest dates are set by the co-operative, the grapes are selected depending on a number of criteria, and a 32-category payment system rewards the best."* Wine growing is his sole source of income, as it is for one quarter of the 140 member growers, and he continues to look towards the future, with changes such as conversion to organic farming four years ago.

Hospitality

The co-operative continues to move onwards and upwards. In 2010, for instance, it signed an agreement with shipping giant Jeanjean, paving the way for their Gravette brand to be distributed in grocery stores, specialist wine shops and export markets. The overriding ambition is to increase the share of bottled sales to two thirds of total output compared with half now. With seven self-owned stores in other regions of France, direct-to-consumer sales are very much a priority. *"What we are going to lack is AOC-classed vineyards,"* predicts Olivier. Ironically, the winery has become a victim of its own success with vineyards now worth their weight in gold. *"Some potential growers have decided against buying vineyards due to spiralling costs, others speculate and ultimately, we lose out on volumes,"* he laments. The challenge hasn't dampened their enthusiasm, however, and the wine growers of Corconne are as determined as ever to play a proactive part in protecting and promoting their fabulous local heritage. To prove it, every year they welcome 2,000 visitors to their annual olive festival – an excellent excuse for getting out to meet them!

La Gravette de Corconne

30260 Corconne
TEL +33 4 66 77 47 72
FAX +33 4 66 77 13 56
la.gravette@wanadoo.fr
www.la-gravette.com
GPS N 43,871228 - E 3,943630

Domaine Zélige-Caravent

LA (BIO)DYNAMIQUE DE MARIE ET LUC MICHEL

Les cuvées

🍷 Ellipse, Velvet, Fleuve Amour (sur le), Ikebana

The wines

Un vignoble lilliputien légué par son grand-père : c'est de là que tout est parti. Ni plus. Ni moins. « *Il ne restait rien, même le tracteur avait été donné au voisin* », se souvient Luc Michel. « *N'y vas pas, tu ne t'en sortiras jamais* » lui prédisaient ses copains. Ce qui ne l'a pas empêché de tenter le grand saut, depuis son agence de communication basée à Maussane-les-Alpilles. Et ce, sans explication logique : « *La charge émotionnelle liée aux souvenirs n'aurait pas suffit, seule, à me décider.* » Marié et père de famille, ce garçon posé s'est néanmoins gardé de tout emballement : « *Je passais le week-end à la vigne, avant de retourner au boulot.* » Son désir mis à l'épreuve et BPA en poche, Luc est allé droit au but : la biodynamie avec des rendements adaptés, de 15 à 35 hectolitres par hectare. « *Exiger trois pauvres raisins d'un cep en pleine forme ou demander à une vigne chétive de produire plus est un non-sens agronomique* », estime-t-il.

Cépages singuliers

Patient, persévérant, il dorlote aujourd'hui douze hectares à l'aide de bouse de vache, cise de corne et autres tambouilles de plantes ramassées ici et là. Le tout additionné de bon sens ancestral. « *C'est une façon très agréable d'appréhender le métier* », assure-t-il. Et avec treize ans de recul, les effets s'avèrent probants. « *Un jour, un ami de mon grand-père s'est exclamé, béat : mais qu'est-ce que tu y fais à ta vigne ?!* » Cultiver sur un sol le plus sain possible ne suffit pas à ce militant : sa vendange doit encore franchir l'étape de la cave. Aucun intrant n'y est toléré, hormis une dose minimale de SO2. Vinifiés et élevés en cuve, les vins ne sont ni filtrés ni collés. Un travail sans filet, exécuté avec le plus grand sérieux : « *Même si l'esprit demeure, il n'y a pas de recette reproduite d'une année sur l'autre.* » Déjà bien fournie en cuvées d'une précision diabolique, la collection s'est ouverte aux cépages mal-aimés ou insolites, comme l'alicante bouschet, le cinsault ou le chasan.

Patrimoine naturel

Entretemps, Marie, qui refusait d'être simplement l'épouse du vigneron, a mis son talent de peintre au service des étiquettes : toutes différentes les unes des autres, comme peuvent l'être les millésimes. Contaminée à son tour, elle a passé un BPA. « *Tenaces à tendance obtue, nous débattons sans cesse* », admet Luc. Et cela leur sourit, notamment à l'export où la moitié de leurs bouteilles s'arrachent. Tous deux font corps avec ce terroir pauvre et profond, amoureux de leurs 23 micro-parcelles. Des vieilles vignes et des plantiers, en sélection massale de forte densité (huit à douze mille pieds/hectare). Un atelier à ciel ouvert, étagé en terrasses, jalonné de murets, de haies et d'oliviers donnant une huile certifiée AB. A ceux qui se poseraient la question : Zélige fait référence aux mosaïques de gravettes. Et Caravent au caravansérail, cette route des épices, aux sources de la vigne. Parti de zéro, le couple avait toute liberté : y compris celle de se faire un nom.

Domaine Zélige-Caravent
Chemin de la Gravette
30260 Corconne
TEL +33 6 87 32 35 02
contact@zelige-caravent.fr
www.zelige-caravent.com
GPS N 43,872234 - E 3,941144

Domaine Zélige-Caravent

LUC AND MARIE MICHEL:
A BIODYNAMIC COUPLE

A vineyard of Lilliputian proportions bequeathed by his grandfather provided the tiny spark that gradually grew into a full-scale, all-consuming project. *"There was nothing left. Even the tractor had been given to a neighbour,"* recalls Luc Michel. Ignoring advice from his friends, who told him he'd never make a living out of it, he nevertheless decided to take the plunge from behind the desk of his media agency in Maussane-les-Alpilles. There was no logical explanation for the life change: *"I could not have made the decision based solely on the emotional implications prompted by memories."* With a wife and children to consider, he remained level-headed and made the transition gradually, spending weekends in his vineyard before returning to work on Monday mornings. Once he had put his motivation to the test and gained his agricultural technician's diploma, he then pulled out all the stops, switching to biodynamic wine growing and duly reducing vine yields to between 15 and 35 hl/ha. *"Making a healthy vine produce ridiculously low yields or, conversely, trying to make an ailing plant produce higher yields is agricultural nonsense,"* he believes.

Uncommon grape varieties

With patience and perseverance, he pampers his 12-hectare vineyard using cow manure, ground quartz buried in cow horns and concoctions from plants gathered around the countryside, to which he adds a good dose of time-honoured common sense. *"It's a very enjoyable approach to winemaking"*, he claims. 13 years down the line, his experience has produced some compelling results. *"One day, a friend of my grandfather's was so astounded he exclaimed: "How on earth do you get your vineyard to look that good!"*
Growing vines on the healthiest possible soils, though, is only part of this active environmentalist's commitment to nature; his wines also have to pass muster in the winery. With the exception of a minimum amount of SO2, no inputs are allowed and after being vinified and aged in tanks, the wines are neither filtered nor fined. There is no safety net here and work in the winery is therefore taken extremely seriously: *"Even though the underlying ethos stays the same, no tried and tested method can be duplicated from one year to the next."* Already boasting wines of incredible precision, the collection now embraces once-maligned or uncommon grape varieties such as Alicante-Bouschet, Cinsault and Chasan.

Nature's heritage

The labels - each one different to reflect vintage variation - are sensitively created by Marie, an artist who has eschewed the traditional role of the winegrower's wife. She also caught the wine bug and studied to be an agricultural technician. Describing them both as *"headstrong with a stubborn streak,"* Luc admits that they both discuss things constantly. It's a strategy that seems to be paying off, particularly in export markets where half their wines are now flying off the shelves. Together, they are at one with their vineyard and its poor yet deep soils. They are unashamedly in love with their 23 micro-plots, home to both old vines and visually selected, high-density vineyards (from 8,000 to 12,000 vines per hectare) which are yet to come on-stream. Theirs is an open-air laboratory, rising up in terraces and punctuated with dry stone walls, hedges and olive trees from which they produce certified organic oil. Just for the record, Zélige refers to the mosaic of local gravel soils and Caravent the caravanserai or spice route from where the first vines originated. Starting out with nothing except the privilege of freedom they have been highly successful in using this right to make a name for themselves.

Domaine Beauthorey

CHRISTOPHE BEAU
EN ROUE LIBRE

Regard malicieux derrière ses lunettes rondes, il cache bien son jeu. « *Je passe pour un vigneron poète mais aussi un pragmatique qui amuse un peu les uns et les autres* » ironise Christophe Beau, personnage ô combien atypique et d'une intelligence rare. Né à Paris, éduqué en Amérique Latine... « *J'ai suivi une formation d'ingénieur agro à Toulouse mais je n'ai jamais exercé l'agronomie et je n'ai jamais cherché de boulot.* » À l'automne 1979, il traverse Corconne avec son balluchon, file au café, « *lequel me renvoie sur Momo Peyrolle, un paysan libertaire... De manière très subtile, il m'a initié à la vigne et m'a fait acheté 50 ares de vieux hybrides.* » Christophe a mis quelques années pour s'installer : « *j'avais créé une ONG coopérant avec des groupes alternatifs. Je passais quatre mois par an dans le monde entier. J'ai abandonné car c'était devenu une sorte de bureau d'études et je me suis mis à vivre du vin.* »

Economie associante

Sans finances au départ, il a construit son domaine via des partenariats sur le foncier, en échange d'une rétribution en vin et de l'usage collectif des terres : contrat de location de ceps avec des consommateurs (les Cepatou), des cavistes et une association de préservation de vieilles vignes. « *Ce qui m'animait, c'était l'économie du lien, l'économie insouciante qui s'intéresse aux besoins et aux difficultés des producteurs. J'ai monté un réseau de cavistes à Paris dans le même esprit, pour la vente partenariale avec les vignerons. Quand on a en soin un terroir, on ne peut pas laisser les forces du marché décider de tout...* » Ce système économique solidaire, il l'a couplé à des pratiques responsables : « *une agronomie saine, en biodynamie et sans dogmatisme* », des plantations complantées, une mosaïque de cépages de 4 à 77 ans, parfois sous-estimés, oubliés, des ruchers... Il expérimente

---

Domaine Beauthorey

CHRISTOPHE BEAU: *LIVING FREESTYLE*

Despite the impish expression behind his little round spectacles, he plays his cards close to his chest. "*People think I am a poet who makes wine, but also a pragmatic grower who makes them smile a little,*" quips Christophe Beau. There is no denying that he is atypical, and unusually intelligent. Born in Paris, educated in South America, he trained to be an agricultural engineer in Toulouse. "*But I have never worked in agronomy, and never looked for a job.*" In autumn 1979, he was travelling through Corconne with his belongings in a backpack when he stopped off at the village café: "*There, they sent me to see Momo Peyrolle, a broad-minded farmer... In the subtlest possible way, he introduced me to wine growing and encouraged me to buy a diminutive plot of old hybrid vines.*" It took Christophe a few years to become a fully-fledged wine grower: "*I created a collaborative, non-governmental organisation with some alternative groups. I spent four months a year travelling around the world. Then I gave it up because it had become a kind of consultancy. That's when I started making a living from wine.*"

Associative economics

With no seed capital, he built up his estate through property partnership arrangements, paying people in wine and collective use of the land. He set up vine lease contracts, for instance, with consumers (Cepatou), wine merchants and an association for the preservation of old vines. "*I was driven by the desire to establish an alternative economy based on creating networks – a carefree economy which focuses on the needs and difficulties faced by producers. I set up a chain of wine stores in Paris along those lines, so that wines could be sold on a partnership basis with the growers. When you are tasked with looking after the land, you

même « *des formes de domestication plus libres de la vigne* » qu'il cultive comme les étrusques, au milieu d'arbres fruitiers faisant office de tuteurs.

Cohérence globale

« *En vinification je suis resté sur cette base que j'ai vaguement comprise. On met le raisin dans la cuve et on tourne les talons. Puis, matin et soir on regarde ce que la cuve nous demande de faire.* » Certains jugent ses vins un peu rustiques, déroutants : « *moi je les dis vernaculaires, faits avec le temps qui passe et les moyens du bord.* » Christophe avance définitivement hors des sentiers battus. Depuis 2011, il anime un collectif de travail sur son domaine : « *quelques copains, mon fils kiné qui a deux hectares à Corconne... Chacun intervient selon ses compétences et ses envies. C'est un moyen pour moi de poursuivre ce vaste chantier technique, économique et social que je mène depuis plus de trente ans.* » Aussi ancré à son terroir qu'il est « *agro nomade* », il vit la moitié de l'année au Chili où il fait un peu de vin avec des paysans. Amoureux des agricultures paysannes, il prend facilement la plume comme dans « *La Danse des ceps* » pour relater ses tribulations et son approche originale du métier. « *La vie m'a amenée au vin mais le vin m'a appris la vie.* » La sienne n'est pas dépourvue de sens...

Les cuvées

Bella Parra, Pleine Lune, Danse des Ceps

The wines

265

cannot let market forces dictate everything..." Alongside this system of mutual economic development, he introduced an environmentally-friendly approach to wine growing: wholesome biodynamic farming methods, with no rigidity attached; mixed vine plantings; a mosaic of vines aged from 4 to 77; occasionally underrated or forgotten grape varieties; and bee hives. Now he even experiments with freer forms of domesticating vines, which he grows like wild vines with fruit trees used as stakes.

A holistic approach

"*In the winery, I still follow the same guiding principle, which I only half understand: you put the grapes in the tank and then you turn tail. Then, mornings and evenings, you look at what the tank is asking you to do.*" Some people consider his wines to be on the rustic side, disconcerting even: "*I say they are 'vernacular' wines, made with the passing of time and the means available.*" Christophe is anything but mainstream. Since 2011, he has been running a peer production scheme at the estate: "*Everyone – that is, a few friends and my son, who is a physiotherapist and owns 2 hectares of vines in Corconne - chips in depending on their skills and what they want to do. This is my way of continuing with a substantial technical, economic and social project that I have been rolling out for over 30 years.*" He has put down deep roots in the Pic Saint Loup, and yet describes himself as a "*nomadic farmer*", spending half the year in Chile, where he makes some wine with the local growers. A lover of small-scale farming, he often puts pen to paper. In 'The dance of the vines', he recounts his tribulations and unusual approach to wine growing. "*Life has led me to wine, but wine also taught me about life.*" For Christophe, wine has made life particularly meaningful.

Domaine Beauthorey
*Chemin neuf
30260 Corconne*
TEL +33 4 66 77 13 11
     +33 6 21 74 44 86
*beau.corconne@wanadoo.fr
www.beauthorey.com*
GPS N 43,873262 - E 3,939030

Champions de micro cuvées

Au nombre des vignerons du Pic Saint Loup figurent quelques oiseaux rares : ceux qui par nécessité (notamment s'ils débutent) ou par choix, produisent des vins en toute petite quantité, sur de très petites surfaces et bien souvent avec des moyens limités mais toujours le même soin !

Un vignoble en effervescence

Un terroir de qualité, une dynamique humaine, un cadre de vie séduisant… Le Pic Saint Loup a tout pour plaire si bien que chaque année, de nouvelles têtes viticoles y font leur apparition. Pour la récolte 2013, neuf déclarants supplémentaires (en cave particulière ou coopérative) ont été enregistrés. Et le mouvement ne devrait pas s'essouffler compte tenu du futur passage en appellation et de l'extension de l'aire. À Claret, le Mas Del Ranq est déjà dans les « *starting blocks* » : fief d'une seigneurie mentionnée dès le XIe siècle, cette ancienne exploitation agricole (bergerie, magnanerie…) fait l'objet de travaux de rénovation et de remise en état du vignoble. « *L'objectif est que mon fils puisse s'installer dans quatre ans, après son diplôme d'œnologie* » annonce Arnaud Freychet, actuel propriétaire des lieux.

Championing the micro winery

Amongst the more established wine growers of Pic Saint Loup is a clutch of unconventional producers who, out of either necessity, as fledgling growers, or choice, produce wines in extremely limited quantities from boutique vineyards. Despite their limited means, they lavish the same care and attention on their wines as their fellow producers.

A booming wine region

A prime environment for growing vines, with a dynamic community spirit and hugely appealing quality of life – the Pic Saint Loup has all the prerequisite ingredients to continually attract new wine growers. For the 2013 harvest, 9 new growers (both independent and co-operative) were listed. With the area poised to secure its own appellation and increase acreage, the trend is unlikely to decline. In Claret, Mas del Ranq is already on the starting blocks. Part of an ancient manor mentioned back in the 11th century, this former farm – with sheep and silk worm barns – is currently being restored, as is its vineyard. *"The aim is that our son can become a wine grower in four years time, once he has graduated in oenology,"* says Arnaud Freychet, the property's owner.

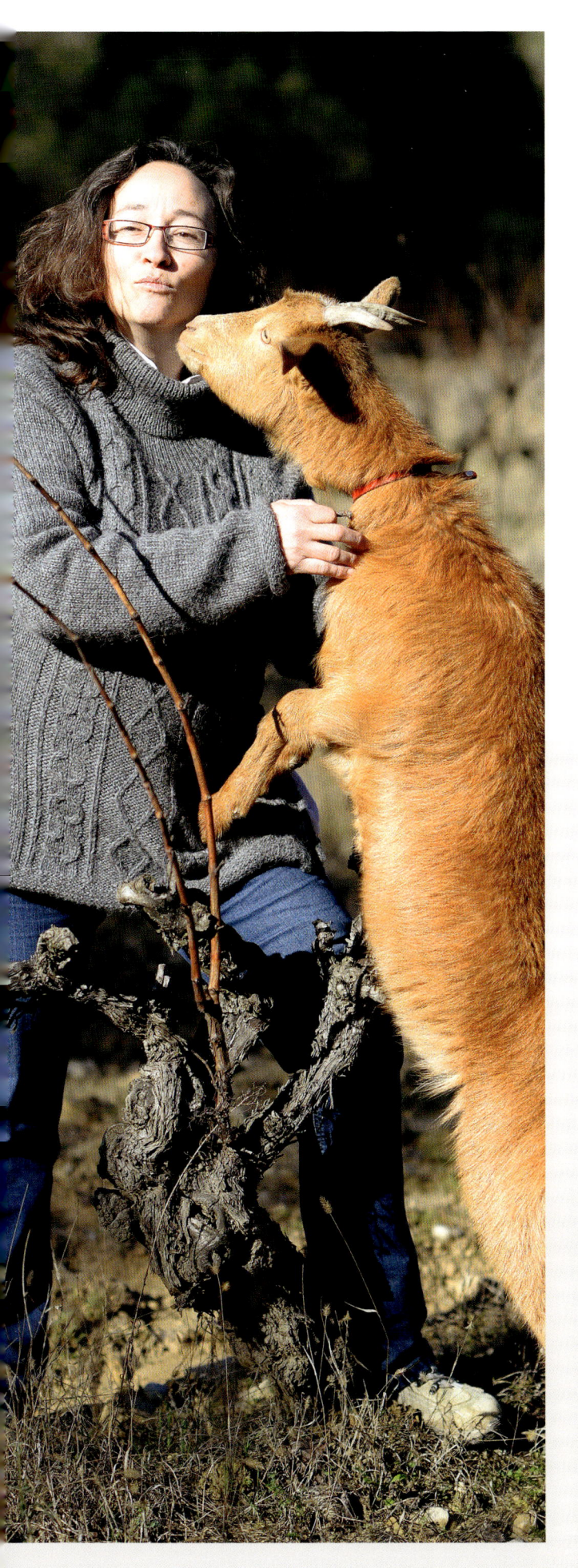

Marie Danièle Brubach, les fruits de la passion

« J'adore être dehors ! » Une chèvre sur les talons, Marie Danièle ne peut s'empêcher d'admirer le décor. Deux hectares en fermage sur Lauret et Claret qui font la joie d'une poignée de privilégiés, via Regain son unique cuvée. « *Alliance de syrah, grenache et cinsault, elle est puissante mais très équilibrée.* » Rien à voir avec son premier jus... « *Attirée par le vin, à 34 ans j'ai profité d'un congé parental pour passer de la région parisienne au Languedoc et d'un BTS tourisme hôtellerie à un BPREA*.* » Rétive aux contraintes -tel le palissage-, obstinée, elle ne levure pas, pratique macérations courtes et élevages longs. « *Un jour je possèderai une cave* » lance-t-elle. Pour l'heure, elle vinifie au château de Cazeneuve dont elle est aussi salariée : « *jonglant entre les taches administratives, le commercial et mes vignes, j'ai trouvé un équilibre moral et financier.* » Et des pistes pour le futur : grâce à un bail emphytéotique au causse de l'Hortus, elle espère planter du blanc... et des arbres, par goût pour les jardins de curé. « *Je n'ai pas la carrure pour gérer une grosse exploitation.* » Mais du talent, certainement. **TEL : + 33 6 63 10 16 61**

(**Brevet professionnel responsable d'exploitation agricole*)

Marie Danièle Brubach: The Fruits of Passion

"*I love being outside!*" With her pet goat tagging along behind her, Marie-Danièle Brubach can't help admiring the scenery. Her two hectares of leased vineyards in Lauret and Claret bring pleasure to a select group of honoured wine lovers. She only makes one wine, Regain, which is, as she describes it, "*a blend of Syrah, Grenache and Cinsault, that is powerful yet very well-balanced*". It is light years away from her first attempt! "*When I was 34, I was interested in wine and took advantage of parental leave to ditch my diploma in hospitality and tourism, head out of Paris for Languedoc and study farm management.*" With an aversion to any kind of constraint – such as training vines – and the determination to forgo non-native yeasts, she also prefers short maceration and lengthy ageing. "*One day, I will have my own winery,*" she says categorically. At the moment, she makes her wines at Château de Cazeneuve, where she is also an employee. "*I juggle administrative and sales tasks with the demands of my own vineyard. At last, I have achieved the right emotional and financial balance.*" There are also plans for the future: a long-term lease on Hortus ridge means she may be able to plant some white varieties, as well as some trees to indulge her love of cottage gardens. "*I don't have the stature to manage a large wine farm,*" she says modestly, but what she does have is talent. **TEL : + 33 6 63 10 16 61**

Agnès Bourgeron-Duprat, approche hédoniste

Fière maman de deux grandes filles, Agnès l'est tout autant de son dernier (ou plutôt premier) né, Le baiser de la vigne : près de six mille bouteilles d'un mariage syrah-grenache reconnaissables à leur dessin original. Et pour baptiser son domaine, cette parisienne d'origine, languedocienne de coeur, n'a pas cherché midi à quatorze heures : La Fournaca, du nom du lieu où se trouvaient ses vignes. « *Diplômée des Beaux-Arts, en ethnologie et en sociologie, j'ai enchaîné les petits boulots après un divorce. Robert Gaffinel cherchait quelqu'un pour épamprer. Je ne savais même pas de quoi il s'agissait...* » Ouvrière viticole, elle prête main forte depuis, à différents domaines tout en gérant le sien. « *Passer du rôle d'exécutante à celui de décideuse est agréable.* » Mais aussi déroutant : « *j'ai planté un verger pour m'approprier cette terre.* » Tandis qu'elle taille la vigne, Gilles, son compagnon, chercheur au Cirad, s'escrime en cave : « *celle de Valcyre-Gaffinel, en attendant d'avoir la notre* » Angoissée mais pas inquiète... « *J'ai été élevée dans l'idée que la vie était faite d'expériences et non pas d'échecs.* » Même si son domaine atteint un jour quatre hectares, son credo restera le même : « *le plaisir avant tout.* »
TEL : + 33 6 10 42 14 54

Agnès Bourgeron-Duprat: A hedonistic approach

The proud mum of two grown-up daughters, Agnès is just as proud of her last, or rather, first-born: '*Baisers de la Vigne*'. She produced almost 6,000 bottles of this Syrah-Grenache blend and chose a highly unusual label to dress them. A Parisian by birth who fell in love with Languedoc, she kept things simple when choosing a name for her estate: La Fournaca, after the name of her vineyard. "*I graduated in Art, Ethnology and Sociology, and had lots of casual jobs after I got divorced. Robert Gaffinel was looking for someone to 'desucker' his vines. I didn't even know what that meant!*" She has helped out at many estates as a vineyard labourer since then, whilst running her own property at the same time. "*It's very satisfying to go from being the underling to the decision-maker.*" It's also quite daunting: "*I planted an orchard so that I could get a sense of ownership of the land.*" Whilst she is out pruning her vines, Gilles, her partner, a research scientist for research centre CIRAD, slaves away in the winery – not yet their own, but borrowed space at Château Valcyre-Gaffinel. Agnès says she is anxious but not worried: "*I was brought up to believe that life is about new experiences and not failure.*" Even though she is aiming for 4 hectares under vine in the future, her ethos will remain the same: "*Pleasure comes first.*"
TEL : + 33 6 10 42 14 54

Julien Martinez, mini clos maxi délice

C'est l'un des derniers nés du paysage gourmand du Pic et déjà une référence pour les amateurs de goulots cousus main. Sauf qu'avec 1 200 à 1 500 bouteilles disponibles, les plus rapides sont les premiers servis ! « *J'en vends aux amis et au bar à vins de Cazevieille* » résume Julien Martinez que ce constat n'ébranle pas. « *Il y a quarante ans, mon père a acheté un morceau de terrain à Cazevieille pour y construire sa maison. En 2005, il a voulu se faire plaisir en créant la cour du Loup, inspiré par un père et un grand père viticulteurs. Seulement, il n'avait pas mesuré le travail que cela demandait.* » Un compte en banque limité mais du tonus à revendre : Julien a pris la relève et vinifié son premier Pic Saint Loup en 2012. Entre un clos lilliputien (0,563 hectares !) et un hangar reconverti en cave, l'expression « *vin de garage* » lui va comme un gant. Autant dire qu'il n'en vit pas : « *pour le moment je perds plutôt de l'argent. Mais j'ai une autre activité, celle d'artisan cuisiniste. Du moins à l'heure actuelle car je suis un peu touche-à-tout.* » Du vin, ce néo vigneron un peu sauvage a fait une source de satisfaction personnelle. « *Nul ne sait ce que l'avenir nous réserve : je m'agrandirai peut-être.* » C'est tout le mal qu'on lui souhaite. **TEL : + 33 6 51 76 34 67**

Julien Martinez: Mini vineyard, maximum pleasure

Julien is of the latest newcomers to the Pic's artisan wine scene, and he has already garnered a reputation amongst connoisseurs for his hand-crafted offerings. The trouble is that with just 1,200-1,500 bottles available, it is pretty much a case of first come, first served. *"I sell some to friends and to the wine bar in Cazevieille,"* explains Julien, unfazed by the prospect of handling sales. *"Forty years ago, my father bought a plot of land in Cazevieille to build a house. In 2005, he wanted to indulge himself by creating the estate he named 'Cour du Loup', inspired by a father and grandfather who had been wine growers. He hadn't realised just how much work would be involved, though."* Julien's bank account may have its limits but his energy is boundless. He took over from his father and produced his first Pic Saint Loup in 2012. With an enclosed vineyard of Lilliputian proportions (0.563 hectares!) and a shed converted into a winery, the moniker 'garage wine' suits this operation to a tee. Obviously, he can't earn a living from it: *"At the moment, I'm actually losing some money, but I also work as a kitchen fitter. Well, that's my current job, but I've tried my hand at lots of things."* As a novice, and somewhat maverick wine grower, he has turned his new activity into a source of personal pleasure. *"Who knows what the future will bring - perhaps I'll expand."* There certainly could be worse things in life.
TEL : + 33 6 51 76 34 67

NB : Pour des raisons de stratégie de communication personnelle, la famille Orliac, propriétaire du Domaine de l'Hortus à Valflaunès, n'a pas souhaité figurer dans la partie portraits de cet ouvrage.

NB : *Due to its own, personal media strategy, the Orliac family – owners of Domaine de l'Hortus in Valflaunès – did not wish to feature in the wine growers' portrait section of this book.*

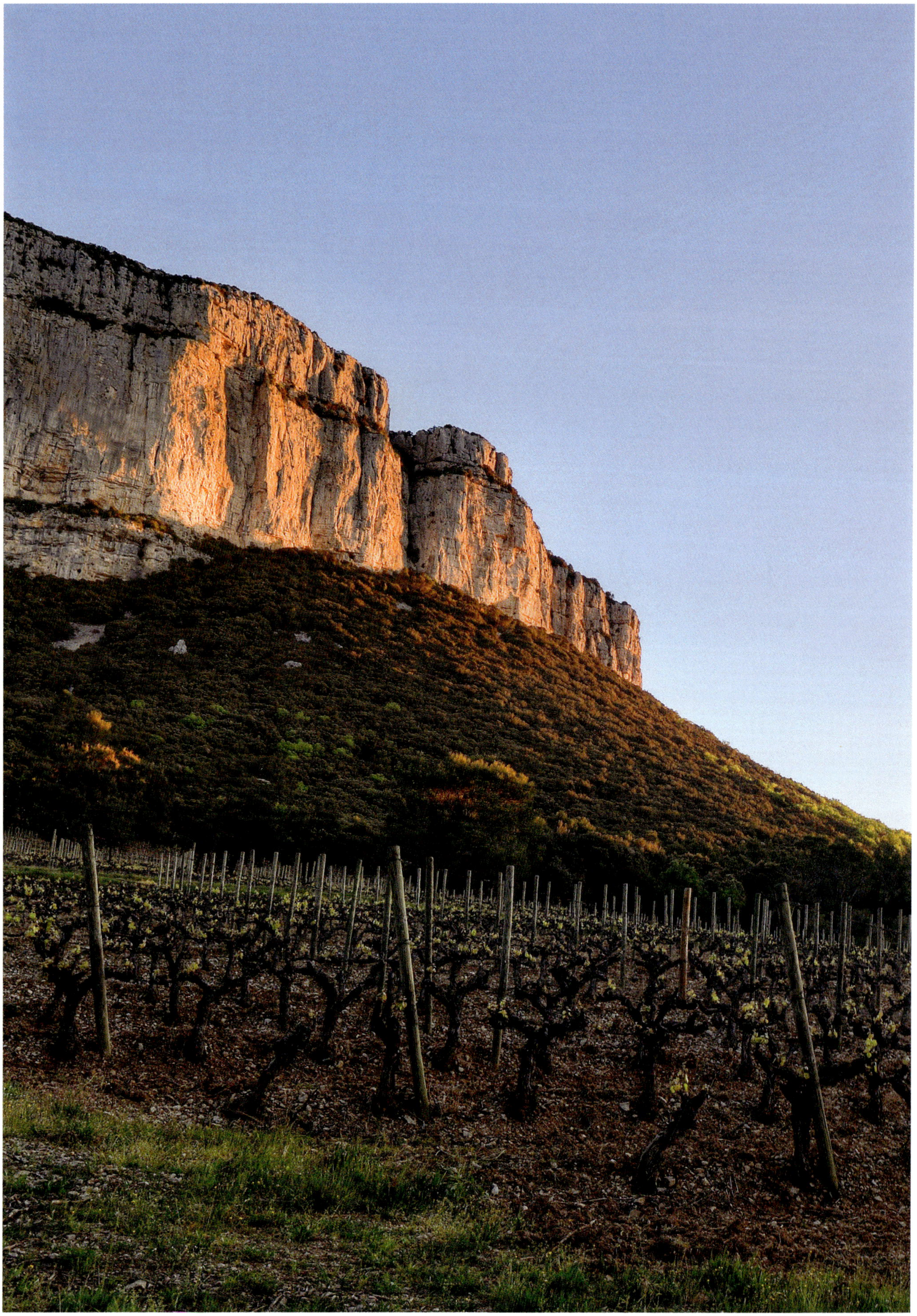

Chapitre 3 / Chapter 3

SÉJOURNER
ORGANISE YOUR STAY

Oenotourisme et bonnes adresses…

Wine tourism and tips on accommodation, eating out and shopping

ÉVÉNEMENTS
EVENTS

Art au sommet
Mythique, magique… Le Pic Saint Loup a inspiré et inspire encore de nombreux artistes comme en témoigne la sélection de peintures figurant dans ce chapitre.

Vignes buissonnières

LA BALADE DES ŒNOPHILES HEUREUX

C'est sans conteste l'une des plus belles réussites œnotouristiques de la région, fruit d'une démarche pionnière du syndicat d'appellation : une fois par an, le deuxième week-end de juin, le Pic Saint Loup convie le grand public à des « Vignes buissonnières ». Le principe est simple : chaque participant se voit remettre un chapeau de paille ainsi qu'un sac bandoulière contenant couverts, verre, carnet de notes et crayon. Et c'est parti pour 5 à 6 kilomètres de marche au cœur des vignes, ponctués de six haltes gourmandes conçues par un chef et mitonnées par le traiteur Délice des Princes. Une occasion unique de rencontrer les producteurs de l'appellation tout en admirant le paysage dans une joyeuse ambiance ! Pour la première édition, en 2000, ils n'étaient que quelques centaines. Désormais, 3 200 personnes répondent présent sur deux jours… Sans risque d'embouteillage car les départs ont lieu tous les quarts d'heure. L'organisation qui mobilise les vignerons des semaines durant, est maintenant bien rôdée. La balade propose chaque année un circuit différent. Et le concept a fait des émules dans d'autres vignobles. Mais pour en profiter, il faut se dépêcher : bien avant le jour J, les places s'arrachent comme des petits pains ! **TEL +33 4 67 55 97 47** | www.pic-saint-loup.com

Vignes buissonnières

A WALK ON THE WILD SIDE

Without a doubt, the Vignes Buissonnières is one of the region's most successful wine experiences and demonstrates the sense of initiative of the local growers' organisation. On the second weekend of June, growers send wine lovers off on a day-long stroll through the vineyards, equipped with straw boater and a neat little bag containing essentials for the day – a wine glass, cutlery and a tasting booklet. The 5-6 km-long walk is punctuated by a six-course lunch of gourmet standard, served amidst the vines by an extremely efficient catering company, Delice des Princes. Designed by a chef, the meal is washed down with wines from the appellation's 50+ wine growers with a backdrop of amazing scenery and good humour all round. The first Vignes Buissonnières in 2000 attracted a few hundred people, a number which rapidly grew to today's 3,200 visitors over the two-day event. The organisers ensure everything runs smoothly by staggering departures, with one every 15 minutes, and most local growers work tirelessly for weeks beforehand, clearing and marking paths through the herb-scented *garrigue* and vineyards. The concept is so successful that tickets are at a premium and other appellations have followed suit! **TEL +33 4 67 55 97 47** | www.pic-saint-loup.com

Festa de la Vendemia
VIN ET CULTURE

Festive, culturelle et populaire : depuis 2008, la Festa de la vendemia célèbre en octobre, la fin des vendanges. Dans les rues de Valflaunès, les vignerons font déguster leurs vins dans des verres sérigraphiés vendus à l'accueil. Artisans et produits du terroir sont aussi au rendez-vous. Sans oublier de multiples animations : ateliers de dégustation, promenades attelées en char à bancs, défilé de la confrérie des Chevaliers de l'Aïssette, musiques de rue, danses traditionnelles, repas gastronomique, jeux pour enfants… Mais aussi des expositions autour du patrimoine et de l'histoire de la viticulture dans les remises du village. Car l'ambition des organisateurs - l'association Culture et Vin en partenariat avec la commune, le syndicat du cru et de nombreux bénévoles - dépasse la simple promotion du terroir. Faire perdurer l'identité locale et la raconter aux plus jeunes : cette idée lumineuse attire entre 3 000 et 5 000 visiteurs chaque année.
TEL +33 4 67 59 91 40 | www.festavendemia.sitew.com

Jean-Christophe Donnadieu, Et In Arcadia Ego. Peinture sur papier, 180 x 120 cm, collection particulière. *Painting on paper, 180 x 120 cm, Private Collection*

Artistic inspiration
The mythical and magical Pic Saint Loup mountain has inspired and continues to inspire myriad artists as revealed in the selection featured in this chapter.

Festa de la Vendemia
WINE AND CULTURE

Launched in 2008, the Festa de la Vendemia has become a popular, cultural celebration of the end of the harvest in October. Wine growers line the streets of Valflaunès, proffering tastings of a selection of their wines in specially-engraved glasses which visitors buy for the occasion and take home as a souvenir. In addition to stalls laden with local specialities and crafts, the festival offers tasting workshops, horse-drawn cart rides, a procession of the Chevaliers de l'Aïssette brotherhood, street music, traditional dancing, a gourmet meal and children's games. Several barns throughout the village also house exhibitions on local history and wine growing. The festival is more than just a fun day out: its organisers, Culture et Vin, in conjunction with the growers' organisation, the village council and many volunteers, aim to protect and promote the local wine growing identity, partly by reaching out to a young audience. This commendable initiative attracts between 3,000 and 5,000 visitors every year.
TEL +33 4 67 59 91 40
www.festavendemia.sitew.com

DU CÔTÉ DES VIGNERONS
AT THE CELLAR DOOR

ENTRE CEPS ET RAMEAUX

Question œnotourisme, en plus des nombreuses animations proposées au caveau, les vignerons de Corconne ont plus d'un tour dans leur chapeau. En témoigne un circuit de découverte pédagogique du vignoble, ponctué de curiosités (parcours facile de 14 km ou variante de 11 km au départ de la cave). Les adeptes de VTT peuvent même croiser ce sentier en empruntant « Le tour des Coulondézes ». Deux temps forts rythment également l'année, à commencer par la foulée des vendanges en septembre. Foulées des coureurs, mais aussi des vendangeurs en herbe qui pressent leur récolte à l'ancienne et des visiteurs autour des stands de produits du terroir ! Avec une centaine d'exposants, la fête de l'olive est l'autre événement à ne pas rater. Démonstrations de taille et de pressage d'olives, marché, concours, conférence, visite du moulin à huile, défilé des Chevaliers de l'olivier... Le deuxième week-end de décembre rend hommage au fruit emblématique qui a fait vivre ce village pittoresque, des siècles durant.

FROM VINEYARDS TO OLIVE GROVES

When it comes to attracting visitors, the co-operative wine growers of Corconne have more than one trick up their sleeve. In addition to a wide range of events at the winery store, they have also designed an educational vineyard trail that covers 14 km and takes in a host of unusual sights. For serious walkers, another 11 km trek departs from the winery and meets the Coulondézes cycle way for mountain bike fans. The winery also organises two major events during the year, starting with its harvest festival in September. The festival not only welcomes stalls selling local produce and budding grape-treaders who press their grapes in the old-fashioned way, but also those who like to tread tarmac, for whom a run is organised. Another event not to be missed is the annual olive festival on the second weekend in December which pays homage to this iconic fruit which ensured the village's livelihood for centuries. Attracting around 100 stallholders, the festival holds pruning and olive pressing demonstrations, competitions, conferences, a visit to an olive mill and a procession of the Olive Fraternity.

Office de tourisme Quissac-Sauve | *Quissac-Sauve Tourist Information Office* - TEL +33 4 66 77 11 48

LA QUINZAINE DES AUGUSTINS

Dégustation des nouveaux millésimes (et de quelques millésimes anciens) autour de fromages et de charcutailles, exposition de peinture, visite de la cave et découverte des méthodes de travail en biodynamie... Pendant deux semaines, en mai et décembre, le Clos des Augustins ouvre grand ses portes.

OPEN WEEKS AT CLOS DES AUGUSTINS

For two weeks, in May and December, Clos des Augustins throws its doors open wide to host wine tastings, exhibitions, winery visits and wine growing demonstrations for the public. New and old vintages can be sampled with a selection of cheeses and cold meats, and light is shed on seemingly arcane biodynamic wine growing techniques.

Clos des Augustins (Saint-Mathieu-de-Tréviers) | TEL +33 4 67 54 73 45 | www.closdesaugustins.com

Ernst Ohst, Chapelle d'Aleyrac - Aquarelle - 35 x 46,5 cm - Collection Zumbaum
Ernst Ohst, Chapel of Aleyrac - Watercolour 35 x 46.5 cm - Zumbaum Collection

C'EST DANS LA BOÎTE

Lancé à fond dans l'œnotourisme, ce domaine a mis au point un panel original de coffrets cadeaux. Au programme : découverte (balade vigneronne, initiation à la dégustation ou découverte de l'exploitation), rencontre (circuit avec repas en table d'hôtes, accords mets et vins ou balade équestre), escapade (journée avec repas dans les vignes, dégustation et œnologie ou perfectionnement à la dégustation) et vie de vigneron avec stage (taille, vendanges...), participation à la dégustation et à l'assemblage des millésimes, séjour vigneron, ou même...adoption de pieds de vigne. Il y en a pour tous les goûts et tous les budgets. Il suffit de choisir sa pochette et de l'offrir. Ou d'en profiter ! Sur place, de nombreuses animations attendent les visiteurs toute l'année.

THINKING INSIDE THE BOX

As one of the appellation's most active proponents of wine tourism, Mas de l'Oncle has designed a unique collection of gift boxes covering an entire range of activities from introductory to advanced level. Wine trails and an introduction to wine tasting and wine making are the first tier, moving up to more involved experiences such as food pairing demonstrations, advanced wine tasting courses, horse rides through the vineyards and lunch amongst the vines. For the passionate wine lover, there is also a chance to spend a day with the wine grower, learning how to prune vines, pick grapes at harvest time, blend wines or even adopt part of a vineyard. The estate caters for all tastes and budgets, all you have to do is choose the gift pack. Alternatively, why not indulge yourself with one of many year-round activities at the estate.

Mas de l'Oncle (Lauret) | TEL +33 4 67 67 26 16 | +33 6 47 71 72 06 | www.masdeloncle.com

Miki Gombert, La combe de l'Hortus.
Aquarelle sur papier, 52 x 67 cm
Watercolour on paper, 52 x 67 cm

LA VIE EN ROSÉ

Décoration et tenue vestimentaire rose, visite du cuvier et du chai, atelier de dégustation, jeux pour les enfants, déjeuner… L'espace d'une journée, en juin, tout tourne autour du rosé ! Par ailleurs, le domaine ouvre régulièrement sa cuisine : à chaque séance, les participants (une dizaine maximum) apprennent à réaliser des recettes de « *grand-mère* » sous la houlette de la jeune chef Fanny Sierra. Puis les convives se retrouvent autour des plats cuisinés dans l'ancien relais de chasse.

LIFE IN PINK

Pink steals the show for a day of rosé revelry every June at Domaine du Haut-Lirou when the estate dons its pink-coloured livery to welcome visitors for tasting workshops, winery visits and lunch; there are even games for the children. At other times of year, the estate regularly hosts cookery classes when participants (no more than ten per group) learn how to do some old-fashioned home cooking under the watchful eye of young chef, Fanny Sierra. The budding cooks then get to enjoy their food in the estate's former hunting lodge.

Domaine Haut-Lirou (Saint-Jean-de-Cuculles) | TEL +33 4 67 55 38 50 | www.hautlirou.com

UN ÉVENTAIL DE DÉCOUVERTES

Emboitez lui le pas ! Benoît Thérond vous suggère une balade entre vignoble et safranière suivie d'une dégustation de vins et de tapas. Randonneur chevronné ? : c'est parti pour la découverte de l'Hortus (3 à 6 heures de marche ponctuées par une dégustation et un repas tiré du sac). Toujours sur réservation, ce jeune vigneron met également ses vins en scène autour du théâtre et de la musique… Plusieurs manifestations rythment également la vie du domaine : opération « *De Ferme en ferme* » (avril), participation au « *Pique-nique des vignerons indépendants* » (mai) et portes ouvertes (2ᵉ week-end de décembre).

CATERING FOR EVERYONE

Follow in his footsteps - literally! Benoît Thérond organises a walk amongst his vineyards and saffron plantation followed by a wine and tapas tasting. Experienced ramblers can enjoy a 3-6-hour walk over Mount Hortus punctuated by a wine tasting and picnic, provided you bring your own packed lunch. This young winegrower also stages theatrical and musical events to present his wines, but be sure to book. The estate organises a number of other events including 'From Farm to Farm' (April), the independent winegrowers' picnic (May) and open-days (2nd weekend in December).

Mas Gourdou (Valflaunès) | TEL +33 4 67 55 30 45 | http://masgourdou.free.fr

SI LE VIN M'ÉTAIT CONTÉ

Jamais à court d'idées, Christophe Beau a imaginé des animations thématiques pour groupes, sur demande :
• « un dimanche au Mazet » : une journée au domaine afin d'appréhender la vigne et le vin à travers des ateliers écriture ou land art, précédées d'un parcours poétique de parcelle en parcelle et suivies d'une dégustation « contée » des vins.
• ainsi que des conférences dégustations sur des thèmes variés (Vins et poésie, Le vin entre terroir-isme et mondial-isme, De l'amphore étrusque au bag in box ©, Terra vitis, Demeter, Nature et progrès... comment s'y retrouver dans le maquis des labels ? etc...)
• Et enfin, le spectacle « Vin, verbe, valse », un parcours littéraire gourmand, accompagné à l'accordéon par Pascal Pallisco et mené par Frédéric Pages, chanteur-conteur.

THE POWER OF NARRATIVE IN WINE

Christophe Beau has dreamt up a host of ideas to captivate his audience, with themed events for groups by request:
- 'A Sunday in the vineyard' takes visitors to a traditional stone hut, set amongst vines, to learn about wine growing. The day begins with a poetic journey through the vineyards, followed by a 'narrated' wine tasting and writing as well as land art workshops.
- And conferences on topics such as: Wine and Poetry, Terroirism and Globalisation in Wine, From the Etruscan Amphora to the Bag-in-Box©, Terra Vitis, Demeter, Nature & Progrès... What do all these certifications mean?'
- He also stages 'Wine, Verb and Waltz', a gourmet literary journey accompanied by Pascal Pallisco on the accordion and directed by singer-storyteller Frédéric Pages.

Domaine Beauthorey (Corconne) | TEL +33 4 66 77 13 11 | +33 6 21 74 44 86 | www.beauthorey.com

PORTES OUVERTES À PECH-TORT

En décembre, pendant tout un week-end, le domaine met à l'honneur différents artistes grâce à des expositions de peintures, photos, sculptures. Egalement, dégustations de vin du domaine et concerts.

OPEN DAYS AT PECH-TORT

In December, Domaine Pech-Tort rolls out the red carpet for a number of artists who are invited to display their paintings, photos and sculptures in the winery. Tastings and concerts are also held.

Domaine Pech-Tort (Valflaunès) | TEL +33 4 67 55 27 53 | +33 6 18 92 65 08 | www.domaine-pech-tort.com

Ernst Ohst, Le Pic Saint Loup, aquarelle, Collection Zumbaum
Ernst Ohst, The Pic Saint Loup, watercolour, Zumbaum Collection

DU PAIN, DU VIN... ET DES AGRUMES

Deux fois par an, le domaine de Villeneuve accueille une dizaine de producteurs et créateurs, venus parler de leur métier, proposer leur production et vous régaler d'une assiette fermière autour des vins du domaine (ateliers animés par un sommelier conseil) : marché « Pain et terroir » en avril (fabrication, cuisson du pain dans l'ancien four et vente avec le réseau Bienvenue à la ferme) ; « Agrumes et terroir » en novembre (conférences, visite commentée de la collection d'agrumes). En prime : journée portes ouvertes « Miel et vins » le 4e dimanche de chaque mois de mai à août.

BREAD, WINE AND... CITRUS FRUITS

Twice a year, Domaine de Villeneuve invites a dozen producers and artisans to come and talk about their profession, sell their products and delight visitors with a selection of farmhouse produce and estate wines; tasting workshops are hosted by a consultant sommelier. In April, as part of the nationwide 'Bienvenue à la Ferme' network, a farmers' market focuses on bread and local produce, with demonstrations on bread making and baking in the original stone oven. In November, the theme shifts to citrus fruits, with conferences and a guided visit of the estate's citrus fruit collection. As a mid-season extra, the estate organises a series of 'Wine & Honey' open days on the 4th Sunday of every month from May to August.

Domaine de Villeneuve (Claret) | TEL +33 4 67 59 08 66 | www.domaine-de-villeneuve.com

AUTOUR DE L'ART ET DU VIN

Le premier week-end du mois de décembre, l'Ermitage du Pic Saint Loup invite les œnophiles à déguster ses cuvées tout en admirant des tableaux et des sculptures d'art animalier. Un auteur régional vient également présenter et dédicacer son ouvrage.

MIXING WINE AND ART

The first weekend in December, Ermitage du Pic Saint Loup invites wines lovers to sample its wines whilst visually soaking up the talent of artists and animal sculptors. A local author also presents and signs copies of his/her book.

Ermitage du Pic-Saint-Loup (Saint-Mathieu-de-Tréviers) | TEL +33 4 67 54 24 68 | www.ermitagepic.fr

DANS LA PEAU D'UN VIGNERON

Le temps d'un millésime, suivez le parcours du vigneron et participez à la création de « votre » vin ! Une aventure à vivre au domaine Clavel, en partenariat avec mesvignes.com. Le coffret comprend l'adoption de pieds de vigne avec suivi en ligne du millésime, un stage (découverte, vendanges et vinification, œnologie) et des bouteilles personnalisées. Au sein des écuries, transformées en comptoir des vins, la salle de dégustation se met aussi au service des clubs d'œnophiles, séminaires d'entreprise...

EVER WANTED TO BE A WINE GROWER?

If you've always wanted to step into the shoes of a winegrower and experience 'a year in the life of...' then Domaine Clavel is the place for you. The estate has teamed up with Mesvignes.com to offer wine lovers the chance to adopt part of the vineyard and follow its progress online, right through to the finished wine. The deal also includes a variety of courses for learning about viticulture, wine making and tasting plus personalised bottle labels. The estate's sensitively restored tasting room is also worth a visit: it is housed in the former stables and contains a number of curios. It is available for corporate seminars and welcomes tasting clubs.

Domaine Clavel (Assas) | TEL +33 4 99 62 06 13 | www.vins-clavel.fr

MAIS AUSSI...
- La Belle de Mai : cocktail dînatoire, dégustations et animations, au Mas Montel à Assas (mai).
- Journées portes ouvertes au caveau du Mas Bruguière à Valflaunès (en mai et en décembre).
- Marché paysan et dégustations (juin) ; portes ouvertes (décembre), au Mas Mortiès à Cazevielle.
- Week-end portes ouvertes à la Bergerie du Capucin à Valflaunès : dégustations de vins, concert de jazz, « auberge espagnole » (1er week-end de juillet).
- Portes ouvertes au Mas Foulaquier à Claret (en juillet et en novembre).
- Nocturne d'avant vendanges (août) et week-end « Toutes bouteilles ouvertes » au Mas Thélème à Lauret (décembre).
- Matinée de vendanges à la main de la plus vieille vigne du domaine (un grenache de 1957) suivie d'un apéro (septembre), Château Valcyre-Gaffinel à Valflaunès.

Liste non exhaustive/programmes susceptibles de modifications.

AND...
- 'Belle de Mai' – cocktail and buffet, tastings and other events at Mas Montel in Assas (May).
- Open-days at Mas Bruguière in Valflaunès (May and December).
- Farmers' market and wine tastings (June) and an open-day (December) at Mas Mortiès in Cazevielle.
- Open-days at Bergerie du Capucin in Valflaunès : wine tastings and an open-house jazz concert (1st weekend in July).
- Open-days at Mas Foulaquier in Claret (July, November).
- Late-night opening on the eve of the wine harvest (August) and an 'open-bottle day' (December) at Mas Thélème in Lauret.
- A morning spent picking grapes in the oldest vineyard on the estate (a plot of 1957 Grenache) followed by an aperitif (September) at Château Valcyre-Gaffinel in Valflaunès.

This list is non-exhaustive and scheduling may change.

Gérard Bru, Pic Saint Loup. Huile sur toile, 73 x 50 cm. *Oil on canvas, 73 x 50 cm*

ACTIVITES ŒNOLOGIQUES CLES EN MAIN
THE 'PACKAGE' DEALS

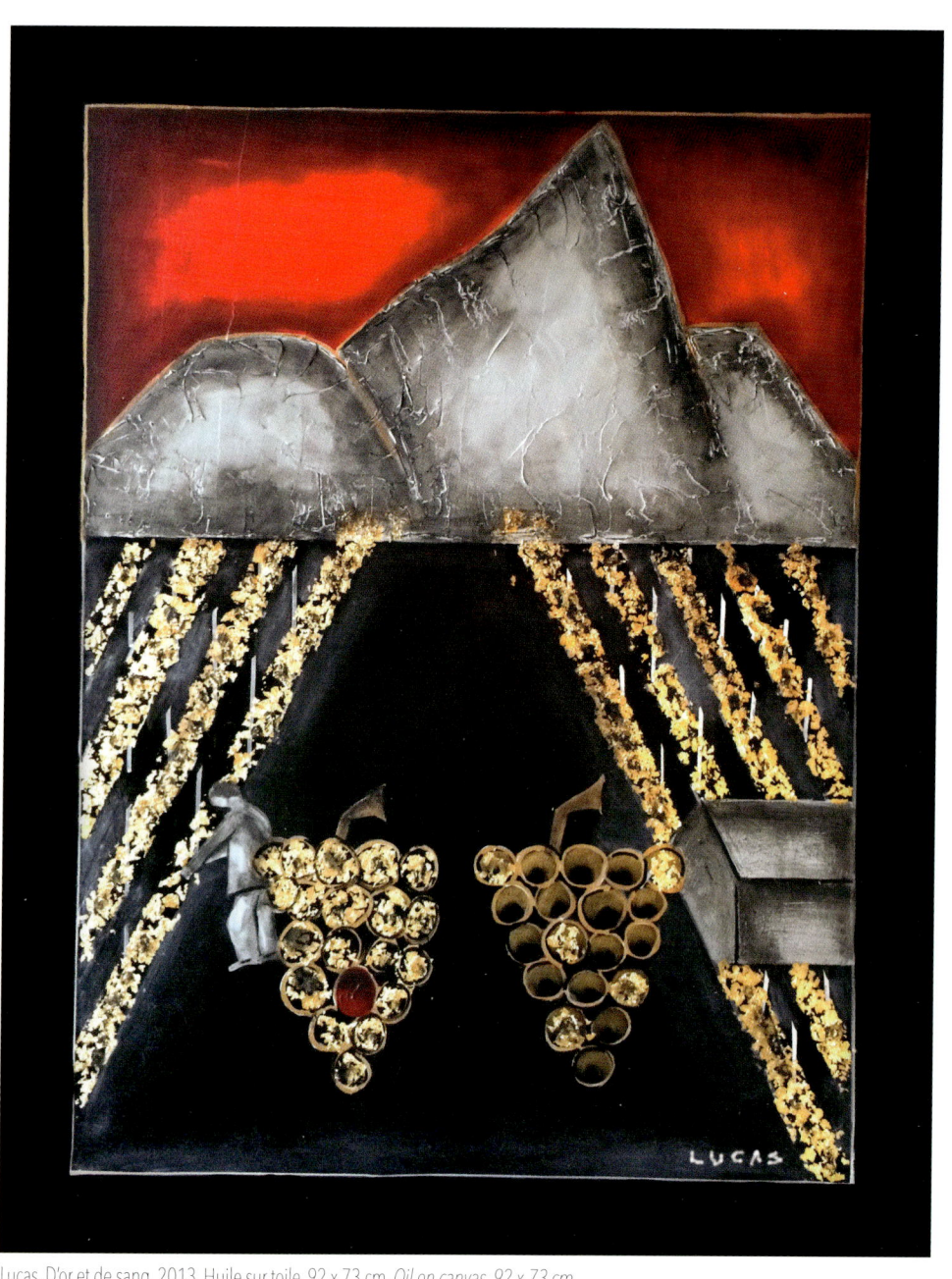

Lucas, D'or et de sang, 2013. Huile sur toile, 92 x 73 cm, *Oil on canvas, 92 x 73 cm*

UN BAR À VINS MOBILE

Depuis 2012, Vino Circus n'a cessé d'œuvrer pour la promotion des vins du Pic Saint Loup en orchestrant toute l'année un programme d'événements œnoculturels publics (concerts, expos, apéromix, œnorando, soirée cinévino, vinothéâtre) et en prenant en charge des manifestations privées. Pour lui donner un nouveau souffle, Julia Leclerc-Rabaté, sa créatrice, a décidé de surfer sur la vague du wine/food truck. Résultat : un fourgon Citroën à la déco chinée, mi-bar à vins et mi-restaurant ambulant. Entre calendrier hebdomadaire et demandes particulières, il est possible d'y déguster une cuisine maison à base de produits frais et une sélection mensuelle de vingt cuvées du Pic Saint Loup.

A TRAVELLING WINE 'DINER'

Vino Circus has tirelessly promoted Pic Saint Loup wines since 2012, by organising a wide range of events all year round for the general public (concerts, exhibitions, aperitifs, wine country rambles, wine-themed film screenings and plays), whilst at the same time holding private functions. To attract an even wider audience, its founder, Julia Leclerc-Rabaté, has decided to build upon the current popularity of the wine/food truck concept, by revamping a Citroen van and turning it into a wine bar-cum-eatery. The 'Wine Diner' serves a set weekly menu and one-off suggestions, offering homemade cooking, using fresh produce and a monthly selection of twenty Pic Saint Loup wines.

Vino Circus | TEL +33 6 11 82 09 75 | www.vinocircus.tumblr.com

HORS DES SENTIERS BATTUS

Après sept ans passés à parcourir le monde pour vendre les crus français à l'étranger, Carine Ageneau a créé la première agence de voyage agréée, spécialisée dans le vin, à Montpellier. Il faut dire qu'elle parle français, anglais, allemand, espagnol et portugais… Au volant de son minibus, elle emmène les œnophiles pour six parcours inédits déclinés en trois thématiques : nature, gourmande, patrimoine. Pour les plus sportifs, elle a même conçu une expérience riche en émotions : la descente en rappel du pic Saint Loup, encadrée par un moniteur diplômé et suivie de la visite d'un domaine viticole. Sans oublier de nombreuses activités sur mesure pour les groupes.

OFF THE BEATEN TRACK

After spending seven years travelling the world selling French wines, Carine Ageneau established the first registered travel agency specialising in wine in Montpellier. Speaking French, English, German, Spanish and Portuguese, she drives wine lovers around the vineyards on six previously uncharted tours in her minibus. The tours revolve around three major themes – nature, gourmet foods and local heritage. She has even devised one tour specifically with thrill-seeking wine lovers in mind: abseiling down the Pic Saint Loup mountain under the supervision of a fully trained instructor, followed by a visit to a wine estate. There are also a number of bespoke tours for groups.

Montpellier Wine Tours | TEL +33 6 95 16 25 61 | www.montpellierwinetours.com

ESPRIT HÉDONISTE

Est-il encore besoin de présenter Daniel Roche ? Petit-fils de vigneron de l'Hérault, ardent défenseur des crus méridionaux (dont ceux du Pic Saint Loup) et sommelier conseil, il a également fondé il y a 23 ans l'Epicuvin. Au programme de ce club des amoureux du vin et de la gastronomie : dégustations thématiques, repas, rencontres chez les vignerons, ateliers, salon des vins, voyages…

HEDONISM AT ITS FINEST

An introduction is hardly necessary for Daniel Roche. The grandson of a local wine grower, prominent supporter of Southern French wines (including Pic Saint Loup) and consultant sommelier, he also founded Epicuvin 23 years ago. The club, which gathers together food and wine lovers, holds themed tastings, dinners, winery events, workshops, wine shows and trips.

Epicuvin | TEL +33 4 67 64 50 10 | www.epicuvin.com

À LA CARTE

Très active sur le front de l'œnotourisme languedocien, cette association organise plusieurs types de sorties personnalisées (libre, guidée et accompagnée avec chauffeur, à deux ou en groupe, de la demi-journée au court séjour) associées à différentes activités ainsi que des soirées œnologiques à domicile avec accords mets-vins. Le calendrier, bien rempli, comporte aussi des rallyes œnotouristiques et un salon des vins !

A LA CARTE

Vinibalades is a prime mover when it comes to developing wine tourism activities in Languedoc. It offers a wide range of personalised excursions – self-guided or guided, chauffeur-driven tours, small or large groups, half-day outings or longer breaks – along with a variety of activities and food and wine evenings at home. The association's event-filled calendar also includes wine rallies and a wine show.

Vinibalades | TEL +33 6 12 08 26 08 | www.vinibalades.com

LUDIQUE

Guide accompagnateur, Patrice Gounel a mis au point toute une gamme d'activités pour animer vos sorties de groupe au nord de Montpellier : balades animées, jeux de vignes, course d'orientation, chasse aux trésors, rallye découverte... Un moyen astucieux de combiner le plaisir du jeu avec la découverte du patrimoine naturel, culturel et viticole du Grand Pic Saint Loup.

WINE FOR FUN LOVERS

Tour guide and foodie Patrice Gounel has designed a range of activities for group excursions North of Montpellier: guided walks, vineyard games, orienteering, treasure hunts and rallies are just some of the ways he seeks to lure visitors to the countryside and discover local heritage – natural, cultural and viticultural - around the Pic Saint Loup.

Trésors de Garrigues | TEL +33 4 67 66 13 05 | +33 6 14 85 20 80 | www.tresorsdegarrigue.com

FORMULE TOUT COMPRIS

Sept jours sur sept, matin comme après-midi, ce circuit vigneron vous entraîne en toute décontraction à la découverte de deux domaines (transport, repas aux saveurs du Sud et boissons incluses). Amoureux du pays, Bertrand Bosc développe également des prestations sur mesure et des événements œnotouristiques. Sans oublier des coffrets cadeaux :
• « *Autour des vignes du Pic Saint Loup* » (transport, approche de l'AOP, visite de deux domaines, repas en table d'hôtes),
• « *Séjour instant gourmand* » (dîner gastronomique, dégustation de quatre vins, nuit et petit déjeuner gourmand),
• « *Instant terroir* » (transport, visite de deux domaines, dîner, nuitée).
Cerise sur le gâteau : tous les mois, une petite sélection de vins du Pic Saint Loup est disponible sur commande.

THE ALL-IN-ONE SOLUTION

Morning and afternoon, seven days a week, this relaxing wine trip takes visitors on a tour of two wine estates and includes transport, typical local foods and drinks. Bertrand Bosc's love of the area has also prompted him to design visits tailored to suit individual needs, a variety of wine experiences and themed gift tours such as:
• '*In and around the vineyards of Pic Saint Loup*' (transport, an introduction to the appellation, visit to two estates and a meal at a guesthouse),
• the '*Gourmet Tour*' (a gourmet dinner, tasting of four wines, overnight stay and gourmet breakfast) and,
• the '*Terroir Tour*' (transport, visit to two estates, dinner and overnight stay). The icing on the cake is the chance to order a small selection of Pic Saint Loup wines every month.

Instant Terroir | TEL +33 6 59 61 98 34 | www.instant-terroir.com

Henri Bésiné, Le château de Montferrand vu depuis les falaises de l'Hortus, vers 1930.
Huile sur panneau, 18,5 x 27 cm, *Oil on panel, 18.5 x 27 cm*

DÉCOUVERTES SAVOUREUSES

Depuis plus de 5 ans, Prowinetour, « créateur d'émotions », propose une multitude de découvertes autour du vin, de la gastronomie et des terroirs du Sud, pour le grand public, les entreprises et les professionnels du secteur viti-vinicole. Envie de visiter le vignoble du Pic Saint Loup, de rencontrer des vignerons, d'organiser un pique-nique au cœur des vignes, de participer aux vendanges ou de vous initier à la dégustation de vins ? Faites part de vos souhaits à Carol Milliez, elle s'occupe du reste. Bon à savoir : elle conçoit aussi des événements œnologiques sur mesure pour les entreprises.

SPOILT FOR CHOICE

For over five years, Prowinetour has offered an extensive range of events geared at introducing the public, corporate clients and wine industry members to the wines, gourmet foods and vineyards of Southern France. If you feel the urge to visit the Pic Saint Loup wine region, meet its wine growers, organise a picnic amongst the vineyards, take part in the grape harvest or learn more about wine tasting, just get in touch with Carol Mulliez and she will take it from there. Incidentally, she also organises bespoke wine events (team building activities, seminars etc).

Prowinetour | TEL +33 6 22 98 61 04 | www.prowinetour.fr

À TABLE !
WINING AND DINING

Lauret

L'AUBERGE DU CÈDRE

Pile : une demeure au charme fou dans un cadre enchanteur, au cèdre emblématique… Face : une cuisine sudiste enjouée, qui met à l'honneur veau et bœuf Aubrac de la vallée de la Buèges, pélardons et légumes bio… Autant de produits frais, taillés pour une cave de cent pépites, Pic Saint Loup et Languedoc en tête dont une vingtaine servis au verre.

A combination of stunning manor house surrounded by majestic cedars, hence the name, with vibrant southern-style cuisine showing off local specialities such as Aubrac veal and beef from Buèges valley, pelardon goats cheeses and organic vegetables. Ultra fresh ingredients are handsomely showcased by an extensive range of 100 Pic Saint Loup and Languedoc gems, two dozen of them served by the glass.

TEL +33 4 67 59 02 02 | www.aubergeducedre.com

Cazevielle

L'ENTRE 2 VERRES

« Vinicologue », Frédéric Collignon a fait de cette maison au cœur du village, un cocon chaleureux dédié à la culture du vin. La cave est digne de ce nom, les conseils à la hauteur. Et l'on y débouche de belles quilles, majoritairement en Pic Saint Loup, autour de fromage et de charcuterie.

'Winecologist' Frédéric Collignon has transformed this stone-fronted village house into a cosy retreat dedicated to wine. The cellar fully lives up to expectations, as does the specialist advice, and the whole place resounds with the sound of premium bottles – mostly Pic Saint Loup - being uncorked. Cheese and cold meats are on hand too.

TEL +33 4 67 66 00 48 | http://lentredeuxverres.com

Valflaunès
LA BELLE VIGNE

La déco est séduisante. L'ambiance, conviviale. Et la cave, à tomber : trente-deux domaines du Pic Saint Loup à prix vigneron et autres nectars des environs ! On y grignote des assiettes de tapas, charcuterie, fromage, desserts maison. Mais encore ? Des huîtres avec vin blanc (dimanche midi, jour de marché à Valflaunès) et des sushi maison (dimanche et lundi soir).

A highly seductive décor, friendly atmosphere and a wine cellar to die for – 32 Pic Saint Loup wines at cellar door prices and other local delights. Platefuls of tapas, cold meats and cheeses followed by homemade desserts are the perfect accompaniment, with oysters and white wine (Sunday lunchtime after the market in Valflaunès) and homemade sushi (Sunday and Monday evenings) completing the line-up.

TEL +33 4 67 29 14 43 | **+33 6 16 55 65 07**
www.labellevigne.com

Valflaunès
L'AUTRE'L DE VALCYRE

Pour savourer des grillades aux ceps de vigne dans une maison de maître, au cœur d'un domaine viticole, avec terrasse ouverte sur un vaste parc. Les vins du Château Valcyre Gaffinel (à prix caveau) ou d'ailleurs, accompagnent le mouvement.

A great place to enjoy foods cooked over a barbecue of vine twigs. The restaurant is set in a manor house on a vineyard with a terrace overlooking extensive grounds. Château Valcyre Gaffinel wines at cellar door prices and other offerings optimise the experience.

TEL +33 4 67 63 54 28 | **+33 6 86 08 07 03**
www.lautrldevalcyre.com

Les Matelles
LE PIC SAINT LOUP

Fafa aux fourneaux, Chantal en salle : l'accueil est tout sourire dans cet ancien chai, flanqué d'une superbe terrasse sous les micocouliers. A lieu authentique, cuisine vraie, d'humeur voyageuse et inventive, escortée d'une carte pointue dans laquelle l'appellation Pic Saint Loup se taille la part du lion.

Whilst Fafa mans the kitchen, Chantal greets patrons with a friendly smile in this former winery leading out onto a superb terrace shaded by hackberry trees. Real, honest cuisine with a creative, exotic twist is served in this authentic setting accompanied by carefully selected wines with Pic Saint Loup taking the lion's share.

TEL +33 4 67 84 35 18 | www.lepicsaintloup.fr

Saint-Gély-du-Fesc
LE CLOS DES OLIVIERS

Vive la pause détente dans un cadre feutré : les gourmets y succombent aux délices méditerranéens du chef, que le sommelier accompagne de ses plus beaux cépages. Jardin et service efficace complètent le décor.

A celebration of relaxation in a cosy, intimate setting: gourmet food lovers will succumb to the chef's delicious array of Mediterranean foods accompanied by the sommelier's finest offerings. Al fresco eating and efficient service round off the experience.

TEL +33 4 67 84 36 36 | www.clos-des-oliviers.com

Saint-Gély-du-Fesc
LES COULONDRINES

Au sein du golf, entouré de pelouses et de terrasses… Piscine et cigales sont au rendez-vous. De même que des plats régionaux soignés. Et une trentaine de crus du Pic Saint Loup et de la région, triés sur le volet.

Set on a golf course surrounded by lawns, terraces and a swimming pool. Cicadas serenade diners as they savour carefully prepared regional specialities served with a handpicked selection of 30 different Pic Saint Loup and other local wines.

TEL +33 4 67 84 30 12 | www.coulondres.com

Prades-le-Lez
BISTRO VINAIGRETTE

Vive la dolce vita dans un ancien pressoir et sa terrasse-guinguette. Au menu : des plats bistrotiers de qualité alliés à une cinquantaine de Pic Saint Loup à prix doux (sur 150 références).

Sit back and enjoy the dolce vita in this former press house with its open-air terrace. Quality bistrot-style food is paired with around fifty reasonably priced Pic Saint Loup wines, from a total selection of 150 wines.

TEL +33 4 67 59 61 71

Corconne
SOUS LE CHÊNE

Place aux petits plats maison intégrant des produits locaux, souvent bio, mais aussi des fleurs et des plantes sauvages. Ouvert l'été : service en extérieur sous un chêne multi centenaire.

Simple homemade cooking using local, often organic produce as well as flowers and wild plants takes centre stage here. Open during the summer for al fresco dining under a centuries-old oak tree, hence the name.

TEL +33 4 66 77 15 85

Saint-Martin-de-Londres

LE COIN PERDU

Repris par un jeune couple talentueux, l'ex-Muscardin a fait peau neuve et brille par la qualité se ses assiettes aux parfums d'épices et de garrigue. Belle carte des vins.

Taken over by a talented young couple, the restaurant formerly known as the Muscardin has undergone a complete revamp and serves stunning quality dishes exuding heady spice and garrigue scents. Great wine list.

TEL +33 4 67 55 23 10 | www.le-coin-perdu.fr

Saint-Mathieu-de-Tréviers

LA GUINGUETTE DES AMOUREUX

Restaurant locavore dans un cadre reposant au bord d'un lac privé. Concerts et spectacles en été.

'Locavore' restaurant in a peaceful setting on the banks of a private lake. Concerts and shows during the summer.

TEL +33 4 67 55 31 16
www.laguinguettedesamoureux.com

Saint-André-de-Buèges

MAS DE LUZIERE

Sous la pergola, sur la terrasse couverte, ou encore dans l'ancien chai de ce mas viticole du XIXe, vous apprécierez une cuisine à quatre mains qui fait la part belle aux produits du pays (légumes du jardin).

Whether you choose to eat beneath the pergola, on the covered patio or in the former winery of this 19th century wine farm, you will enjoy food prepared by two chefs whose primary focus is on local produce with vegetables from the kitchen garden, and you can't get more local than that!

TEL +33 4 67 73 34 97 | www.luziere.com

Causse-de-la-Selle

HOSTELLERIE LE VIEUX CHÊNE

Cadre reposant et cuisine de terroir inventive : un duo gagnant pour une adresse sympathique.

A relaxing setting and creative local cuisine: a successful combination for an enjoyable place to eat.

TEL +33 4 67 73 11 00
www.hotel-restaurant-vieuxchene.com

Et aussi...   And...

Auberge de la Filature, St Bauzille de Putois | TEL +33 4 67 73 74 18 | www.aubergedelafilature.com
Mas de Coulet, Brissac | TEL +33 4 67 83 72 43 | www.masdecoulet.com
L'Alzon, Montoulieu | TEL +33 4 67 99 52 48 | www.restaurant-alzon.fr/

Montpellier

Coup de coeur !
Favourite Haunt !

LE TRINQUEFOUGASSE

Bar à vins animé de rencontres bachiques, scène musicale, cave, épicerie, école du vin : ce couteau suisse est né des amitiés vigneronnes de Dominique Boudet, son créateur. On commande (tapas, planche autour de la mer, du bœuf, du fromage...). On choisit son vin avec le sommelier en dégustant quelques échantillons parmi six cents pépites. Et on savoure le tout au rythme d'un concert en live !

A bustling wine bar hosting a raft of wine events, a piano bar, a wine store and delicatessen and a wine school, all delivered with pin sharp perfection. This favourite haunt of local wine lovers came about through founder Dominique Boudet's wide circle of wine grower friends. First you order – tapas, seafood, beef and cheese platters – then you choose your wine with the help of the resident sommelier by tasting one of 600 little gems, and finally you sit back and enjoy to the sound of live music!

TEL +33 4 99 23 27 00 (Trinquefougasse O'Nord)
TEL +33 4 99 23 27 05 (Trinquefougasse O'Sud)
www.trinquefougasse.com

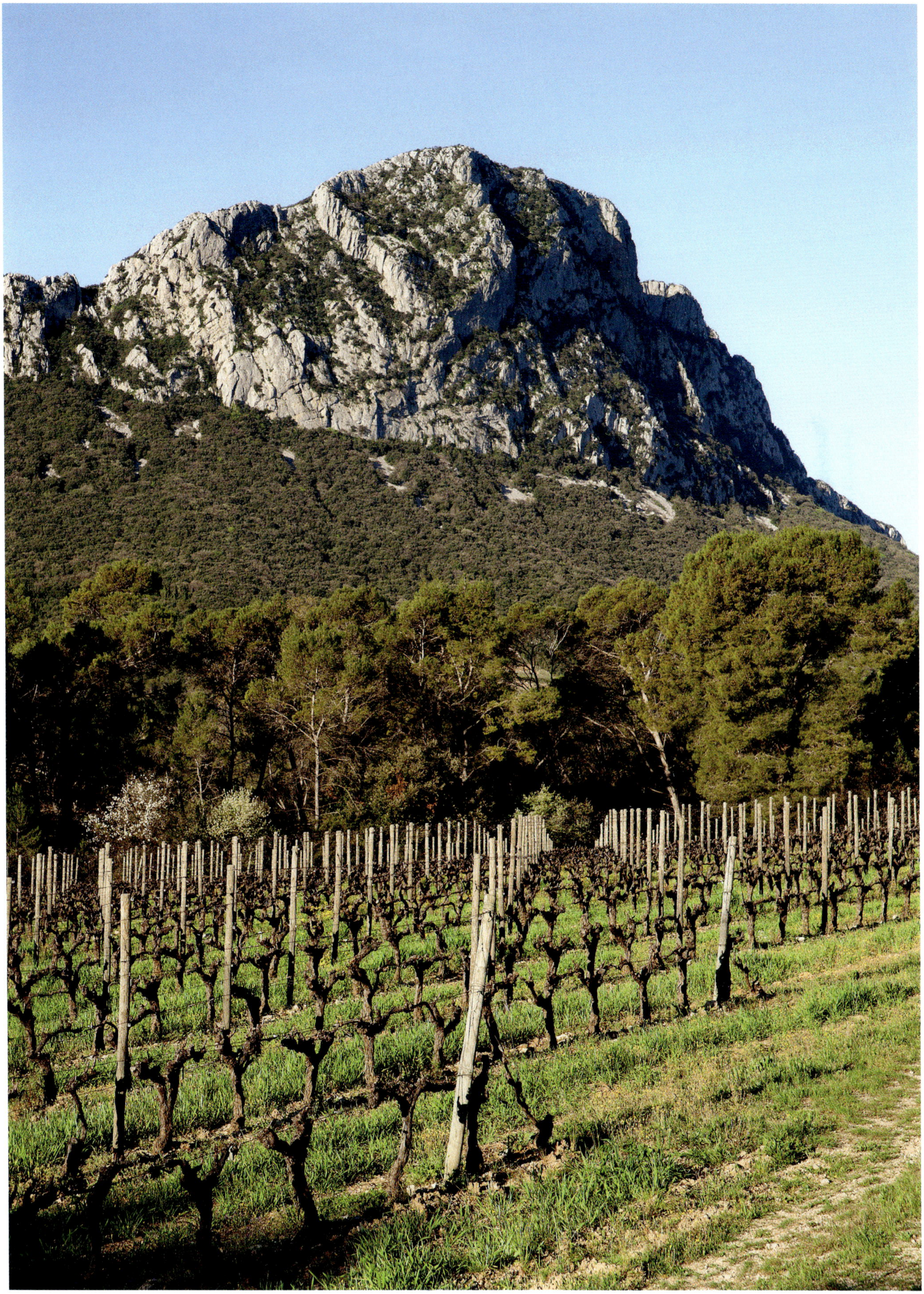

Camille Bourdiol, Le Pic Saint Loup, 2013. Huile sur papier, 50 x 65 cm *Oil on paper, 50 x 65 cm.*

BOL D'AIR
A BREATH OF FRESH AIR

A L'ASSAUT DU PIC SAINT LOUP

A faire au moins une fois dans sa vie : monter au sommet (658 m) de cette montagne mythique, d'où le panorama est superbe. Outre les paysages, la faune et flore de ce site Natura 2000, vous découvrirez les vestiges de la tour de Cassini, une petite chapelle faisant jadis l'objet d'un pèlerinage et une croix marquant le point culminant du Pic. Un repère qui a son importance puisque l'on dit encore « *Lorsque la croix du Pic met son chapeau (de nuages), le berger, lui, met son manteau* ». Selon la tradition, les jeunes filles qui touchaient le clou de cette croix lors de l'ascension annuelle étaient assurées de se marier dans l'année.

CLIMBING THE PIC SAINT LOUP

A climb to the summit of this iconic peak (658m) is a challenge everyone should aspire to at least once in their lives; the reward is superb vistas of the surrounding countryside. In addition to the scenery, the mountain offers unique insight into the flora and fauna in this Natura 2000 preserved area, the remains of Cassini tower, a tiny chapel that was once the site of a pilgrimage and a cross marking the summit. In local folklore, it is said that *"when the cross dons its hat (clouds), the shepherd dons his coat."* Similarly, according to tradition, unmarried women who touched the cross during their annual climb to the top would be wed within the year.

5 km | passages escarpés | 3 heures (site non sécurisé). Parking à la sortie de Cazevieille.
5km | some steep sections | 3 hours (no safety railings). Car park on the edge of Cazevieille.

SUR LES TRACES DES CHARBONNIERS

Utilisé entre autres par les artisans, le charbon de bois fut fabriqué à partir des chênes verts de garrigue jusqu'au milieu du XXᵉ siècle. Les charbonniers vivaient dans des cabanes en pierres sèches, défrichant des clairières pour y construire leurs fours à charbon, meules faites de bois coupé, de paille et de terre, dressées au milieu d'une aire de combustion. A Sainte-Croix-de-Quintillargues, ce patrimoine revit chaque printemps, lors d'une journée d'animation. Sur le sentier des charbonnières (6 km / 2 heures et demie), le promeneur peut aussi s'instruire toute l'année, sur les écosystèmes forestiers et les vieux métiers (bouscatier, chaufournier, charbonnier).

ON THE TRAIL OF THE COLLIERS

Used by tradesmen, amongst others, charcoal was produced until the mid-19th century from holm oak sourced in the local *garrigue* or scrubland. Colliers lived in dry stone huts and cut clearings in the forest to build their charcoal kilns. These were mounds made from chopped wood, straw and earth located in the heart of the woodland. In Sainte-Croix-de-Quintillargues, the tradition is relived every spring when a day-long event is dedicated to charcoal making. Walkers can follow the 6km-long colliers' trail (2 ½ hours) all year round and learn about woodland ecosystems and bygone trades (lumberjacks, lime kiln operators, colliers).

RÉSEAU VERT®

Les VTTistes, randonneurs et cavaliers peuvent emprunter le Réseau vert® aménagé par le Conseil général de l'Hérault. Jalonnée de chemins balisés, panneaux d'information et domaines départementaux, une portion court en garrigues du Pic Saint Loup.

RÉSEAU VERT®

Mountain bikers, ramblers and horse riders can follow a network of footpaths and bridleways designed by the Hérault county council called Réseau vert®. A section of the network, which is signposted, includes information boards and encompasses county-owned estates, cuts through the Pic Saint Loup *garrigue*.

www.herault.fr

ENTRE GARRIGUE ET VIGNOBLE

Que diriez-vous d'une randonnée accompagnée pour découvrir la richesse du patrimoine vernaculaire et les savoir-faire ancestraux ? Parmi les sorties proposées : balade en garrigue avec un regard sur les vignobles et leurs empreintes sur les terroirs, suivie d'une dégustation de vins (au départ du Mas Bruguière). Egalement : séjour itinérant de cinq jours avec Languedoc Nature, offrant une traversée du grand Pic Saint Loup et des étapes-dégustation chez les vignerons.

FROM GARRIGUE TO VINEYARDS

How about a guided walk to discover the area's rich vernacular culture and ancestral craftsmanship? Altimara offers a range of excursions including a walk through the *garrigue* focusing on vineyards and their mark on the local landscape followed by a wine tasting (leaving from Mas Bruguière). It also organises a 5-day break with Languedoc Nature for an in-depth visit of the Pic Saint Loup and its surrounding area with stopovers at local wineries for tastings.

Altimara (Sainte-Croix-de-Quintillargues) | TEL +33 6 09 57 45 84 | www.altimara.eu

EN PISTE !

Enfilez de bonnes chaussures et allez respirer sur l'un des neuf sentiers de petite randonnée pédestre existant dans le grand Pic Saint Loup : le bois de Saint-Sauveur (Saint-Clément-de-Rivière), La Fontanaride (Teyran), le sentier des Asphodèles (Ferrières-les-Verreries), les Drailles (Viols-le-Fort), le Puech des Mourgues (Saint-Bauzille-de-Montmel), le bois de Lèque (Saint-Jean-de-Cuculles), de l'Arnède à Caravette (Murles ou Vailhauquès), Séranne Pontel (Pégairolles-de-Buèges). S'y ajoutent les GR 60 et GR 74 traversant le territoire et trois sentiers non conventionnés : le sommet du Pic Saint Loup, le ravin des Arcs et les gorges de la Buèges. Mazets, pigeonniers, puits, norias, moulins, lavognes (pour l'élevage ovin), voire terrasses et cabanes de pierre sèche en pays de Buèges… Tout un petit patrimoine rural vous attend en chemin.

CALLING ALL RAMBLERS

A pair of walking shoes are all you need to enjoy some fresh air on one of the nine short footpaths around the Pic Saint Loup: Saint-Sauveur woods (Saint-Clément-de-Rivière), La Fontanaride (Teyran), the daffodil trail (Ferrières-les-Verreries), the old drovers' route (Viols-le-Fort), Les Mourgues hill (Saint-Bauzille-de-Montmel), Lèque woods (Saint-Jean-de-Cuculles), from Arnède to Caravette (Murles or Vailhauquès) and Séranne Pontel (Pégairolles-de-Buèges). There are also longer footpaths numbered GR60 and GR74 that cross the area and three unmarked footpaths: the Pic Saint Loup summit, Les Arcs ravine and Buèges gorges. Stone huts, dovecots, wells, norias, watermills, man-made watering holes for sheep, dry stone terraces and huts in the Buèges area are all typical rural scenes ramblers will see along these footpaths.

Office du tourisme du Grand Pic Saint Loup | TEL +33 4 67 55 17 00 | www.tourisme-picsaintloup.fr

A DOS D'ÂNE

Balades en compagnie d'ânes de bât, avec ou sans guide. Randonnée avec accompagnateur sans âne (dont un tour vinicole de l'Hérault en sept jours faisant étape en Pic Saint Loup).

A NOD TO ROBERT LOUIS STEVENSON

Donkeys are another way of soaking up the scenery and walks are available with or without a guide. Other walks without a donkey but with a guide are available, including a seven-day tour of Hérault's wine making heritage with a stop in the Pic Saint Loup area.

Sér'âne (Saint-Jean-de-Buèges) | TEL +33 4 67 73 13 26 | www.ser-ane.com

Un nom légendaire !
The legend behind the name !

Fertile en contes et histoires, le Pic Saint Loup tiendrait son nom d'une légende médiévale. Loup, Guiral et Clair, trois frères amoureux de Bertrade, partirent en croisade, ayant chacun l'espoir d'épouser la belle à son retour. Mais revenus de terre sainte, la bien-aimée avait trépassé. Désespérés, ils vécurent en ermites au sommet de trois pitons voisins qui prirent leurs prénoms respectifs. Chaque année, le jour anniversaire de sa mort, ils allumaient un feu depuis leur retraite. Trois brasiers brillèrent, puis deux puis un et enfin, plus aucun.

The Pic Saint Loup abounds in folklore and its name is said to derive from a mediaeval legend. Three brothers - Loup, Guiral and Clair – in love with Bertrade, left for the crusades, each one hoping to wed the beautiful damsel on his return. When they came back from the Holy Land, however, their beloved had passed away. Distraught, they chose to live as hermits on the summits of three neighbouring peaks which were named after them. Every year henceforth, they lit a fire on the anniversary of her death. At first three fires glowed, then two and finally none.

Vincent Bioulès, Pic Saint Loup, 2013. Pastel sur papier, 55 x 65 cm, galerie Hélène Trintignan. *Pastel on paper, 55 x 65 cm, Hélène Trintignan Art Gallery*

À VOS BASKETS
FOR THE ACTIVE TYPES

ROI DE LA GRIMPETTE

Rocher de Gourdou à Valflaunès, site de Cazevieille, falaises du Puech-des-Mourgues à Saint-Bauzille-de-Montmel, ou encore Hortus (pour les plus expérimentés) : le relief est tel que les amateurs d'escalade, quel que soit leur niveau, peuvent assouvir leur passion. Pour être accompagné par un moniteur diplômé :

KING OF THE CASTLE

The rocky terrain of the Pic Saint Loup area makes it an ideal destination for rock climbers, whether advanced mountaineers or beginners. The Rocher du Gourdou in Valflaunès, Cazevieille, the cliff face at Puech des Mourgues in Saint-Bauzille-de-Montmel or the rocky outcrop of mount Hortus (for the more experienced) are among the most popular sites. A qualified guide can be hired from:

- **Vue d'en haut (Fontanès)** | TEL +33 6 51 41 02 90 | www.vuedenhaut.fr
- **Grimpe Epic (Valflaunès)** | TEL +33 6 67 27 13 84
- **Office des moniteurs canyon/escalade (St-Jean-de-Cuculles)** :
  TEL +33 6 85 74 67 61 | www.languedoc-canyoning.fr

JETEZ VOUS À L'EAU

Les amateurs de baignade trouveront leur bonheur sur les berges de l'Hérault, dans la Vis, ou encore au lac -privé- de Cécélès à Saint-Mathieu-de-Tréviers. Certaines parties du fleuve Hérault sont également praticables en canoë-kayak (locations : Rapido, Le Moulin, Montana, Canoë 34).

DIVE IN AT THE DEEP END

A number of scenic locations are available for swimming fans with local rivers such as the Hérault and the Vis or the private Lac de Cécélès in Saint-Mathieu-de-Tréviers. Certain sections of the river Hérault can also be used for canoes and kayaks (rentals: Rapido, Le Moulin, Montana, Canoë 34).

RÊVE D'ICARE

Une adresse où pratiquer le vol à voile sous toutes ses formes. Novice ? Optez pour une initiation avec un instructeur ou un pilote confirmé dans un planeur biplace.

FLYING HIGH

For a superb aerial view of the Pic Saint-Loup, the local glider airfield is the place to go. Beginners may want to try an introductory flight with an instructor or qualified pilot in the two-seater versions.

Centre de vol à voile (*glider airfield*) Montpellier/ Pic Saint Loup (Mas de Londres)
TEL +33 4 67 55 01 42 | www.cvvm.fr

ACCROBRANCHE

Sensations fortes au pied du Pic Saint Loup grâce à deux tyroliennes géantes. Ou parcours ludiques (dès 4 ans).

ACTION PARKS

For the thrill seeker in all of us, there are two giant death slides amongst the wooded foothills of the Pic Saint Loup. More leisurely courses are available from age 4.

Oc Aventures (Saint-Jean-de-Cuculles) | TEL +33 6 19 89 53 86 | www.oc-aventures.com

SWING AND PUTT

Un parcours varié entre pins et chênes, pour des golfeurs de loisir ou de compétition. Stages et leçons.

SWING AND PUTT

A varied golf course set amongst pine trees and oaks for both amateur and competing golfers is located on the outskirts of Montpellier and offers lessons and courses.

Golf Club de Coulondres (St-Gély-du-Fesc) | TEL +33 4 67 84 13 75 – www.coulondres.com

Gustave Verchuren,
Les arbres jaunes, 1989
Huile sur toile, 80 x 100 cm,
collection particulière
*Oil on canvas, 80 x 100 cm,
Private Collection*

EN SELLE...

dans les centres équestres à Valflaunès (L'Etrier des Cabanelles), Saint-Mathieu-de-Tréviers (Ranch Saint Loup), Saint-Martin-de-Londres (Alegria et Equi-Libre) ou Lauret (Les Farfadets, et Les Cavaliers de la plaine).

SADDLE UP!

Stables are a common feature in the Pic Saint Loup area with riding facilities in Valflaunès (L'Etrier des Cabanelles), Saint-Mathieu-de-Tréviers (Ranch Saint Loup), Saint-Martin-de-Londres (Alegria and Equi-Libre) and Lauret (Les Farfadets and Les Cavaliers de la Plaine).

BAPTÊME EN ULM

Survol des vignobles du Pic Saint Loup, de l'Hortus et du Causse, encadré par un professionnel, de mai à octobre.

ALTERNATIVELY...

Another way of soaking up the local winescape and spectacular scenery around the Pic Saint Loup and Hortus from above is by microlight with trained instructors. May to October.

ULM Pic St-Loup (St-Clément-de-Rivière) | TEL +33 6 10 07 73 45 | www.ulm-pic-st-loup.fr

Georges Dezeuze (1905-2004),
Vue du Pic Saint Loup.
Huile sur panneau, 27 x 46 cm.
Oil on panel, 27 x 46 cm

La bonne idée !
Good idea !

MARIAGE ENTRE VIN ET VTT ÉLECTRIQUE

Pédaler, sans trop se fatiguer, tout en sillonnant le Pic Saint Loup. C'est ce que propose Benjamin Guedj, ingénieur en mécanique et sportif amoureux de la région. Grâce à ses VTT à assistance électrique, les montées se franchissent presque aussi facilement que les descentes : l'effort est présent, mais il reste doux et constant. Libre à chacun de choisir entre les modes éco, tour, sport et turbo ou de ne pas mettre le moteur en route : la balade devient ainsi accessible à tous. Les clients peuvent suivre l'itinéraire de leur choix, ou opter pour l'un des cinq tracés proposés ponctués de haltes chez des vignerons.

WHEN WINE MEETS E-BIKE

Mechanical engineer and sports fan Benjamin Guedj has dreamt up the ideal way of pedalling around his beloved Pic Saint Loup region without too much effort. With his power-assisted mountain bikes, going uphill is almost as easy as going downhill! All bike lovers have to do is choose between eco, touring, sports and turbo models for a relatively effortless ride around the area provided, that is, they don't forget to turn the engine on! Cyclists can either choose their own route or follow one of the five suggested trails with stopovers at local wineries.

Eepik (Saint-Mathieu-de-Tréviers) | TEL +33 6 85 21 55 90 | www.eepik.com

POUR LES GOURMANDS
CALLING ALL FOODIES

FROMAGES • CHEESES

Deux cents chèvres de race alpine, élevées sur un parcours en garrigue, permettent à cette exploitation en agriculture raisonnée, de produire fromages de chèvre fermier et AOP pélardon.
Using integrated pest management, the farm raises 200 Alpine dairy goats on moorland pastures and produces farmhouse goats' cheeses and PDO Pélardon.
La Ferme des Garrigues, Notre-Dame-de-Londres
TEL +33 4 67 55 06 82 | +33 6 79 37 18 16

Fromages fermiers de chèvre au lait cru, perles des Cévennes aromatisées, confits de fleurs des garrigues… Au printemps, vous pouvez même commander vos chevreaux.
Farmhouse goats' cheeses made from unpasteurised milk, flavoured Perles des Cévennes, moorland flower jellies… In the spring, cabrito goat meat can be ordered.
Les Cabris de Chloé, Saint-Martin-de-Londres
TEL +33 6 64 37 57 41 | +33 6 04 16 02 26

Fromages de chèvre au lait cru, faisselles, brousse, issus de chèvres du Rove (une espèce en voie de disparition) pâturant les garrigues en liberté.
Goats' cheeses made from unpasteurised milk, curd cheese, Brousse cheese made from Le Rove goats (an endangered breed) that graze freely on moorland pastures.
Elevage de chèvres du Rove, Saint-Martin-de-Londres
TEL +33 4 67 55 05 41 | +33 6 60 44 24 57

Elevage de chèvres (production de fromages, faisselles et brousse), œufs, cabris.
Goat farm (cheeses, curd cheese and Brousse), eggs and cabrito.
La Chèvrerie des Cornues, Saint-Jean-de-Cornies
TEL +33 6 50 18 88 94 | www.la-chevrerie-des-cornues.fr

Une caverne d'Ali Baba : fromagerie, épicerie fine, avec une belle armoire à vins et une petite restauration le midi, à savourer dans une ambiance bon enfant.
A real treasure trove with cheeses, delicatessen counter, a beautifully-arranged selection of wines and light lunches served in a friendly atmosphere.
La Maison du Fromage, Saint-Gély-du-Fesc
TEL +33 4 67 54 43 37

MIEL • HONEY

Dégustation et vente d'une quinzaine de miels ainsi que de produits dérivés. Journée portes ouvertes le 4e dimanche du mois, de mai à août : exposition, vidéo, visite des ruches.
Sampling and sale of over a dozen different honeys and honey-based products. Open-day every 4th Sunday of the month from May to August: exhibitions, videos and visits to hives.
Aux Délices de Maya, Claret
TEL +33 4 67 59 08 66 | +33 6 03 41 25 88

Outre ses miels de garrigue, de forêt et de rhododendron bio, ce domaine apicole riche de trois cent-vingt colonies, élabore des hydromels.
Honey farm with over 320 hives producing not only organic moorland, woodland and rhododendron honeys but also mead.
Le Clos des Sentinelles, Viols-le-Fort
TEL +33 4 67 63 96 94 | +33 6 76 97 90 36
www.closdessentinelles.com

Miels, produits de la ruche, pains d'épices.
Honey, products of the hive and gingerbread.
Les Ruchers du Patus, Saint-Gély-du-Fesc
TEL +33 4 67 84 81 04 | +33 6 80 13 47 13

HUILE D'OLIVE • OLIVE OIL

La famille Viala cultive l'une des plus grandes oliveraies de l'Hérault. Vidéo-projections, musée de l'olive avec son moulin du XVIIIe et vente d'olives, huiles d'olive, tapenades et vinaigres.
The Viala family farms one of the largest olive groves in the Hérault department. Video screenings, olive museum with its 18th century press and sale of olives, olive oil, olive paste and vinegars.
Domaine de l'Oulivie, Combaillaux
TEL +33 4 67 67 07 80 | www.oulivie.com

Huiles d'olive, olives de table, tapenades...
Olive oils, table olives, olive pastes...
La Sanflorada de l'Olivastre, Mas-de-Londres
TEL +33 6 45 46 04 86

Mas du XVIe siècle produisant une huile d'olive de qualité, des « olivautes » et olives de table.
A 16th century farm producing quality olive oils – 'olivautes' – and table olives.
Mas des Vautes, Saint-Gély-du-Fesc
TEL +33 4 67 02 12 30 | www.masdesvautes.fr

PLANTES AROMATIQUES • HERBS

Sirops, confits, tisanes, huiles aux plantes...
Syrups, jellies, herbal teas, herb-flavoured oils...
Les Aromatiques du Pic Saint Loup, St-Martin-de-Londres
TEL +33 4 11 75 55 31 | +33 6 74 17 33 31
http://aromatiques-picsaintloup.blogspot.fr

CONFISERIES • CONFECTIONARY

Confiseries à base de gomme arabique, suc de réglisse, miel, vanille et dragées depuis 1926 (fabrique et magasin).
Producers of gum arabic-based confectionary, liquorice sap, honey, vanilla and sugared almonds since 1926 (factory and shop).
Auzier-Chabernac, Saint-Gély-du-Fesc
TEL +33 4 67 66 80 80 | www.auzier-chabernac.com

VIANDES • MEAT

Élevage de la famille Senet (troupeau de vaches Aubrac).
Senet family farm (Aubrac cattle).
Puech Séranne, Saint-Jean-de-Buèges
TEL +33 4 67 73 13 55 | www.puech-seranne.com

ALIMENTATION • DELICATESSEN

Une épicerie-bar bio multiservices qui participe à la promotion de son terroir (vente de vins du Pic Saint Loup, fromages de chèvre, etc., infos touristiques).
A one-stop organic grocery store and bar actively promoting local products (Pic Saint-Loup wines, goats' cheeses, tourist information...)
Lorkys, Sainte-Croix-de-Quintillargues
TEL +33 4 67 55 34 73 | www.lorkys.fr

TRUFFES • TRUFFLES

Christine Goeminne, Saint-Jean-de-Buèges
TEL +33 4 67 73 12 26 | +33 6 64 50 18 77

SAFRAN • SAFFRON

Mas Gourdou, Valflaunès
TEL +33 4 67 55 30 45 | +33 6 22 63 34 25
http://masgourdou.com

Marchés
Markets

Claret :	mercredi après-midi	*Wednesday afternoons*
Saint-Gély-du-Fesc :	jeudi et samedi matin	*Thursday and Saturday mornings*
Saint-Martin-de-Londres :	dimanche matin	*Sunday mornings*
Saint-Mathieu-de-Tréviers :	jeudi après-midi et dimanche matin	*Thursday afternoons and Sunday mornings*
Teyran :	samedi matin	*Saturday mornings*
Valflaunès :	dimanche matin	*Sunday mornings*

Raoul Lambert, 1955
Huile sur toile 61 x 50 cm, galerie Réno
Oil on canvas, 61 x 50 cm, Réno Gallery

REMONTER LE TEMPS
A TRIP BACK IN TIME

PASSIONNÉS DE PRÉHISTOIRE ?

De nombreux vestiges de villages, sépultures, grottes, dolmens et menhirs témoignent de la vie intense qui régnait ici à cette époque. Deux périodes sont bien représentées : le paléolithique moyen (60 000-35 000 ans av JC). Et le néolithique final (2500-1800 av JC) avec les civilisations dites de Ferrières et de Fontbouisse. Au nombre des visites incontournables :

• **le village de Cambous, Viols-en-Laval** : sans doute l'un des plus vieux villages de France. Sur près d'un hectare, le site, datant de l'âge de cuivre, présente plusieurs cabanes extrêmement bien préservées.
TEL +33 4 67 86 34 37 – www.archeologue.org

• **le musée du Pic Saint Loup aux Matelles** : exposées dans une belle demeure languedocienne, ses collections offrent un large panorama sur la préhistoire de la garrigue nord-montpelliéraine.
TEL. +33 4 99 63 25 46 | +33 4 67 55 17 00

• **le rocher du Causse à Claret** : lieu d'implantation d'un village du chalcolithique accessible librement (panneaux explicatifs et tables d'orientation).

Bons plans :
- Balades préhistoriques de Fred : de novembre à mars. TEL +33 6 72 27 03 18
- Manifestations : Les Journées de la préhistoire à Valflaunès (fin mai ou début juin) et le Printemps de la préhistoire à Viols-en-Laval (fin mai ou début juin).

FOR LOVERS OF ANCIENT HISTORY

Countless remains of villages, burial sites, caves, dolmens and menhirs bear witness to the thriving community that lived here in prehistoric times. Two ages are particularly well represented: the Middle Palaeolithic period (60,000-35,000 years BC) and the end of the Neolithic period (2,500-1,800 years BC) with civilisations known as Ferrières and Fontbouisse. Key places to visit include:

• **the village of Cambous in Viols-en-Laval**: undoubtedly one of the oldest villages in France. The site covers nearly one hectare and dates from the Copper Age. It features several extremely well preserved camps.
TEL +33 4 67 86 34 37 – www.archeologue.org

• **the Pic Saint Loup museum in Les Matelles**: exhibits are housed in a beautiful Languedoc manor house and offer a broad overview of prehistoric life in the *garrigue* lands North of Montpellier.
TEL +33 4 99 63 25 46 | +33 4 67 55 17 00

• **the Rocher du Causse in Claret**: a Chalcolithic village settlement with free access, a signposted tour and viewpoint indicators.

Useful information:
- Fred's prehistoric walks: from November to March. TEL +33 6 72 27 03 18
- Events: Prehistory Days in Valflaunès (end of May or beginning of June) and the Prehistory Spring Festival in Viols-en-Laval (end of May or beginning of June).

AMOUREUX DE VIEILLES PIERRES ?

Eglises, châteaux, villages fortifiés... Le Moyen-Age a laissé de profondes empreintes sur le territoire.

Les Matelles : derrière son enceinte du XVe siècle, un village médiéval au charme fou !

Assas : château reconstruit au XVIIIe sur des bases médiévales, réputé pour sa collection d'instruments anciens à claviers. Eglise Saint-Martial, fleuron de l'art roman languedocien.

Le château de Montferrand (Saint-Mathieu-de-Tréviers) : vestiges d'une forteresse médiévale du XIIe à l'extrémité Est de la crête du Pic Saint Loup.

Saint-Martin-de-Londres : village médiéval possédant l'une des plus belles églises romanes du Languedoc, joyau à plan tréflé enchâssé dans un « claustre » bordé de superbes façades.

Notre-Dame-de-Londres : château des XIVe-XVIe siècles aux allures de fort médiéval et curieuse église romane constituée de deux nefs juxtaposées.

Saint-Jean-de-Buèges : au pied du roc Tras Castel, bourg médiéval hors du temps, avec ses hautes maisons en pierre, son église romane et son château (XIIe-XVe).

Mais aussi...
Viols-le-fort (enceinte du XVe, artisans d'art), Murles (bel exemple de l'habitat typique des garrigues), Saint-Jean-de-Cuculles (village pittoresque autour d'une église romane fortifiée), Pégairolles-de-Buèges (village médiéval dans un paysage magnifique), Mas-de-Londres (église romane et lac de la Jasse).

FOR LOVERS OF HISTORICAL BUILDINGS

From churches to castles and fortified villages, the Middle Ages have left a lasting mark on the local landscape.

Les Matelles: 15th century fortifications hide an utterly charming mediaeval village.

Assas: an 18th century castle rebuilt on mediaeval remains houses a famed collection of keyboard instruments. Saint-Martial church is a true jewel of Languedoc Romanesque architecture.

Montferrand castle (Saint-Mathieu-de-Tréviers): the remains of a 12th century mediaeval fortress located on the eastern ridge of the Pic Saint Loup.

Saint-Martin-de-Londres: a mediaeval village boasting one of Languedoc's most beautiful Romanesque churches, a clover-shaped gem set in a 'claustre' or cloister shaped by superb facades.

Notre-Dame-de-Londres: 14th-16th century castle built in truly mediaeval style and an unusual Romanesque church formed of two naves in juxtaposition.

Saint-Jean-de-Buèges: a timeless mediaeval market town set at the foot of Tras Castel rock with its tall stone houses, its Romanesque church and castle (12th-15th century).

And...
Viols-le-Fort (15th century fortifications, local craftsmen), Murles (a beautiful example of a typical garrigue settlement), Saint-Jean-de-Cuculles (a picturesque village built around a fortified Romanesque church), Pégairolles-de-Buèges (a mediaeval village set in magnificent surroundings) and Mas-de-Londres (Romanesque church and La Jasse lake).

Avant de partir
Before starting out

Office du tourisme du Grand Pic Saint Loup
Grand Pic Saint Loup Tourist Information Office
TEL +33 4 67 55 17 00 – www.tourisme-picsaintloup.fr

Hérault Tourisme (agence de développement touristique)
Hérault Departmental Tourist Commission
TEL +33 4 67 67 71 71 – www.herault-tourisme.com

AGENDA
IN YOUR DIARY

FEVRIER
- Fête de la truffe et du terroir, Claret
- Fête de la soupe, Lauret
- Journée paysanne, Saint-Jean-de-Buèges

MARS
- Festival des charbonnières Lou Garou, Sainte-Croix-de-Quintillargues

AVRIL
- Festival C.H.A.P (programmation éclectique), Viols-le-Fort
- Festival Passerelles d'avril (voix et musique), Assas, Saint-Mathieu-de-Tréviers, Viols-le-Fort
- Journée du livre et de la rose, Saint-Jean-de-Buèges

MAI
- Journée des fleurs (avec produits du terroir), Saint-Jean-de-Cuculles
- Médiévales en Grand Pic Saint Loup, Notre-Dame-de-Londres, les Matelles et Saint-Jean-de-Buèges
- Le Printemps du Pic (grande journée commerçante), Saint-Mathieu-de-Tréviers
- Festa trail autour du Pic Saint Loup (fête familiale autour du trail, de la randonnée, des patrimoines),
- Marché de la création, Les Matelles
- Foire aux ânes et aux chevaux, Saint-Martin-de-Londres

JUIN
- Journées de la préhistoire, Valfaunès
- Printemps de la préhistoire, Viols-en-Laval
- Salon chasse, pêche et nature, Saint-Gély-du-Fesc

JUILLET
- Festival de gastronomie languedocienne, Saint-Jean-de-Buèges
- Festival de jazz, Le Triadou
- Mixture culturelle, soirée spectacle et concert, Causse-de-la-Selle (juillet-août-septembre)

SEPTEMBRE
- Journée de l'artisanat et des produits du terroir, Teyran
- Rencontres des cultures en Pic Saint Loup, sur le territoire (de septembre à décembre)
- Semi-marathon des vendanges, Teyran
- Les KM de Saint-Gély, Saint-Gély-du-Fesc

OCTOBRE
- Fête des vendanges, Saint-Martin-de-Londres
- Vendémiaires (rencontres et échanges autour d'œuvres d'art), Saint-Mathieu-de-Tréviers
- Salon du champignon, Saint-Gély-du-Fesc
- Après-midi d'automne (marché paysan, artisanat), Viols-en-Laval
- Les Foulées du Pic, Le Triadou, Les Matelles, Saint-Jean-de-Cuculles

NOVEMBRE
- Festival Saint-Gély chante Brassens, Saint-Gély-du-Fesc, Viols-en-Laval, Claret

DECEMBRE
- Fête des crèches et des santons, Saint-Jean-de-Cuculles
- Salon de l'artisanat d'art, Saint-Gély-du-Fesc
- Marché des potiers, Les Matelles
- Marché de Noël, Saint-Mathieu-de-Tréviers
- Marché des artisans de Noël, Saint-Martin-de-Londres
- Noël de verre-marché des verriers, Claret
- Pressées d'huiles d'olive à l'ancienne, Combaillaux
- Fête de l'Olive, Corconne

FEBRUARY
- Truffle and Local Produce Festival, Claret
- Soup Festival, Lauret
- Rural Discovery Day, Saint-Jean-de-Buèges

MARCH
- Lou Garou Colliers' Festival, Sainte-Croix-de-Quintillargues

APRIL
- C.H.A.P. Festival (varied line-up), Viols-le-Fort
- Passerelles April Festival (singing and music), Assas, Saint-Mathieu-de-Tréviers and Viols-le-Fort
- Book and Rose Day, Saint-Jean-de-Buèges

MAY
- Flower Show (with local produce), Saint-Jean-de-Cuculles
- Grand Pic Saint Loup Mediaeval Festival, Notre-Dame-de-Londres, les Matelles and Saint-Jean-de-Buèges
- Pic Spring Festival (sale of a wide range of goods), Saint-Mathieu-de-Tréviers
- Festa Trail around the Pic Saint Loup (family fun day with off-road bikes, rambling, heritage sites)
- Craft Market, Les Matelles
- Donkey and Horse Show, Saint-Martin-de-Londres

JUNE
- Prehistory Days, Valflaunès
- Prehistory Spring Festival, Viols-en-Laval
- Hunting, Fishing and Outdoor Show, Saint-Gély-du-Fesc

JULY
- Languedoc Gourmet Food Festival, Saint-Jean-de-Buèges
- Jazz Festival, Le Triadou
- Cultural Festival with evening shows, Causse-de-la-Selle (July-August-September)

SEPTEMBER
- Craft and Local Produce Show, Teyran
- Pic Saint Loup Cultural Festival in various locations (September to December)
- Harvest Half Marathon, Teyran
- Saint-Gély KM Run, Saint-Gély-du-Fesc

OCTOBER
- Harvest Festival, Saint-Martin-de-Londres
- Vendémiaires Art Festival, Saint-Mathieu-de-Tréviers
- Mushroom Show, Saint-Gély-du-Fesc
- Autumn Festival (farmers' market, crafts), Viols-en-Laval
- Foulées du Pic Run, Le Triadou, Les Matelles and Saint-Jean-de-Cuculles

NOVEMBER
- Saint-Gély Brassens Festival, Saint-Gély-du-Fesc, Viols-en-Laval and Claret

DECEMBER
- Nativity Festival, Saint-Jean-de-Cuculles
- Arts and Crafts Show, Saint-Gély-du-Fesc
- Pottery Market, Les Matelles
- Christmas Market, Saint-Mathieu-de-Tréviers
- Christmas Crafts Market, Saint-Martin-de-Londres
- Christmas Glass Market, Claret
- Traditional Olive Oil Pressing, Combaillaux
- Olive Festival, Corconne

Liste non exhaustive - *This list is non-exhaustive*

BELLES EMPLETTES
ARTS AND CRAFTS

UNE LONGUE TRADITION VERRIÈRE

Dès la fin du XIIIe siècle, les maitres verriers s'installent sur le plateau de l'Orthus après avoir obtenu de Saint Louis le monopole de la fabrication du verre, en remerciement des services rendus aux croisades. Plusieurs sites illustrent l'importance qu'a eue cette activité sur le territoire :

• **La Halle du verre** à Claret : espace muséographique qui retrace l'histoire du verre et ses techniques, de l'Antiquité à nos jours. Expositions, atelier de démonstrations et boutique d'art. TEL +33 4 67 59 06 39.

• **La verrerie de Couloubrines** à Ferrières-les-Verreries : métairie abritant en plein air un four de verrier reconstitué à l'ancienne.

• **Le chemin des verriers** : itinéraire touristique de Couloubrines à Sommières.

De nombreux ateliers sont également ouverts au public sur rendez-vous :

À VACQUIÈRES :
• **Yves Trucchi** : travaillées selon la technique du verre sablé, ses œuvres gravitent autour de la mer. TEL +33 4 67 55 69 60 | +33 6 03 47 28 42
• **Yann verre** : pièces uniques, objets décoratifs, mobilier et sculptures en pâte de verre avec inclusion de métaux précieux à chaud. TEL +33 6 13 20 84 61 | www.yannverre.com
• **Atelier verrier** : lorsqu'il n'anime pas des démonstrations à la Halle du verre, Guillaume Domise travaille le verre moulé. TEL +33 6 73 78 22 50

À CLARET
• **Souffleur de verre** (Laurent Joignaud) : objets décoratifs, luminaires originaux soufflés à la canne. TEL +33 6 50 55 47 80
• **La Verrerie d'art** : soufflage de verre au chalumeau, animations et ateliers. TEL +33 6 85 50 65 49 | verrerie.art.free.fr

À LAURET
La Flamme de Lili : des perles de verre qui deviennent bijoux, accessoires et éléments d'art de la table. Stages d'initiation. TEL +33 4 67 55 68 11 | www.lilibellule-creations.fr

A LONG-STANDING TRADITION OF GLASS MAKING

At the end of the 13th century, master glassblowers settled on Hortus ridge after they were granted a glass making monopoly by Saint Louis in recognition for services rendered during the crusades. The local significance of the glass industry can still be witnessed in a number of places:

• **the Halle du Verre** in Claret: a museum telling the story of glass and glass making techniques from Antiquity to the present day. Exhibitions, glassblowing demonstrations and an art gallery. TEL +33 4 67 59 06 39

• **the Couloubrines glass factory** in Ferrières-les-Verreries: a smallholding housing a replica of a traditional open-air glass oven.

• **The glassblowers' trail**: a sightseeing tour from Couloubrines to Sommières.

Many workshops are also open to the public by appointment:

VACQUIÈRES
• **Yves Trucchi:** using the frosted glass technique, his glass work revolves around a maritime theme. TEL +33 4 67 55 69 60 | +33 6 03 47 28 42.
• **Yann Verre:** unique pieces of art, ornaments, furniture and sculptures made from molten glass incorporating fired precious metals. TEL +33 6 13 20 84 61 | www.yannverre.com
• **Glassblowing workshop:** when he is not demonstrating glassblowing at the Halle du Verre, Guillaume Domise produces moulded glass. TEL +33 6 73 78 22 50

CLARET
• **Glassblower** (Laurent Joignaud): ornaments and unique light fittings made using a blowing iron. TEL +33 6 50 55 47 80
• **Art glass studio:** glassblowing using a torch plus a number of events and classes. TEL +33 6 85 50 65 49 | verrerie.art.free.fr

LAURET
La Flamme de Lili: glass beads transformed into jewellery, accessories and tableware. Introductory courses. TEL +33 4 67 55 68 11 | www.libellule-creations.fr

ET AUSSI • AND

Marie-Luce Arnaud, Saint-Jean-de-Cuculles :
fresque et décors muraux, décor à la chaux.
frescos, wall panels and decorative plaster work.

Lez Arts d'Oc, Claret :
restauration de peintures, papiers, bois dorés et création de bijoux en papier verni.
art restoration, paper, gilt wood and jewellery designs made from varnished paper.

Steve Linn, Claret :
sculptures originales à base de verre, bois et bronze.
unique sculptures made from glass, wood and bronze.

Katilé créations, Saint-Mathieu-de-Tréviers :
création et fabrique artisanale de corsets.
design and hand-crafted corset making.

Lin ou l'autre, Corconne :
boutique-atelier textile, coton bio et lin au mètre, linge de maison.
textiles - workshop and boutique selling organic cotton and linen by the metre and household linen.

Nepheline, Viols-le-Fort :
objets utilitaires et décoratifs en céramique, art de la table.
ceramics – ornaments, everyday items and tableware.

Création Hardy, Viols-le-Fort :
ferronnerie d'art.
decorative wrought iron work.

L'Atelier du cuir, Viols-le-Fort :
créations en cuir. Stages.
leatherware - courses.

Atelier Francoise de La Hoz, Viols-le-Fort :
tailleur-couturier.
textiles – fashion accessories and tailor-made clothes.

Atelier Plane et Terre, Viols-en-Laval :
céramiste raku, terres sigilées et enfumées.
Raku pottery, smoke-fired terra sigillata.

Atelier Lancelot Dulac, Mas-de-Londres :
artiste peintre aquarelliste.
painting - watercolour artist.

Au Fil de l'Eau, Montferrier-sur-Lez :
perles et bijoux en verre filé au chalumeau.
torch-blown glass beads and jewellery.

Marie-Hélène Gleizes, Montferrier-sur-Lez :
décoration, bijoux, art de la table, fusing, grisaille.
ornaments, jewellery, tableware, glass fusing and grisaille.

Mosaïque Création, Saint-Gély-du-Fesc :
sols, fresques, revêtements et tables en mosaïque.
mosaic floor designs, frescos, tiles and tables.

Coup de coeur ! / Favourite Haunt !

UNE DISTILLERIE UNIQUE EN EUROPE

Fondée en 1928 à Claret et reprise par deux jeunes viticulteurs, la distillerie des Cévennes fabrique de l'huile de cade utilisée à des fins vétérinaire, domestique, phytosanitaire et cosmétique. Visite commentée sur rendez-vous.

THE ONLY DISTILLERY OF ITS KIND IN EUROPE

Founded in Claret in 1928 and taken over by two young wine growers, the Cevennes distillery produces juniper tar or cade oil that can be used for veterinary purposes though also in the home, to treat plants and as a cosmetic. Guided tours by appointment.

TEL +33 4 67 59 02 50 | www.distilleriedescevennes.com

NIDS DOUILLETS
HOME FROM HOME

Chez le vigneron
Winery stays

Claret

MAS FOULAQUIER

Appartement indépendant pour 6 personnes (75 m²) au 1er étage d'un vieux mas viticole rénové avec goût. Terrasse ouverte sur les vignes. Piscine partagée avec les propriétaires. Jardin.

Separate apartment sleeping 6 (75m²) on the first floor of a tastefully renovated historic vineyard farmhouse. Terrace overlooking vineyards. Pool shared with the owners. Garden.

TEL +33 4 67 59 96 94 | **+33 6 09 52 77 53**
http://masfoulaquier.com

ZUMBAUM TOMASI

Dans une ancienne maison de village, gîte tout confort pour dix personnes (6 chambres) modulable en trois gîtes indépendants de 3 à 4 personnes. Construction d'un nouveau gîte en cours.

In an authentic stone-clad village house, comfortable gite sleeping 10 (6 bedrooms) that can be split into three separate gites sleeping 3 to 4 people. New gite to come.

TEL +33 4 67 55 78 77 | **+33 6 01 72 39 52**
domainezumbaumtomasi@wanadoo.fr

Vacquières

MAS DE FIGUIER

Au calme, dans une ancienne magnanerie rénovée du XVIIe siècle, gîte (au 1er étage) pour 4 personnes (2 chambres, 120 m², 2 épis Gîtes de France). Parking. Jardin. Possibilité de repas vigneron.

In the peaceful setting of a former silkworm farm renovated in the 17th century, first-floor gite sleeping 4 (2 bedrooms, 120m², Gites de France rating: 2 épis). Car parking. Garden. Meals at the estate can be arranged.

TEL +33 4 67 59 00 29 | **+33 6 18 19 53 33**
www.masdefiguier.fr

Lauret

DOMAINE DE CAZENEUVE

Deux gîtes mitoyens de 95 m² au sein d'un bâtiment agricole reconverti : 2 chambres/5 personnes et 2 chambres/ 6 personnes. Terrasse, terrain attenant, parking privatif.

Two 95m² gites in the same converted barn – one has 2 bedrooms and sleeps 5, the other two bedrooms and sleeps 6. Terrace, adjoining outdoor space, private parking.

TEL +33 4 67 59 91 38 | www.cazeneuve.net

Sauteyrargues

MAISON DE NOËL

Demeure mitoyenne de 100 m² dans un havre de paix, encerclé de vignes et de garrigues. 2 chambres/4 personnes.
Semi-detached 100m² country house in a peaceful setting surrounded by vines and garrigue. 2 bedrooms/sleeps 4.
TEL +33 4 67 55 30 45 | +33 6 22 63 34 25
jtherond@masgourdou.com

CHÂTEAU DE LASCOURS

Maison aménagée sur deux niveaux dans un hameau paisible entouré de vignes (80 m², 2 chambres/5 personnes, 3 épis Gîtes de France). Jardin clos.
Two-story house in a quiet hamlet set amongst vineyards (80m², 2 bedrooms/sleeps 5, Gîtes de France rating: 3 épis). Walled garden.
TEL +33 4 67 67 71 62

Valflaunès

L'AUTR'L DE VALCYRE

Trois chambres d'hôtes à l'étage d'une maison de maître, sur une propriété viticole avec parc et environnement calme. Découverte du vignoble et des vins du domaine. Piscine. Vinothèque.
Guesthouse with three first-floor bedrooms in a manor house set on a wine estate with grounds. Peaceful surroundings. Tours of the vineyard and tastings of the estate wines. Wine library.
TEL +33 4 67 63 54 28 | +33 6 86 08 07 03
www.lautrldevalcyre.com

Lauret

DOMAINE DE CANTAFAROUNE

Au calme, dans un ancien domaine vinicole rénové avec goût, gîte pour 4 personnes (2 chambres/85m2). Vues magnifiques. Piscine partagée avec les propriétaires. Jardin. Parking privatif.
In the peaceful setting of a sensitively restored former wine estate, gite sleeping 4 people (2 bedrooms/85m2). Magnificent views. Swimming pool shared with the owners. Garden. Private parking.
TEL + 33 4 99 62 03 27 | + 33 6 84 04 19 37
http://gitelanguedoc.jimdo.com/

Saint-Jean-de-Cuculles

LES REMPARTS DE CUCULLES

Gîte (2 chambres/4 personnes, 52 m², 3 épis Gîtes de France) ou chambres d'hôtes dans une maison du XVIIe adossée aux remparts de l'église. Exploitation viticole AB. Atelier patine sur bois et enduits décoratifs à la chaux.
Gite (2 bedrooms/sleeps 4, 52m², Gîtes de France rating: 3 épis) or guesthouse in a 17th century house abutting the church walls. Organic wine farm. Workshop revamping furniture with a patina finish and producing decorative lime plaster.
TEL +33 6 72 76 28 91 | www.remparts-cuculles.fr

Alexandre Eugène Castelnau (1827-1894), Les garrigues du Pic Saint Loup, 1859
Huile sur toile, 81 x 129 cm, Musée Fabre Montpellier Agglomération
(cliché F. Jaulmes)

Oil on canvas, 81 x 129 cm, Musée Fabre Montpellier Metropolitan Area (Photo F. Jaulmes)

Bonnes adresses
Other good places to stay

Saint-Jean-de-Cuculles

L'OUSTAL DU PIC SAINT LOUP
Le confort d'une maison contemporaine allié au charme des matériaux anciens dans un écrin de verdure. 4 chambres d'hôtes. Piscine. Table d'hôtes et vins du Pic Saint Loup. Activités œnologiques.
All the comforts of a modern house yet the charm of traditional building materials in an unspoilt setting. Guesthouse with 4 bedrooms. Swimming pool. Evening meals and Pic St Loup wines. Wine-related activities.
TEL +33 6 59 61 98 34 | www.instant-terroir.com

LA CAZARELLE
Villa d'hôtes design et confortable entre vignes et pinède. Piscine et jardin. Bons conseils côté vins et balades.
Comfortable, stylish guesthouse located amongst vineyards and pine forests. Swimming pool and garden. Good tips on local wines and walks.
TEL +33 7 60 04 02 58 | www.chambreshotes-lacazarelle.fr

Valflaunès

MAS DES VIOLETTES
L'esprit campagne chic d'un mas du XIVe sur trois hectares : maison et table d'hôtes, gites pour 2 à 15/20 personnes. Brocante, salon de thé, kiosque à musique, jeux pour enfants, espaces détente, sans oublier les ânes... Aussi exceptionnel que dépaysant !
This 14th century farmhouse and its 3 hectares of land have a chic country feel about them: guesthouse serving evening meals, gites sleeping from 2 to 15/20 people. Antiques corner, tea room, bandstand, children's play ground, relaxation areas, oh and donkeys... Outstanding and a great change of scenery.
TEL +33 6 45 35 67 26 | www.masdesviolettes.com

MAZET DE L'HORTUS
Au pied du massif de l'Hortus, maison sur deux niveaux attenante à la demeure des propriétaires (110 m², 5 personnes). Jardin.
At the foot of Mount Hortus, two-story house adjoining the owners' home. (110 m² -5 people). Garden.
TEL +33 6 84 04 25 11 | www.aumazet.fr

Lauret

LA TONNELLE, AUBERGE DU CÈDRE
Un lieu hors du temps où l'on aimerait élire domicile... Au sein d'une ancienne maison de maître, gîte de 120 m² (3 chambres/6 personnes). Jardin, piscine, terrasse.
A place where time has stood still and immediately feels like home. In an historic manor house, 120m² gite (3 bedrooms/sleeps 6). Garden, swimming pool, terrace.
TEL +33 4 67 59 02 02 | www.aubergeducedre.com

Vacquières

DOMAINE DE L'ABBAYE
Au coeur d'une propriété viticole avec 130 ha de terres, bâtiment en pierres de taille comportant deux gîtes de plain-pied (175 m²- 9 personnes et 165 m² - 8 personnes). Terrain, terrasse, piscine commune, parking.
Set in the heart of a 130-hectare wine estate, this attractive stone house comprises two ground floor gites (175m²/sleeps 9 and 165m²/sleeps 8). Grounds, terrace, communal pool and car parking.
TEL +33 4 67 59 03 15 | +33 6 20 77 61 76

Saint-Mathieu-de-Tréviers

LES TILLEULS
Deux chambres d'hôtes dans un beau mas languedocien habité par la fantaisie d'un architecte d'intérieur. Piscine.
Two-bedroom guesthouse in a beautiful Languedoc-style farmhouse redesigned in an off-the-wall style by an interior decorator. Swimming pool.
TEL +33 6 11 31 15 11

MAS DE CALA
Chambre d'hôtes et gîte (2 à 4 personnes) face aux falaises de l'Hortus et aux ruines du Château de Montferrand. Grand jardin paysager. Piscine. Séjours à thème (photo, djembé).
Guesthouse and gite (2 to 4 people) opposite the distinctive cliff face of Mount Hortus and the ruins of Montferrand castle. Large, landscaped garden. Swimming pool. Themed breaks (photography, djembe).
TEL +33 6 05 26 02 01 | www.masdecala.fr

Rouet

GÎTES DU PIC SAINT LOUP

Dans un cadre d'exception (bâtiments de ferme du XIIe au XVIIe siècles sur 10 ha de verdure). Piscine à débordement face au Pic.
In an outstanding setting, farm buildings dating from the 12th to the 17th century surrounded by 10ha of unspoilt countryside. Infinity pool facing the Pic.
TEL +33 4 67 66 03 48 | www.gitesdupicsaintloup.fr

Saint Bauzille-de-Montmel

MAS DES BARANDONS

Deux gîtes (200 m² et 75 m²) et trois chambres d'hôtes dans un mas viticole du XVIIIe avec parc et piscine : un petit paradis.
Two gites (200m² and 75m²) and a three-bedroom guesthouse in an 18th century vineyard farmhouse with grounds and pool: a little paradise.
TEL +33 4 67 86 15 45 | lesbarandons.free.fr

Buzignargues

MAS DES ROMARINS

Quatre gîtes équestres grand confort sur une propriété arborée de 9 000 m². Piscine. Initiation à la dégustation avec l'œnologue Danièle Lambert.
Four luxurious gites for horse lovers surrounded by 9,000 m² of wooded grounds. Swimming pool. Introduction to wine tasting by wine maker Danièle Lambert.
TEL +33 4 67 86 17 03 | www.gitedesromarins.com

Sainte-Croix-de-Quintillargues

GITE DE MILHAC

Au centre du village, au 1er étage d'une maison vigneronne du XIXe entièrement rénovée (75 m², 4 à 6 personnes).
In the centre of the village, on the first floor of a fully renovated 19th century wine growers' house (75 m², 4 to 6 people).
TEL +33 4 67 55 35 51 | www.milhac.com

Ferrières-les-Verreries

LE REPOS DU VERRIER

Gîte de charme (180 m² - 6 personnes), bénéficiant d'un calme absolu. Jardins en terrasse avec vue à l'infini. Piscine.
Charming gite (180 m² – sleeps 6) in an extremely tranquil setting. Terraced gardens with unbroken views. Swimming pool.
TEL +33 6 23 89 38 59 | www.lereposduverrier.com

Garrigues

CHÂTEAU ROUMANIÈRES

Chambres d'hôtes dans une bastide vigneronne du XIIIe à la décoration raffinée. Piscine. Jardin.
Guesthouse set in a 13th century farmhouse with refined décor. Swimming pool. Garden.
TEL +33 4 67 86 91 71 | www.chateauroumanieres.com

Claret

L'OLIVINE

Cinq chambres d'hôtes dans une ancienne magnanerie blottie contre le mont Hortus. Grand jardin.
Five-bedroom guesthouse on a former silkworm farm nestled in the foothills of Mount Hortus. Large garden.
TEL +33 4 67 60 56 24 | +33 6 03 69 17 23 | www.lolivine.fr

Et aussi ... / And ...

Mas de Londres

LA LIQUIÈRE
Sur un domaine en biodynamie dans un mas du XIIe, deux gîtes de charme (120 m², 6 personnes). Jardin, piscine commune.
Two delightful gites (120m², 6 people) in a 12th century farmhouse set amongst biodynamically-farmed vineyards. Garden. Communal pool.
TEL +33 6 20 93 02 90 | **+33 4 67 55 06 57**
www.terresdupic.com

LA BORIE
Mas du XIIe sur un domaine de 55 ha : cinq gîtes tout confort dont un pour l'accueil des personnes en situation de handicap.
12th century farmhouse on a 55 ha estate – five comfortable gites, including one catering for handicapped people.
TEL +33 4 67 67 71 62 | www.domaine-la-borie.com

Saint-André-de-Buèges

MAS DE BOMBEQUIOLS
Chambres d'hôtes et appartements dans une bastide médiévale au milieu de 70 ha de terres sauvages. Piscine.
Guesthouse and apartment in a Mediaeval fortified manor house in the midst of 70 ha of unspoilt countryside. Swimming pool.
TEL + 33 4 67 73 72 67 | http://masdebombequiols.free.fr

MAS DE LUZIÈRE
Dans l'environnement reposant d'un mas viticole du XIXème en pleine nature (maison d'hôtes et auberge). Piscine, spa, sauna.
In a relaxing setting, 19th century wine farm set in the heart of the countryside (guesthouse/bed and breakfast). Swimming pool, spa, sauna.
TEL +33 4 67 73 34 97 | www.luziere.com

Viols-en-Laval

LA BASTIDE DU GRAND PIERRE
Gîte de 200 m² (9 à 12 personnes) dans une ancienne demeure des Templiers restaurée. Terrasse, piscine privative.
200m² gite (sleeps 9 to 12) in a restored mansion once belonging to the Knights Templars. Terrace and private pool.
TEL +33 6 61 47 99 04 | www.gite-france-bgp.com

Notre-Dame-de-Londres

MAS DU GRAND BOSC
Gîtes et chambres d'hôtes entre pierres et poutres, en pleine garrigue face au Pic Saint Loup. Piscine. Tennis.
Gites and guesthouse with exposed beams and stonework set in the heart of the garrigue facing the Pic Saint Loup. Swimming pool. Tennis court.
TEL +33 4 67 55 65 64 | www.masdugrandbosc.com

Causse-de-la-Selle

LES HAUTS D'ISSENSAC
Chambres d'hôtes et gîte dans un mas du XVIIe à l'environnement préservé. Table d'hôtes. Piscine en bois. Accès privé aux rivières.
Guesthouse and gite in a 17th century farmhouse in an unspoilt setting. Bed, breakfast and dinner. Wooden swimming pool. Private access to local rivers.
TEL +33 4 67 73 37 09 | www.hauts-issensac.com

Viols-en-Laval

CÔTÉ CHÊNES VERTS
Gite de charme (85 m2, 4 à 5 personnes) à la campagne avec terrasse et piscine.
Charming gîte (85 m2, sleeps 4 to 5) set in the countryside with terrace and pool.
TEL +33 4 99 62 02 64 | www.cotechenesverts.com

Brissac

MAS DE COULET
Gites et chambres d'hôtes ethniques et poétiques dans une maison de campagne du XIIe avec piscines. Restaurant.
Ethnic and poetic gites and guesthouse in a 12th century country home with pools. Restaurant.
TEL + 33 4 67 83 72 43 | www.masdecoulet.com

Vailhauquès

MAS DES TENTATIONS
Chambres d'hôtes sur un domaine viticole.
Guesthouse set on a wine estate.
TEL +33 6 72 25 68 70

HÉBERGEMENT DE GROUPE • GROUP ACCOMODATION

Les Farfadets (ferme équestre - stables), Lauret. TEL +33 4 67 59 86 17 | http://fe.lesfarfadets.free.fr
Le relais de Roussières, Viols-en-Laval. TEL +33 4 67 86 37 94 | www.gitederoussieres.fr
Logis vert de la mairie (run by the town hall), Assas. TEL +33 4 99 62 22 00

CAMPING • CAMPSITES

Places de camping à l'auberge du cèdre à Lauret
Trois aires pour camping-car à Saint-Martin-de-Londres et Saint-Mathieu-de-Tréviers.
Camping à la ferme (Sér'âne, Saint-Jean-de-Buèges).
Pitches available at the Auberge du Cèdre in Lauret
Three campervan parks in Saint-Martin-de-Londres and Saint-Mathieu-de-Tréviers.
Farm campsite (Sér'âne, Saint-Jean-de-Buèges).

C'est bon signe !
Look for the signs !

La plupart des bonnes adresses répertoriées dans ces pages sont labelisées. Ainsi, « Qualité Hérault » (à l'échelle du Département) et « Qualité Sud de France » (démarche portée par la région Languedoc-Roussillon) sont des marques qui identifient les professionnels qui respectent une charte portant sur la qualité de l'accueil et la mise en valeur de l'identité de leur territoire. Elles sont reconnues au plan national par la marque Qualité Tourisme.
Au nombre des autres labels existants, on peut citer :
• pour l'hébergement : Gîtes de France, Clévacances, Logis de France…
• pour l'accessibilité : Tourisme Handicap,
• pour l'environnement : Clef Verte, Bienvenue à la ferme, Ecogîtes…
En savoir plus : www.qualite-herault.fr | www.qualite-suddefrance.com

Most of the places listed in this chapter are officially certified. Quality seals such as 'Qualité Hérault' (within the department) and 'Qualité Sud de France' (region-wide for Languedoc-Roussillon) endorse iniatives within the industry which comply with a quality charter for welcoming guests and promote local identity. At national level, they are recognised by the 'Qualité Tourisme' scheme.
Other schemes include:
• Gîtes de France, Clévacances, Logis de France… (accomodation),
• Tourisme Handicap (access for disabled people),
• Clef Verte, Bienvenue à la Ferme, Ecogîtes… (environmental standards).
To find out more : www.qualite-herault.fr | www.qualite-suddefrance.com

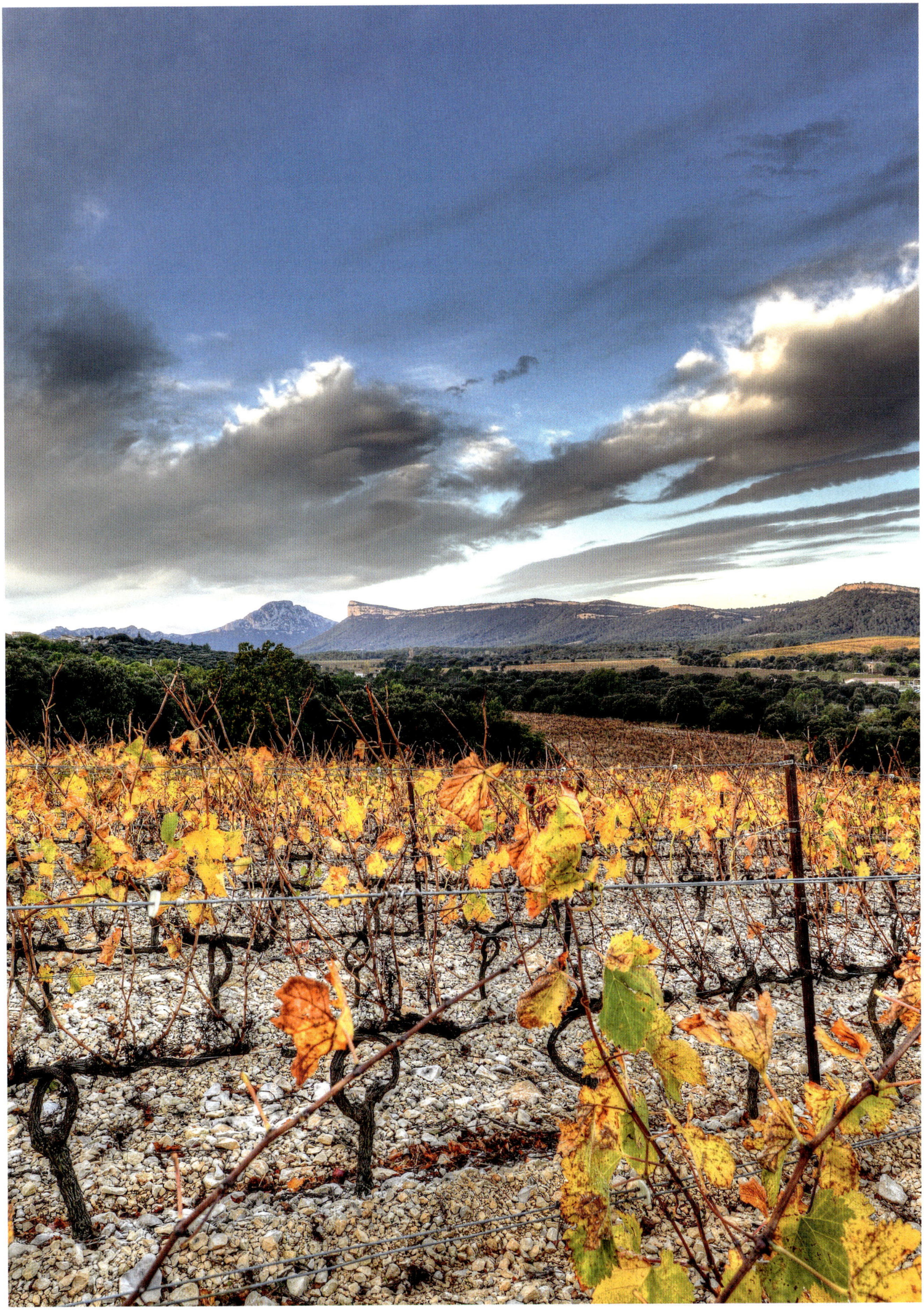

GLOSSAIRE

ACIDITÉ : composant essentiel du vin, l'acidité participe à son équilibre en lui apportant la fraîcheur. En excès, elle lui donne du mordant, de la verdeur. Si elle est insuffisante, le vin est mou.

ANTHOCYANES : pigments contenus dans la peau des raisins noirs qui procurent, lors de la cuvaison, leur couleur aux vins rouges et rosés.

ASSEMBLAGE : consiste à mélanger dans une cuve plusieurs vins issus de cépages différents qui ont fermenté de manière indépendante.

BÂTONNAGE : opération d'élevage qui consiste à remuer, au moyen d'un bâton, les lies dans un fût ou une cuve remplis de vins. Pratiqué essentiellement sur les vins blancs, il est censé les protéger de l'oxydation et de la réduction en préservant le fruit.

CÉPAGE : variété de vigne utilisée pour faire le vin.

CHAI : lieu destiné à la vinification et/ou à la conservation des vins.

CHAPEAU : parties solides du raisin (peaux, rafles, pépins, etc) formant une croûte à la surface de la cuve de fermentation. Pour assurer une bonne extraction des matières colorantes, il est important de le maintenir humide.

CLONE : ensemble des pieds de vigne issus d'un pied unique par multiplication (bouturage ou greffage).

CLOS : parcelle de vigne entourée de murs.

COLLAGE : clarification d'un vin par addition d'une substance se coagulant en entraînant dans sa chute les particules restées en suspension.

CORDON DE ROYAT : taille courte sur charpente longue à 1 ou 2 bras horizontaux. C'est le système de taille le plus adapté à la mécanisation. La maturité est homogène car les raisins se retrouvent au même niveau avec une exposition souvent identique. Elle nécessite par contre un palissage.

COULURE : non-transformation de la fleur en fruit due à une mauvaise fécondation pour des raisons diverses (climatiques, physiologiques, etc…).

COURSON : portion de bois jeune que l'on conserve sur les bras de vigne lors de la taille et dont les bourgeons fourniront les nouveaux sarments de l'année.

CUVAISON : période au cours de laquelle, le moût et les parties solides du raisin noir séjournent dans la cuve de fermentation. Sa longueur détermine la coloration et la force tannique du vin.

DÉBOURBAGE : opération de la vinification des vins blancs et rosés qui consiste à débarrasser, avant la fermentation, le moût de ses grosses impuretés.

DÉBOURREMENT : éclosion des bourgeons de la vigne au printemps.

DÉCAVAILLONNEUR (euse) : charrue de forme spéciale utilisée pour enlever le cavaillon (étroite bande ou portion de terre que laisse la charrue vigneronne ordinaire sur la ligne des ceps et qu'il faut travailler ensuite à la main) laissé entre les ceps par le déchaussage.

DÉCHAUSSAGE : pratique culturale consistant à rejeter, vers le milieu du rang de vignes, la terre accumulée contre et entre les ceps.

DÉCUVAGE : opération qui met fin à la cuvaison et surtout à la macération en vinification en rouge lorsque l'extraction des composés phénoliques est suffisante pour le type de vin que l'on souhaite obtenir. Le vigneron écoule le jus de goutte puis extrait la phase solide restante de la cuve pour la presser et obtenir le vin de presse. Libre à lui d'assembler ou pas les jus de goutte et de presse, avant de lancer l'élevage.

DÉLESTAGE : opération consistant à pomper l'ensemble du moût accumulé dans le bas de la cuve en pleine fermentation et à le transvaser dans une seconde cuve. Ce moût est ensuite réincorporé dans la cuve initiale, avec un fort débit au-dessus du chapeau de marc, qu'il casse et noie. D'où un enrichissement du moût en polyphénols et sucres.

EBOURGEONNAGE, ÉPAMPRAGE : suppression des bourgeons qui sortent du long bois ou du tronc, inutiles ou nuisibles à la bonne fructification.

ECIMAGE (voir rognage) : consiste à couper l'extrémité superflue des rameaux. Les éléments nutritifs peuvent ainsi se concentrer sur les grappes. Autre avantage : le passage entre les rangs de vigne est facilité.

ECLAIRCISSAGE : suppression d'un certain nombre de grappes par pied avant la véraison pour permettre à celles restantes un développement optimal en terme de qualité.

EFFEUILLAGE : consiste à enlever les feuilles poussant à hauteur des raisins en fin de maturation. Cette technique aide à parfaire la maturation et à aérer les grappes. De plus, elle facilite la cueillette manuelle.

EGRAPPAGE, ÉRAFLAGE : séparation de la rafle (pédoncule) des grains de raisin avant la mise en fermentation pour éviter la présence d'un goût herbacé. L'éraflage peut être total ou partiel selon la maturité. Plus celle-ci est avancée, moins l'incidence des rafles est préjudiciable. Certains vignerons choisissent de conserver les rafles bien mûres, estimant qu'elles apportent tanins, complexité et fraîcheur au vin.

ECLAIRCISSAGE : permet de limiter le volume végétatif exposé aux maladies (moins d'entassement de végétation) et d'éviter que la vigne ne retombe.

EQUILIBRE : indique les relations mutuelles entre les quatre composants du vin : alcool, acidité, sucre et extrait sec. Un vin est équilibré lorsqu'aucun des quatre caractères ne prédomine.

ELEVAGE : ensemble des soins apportés au vin entre la fin de la fermentation et la mise en bouteille pour amener les vins à leur qualité optimale, avec des objectifs différents selon le type de contenant choisi (cuve ou barrique).

ELEVAGE SUR LIES : consiste à élever un vin sans le séparer de ses lies (levures mortes après la fermentation se formant au fond des cuves ou des fûts). A l'inverse des grosses lies que le vigneron retire au moment du premier soutirage, les lies fines sont conservées pour les vins blancs afin de leur procurer plus de gras et de complexité.

ENHERBEMENT : culture de végétaux entre les rangs de vigne destinée à améliorer le sol.

EXTRACTION : absorption par le moût des composés contenus dans les pellicules des baies (tanins, pigments…) Celle-ci peut être favorisée par diverses opérations, comme les pigeages et remontages (voir ces mots).

FERMENTATION ALCOOLIQUE : opération qui permet aux levures de transformer le sucre du raisin en alcool. Elle provoque un dégagement gazeux et une élévation de la température, si cette dernière est trop importante elle peut détruire les levures.

FERMENTATION MALOLACTIQUE : seconde fermentation pendant laquelle l'acide malique contenu dans le vin se dégrade en acide lactique, plus souple.

FILTRATION : procédé de clarification du vin consistant à le débarrasser des particules en suspension en le passant sous pression au travers de filtres.

FOULAGE : opération qui consiste à faire éclater la peau des grains de raisin afin d'en extraire le jus.

GREFFAGE : opération d'assemblage du greffon (partie aérienne et fructifère) sur le porte-greffe (système racinaire).

GOBELET (TAILLE EN) : consiste à couper très court chaque année pour ne conserver que quelques bras courts partant du pied. On la nomme gobelet car le port du cep est évasé. Elle assure une bonne résistance au vent et à la sécheresse et une maturité précoce mais cette forme de conduite est mal adaptée à la mécanisation.

GUYOT : taille idéale pour les cépages dont les fertilités maximales sont sur des bourgeons de rang élevé sur le sarment. Elle consiste à laisser un sarment porteur de 5 à 7 bourgeons, attaché à un fil de fer afin que les raisins soient tous à la même hauteur. À l'opposé, un sarment laissé beaucoup plus court (2 bourgeons) formera le sarment producteur pour l'année suivante.

INAO : Institut national de l'origine et de la qualité. Organisme français dépendant du ministère de l'Agriculture et ayant en charge les signes de qualité : AOC, IGP, labels et agriculture biologique.

LEVURES : micro-organismes unicellulaires naturellement présentes sur le raisin, responsables de la fermentation alcoolique du moût.

LEVURAGE : ensemencement des moûts par des levures indigènes (levures de culture) ou exogènes (levures de synthèse qui déclenchent la fermentation mais contribuent aussi à l'aromatisation des vins).

LIE : voir élevage.

MACÉRATION : consiste à laisser le moût en contact avec les parties solides du raisin pendant la cuvaison. Plus longue sera la macération, plus coloré et tannique sera le vin.

MACÉRATION PRÉFERMENTAIRE À FROID : consiste à maintenir la vendange pendant 3 à 5 jours à des températures comprises entre 8 et 15°C afin de favoriser le fruit.

MACÉRATION CARBONIQUE : procédé de vinification en rouge par macération de grains entiers dans des cuves saturées de gaz carbonique, au profit d'arômes intenses et d'une baisse d'acidité.

MACÉRATION PELLICULAIRE : macération du jus de raisin en contact avec la pellicule du raisin, à l'abri de l'air et à basse température avant la fermentation, pour favoriser l'expression aromatique.

MAÎTRE DE CHAI : responsable de la vinification et de l'élevage à la cave.

MARC : matières solides de la vendange restant après le pressurage.

MATURATION : transformation subie par le raisin quand il s'enrichit en sucre et perd une partie de son acidité pour arriver à maturité.

MILDIOU : maladie provoquée par un champignon parasite qui attaque les organes verts de la vigne.

MILLÉSIME : année de vinification du vin.

MOÛT : jus de raisin frais non fermenté.

NOUAISON : étape du cycle végétatif de la vigne se traduisant par l'apparition de minuscules grappes de raisin.

OÏDIUM : maladie provoquée par un champignon et qui se traduit par une teinte grise et un dessèchement des raisins.

ŒNOLOGIE : science et technique d'élaboration et de conservation du vin.

OIV : Organisation internationale de la vigne et du vin. Organisme intergouvernemental étudiant les questions techniques, scientifiques ou économiques soulevées par la culture de la vigne et la production du vin.

OUILLAGE : remise à niveau des barriques de vin pour compenser les pertes par évaporation durant l'élevage.

PALISSAGE : consiste à conduire la vigne sur une structure en y attachant ses tiges et ses branches à l'aide de liens, notamment pour augmenter l'efficacité de la photosynthèse et une bonne aération.

PHÉNOLOGIQUES (STADES) : différentes étapes du cycle végétal de la croissance de la vigne depuis le développement foliaire jusqu'à la maturation des fruits.

PIGEAGE : au cours de la vinification des vins rouges, opération consistant à enfoncer le chapeau de marc dans la cuve, ce qui favorise une extraction des composants du raisin.

PRESSURAGE : opération consistant à soumettre le raisin ou le marc à l'action d'un pressoir afin d'en extraire le moût

POLYPHÉNOLS : molécules comprenant tanins, anthocyanes et flavones qui se forment dans les végétaux à partir des sucres. Contenus dans la peau, les pépins et les rafles du raisin, ils sont à l'origine de la coloration du vin et ont des propriétés anti-oxydantes.

PORTE GREFFE : partie principalement souterraine du pied de vigne, résistant au phylloxéra, sur lequel on greffe un cépage noble, le greffon.

PRUINE : sorte de poussière fine, cireuse, recouvrant la peau du raisin. Elle la protège des agressions et retient une microflore de levures naturelles.

RAFLE : petit branchage supportant les grains de raisin et qui, lors d'une vendange non éraflée, apporte des tanins et une certaine acidité au vin.

REMONTAGE : opération consistant, en début de fermentation, à soutirer le moût hors de la cuve par le bas, puis à l'y réincorporer par le haut. Elle a pour but d'apporter de l'oxygène au moût pour favoriser la multiplication des levures responsables de la fermentation, tout en humidifiant le chapeau (voir ce mot) qui pourrait s'oxyder ou s'altérer. Enfin elle met en contact les jus avec les pellicules des baies, riches en pigments colorés, en composés aromatiques et en tanins.

RENDEMENT : quantité de récolte d'un vignoble, à l'unité de surface. Généralement exprimé en hl/ha, ce rendement est maintenant souvent régulé par des tailles sévères et des vendanges vertes afin de supprimer les grappes en surnombre.

ROGNAGE : voir écimage.

SAIGNÉE : consiste à laisser le raisin foulé macérer pendant une période relativement courte dans une cuve. Après avoir obtenu la couleur désirée, une partie du liquide est soutirée pour produire le vin rosé. Dans le cas d'un rosé de pressurage direct, la macération est quasiment inexistante et permet d'obtenir une couleur de faible intensité.

SÉLECTION MASSALE : sélection traditionnelle prélevée sur les bois des plus beaux ceps de vigne que l'on reproduit par greffage.

SOUTIRAGE : passage du vin d'un contenant à un autre pour l'aérer et éventuellement le débarrasser de ses lies.

SUR GREFFAGE : technique délicate qui consiste à opérer une seconde greffe sur une souche pour changer de variété. Au lieu d'arracher et replanter, le sur greffeur assure dès la deuxième année la production du cépage choisi dans une qualité correspondant à l'âge de la plantation d'origine.

STRESS HYDRIQUE : réaction de la vigne au manque d'eau dans le sol. Cette situation a pour conséquence de bloquer la concentration des sucres dans les baies.

SULFITES : composés chimiques facilitant la conservation et empêchant l'oxydation des vins. S'ils dépassent 10 mg/litre, la mention « contient des sulfites » est obligatoirement mentionnée sur la bouteille.

TANNIN (OU TANIN) : substance existant dans la peau et les pépins du raisin responsables de la couleur, du caractère, du goût et de la longévité du vin. Plus nombreux dans les vins rouges que les vins blancs, ils renforcent la résistance des vins à certains défauts.

THERMORÉGULATION : technique permettant de contrôler et de maîtriser la température des cuves de fermentation par circulation d'eau froide sur ou dans les cuves (serpentins, drapeaux). L'abaissement de la température évite le départ en fermentation des levures indigènes.

TRI : sélection des meilleurs grains au moment de la récolte et/ou à l'arrivée en cave.

TRAVAUX EN VERT : travaux destinés à maîtriser les rendements et favoriser la qualité (ébourgeonnage, palissage, rognage...)

VENDANGE EN VERT : voir éclaircissage

VÉRAISON : stade de maturation du raisin qui commence à prendre de la couleur pour le raisin noir et devient translucide pour le blanc. C'est également durant cette période que la quantité de sucres augmente et que l'acidité diminue.

VINICOLE : qualifie ce qui touche à la vinification et au vin comme produit fini.

VITICOLE : ce qui concerne la vigne et le travail de la vigne.

VINIFICATION : ensemble des opérations nécessaires à la transformation du moût en vin.

GLOSSARY

ACIDITY: an essential component in wine, acidity promotes balance by imparting freshness. Too much acidity and a wine becomes sharp; too little and it becomes flabby.

AGEING ON THE LEES: when a wine is aged without being separated from its lees (dead yeast left from the fermentation process which drops to the bottom of the tank or cask). Unlike large lees which growers remove when the wines are racked for the first time, fine lees are kept for white wines to impart more fat and complexity.

ALCOHOLIC FERMENTATION: allows the yeast to turn grape sugar into alcohol. Gas is released and temperatures increase; if the temperature is too high it can destroy the yeast.

ANTHOCYANS: pigments contained in black grape skins which give red and rosé wines their colour during the vatting process.

BALANCE: when the four main components of wine – alcohol, acidity, sweetness and tannin – are in harmony. A wine is said to be balanced when no one component is predominant.

BLENDING: when several wines from different grape varieties that have been fermented separately are mixed together in a tank.
Bloom: a fine dust-like, waxy substance covering the grape skin. It protects grapes from attacks and retains a microflora of natural yeasts.

BUD BURST: the stage when buds open in the spring.

CANOPY MANAGEMENT: a range of techniques aimed at controlling yields (debudding, training, topping etc).

CAP: the solid parts of the grape (skins, stems, pips etc) which form a crust on the surface of the fermentation tank. To ensure colour components are extracted properly, the cap must be kept damp.

CARBONIC MACERATION (or whole cluster fermentation): a technique for making red wines whereby whole berries are put into tanks filled with carbonic gas in order to extract intense aromas and reduce acidity.

CELLARMASTER: the person responsible for wine making and maturing in the cellar.

CLONE: a group of vines derived originally from a single individual by propagation (cuttings or grafting)

CLOS: a vineyard surrounded by walls

CLUSTER THINNING: removal of a certain amount of bunches per vine before veraison to allow the remaining bunches to fully develop from a quality perspective.

CORDON DE ROYAT: short pruning of spurs on a long cordon with one or two arms. This is the most suitable pruning system for mechanisation. Ripening is consistent because the grapes grow on the same level and often have similar exposures. The vines need training however.

COULURE (or shatter): when the flower does not turn into fruit due to poor fertilisation caused by a variety of factors (weather, physiological problems etc)

CRUSHING: bursting grape skins to extract juice.

DEBOURBAGE (or racking must): part of the white and rosé wine making process whereby large impurities in the must are removed before fermentation.

DELESTAGE (or rack and return): a wine making technique where must accumulated at the bottom of the tank is pumped out and transferred to a second tank in the middle of fermentation. The must is then rapidly returned to the first tank over the top of the pomace cap which it breaks up and submerges, thus increasing polyphenol and sugar content in the wines.

DESTEMMING: separating the stem or stalk from the grapes before fermentation to avoid any herbaceous tastes. Stems can be entirely or partially removed depending on ripeness. The riper the stem, the less detrimental its impact on the wine. Some growers choose to leave ripe stems because they feel they impart tannins, complexity and freshness to the wine.

DESUCKERING: removal of the buds which shoot from the long canes or trunk, that are either unnecessary or undermine good fruit set.

DEVATTING: the end of the vatting process and especially the soaking period for red wines when enough phenolic compounds have been extracted for the desired type of wine. The wine grower runs off the free-run juice then removes the solid matter left in the tank which is then crushed to obtain pressed juice. The grower then chooses whether or not to blend the two before starting the ageing phase.

EXTRACTION: absorption of compounds found in grape skins (tannins, pigments) by the must. Extraction can be promoted using different techniques such as crushing and pumping over (see specific entry).

FILTRATION: a clarification procedure whereby suspended particles are removed by pushing wine through filters.
Fining: clarifying a wine by adding a substance that coagulates, captures suspended particles then drops to the bottom.

FRENCH PLOUGH: a special type of plough used for removing the narrow strip of soil left behind by ordinary vineyard ploughs along the vine row.

GOBLET (pruning): when vines are pruned very short every year, keeping only a few short arms up from the base. It is called goblet because of the shape of the vine. It provides good wind and drought resistance and promotes early-ripening but is not suited to mechanisation.

GRAFTING: assembling a scion (the fruit-bearing part above ground) onto a rootstock (root system).

GRASSING: growing plants between the vine rows to improve soil quality.

GREEN HARVESTING: see Cluster thinning.

GUYOT: the ideal method of pruning for grape varieties where maximum fertility is on buds high up on the cane. A cane bearing between 5 and 7 buds is attached to a wire so that all the bunches grow at the same height. Conversely, a much shorter cane (2 buds) is left to produce fruit the following year.

INAO: Institut National de l'Origine et de la Qualité is a French organisation which reports to the Ministry of Agriculture and is in charge of quality signs: AOC, PGI, quality marks and organic produce.

LEAF REMOVAL: removing leaves that grow near the grapes at the end of ripening. This technique improves ripening and aerates the bunches. It also makes hand-picking easier.

LEAF THINNING: reduces exposure of the canopy to disease (the canopy is less dense) and prevents vines from dropping to the ground.

LEES: see under Ageing

MALOLACTIC FERMENTATION: a second phase of fermentation during which malic acid contained in the wine turns into suppler lactic acid.

MATURING: the complete range of techniques used between the end of fermentation and bottling to promote optimum quality in the wines; the type of container chosen (tank or cask) has an impact on the end style.

MILDEW: a disease caused by a parasite fungus which attacks the green organs of the vine.

MUST: fresh, unfermented grape juice.

OENOLOGY: the science and technique of making and storing wine.

OIV: the International Organisation for Wine and Vine. An intergovernmental organisation which studies technical, scientific and economic issues raised by growing vines and producing wine.

PHENOLOGICAL (stages): the various stages of vine growth from leaf development to fruit ripening.

PLOUGHING BACK: a viticultural technique used for turning soil accumulated around the base and between vines back to between the vine rows.

POLYPHENOLS: molecules comprising tannins, anthocyans and flavonoids which are formed from sugar in plants. Occurring in the skin, pips and stems of grapes, they give the wine its colour and have anti-oxidant properties.

POMACE: the solid matter left over from the crop after pressing.

POWDERY MILDEW: a disease caused by a fungus which produces a grey tinge and drying of the grapes.

PRE-FERMENTATION COLD SOAKING: when the crop is kept for 3 to 5 days at temperatures of between 8 and 15° to promote fruit aromas.

PRESSING: putting grapes or pomace through a press to extract the must.

PUMPING OVER: at the start of fermentation, the must is racked by removing it from the bottom of the tank then returning it to the top. Its purpose is to impart oxygen to the must and thereby promote the development of yeast causing fermentation, whilst at the same time keeping the cap damp (see related entry) to avoid oxidation or spoiling. It also keeps the juice in contact with the grape skins which are rich in pigments, aromatic compounds and tannins.

RACKING: transferring wine from one container to another to aerate it and sometimes remove the lees.

RENEWAL SPUR: a portion of new wood which is kept on the vine during pruning and whose buds will produce canes for the next year.

RIPENING: the transformation occurring in grapes when sugar content increases and some of the acidity is lost to achieve ripeness.

ROOTSTOCK: a part of the vine which is mainly underground, resistant to phylloxera and is grafted with noble grape varieties.

SAIGNÉE (or bleeding): crushed grapes are left to macerate for a relatively short period in a tank. Once the desired colour is obtained, part of the liquid is run off to produce rosé wine. For direct-press rosés, there is virtually no maceration which keeps colouring to a minimum.

SETTING: the stage of the vine's growth cycle where minute bunches of grapes appear.

SKIN CONTACT MACERATION: macerating grape juice with the skins at low temperatures, protected from air, prior to fermentation to promote aromatic expression.

SOAKING: leaving the must in contact with the solid parts of grapes during vatting. The longer the soaking, the deeper the colour and higher the tannin content in the wine.

SORTING: a selection of the best grapes during picking and/or on arrival at the winery.

STEM: the small branches supporting grapes which impart tannins and a degree of acidity in wines where the crop has not been destemmed.

STIRRING: part of the ageing process whereby the lees are stirred in a cask or tank filled with wine. Used mostly for white wines, it is designed to protect them from oxidation and reduction by preserving the fruit.

SULPHITES: chemical compounds that make it easier to keep wines and prevent oxidation. When quantities are in excess of 10mg/litre, the labelling statement 'Contains sulphites' is compulsory.

TANNIN: a substance found in grape skins and pips which is responsible for colour, character, taste and the longevity of a wine. There are more tannins in red wines than whites and they strengthen a wine's resistance to certain faults.

TEMPERATURE CONTROL: a technique which allows the temperature of tanks containing fermenting wine to be controlled using cold water circulation on or in the tanks (coils or plates). By reducing the temperature, fermentation of native yeasts can be avoided.

TIPPING (see topping): removing the excess tip of a shoot, allowing nutrients to concentrate in the bunches of grapes. Another advantage is that it makes it easier to pass between the vine rows.

TOP GRAFTING: a tricky technique involving grafting above an existing graft to change the grape variety. Instead of uprooting and replanting, top grafting allows fruit from the chosen variety to be produced in the second year, of a quality commensurate with the age of the original plant.

TOPPING UP: when wine is added to casks to compensate for evaporation during the maturing process.

TOPPING: see tipping.

TRAINING: vine management which involves tying stems and branches to a structure, mainly to improve photosynthesis and good aeration.

TREADING: during red wine making, pushing down the pomace cap in the tank, thereby improving extraction of components in the grape.

VATTING: the time must and the solid parts of black grapes spend in a fermentation tank. The duration of the stay will determine colouring and the tannin strength of the wine.

VERAISON: part of the ripening process when grapes start to change colour for black grapes and become translucent for whites. This is also the time when sugar content increases and acidity drops.

VINE VARIETY: a type of grape used for making wine.

VINIFICATION (or vinify): the wine making process where must is transformed into wine.

VINTAGE: the year the wine is made.

VISUAL VINE SELECTION (or massal selection): a traditional selection using canes from the finest vines which are propagated by grafting.

VITICULTURAL: everything involving vines and vineyard management.

WATER STRESS: a vine's reaction to a lack of water in the soil. The effect of this is to impede sugar concentration in the berries.

WINERY: a building used for making and/or storing wine.

YEAST: unicellular micro-organisms naturally occurring in grapes which produce alcoholic fermentation in the must.

YEASTING: inoculation of the must with native (wild yeast) or added yeast (synthetic yeast) which trigger fermentation but also play a part in aroma development in the wines.

YIELD: the amount of grapes harvested from a given area. Usually expressed in hl/ha, yields are now generally controlled by strict pruning and green harvesting to remove excess fruit.

SOMMAIRE • CONTENTS

Préambule • Introduction ... **6**

CHAPITRE 1 • CHAPTER 1
DECOUVRIR • Discover the appellation ... **9**

Histoire • History ... **10**
2000 ans de tradition • 2,000 years of tradition ... **10**
Une révolution qualitative menée tambour battant • Quality improves in leaps and bounds ... **16**

Terroir • Introduction ... **27**
Des singularités climatiques • A unique climate ... **28**
Une identité géologique affirmée • A strong geological identity ... **32**
Un terroir magnifié par la main de l'homme • How human intervention enhances terroir ... **46**
Des règles de production strictes • Strict production rules ... **53**

De la vigne au verre • From vineyard to wine glass ... **58**
L'esprit du terroir • The search for sense of place ... **58**
Cépages, l'alliance du Nord et du Sud • Grape varieties, when North meets South ... **68**

Environnement • Environment ... **70**
Front commun pour la préservation des paysages • ... **71**
A common front in the drive to safeguard the countryside
La garrigue, fille de l'activité humaine • The history of the *garrigue* ... **77**
Un paysage grandeur nature • Myriad species populate the *garrigue* ... **79**
Zoom sur la garrigue • A look at the *garrigue*, close up ... **84**
Viticulture et biodiversité, des liens qui se cultivent • ... **88**
Nurturing the bond between wine growing and biodiversity
Promenons-nous dans les bios • Take a walk on the organic side ... **92**

CHAPITRE 2 • CHAPTER 2
RENCONTRER • Meet the wine growers ... **95**
Liste des domaines sur la page de droite • List of estates on the right-hand page
Regards croisés sur l'appellation • Through the eyes of others ... **163**

CHAPITRE 3 • CHAPTER 3
SEJOURNER • Organise your stay ... **271**
Evènements • Events ... **272**
Du côté des vignerons • At the cellar door ... **274**
Activités oenologiques clés en main • The 'package' deal ... **280**
À table ! • Wining and dining ... **284**
Bol d'air • A breath of fresh air ... **288**
À vos baskets ! • For the active types ... **292**
Pour les gourmands • Calling all foodies ... **295**
Remonter le temps • A trip back in time ... **298**
Agenda • In your diary ... **300**
Belles emplettes • Arts and crafts ... **302**
Nids douillets • Home from home ... **305**

Glossaire • Glossary ... **312**
Crédits photo et bibliographie • Photo credits and bibliography ... **318**
Remerciements • Acknowledgements ... **319**

#	Name	Page
01	Chemin des Rêves	96
02	Domaine Desvabre	99
03	Domaine Estelle et Pierre Clavel	102
04	Les Vignerons du Pic	105
05	Château Montel	108
06	Château Puech-Haut	111
07	Mas Mortiès	114
08	Domaine Haut-Lirou	117
09	Domaine Christophe Peyrus	120
10	Ermitage du Pic Saint Loup	123
11	Domaine de la Salade St Henri	126
12	Domaine Devois du Claus	129
13	Les Coteaux du Pic	132
14	Clos des Augustins	135
15	Domaine de la Vieille	138
16	Domaine des Mouchères	141
17	Château Fontanès	144
18	Château La Roque	147
19	Château l'Euzière	150
20	Mas de Jon	153
21	Domaine les Vigneaux	156
22	Mas Bruguière	159
23	Château de Valflaunès	167
24	Domaine St Daumary	170
25	Domaine de Mauzac	173
26	Domaine Pech-Tort	176
27	Mas de Fournel	179
28	Mas Gourdou	182
29	Bergerie du Capucin	185
30	Domaine de Viastres	188
31	Château Valcyre Bénézech	191
32	Château Valcyre Gaffinel	194
33	Château de Lancyre	197
34	Château de Lascours	200
35	Domaine Les Grandes Costes	203
36	Château de Lascaux	206
37	Mas Peyrolle	209
38	Mas de Figuier	212
39	Mas Thélème	215
40	Mas de l'Oncle	218
41	Château de Cazeneuve	221
42	Clos Marie	224
43	Domaine Zumbaum-Tomasi	227
44	Domaine Chazalon	230
45	Domaine du Grès	233
46	Mas de Farjou	236
47	Domaine de Villeneuve	239
48	Domaine de Lavabre	242
49	Mas Foulaquier	245
50	Clos de la Matane	248
51	Domaine de Mirabel	251
52	Domaine de Sigalière	254
53	La Gravette de Corconne	257
54	Domaine Zélige-Caravent	260
55	Domaine Beauthorey	263
56	Mas del Ranq	266
57	Marie-Danièle Brubach	267
58	Agnès Bourgeron-Duprat	268
59	Julien Martinez	269
60	Domaine de l'Hortus	

CRÉDITS PHOTO • PHOTO CREDITS

Toutes les photographies de ce livre sont de Claude Cruells à l'exception de :
All the photographs in this book are by Claude Cruells, with the exception of:

p 12, 13, 16, 20, 24, 318-319 : Daniel Villaplana
p 19, 23, 25, 47, 49, 51, 62, 63, 79, 84 (1, 4, 5), 87 (6) : Florence Jaroniak
p 34, 35, 37 : Antonin Genna (Art du terroir) avec l'aimable autorisation du syndicat des vignerons du Pic Saint Loup
p 40, 41, 42, 43 : Jean-Claude Bousquet
p 44, 78-80 (6), 82-83 (1, 4, 7), 298, 302 : Dominique Nagel
p 50, 93, 95, 166 : Jonathan James
p 66, 67 : Pierre Natoli
p 75 : Sharon Nagel
p 80-81 (1, 2, 3, 4, 5), p 82-83 (2, 3, 6), p 86-87 (3, 4, 5), p 90 (1, 2), p 91 (3) : John Walsh / Écologistes de l'Euzière
p 84 (3) : Clément Lemarchand / Écologistes de l'Euzière
p 85 (2) : Christian Rambal
p 163 : Judy Dater (Kermit Lynch), Andrew Jefford
p 164 : Philippe Cambie
p 165 : Jean Bernard (Michel Hermet)
p 271, 272 : Syndicat des vignerons du Pic Saint Loup
p 273, 283, 288, 293, 294 : Jean-Christohe Donnadieu
p 275 : Ernst Ohst, Collection Zumbaum-Tomasi
p 276 : Miki Gombert
p 279 : Gérard Bru
p 280 : Lucas
p 291 : Galerie Hélène Trintignant
p 292 : Office des Moniteurs du Languedoc
p 297 : Galerie Réno
p 300 : Martial Acquarone
p 306 : F. Jaulmes, Musée Fabre Montpellier Agglomération

Festa de la Vendemia, Valflaunès

BIBLIOGRAPHIE • BIBLIOGRAPHY

- La nature méditerranéenne en France, Philippe Martin, Les écologistes de l'Euzière, Delachaux et Niestlé, 2005
- La nature en Languedoc-Roussillon, François Legendre et Jean Ramière, Loubatières, 2013
- Hérault, nature méditerranéenne, Maxime Briola et Olivier Larrey, Biotope, 2011
- La garrigue grandeur nature, Jean-Michel Renault, Les créations du Pélican, 2006
- Garrigue une histoire qui ne manque pas de piquant, Ecolodoc 7, Les écologistes de l'Euzière, 2007
- Garrigues en pays languedocien, Clément Martin, site du collectif des garrigues, 1987
- Dynamiques de la végétation et organisation sociale de l'espace. Impact des pratiques pastorales sur la dynamique des garrigues du Pic Saint Loup, Nespopoulos, Mémoires de master, université d'Avignon, 2005
- Le Pic Saint Loup, balades et découvertes, Christian Cayssiols, E&C, 2008
- Sylvie L'Hostis, Le Pic Saint-Loup l'âme de ses garrigues, Espace Sud, 1999
- Mémoires du Pic Saint-Loup, histoire, témoignages, recettes du canton des Matelles, collectif sous la direction de Philippe Fossioz, Les presses du Languedoc/FLER, 2000
- Les vins du Pic Saint Loup, Pierre Macaire, Le plein des sens, 2004
- Le concept d'Éco-OEnotourisme, la Charte internationale de Fontevraud en faveur de la protection, la gestion et la valorisation des paysages viticoles, Régis Ambroise et Carine Herbin, Cahier technique de la Revue Française d'œnologie N°252, mai-juin 2012
- Entretiens du Terroir en Pic Saint-Loup, Comprendre et préserver les paysages pour mieux les valoriser, Sharon Nagel, La Journée Vinicole monde N°23492, 9 juillet 2013
- Les paysages viticoles héraultais, entre développements durables concurrentiels, patrimonialisation et urbanisation, Dominique Chevalier, in Patrimoines et Développement Durable. Ressources-Enjeux-Lien social, PUR, 2012
- La géologie de l'Hérault, Jean-Claude Bousquet, Les Ecologistes de l'Euzière, 1991
- Découverte géologique : les plus beaux sites de l'Hérault, Jean-Claude Bousquet, Les Ecologistes de l'Euzière, 2008
- Terroirs viticoles, paysages et géologie en Languedoc, Jean-Claude Bousquet, Les Ecologistes de l'Euzière, 2011
- Les terroirs viticoles, définitions, caractérisation et protection, Emmanuelle Vaudour, Coll. La vigne, Dunod, 2006
- La géologie, facteur dominant de la notion de terroir (exemple des terroirs méditerranéens), Antonin Genna, Cahier technique de la Revue Française d'œnologie N°242, juin-juillet-août-septembre 2010
- Histoire et avenir des vins en Languedoc, Jean Clavel/Robert Baillaud, Privat, 1985
- Le 21e siècle des vins du Languedoc : du monde gréco-romain à Internet, Jean Clavel, Ed. Causse, 1999
- Vignerons, recueil d'articles II, histoire languedocienne et roussillonnaise, Geneviève Gavignaud-Fontaine, Université Paul Valéry Montpellier III, 2005
- Le Languedoc viticole, la Méditerranée et l'Europe au siècle dernier (XXe), Geneviève Gavignaud-Fontaine, Université Paul Valéry Montpellier III, 2006

REMERCIEMENTS À...

Annick Goudin (français) et Caroline Sledge (anglais), précieuses relectrices ainsi que Naomi Ni Chathain, stagiaire efficace

Henri Cabanel, Grégory Autin et Jean-Paul Storaï, premiers à avoir cru en ce projet

Syndicat des vignerons du Pic Saint Loup dont Sophie, sa directrice et Marion, son animatrice

Tous les vignerons du Pic Saint Loup pour leur accueil et leur disponibilité. En particulier Pierre-Jean Arnaud, Guilhem Bruguière, Jean-Benoît Cavalier, Bernard Durand, Gérard Jeanjean, André Leenhardt, Christophe Peyrus, Jean-Pierre Rambier, Jean-Marc Ravaille, Guilhem Viau...

Christel Valentin pour l'aide au repérage de plusieurs sites photographiés

Jean-Christophe Donnadieu qui s'est chargé de la sélection des tableaux figurant dans le dernier chapitre

Marc Auclair, Sandrine Boesch, Jean-Claude Bousquet, Jack Boutin, Jean Clavel, Luc David, Jean Natoli, indispensables référents thématiques

Marie-Claire Charret (DDTM34) et Marie Garnier (Chambre d'agriculture de l'Hérault) dans l'instruction de dossiers complexes...

L'équipe des Ecologistes de l'Euzière et plus particulièrement Jean-Paul Salasse

Les membres de la commission agriculture de la Communauté de Communes du grand Pic Saint Loup et notamment Gilbert Gravegeal

CIVL (Jérôme Villaret et Jean-Philippe Granier) et Sud de France (Carole Durdux, Laurent Panayoty, Elodie Le Dréan) en terme d'aide à la diffusion

Hérault tourisme et l'Office de tourisme du grand Pic Saint Loup, concernant leur éclairage sur le volet oenotourisme

ACKNOWLEDGEMENTS

Annick Goudin (French) and Caroline Sledge (English), for their careful proofreading and insightful comments, and Naomi Ni Chathain, our helpful intern

Henri Cabanel, Grégory Autin and Jean-Paul Storaï, for being the first to believe in this project

The Pic Saint Loup wine growers' organisation, particularly the managing director, Sophie, and assistant, Marion

All the wine growers of Pic Saint Loup for their warm welcome and availability. Particular thanks to Pierre-Jean Arnaud, Guilhem Bruguière, Jean-Benoît Cavalier, Bernard Durand, Gérard Jeanjean, André Leenhardt, Christophe Peyrus, Jean-Pierre Rambier, Jean-Marc Ravaille, Guilhem Viau...

Christel Valentin, for help in choosing some of the best sites to photograph

Jean-Christophe Donnadieu, who selected the paintings illustrated in the last chapter

Marc Auclair, Sandrine Boesch, Jean-Claude Bousquet, Jack Boutin, Jean Clavel, Luc David, Jean Natoli, for their essential advice and comments in their field of expertise

Marie-Claire Charret (DDTM34) and Marie Garnier (Hérault Chamber of Agriculture), for their help in completing complex administrative procedures...

The Ecologistes de l'Euzière team, particularly Jean-Paul Salasse

Members of the agriculture committee at the Greater Pic Saint Loup Council

CIVL (Jérôme Villaret et Jean-Philippe Granier) and Sud de France (Carole Durdux, Laurent Panayoty, Elodie Le Dréan) for their help in distributing this book overseas

Hérault Tourisme and the Greater Pic Saint Loup Tourist Information Office, for their insight during preparation of the section on wine tourism

Confrérie des Chevaliers de l'Aïssette

Festa de la Vendemia, Valflaunès

Achevé d'imprimer
en juin 2014

Published and printed
in June 2014